Studien zum ausländischen und internationalen Privatrecht

282

Herausgegeben vom
Max-Planck-Institut für ausländisches
und internationales Privatrecht

Direktoren:
Jürgen Basedow, Holger Fleischer und Reinhard Zimmermann

Florian Sperling

Familiennamensrecht in Deutschland und Frankreich

Eine Untersuchung der Rechtslage sowie
namensrechtlicher Konflikte
in grenzüberschreitenden Sachverhalten

Mohr Siebeck

Florian Sperling, geboren 1980, Studium der Rechtswissenschaften in Bayreuth, Bordeaux und Erlangen; Referendariat in Bamberg mit Wahlstation in Rechts- und Konsularabteilung der Deutschen Botschaft in Paris; seit 2008 Rechtsanwalt in München; 2012 Promotion.

D 29

ISBN 978-3-16-152198-0
ISSN 0720-1141 (Studien zum ausländischen und internationalen Privatrecht)

Die Deutsche Nationalbibliothek verzeichnet diese Publikation in der Deutschen Nationalbibliographie; detaillierte bibliographische Daten sind im Internet über *http://dnb.dnb.de* abrufbar.

© 2012 Mohr Siebeck Tübingen. www.mohr.de

Das Werk einschließlich aller seiner Teile ist urheberrechtlich geschützt. Jede Verwertung außerhalb der engen Grenzen des Urheberrechtsgesetzes ist ohne Zustimmung des Verlags unzulässig und strafbar. Das gilt insbesondere für Vervielfältigungen, Übersetzungen, Mikroverfilmungen und die Einspeicherung und Verarbeitung in elektronischen Systemen.

Das Buch wurde von Gulde-Druck in Tübingen auf alterungsbeständiges Werkdruckpapier gedruckt und von der Buchbinderei Nädele in Nehren gebunden.

Meinen Eltern

Vorwort

Die vorliegende Arbeit wurde im Wintersemester 2011/2012 von der Juristischen Fakultät der Friedrich-Alexander-Universität Erlangen-Nürnberg als Dissertation angenommen. Literatur und Rechtsprechung wurden nach Möglichkeit bis Juli 2012 berücksichtigt.

Zu Dank verpflichtet bin ich meinem Doktorvater, Herrn Prof. Dr. Mathias Rohe, der mir bei der Wahl des Themas und dessen Bearbeitung größtmögliche Freiheit gewährte und mir bei Bedarf jederzeit mit hilfreichen Ratschlägen zur Seite stand. Herrn Prof. Dr. Robert Freitag danke ich für die Erstellung des Zweitvotums.

Der Schmitz-Nüchterlein-Stiftung in Nürnberg danke ich für die großzügige Förderung der Veröffentlichung meiner Arbeit.

Außerdem möchte ich den (ehemaligen) Mitarbeitern der Rechts- und Konsularabteilung der Deutschen Botschaft in Paris für ihre Unterstützung danken, insbesondere Herrn Dr. Wolfgang Klapper, Herrn Thomas Floth, Herrn Michael Hagenburger, Frau Dorothee Grotjohann sowie Frau Waltraud Schaffner.

Mein Dank gilt zudem Herrn Prof. Dr. Ulrich Steding, Frau Sylva Matusch, Frau Heide Zimmermann, Frau Chantal Nast, Herrn Xavier Meunier sowie Frau Rechtsanwältin Michaela Hundt. Sie alle haben ihren Teil zum Gelingen dieser Arbeit beigetragen.

Meiner Frau Eva und meiner kleinen Tochter Liselotte danke ich dafür, dass sie mich immer wieder liebevoll daran erinnern, dass es wichtigere Dinge im Leben gibt als die Juristerei.

Mein tiefempfundener Dank gilt schließlich meinen Eltern, die mich in meinem Promotionsvorhaben stets bestärkt und mich in jeder Hinsicht unterstützt haben. Ihnen sei diese Arbeit gewidmet.

München im Juli 2012   Florian Sperling

Inhaltsübersicht

Einleitung 1

Kapitel I: Die Grundlagen des Familiennamensrechts 5

A. Die Funktionen des Familiennamens 5
B. Die Grundbegriffe des Familiennamensrechts 8

Kapitel II: Das nationale Familiennamensrecht in Deutschland und Frankreich 16

A. Das deutsche Familiennamensrecht 16
B. Das französische Familiennamensrecht 39
C. Das deutsche und das französische Familiennamensrecht im Vergleich ... 81

Kapitel III: Das internationale Namensrecht in Deutschland und Frankreich 100

A. Das deutsche internationale Namensrecht 100
B. Das französische internationale Namensrecht 121

Kapitel IV: Namensrechtliche Konflikte in Fällen mit Frankreichbezug 134

A. Konflikte bei der Namensführung des Kindes 134
B. Konflikte bei der Namensführung der Ehegatten 170

Kapitel V: Die Perspektiven für eine Vermeidung
namensrechtlicher Konflikte 187

A. Die Vereinheitlichung des Namensrechts... 187
B. Die Verpflichtung zur gegenseitigen Namensanerkennung..................... 207

Zusammenfassung und Ausblick 211

Inhaltsverzeichnis

Vorwort VII
Inhaltsübersicht IX
Abkürzungsverzeichnis XIX

Einleitung 1

Kapitel I: Die Grundlagen des Familiennamensrechts 5

A. Die Funktionen des Familiennamens 5
   I. Die Identifikations- und Individualisierungsfunktion 5
      1. Die Identifikation durch Dritte 5
      2. Die Selbstidentifikation 6
   II. Die Zuordnungsfunktion 7
B. Die Grundbegriffe des Familiennamensrechts 8
   I. Die Grundbegriffe des deutschen Familiennamensrechts 8
      1. Der Familienname 8
      2. Der Ehe- bzw. Lebenspartnerschaftsname 8
      3. Der Geburtsname 9
      4. Der Doppelname 10
         a) Der echte Doppelname 10
         b) Der unechte Doppelname 10
      5. Der Begleitname 11
   II. Die Grundbegriffe des französischen Familiennamensrechts 12
      1. Der nom de famille 12
      2. Der nom d'usage 12
         a) Der Ehegattengebrauchsname 12
         b) Der Gebrauchsname i.S.d. Art. 43 des Gesetzes vom 23.12.1985. 13
      3. Der nom composé 14
      4. Der double nom 14
      5. Der nom légal 15

Kapitel II: Das nationale Familiennamensrecht in Deutschland und Frankreich 16

A. Das deutsche Familiennamensrecht 16
  I. Die historische Entwicklung des Familiennamensrechts
     in Deutschland 16
    1. Das Ehe- und Kindesnamensrecht zu Beginn des 20. Jahrhunderts .. 16
    2. Das Gleichberechtigungsgesetz 17
    3. Das Nichtehelichengesetz 19
    4. Das 1. Eherechtsreformgesetz 19
    5. Das Ehenamensänderungsgesetz 21
    6. Die Entscheidung des BVerfG vom 5.3.1991 22
    7. Das Familiennamenrechtsgesetz 22
    8. Das Kindschaftsrechtsreformgesetz 24
    9. Das Lebenspartnerschaftsgesetz 25
    10. Das Urteil des BVerfG vom 18.2.2004 25
    11. Das Gesetz zur Änderung des Ehe- und
       Lebenspartnerschaftsnamensrechts 26
    12. Das Personenstandsrechtsreformgesetz 26
  II. Die heutige Rechtslage 27
    1. Das Ehegattennamensrecht 27
      a) Der Ehename 27
      b) Der Begleitname 28
        aa) Das eingeschränkte Bestimmungsrecht bei
           mehrgliedrigen Namen 28
        bb) Die Entscheidung des BVerfG vom 5.5.2009 28
      c) Die Namensführung bei Verwitwung oder Scheidung 30
    2. Das Kindesnamensrecht 30
      a) Der Kindesname bei Eltern mit Ehenamen 31
      b) Der Kindesname bei Eltern ohne Ehenamen 31
        aa) Der Kindesname bei gemeinsamer elterlicher Sorge 32
        bb) Der Kindesname bei Alleinsorge eines Elternteils 34
      c) Der Kindesname bei Namensänderung der Eltern 34
        aa) Der Kindesname bei nachträglicher Ehenamensbestimmung.. 34
        bb) Der Kindesname bei sonstigen nachträglichen
           Änderungen des Bezugsnamens 35
      d) Die Einbenennung 35
      e) Der Name des Adoptivkindes 36
      f) Der Name des Kindes unbekannter Abstammung 38
    3. Die Angleichungsnorm des Art. 47 EGBGB 38
B. Das französische Familiennamensrecht 39
  I. Das Ehegattennamensrecht 40

1. Der Ehegattengebrauchsname 40
   a) Die Rechtsgrundlage des Ehegattengebrauchsnamens 40
   b) Die Funktion des Ehegattengebrauchsnamens 41
   c) Die Wahlmöglichkeiten der Ehegatten.. 42
2. Die Namensführung der Ehegatten nach Auflösung der Ehe 45
   a) Die Namensführung im Fall der Scheidung 45
   b) Die Namensführung im Fall des Todes eines Ehegatten 45
II. Das Kindesnamensrecht 46
1. Die Rechtslage bis zur Namensrechtsreform von 2005 46
   a) Der Name des ehelichen bzw. legitimierten Kindes 47
   b) Der Name des unehelichen Kindes 48
   c) Der Name des Adoptivkindes.. 50
   d) Der Name des Kindes ungeklärter Abstammung........................... 51
2. Die heutige Rechtslage 52
   a) Der Kindesname bei im Zeitpunkt der Geburtsanzeige gegenüber
      beiden Elternteilen feststehender Abstammung 53
      aa) Das Namensbestimmungsrecht der Eltern 53
      bb) Der Kindesdoppelname 54
         (1) Die Bildung und Übertragbarkeit des
             Kindesdoppelnamens 54
         (2) Die Schreibweise des Kindesdoppelnamens 55
             (a) Der Runderlass vom 6.12.2004..................................... 56
             (b) Der Doppelbindestrich auf dem Prüfstand der
                 Zivilgerichte... 56
             (c) Die Reaktion der standesamtlichen Praxis auf die
                 zivilgerichtlichen Urteile 58
             (d) Das Urteil des Conseil d'Etat vom 4.12.2009 58
             (e) Der Runderlass vom 25.10.2011.................................. 61
   b) Der Kindesname bei im Zeitpunkt der Geburtsanzeige gegenüber
      einem Elternteil feststehender Abstammung 62
   c) Der Kindesname bei ungeklärter Abstammung im Zeitpunkt
      der Geburtsanzeige 62
      aa) Der Kindesname bei gleichzeitiger nachträglicher
          Abstammungsfeststellung gegenüber beiden Elternteilen 63
      bb) Der Kindesname bei zeitlich auseinanderfallenden
          nachträglichen Abstammungsfeststellungen 64
   d) Die Namensführung von Adoptivkindern...................................... 64
      aa) Der Kindesname bei Volladoption 65
      bb) Der Kindesname bei einfacher Adoption 65
         (1) Die Hinzufügung des Namens des Annehmenden zum
             ursprünglichen Kindesnamen.. 66
         (2) Die Ersetzung des ursprünglichen Kindesnamens 66

            (3) Die Beibehaltung des ursprünglichen Kindesnamens 67
        e) Die Namenseinheit der Geschwister 69
        f) Wertung 70
      3. Die Behandlung von Altfällen.. 72
        a) Die nachträgliche Anfügung des anderen Elternnamens für vor
           dem 1.1.2005 geborene Kinder.. 72
        b) Die Neubestimmung des Namens vor dem 1.1.2005 geborener
           Kinder bei neuer Abstammungsfeststellung................................... 74
        c) Die Einbenennung vor dem 1.1.2005 geborener Kinder................ 75
        d) Die Möglichkeit des Namenswechsels durch Legitimation
           unehelicher Kinder.. 76
        e) Die Namensführung bei Adoption vor dem 1.1.2005
           geborener Kinder 77
      4. Der Gebrauchsname i.S.d. Gesetzes vom 23.12.1985 77
C. Das deutsche und das französische Familiennamensrecht im Vergleich... 81
  I. Das Ehegattennamensrecht im Vergleich... 82
    1. Die Grundkonzeption 82
    2. Die Regelungen im Einzelnen.. 82
      a) Der Ehegattengebrauchsname im Vergleich zum Ehenamen 83
      b) Der Ehegattengebrauchsname im Vergleich zum Begleitnamen... 83
      c) Die Namensführung der Eheleute bei Auflösung der Ehe 85
      d) Zusammenfassung.. 86
  II. Das Kindesnamensrecht im Vergleich... 86
    1. Die Grundkonzeption 86
    2. Die Regelungen im Einzelnen.. 87
      a) Die Erscheinungsformen des Kindesnamens 87
      b) Die Namenseinheit der Geschwister 88
      c) Die Einbenennung 89
      d) Die Namensführung von Adoptivkindern..................................... 93
      e) Die Namensführung von Kindern ungeklärter Abstammung......... 96

Kapitel III: Das internationale Namensrecht in
Deutschland und Frankreich.. 100

A. Das deutsche internationale Namensrecht 100
  I. Das internationale Ehegattennamensrecht 100
    1. Die Rechtslage vom Inkrafttreten des EGBGB bis zum Beginn
       der 1970er Jahre 100
    2. Die Entscheidung des BGH vom 12.5.1971 102
    3. Das 1. Eherechtsreformgesetz... 104
    4. Das IPR-Gesetz 106

    5. Das Familiennamenrechtsgesetz 109
    6. Das Kindschaftsrechtsreformgesetz 112
    7. Das Lebenspartnerschaftsgesetz.. 112
    8. Die heutige Rechtslage... 112
  II. Das internationale Kindesnamensrecht 113
    1. Die Rechtslage nach Inkrafttreten des EGBGB 113
    2. Die Rechtsprechungsänderung ab Beginn der 1970er Jahre 114
    3. Das IPR-Gesetz 116
    4. Das Familiennamenrechtsgesetz 118
    5. Das Kindschaftsrechtsreformgesetz 118
    6. Die heutige Rechtslage... 119
B. Das französische internationale Namensrecht 121
  I. Die gesetzlichen Regelungen.. 122
  II. Die Rechtsprechung 122
    1. Die mangelnde Eindeutigkeit der älteren Rechtsprechung 122
    2. Das Urteil des TGI Paris vom 9.11.1982 124
    3. Das Urteil des Kassationshofs vom 7.10.1997.................................. 124
  III. Die Diskussion im Schrifttum... 127
  IV. Die standesamtliche Praxis 129
  V. Zusammenfassung und Wertung... 130
  VI. Die Verpflichtung des Richters zur Anwendung ausländischen
      Namensrechts 132

Kapitel IV: Namensrechtliche Konflikte in Fällen mit Frankreichbezug 134

A. Konflikte bei der Namensführung des Kindes.. 134
  I. Der nach französischem Recht bestimmte Doppelname bei
     deutschen Kindern... 134
    1. Die Erteilung eines Doppelnamens nach französischem Recht
       für deutsche Kinder 135
      a) Die Sichtweise des deutschen Standesbeamten............................ 135
      b) Die Sichtweise des französischen Standesbeamten 136
    2. Die Anerkennung eines in Frankreich erteilten
       Kindesdoppelnamens in Deutschland.. 137
      a) Die Grunkin-Paul-Entscheidung des EuGH vom 14.10.2008...... 138
      b) Die allgemeinen Konsequenzen des Grunkin-Paul-Urteils
         für die standesamtliche Praxis 141
        aa) Die Pflicht deutscher Standesämter zur Umsetzung
           des Grunkin-Paul-Urteils 141

bb) Die konkrete Umsetzung der Anerkennungspflicht –
denkbare Methoden 143
(1) Die Schaffung neuer gesetzlicher Vorschriften 143
(2) Die gemeinschaftsrechtskonforme Auslegung
des bestehenden deutschen Rechts 145
(3) Die „Anerkennung" im Wege des öffentlich-rechtlichen
Namensänderungsverfahrens 147
(4) Die unmittelbare Anerkennung aufgrund von
Art. 21 AEUV 149
c) Die Konsequenz des Grunkin-Paul-Urteils für die Anerkennung
französischer Kindesdoppelnamen in Deutschland 151
aa) Der Unterschied zum Fall Grunkin-Paul 151
bb) Die Frage der Anerkennung eines rechtswidrig
eingetragenen Namens 152
(1) Die Ansatzpunkte im Grunkin-Paul-Verfahren 152
(2) Die verschiedenen Auffassungen im Schrifttum 153
(3) Eigener Standpunkt 153
II. Die „hinkende Namensführung" deutsch-französischer Kinder 155
1. Das Garcia Avello-Urteil des EuGH und die Konsequenzen
für die Namensführung deutsch-französischer Kinder 157
a) Das Garcia Avello-Urteil des EuGH vom 2.10.2003 157
b) Die Konsequenzen aus dem Garcia Avello-Urteil für die
Namensführung deutsch-französischer Kinder 161
2. Das Grunkin-Paul-Urteil des EuGH und die Konsequenzen
für die Namensführung deutsch-französischer Kinder 163
III. Die Bindungswirkung der für ein Kind getroffenen Namensbestimmung für die Namensführung der Geschwister 164
1. Die Problematik 164
2. Die Diskussion im Schrifttum 166
a) Die Frage der kollisionsrechtlichen Bindungswirkung einer
früheren Rechtswahl 166
b) Die Frage der sachrechtlichen Bindungswirkung einer
Namensbestimmung nach ausländischem Recht 167
3. Die standesamtliche Praxis 169
B. Konflikte bei der Namensführung der Ehegatten 170
I. Der französische Ehegattengebrauchsname – ein vermeintlicher
Ehename 170
II. Die Bestimmung eines Ehenamens bei Eheschließung in Frankreich 174
III. Die „hinkende Namensführung" des französischen Ehegatten 176
1. Keine Anerkennungsverpflichtung Frankreichs aufgrund
multilateraler Staatsverträge 177

2. Anerkennungsverpflichtung Frankreichs aufgrund
    europarechtlicher Vorgaben 178
IV. Die Fortführung des Ehenamens durch den französischen
    Ehegatten nach Eheauflösung 181
  1. Die Mindermeinung: Ende der Rechtswahlwirkung mit
     Auflösung der Ehe 182
  2. Die herrschende Meinung: Fortwirkung der Rechtswahl über
     die Eheauflösung hinaus 184
  3. Zusammenfassung 185

Kapitel V: Die Perspektiven für eine Vermeidung namensrechtlicher Konflikte 187

A. Die Vereinheitlichung des Namensrechts 187
  I. Die Vereinheitlichung des Sachrechts 187
    1. Die Rechtsangleichung 187
      a) Die Zulassung des aus den Elternnamen gebildeten
         Doppelnamens in Deutschland 188
        aa) Die Gründe für eine Gesetzesänderung 188
        bb) Die Konsequenzen einer Gesetzesänderung für
            Sachverhalte mit Frankreichbezug 192
      b) Die Abschaffung des Ehenamens in Deutschland 193
    2. Die Schaffung eines materiellen Einheitsrechts 195
      a) Die Vision eines „europäischen Namensrechts" 195
        aa) Der Regelungsvorschlag von Nelle 195
        bb) Die Forderung des EVS 197
      b) Die unterschiedlichen Namensmodelle innerhalb der EU 198
        aa) Das Familiennamensrecht in Spanien 198
        bb) Das Familiennamensrecht in Italien 199
        cc) Das Familiennamensrecht in Großbritannien 200
        dd) Das Familiennamensrecht in Dänemark 200
        ee) Zusammenfassung 201
      c) Die mangelnde Rechtssetzungskompetenz der EU 201
  II. Die Vereinheitlichung des Kollisionsrechts 202
    1. Das CIEC-Übereinkommen über das auf Familiennamen und
       Vornamen anwendbare Recht vom 5.9.1980 202
    2. Die Schaffung eines einheitlichen Kollisionsrechts durch die EU .. 204
B. Die Verpflichtung zur gegenseitigen Namensanerkennung 207
  I. Das CIEC-Übereinkommen über die Anerkennung von Namen
     vom 16.9.2005 207

II. Die Verankerung des Anerkennungsprinzips im europäischen
Sekundärrecht 209

Zusammenfassung und Ausblick 211

Literaturverzeichnis 217
Register 225

Abkürzungsverzeichnis

ABl.	Amtsblatt der Europäischen Union
AcP	Archiv für die civilistische Praxis
AEUV	Vertrag über die Arbeitsweise der Europäischen Union
a.F.	alte Fassung
AJDA	Actualité juridique de droit administratif
AJ fam.	Actualité Juridique Famille
BAnz.	Bundesanzeiger
BayObLG	Bayerisches Oberstes Landesgericht
BGB	Bürgerliches Gesetzbuch
BGBl.	Bundesgesetzblatt
BGH	Bundesgerichtshof
BGHZ	Entscheidungen des Bundesgerichtshofs in Zivilsachen
B.O.	Bulletin officiel du Ministère de la Justice
BT-Drs.	Bundestagsdrucksache
BVerfG	Bundesverfassungsgericht
BVerwG	Bundesverwaltungsgericht
CA	Cour d'Appel
Cass. civ.	Cour de cassation, chambre civile
Cc	Code civil
Chron.	Chroniques
CIEC	Commission internationale de l'état civil
D.	Recueil Dalloz
DA	Allgemeine Verwaltungsvorschrift zum Personenstandsgesetz (Dienstanweisung für die Standesbeamten und ihre Aufsichtsbehörden)
DA/KG	Ausführungsvorschriften zu den personenstandsrechtlichen Bestimmungen des Konsulargesetzes
DänNamG	Dänisches Namensgesetz
Defrénois	Répertoire du Notariat Defrénois
DNotZ	Deutsche Notar-Zeitschrift
Dr. fam.	Droit de la famille
DV NamÄndG	Erste Verordnung zur Durchführung des Gesetzes über die Änderung von Familiennamen und Vornamen
EG	Vertrag zur Gründung der Europäischen Gemeinschaft
EGBGB	Einführungsgesetz zum Bürgerlichen Gesetzbuche
EGMR	Europäischer Gerichtshof für Menschenrechte
EheNamÄndG	Ehenamensänderungsgesetz
EMRK	Europäische Menschenrechtskonvention
EuGH	Gerichtshof der Europäischen Gemeinschaften
FamRZ	Zeitschrift für das gesamte Familienrecht

FamNamRG	Familiennamenrechtsgesetz
FGG	Gesetz über die Angelegenheiten der freiwilligen Gerichtsbarkeit
FPR	Familie, Partnerschaft, Recht
FS	Festschrift
FuR	Familie und Recht
GG	Grundgesetz
GleichberG	Gleichberechtigungsgesetz
IGREC	Instruction générale relative à l'état civil
IPR	Internationales Privatrecht
IPRax	Praxis des Internationalen Privat- und Verfahrensrechts
JCI	Jurisclasseur droit international
JDI	Journal du droit international
J.O.	Journal Officiel de la République Française
J.O.A.N.	Journal Officiel de l'Assemblée Nationale
Jur.	Jurisprudence
JZ	JuristenZeitung
KindRG	Kindschaftsrechtsreformgesetz
LPartG	Lebenspartnerschaftsgesetz
LRC	Ley del Registro civil
m.w.N.	mit weiteren Nachweisen
NamÄndG	Gesetz über die Änderung von Familiennamen und Vornamen
NamÄndVwV	Allgemeine Verwaltungsvorschrift zum Gesetz über die Änderung von Familiennamen und Vornamen
OWiG	Gesetz über Ordnungswidrigkeiten
PStG	Personenstandsgesetz
PStG-VwV	Allgemeine Verwaltungsvorschrift zum Personenstandsgesetz
RabelsZ	Rabels Zeitschrift für ausländisches und internationales Privatrecht
RCDIP	Revue critique de droit international privé
Rép. Int. Dalloz	Répertoire International Dalloz
RFDA	Revue française de droit administratif
RGBl.	Reichsgesetzblatt
RGZ	Entscheidungen des Reichsgerichts in Zivilsachen
RRC	Reglamento del Registro civil
RTDC	Revue trimestrielle de Droit civil
S.	Recueil général des lois et des arrêts (Sirey)
Slg.	Sammlung der Rechtsprechung des Gerichtshofes und des Gerichts erster Instanz
Somm.	Sommaires commentés
StAG	Staatsangehörigkeitsgesetz
StAZ	Das Standesamt
TGI	Tribunal de Grande Instance
türk. ZGB	Türkisches Zivilgesetzbuch
VwKostG	Verwaltungskostengesetz
ZEuP	Zeitschrift für Europäisches Privatrecht

Einleitung

In einem deutsch-französischen Online-Diskussionsforum findet sich folgender Erfahrungsbericht einer deutschen Staatsangehörigen zur Namensführung von Eheleuten in Frankreich:

„(...) habe meinen französischen Mann auf einem deutschen Standesamt geheiratet. Dort fragte man mich nach welchem Recht wir das tun wollten, die sagten nur: deutsches Recht die Frau bekommt den Namen des Mannes, französisches Recht die Frau behält ihren. Da haben wir nicht viel nachgedacht, wohnten eh schon in Frankreich und haben gesagt französisches Recht. Für uns war ja klar, dass 'selon l'usage' jeder mich mit dem Namen meines Mannes ansprechen würde, war auch so. Habe dann mit dem usuellen Namen auch unterschrieben, Chèqueshefte bekommen, Arbeitsverträge unterschrieben, Steuererklärungen gemacht und unterschrieben etc, alles kein Problem bis dahin. Eines Tages, auf der Suche nach irgendwelchen Papieren im Konsulat kam es dann ganz hart: so geht das nicht, sie haben nach französischem Recht geheiratet und heissen wie sie immer schon hiessen (...)"[1]

Dieser Forumsbeitrag veranschaulicht eine Problematik, die dem Verfasser der vorliegenden Arbeit in ihrer Tragweite erstmals während einer mehrmonatigen Tätigkeit in der Rechts- und Konsularabteilung der Deutschen Botschaft in Paris bewusst wurde: Das deutsche und das französische Familiennamensrecht weichen teilweise erheblich voneinander ab. Dies kann bei grenzüberschreitenden Sachverhalten zu Unannehmlichkeiten für die Betroffenen führen. Sie fallen nicht selten „aus allen namensrechtlichen Wolken", wenn sie etwa von einem Standes- oder Konsularbeamten darüber aufgeklärt werden, dass sie einen anderen Familiennamen tragen als sie jahrelang angenommen hatten oder dass der für ein Kind getroffenen Namensbestimmung nicht entsprochen werden kann. Im Extremfall kann aus der Unterschiedlichkeit der Rechtsordnungen auch eine sogenannte „hinkende Namensführung" resultieren. Der Betroffene heißt in einem solchen Fall in Frankreich anders als in Deutschland; sein Familienname ändert sich de facto mit jedem Grenzübertritt.

Die Erkenntnis der vielfältigen namensrechtlichen Probleme, mit denen sich deutsch-französische Familien oder in Frankreich lebende Deutsche

---

[1] Beitrag der Nutzerin „rosé" vom 23. November 2006 im deutsch-französischen Forum des Online-Wörterbuchs „Leo", abrufbar unter http://dict.leo.org/forum/viewGeneraldiscussion.php?idThread=213599&idForum=28&lp=frde&lang=de (zuletzt abgerufen am 15. Juli 2012).

konfrontiert sehen, war der Beweggrund, eine Dissertationsarbeit zum französischen und deutschen Familiennamensrecht anzufertigen.

Zwar ist sowohl das deutsche als auch das französische Familiennamensrecht bereits Gegenstand unzähliger wissenschaftlicher Abhandlungen, die teilweise auch beide Rechtsordnungen rechtsvergleichend einander gegenüberstellen.[2] Dennoch hat die vorliegende Dissertation ihre unbedingte Daseinsberechtigung im rechtswissenschaftlichen Schrifttum:

Zum einen ist das Familiennamensrecht in Deutschland und Frankreich wie auch in anderen europäischen Staaten in einem ständigen Wandel begriffen. Vor allem vor dem Hintergrund der Gleichstellung von Mann und Frau sowie von ehelichen und nicht-ehelichen Kindern hat wohl kaum eine andere Rechtsmaterie in den letzten Jahrzehnten derart häufige und weitreichende Veränderungen erfahren. Aufgrund dieser „Kurzlebigkeit" des Namensrechts ist der überwiegende Teil der Literatur in diesem Bereich längst nicht mehr auf aktuellem Stand. Eine wissenschaftliche Arbeit, die auf den bisherigen Erkenntnissen aufbaut und die neuesten Entwicklungen berücksichtigt, erschien daher erforderlich. So findet in der vorliegenden Arbeit insbesondere die grundlegende Reform des französischen Kindesnamensrechts zum 1. Januar 2005 Berücksichtigung. Sie trägt außerdem dem Umstand Rechnung, dass das nationale und internationale Namensrecht in den Mitgliedstaaten der Europäischen Union in den letzten Jahren zunehmend von der Rechtsprechung des Gerichtshofs der Europäischen Gemeinschaften beeinflusst wird.[3] In seinem *Grunkin-Paul*-Urteil vom 14. Oktober 2008 hatte dieser zuletzt festgestellt, dass der Nachname eines Kindes, der nach den Vorschriften eines EU-Mitgliedstaates erworben wurde, unter bestimmten Voraussetzungen auch dann in anderen Mitgliedstaaten anzuerkennen ist, wenn ein solcher Name bei Anwendung von deren grundsätzlich maßgeblichem nationalen Recht nicht zulässig wäre.[4] Die Hintergründe und Auswirkungen dieser Entscheidung bilden einen Schwerpunkt der vorliegenden Untersuchung.

Zum anderen beschränken sich die existierenden rechtsvergleichenden Abhandlungen zum Familiennamensrecht in Deutschland und Frankreich im Wesentlichen darauf, die Rechtslage in beiden Staaten darzustellen und auf bestehende Unterschiede hinzuweisen. Welche konkreten Probleme sich in der Praxis aus diesen Unterschieden für die Namensführung der Betroffenen in grenzüberschreitenden Sachverhalten ergeben und wie diese gelöst werden können, wird dagegen nicht beleuchtet.

---

[2] Vgl. z.B. *Blumenrath*, Namensrecht und Gleichberechtigung in Frankreich und Deutschland, Hamburg 2002.

[3] Vgl. dazu *Henrich*, Das internationale Namensrecht auf dem Prüfstand des EuGH, in: Deutsches, ausländisches und internationales Familien- und Erbrecht, 2006, S. 449–461.

[4] Vgl. EuGH, StAZ 2009, 9 ff.

Die vorliegende Arbeit wird sich daher nicht in einer umfassenden Untersuchung des nationalen und internationalen Familiennamensrechts Deutschlands und Frankreichs erschöpfen. Sie wird die Unterschiede zwischen beiden Rechtsordnungen aufzeigen und die daraus resultierenden namensrechtlichen Konflikte in Fällen mit Berührungspunkten zu beiden Staaten behandeln. Abschließend soll der Frage nachgegangen werden, wie diese Konflikte gelöst werden können, ob also etwa die Schaffung eines „einheitlichen europäischen Namensrechts" sinnvoll und realistisch erscheint.

Kapitel I

Die Grundlagen des Familiennamensrechts

Im Folgenden werden zunächst die Funktionen des Familiennamens (A) sowie die Grundbegriffe des deutschen und französischen Familiennamensrechts (B) erläutert.

A. Die Funktionen des Familiennamens

Dem Familiennamen kommen im Wesentlichen zwei Funktionen zu: Er dient zum einen der Individualisierung und Identifikation des Namensträgers (I). Zum anderen übernimmt er eine Zuordnungsfunktion (II).

I. Die Identifikations- und Individualisierungsfunktion

Nach einer Definition des Reichsgerichts ist der Name „die äußere Kennzeichnung einer Person zur Unterscheidung von anderen."[1] In dieser Definition kommt die primäre Funktion des Namens zum Ausdruck: die Individualisierung und Identifikation des Namensträgers. Die Identifikation ist dabei sowohl im Sinne einer Identifikation durch Dritte (1) als auch im Sinne einer Selbstidentifikation durch den Namensträger (2) zu verstehen.[2]

1. Die Identifikation durch Dritte

Der Name einer Person macht diese für Dritte identifizierbar. Zwar ermöglicht allein der Familienname aufgrund der Häufigkeit des Auftretens im Gegensatz zu biometrischen Merkmalen (DNA, Fingerabdruck, Gesichtsgeometrie etc.) zumeist keine eindeutige Feststellung der Identität einer Person. Dennoch ist er ein erstes Erkennungszeichen, das auf eine bestimmte Person hindeutet und durch zusätzliche Unterscheidungskriterien, wie Vornamen, Geburtsdatum und -ort, weiter konkretisiert werden kann. Gegenüber anderen Kennzeichen, die teilweise eine wesentlich zuverlässigere Identifikation erlauben, bietet der Name den Vorteil, dass er eine Person auch ansprechbar macht. So nennt man beispielsweise seinen Namen,

---

[1] RGZ 91, 350 (352); RGZ 137, 213 (215).
[2] Vgl. *Hepting*, FPR 2002, 115.

wenn man sich einem Fremden vorstellt, um dem Gegenüber zu ermöglichen, einen anzusprechen. Durch die Verwendung des Namens wird also die Kommunikation mit Dritten erleichtert.[3]

Die Identifizierbarkeit einer Person anhand ihres Namens dient nicht zuletzt auch staatlich-administrativen Interessen. Durch den Namen wird jeder Staatsbürger sowie jeder sich im Staatsgebiet aufhaltende Ausländer für die Verwaltung erfassbar.[4] Die Registrierung unter einem Namen ermöglicht die Wahrnehmung staatlicher Ordnungsaufgaben[5], wie die steuerliche Erfassung oder die Wehrerfassung. Dass der Name für den Staat ein wichtiges Hilfsmittel zur Identitätsfeststellung darstellt, wird im deutschen Recht auch aus § 111 OWiG deutlich, wonach eine Verpflichtung besteht, gegenüber Behörden und Amtsträgern hinsichtlich des Namens korrekte Angaben zu machen.

2. Die Selbstidentifikation

Der Name einer Person dient aber nicht nur der Identifikation durch Gesellschaft und Staat. Auch der Namensträger selbst identifiziert sich in aller Regel mit seinem Namen, ist dieser doch „Inbegriff seiner selbst, indem er seine kulturelle und soziale Identität symbolisiert und Herkunft, Lebensweg, persönliche Leistungen und Verdienste ebenso wie (...) Versäumnisse und Verfehlungen zu einem einzigen Begriff zusammenfasst."[6]

Das Bundesverfassungsgericht hat mehrfach klargestellt, dass der Name eines Menschen nicht nur als Unterscheidungsmerkmal dient, sondern auch Ausdruck seiner Identität und Individualität ist und ein Persönlichkeitsrecht seines Trägers darstellt.[7] Dementsprechend hat der Namensträger nicht nur das Recht, seinen Namen zu gebrauchen, sondern auch, ihn gegen die missbräuchliche Verwendung durch andere zu verteidigen.[8]

Über die Selbstidentifikation hinausgehend kann der Name ein Mittel der Selbstdarstellung sein.[9] Dies gilt auch und insbesondere für den Familiennamen. War dieser früher ein gesetzlich angeordneter Zwangsname, bestehen heute sowohl im deutschen wie auch im französischen Recht

---

[3] Vgl. *Arndt*, S. 44; *Nelle*, FamRZ 1990, 810.

[4] Vgl. *Hepting*, StAZ 1996, 2.

[5] Teilweise wird dem Namen daher auch eine eigenständige „Ordnungsfunktion" beigemessen (vgl. z.B. Palandt/*Ellenberger*, § 12 Rn. 1 unter Verweis auf BVerfG, NJW 1988, 1577). Da sich die Ordnungsfunktion des Namens jedoch aus dessen Unterscheidungskraft ergibt, kann sie als Unterfall der Identifikationsfunktion betrachtet werden (vgl. *Klippel*, S. 363).

[6] *Nelle*, FamRZ 1990, 810.

[7] Vgl. BVerfG, StAZ 1988, 164 (167); StAZ 2001, 207 (208). Allgemein zum Namen als Persönlichkeitsrecht vgl. *Sturm*, StAZ 1994, 370 ff.

[8] Vgl. § 12 BGB.

[9] Vgl. *Hepting*, StAZ 1996, 3.

zahlreiche Möglichkeiten, den Familiennamen im Rahmen der Privatautonomie selbst zu bestimmen.[10] Soweit der Familienname zur Disposition des Namensträgers steht, kann dieser mit seiner Entscheidung für oder gegen eine bestimmte Namensführung die Außenwahrnehmung seiner Person beeinflussen. So bringt etwa die Entscheidung der Eheleute für einen Ehenamen i.S.d. § 1355 BGB ihre eheliche Verbundenheit und den Willen zum Ausdruck, eine familiäre Namenseinheit herzustellen.[11] Ein geschiedener Ehegatte kann sich ganz bewusst von seinem Ex-Ehepartner distanzieren, indem er dessen als Ehenamen geführten Familiennamen nach der Scheidung ablegt.[12] Die Liste der Beispiele für eine Namenswahl als Form der Selbstdarstellung ließe sich weiter fortführen.[13]

Auf der anderen Seite sind der Selbstdarstellung über den Familiennamen aber sowohl in Deutschland als auch in Frankreich insoweit Grenzen gesetzt, als der Familienname nicht beliebig, sondern nur im Zusammenhang mit familienrechtlichen Vorgängen oder ausnahmsweise im Wege des öffentlich-rechtlichen Namensänderungsverfahrens geändert werden kann.

II. Die Zuordnungsfunktion

Durch den Familiennamen wird eine Person nicht nur individualisiert; sie lässt sich auch einem Familienverband zuordnen.[14] Schon aus dem Begriff „Familienname" wird deutlich, dass ein enger Zusammenhang zwischen Name und Familie besteht.[15] Zwar ermöglicht ein Familienname schon aufgrund der Häufigkeit der meisten Familiennamen keinen zwingenden Rückschluss auf die Zugehörigkeit zu einer bestimmten Familie. Tragen zwei Personen den gleichen Familiennamen ist dies aber zumindest ein erster Hinweis darauf, dass diese möglicherweise verwandt oder verschwägert sind.

Im deutschen Namensrecht ist allerdings die Zuordnungsfunktion des Familiennamens in den vergangenen Jahrzehnten zunehmend aufgeweicht worden. Insbesondere seit der Abschaffung des Zwangs zur Führung eines gemeinsamen Ehenamens durch das FamNamRG zum 1. April 1994 gibt der Familienname nur noch eingeschränkt Auskunft über familiäre Verhältnisse. Zeugte früher die Namensverschiedenheit von Mann und Frau untrüglich davon, dass beide nicht miteinander verheiratet waren, ist es heute keine Seltenheit mehr, dass Eheleute unterschiedliche Familiennamen tragen.

---

[10] Vgl. *Hepting*, FPR 2002, 115.
[11] Vgl. *Hepting*, FPR 2002, 119.
[12] Vgl. § 1355 Abs. 5 S. 2 BGB.
[13] Vgl. *Hepting*, StAZ 1996, 3.
[14] Vgl. *Nelle*, FamRZ 1990, 811; BGH, NJW 1953, 577.
[15] Vgl. *Hepting*, StAZ 1996, 2; *Klippel*, S. 361.

Sehr deutlich kommt die Zuordnungsfunktion des Familiennamens dagegen in den sowohl im deutschen wie auch im französischen Namensrecht bestehenden Regelungen zur einheitlichen Namensführung von Geschwistern zum Ausdruck.[16]

B. Die Grundbegriffe des Familiennamensrechts

Im Folgenden werden die im Rahmen der vorliegenden Arbeit wichtigsten Grundbegriffe des deutschen (I) und französischen Familiennamensrechts (II) erläutert.

I. Die Grundbegriffe des deutschen Familiennamensrechts

1. Der Familienname

Der Begriff des Familiennamens bezeichnet den dem Vornamen nachfolgenden Bestandteil des Personennamens. Er stellt den allgemeinen Oberbegriff für Geburts- und Ehe- bzw. Lebenspartnerschaftsnamen dar[17] und kann mit der umgangssprachlichen Bezeichnung „Nachname" gleichgesetzt werden.[18]

Die teilweise im Schrifttum vorzufindende Definition, wonach der Familienname der Name ist, unter dem die Familie einheitlich nach außen hin in Erscheinung tritt[19], war früher bereits fragwürdig, da sie nicht berücksichtigt, dass auch unverheiratete Eltern mit Kind eine Familie bilden, ohne dass die Familienmitglieder einen einheitlichen Namen tragen. Sie ist aber jedenfalls mit Inkrafttreten des FamNamRG zum 1. April 1994 und dem Entfallen der Pflicht zur Führung eines gemeinsamen Ehenamens unbrauchbar geworden.

2. Der Ehe- bzw. Lebenspartnerschaftsname

Der Ehename ist in § 1355 Abs. 1 BGB legaldefiniert als der gemeinsame Familienname von Ehegatten. Im Bereich des Ehegattennamensrechts werden die Begriffe Ehename und Familienname häufig synonym gebraucht.[20] Bei genauerer Betrachtung ist dies allerdings nicht sachgerecht, da die Begriffe nicht völlig deckungsgleich sind.

---

[16] Vgl. § 1617 Abs. 1 S. 3 BGB bzw. Art. 311-21 Abs. 3 u. Art. 311-23 Abs. 3 Cc.
[17] Vgl. *Pathe*, S. 20.
[18] So auch *Arndt*, S. 24.
[19] Vgl. *Giesen*, FuR 1993, 65; *Arndt*, S. 2.
[20] Vgl. *Arndt*, S. 24.

Zum einen kann der Ehegatte, dessen Name nicht zum Ehenamen bestimmt wird, von der Möglichkeit der Beifügung eines Begleitnamens gemäß § 1355 Abs. 4 BGB Gebrauch machen, so dass sein Familienname und der Ehename nicht identisch sind.

Zum anderen besteht seit Inkrafttreten des FamNamRG zum 1. April 1994 für Eheleute keine Pflicht zur Führung eines Ehenamens mehr. Die Ehegatten haben vielmehr die Möglichkeit, ihren jeweiligen Familiennamen auch nach der Eheschließung fortzuführen. Die Begriffe Ehename und Familienname bezeichnen demnach bei Ehegatten nur dann denselben Namen, wenn überhaupt ein Ehename bestimmt und zudem auf die Beifügung eines Begleitnamens verzichtet wurde.

Das Pendant zum Ehenamen ist für die eingetragene Lebenspartnerschaft der von den Lebenspartnern gemäß § 3 LPartG gemeinsam zu bestimmende Lebenspartnerschaftsname.

3. Der Geburtsname

Im allgemeinen Sprachgebrauch versteht man unter dem – für Frauen veraltet auch als „Mädchenname" bezeichneten – Geburtsnamen den Familiennamen, den eine Person bei der Geburt erwirbt. Diese Definition greift jedoch unter namensrechtlichen Gesichtspunkten zu kurz. Sie berücksichtigt nämlich nicht, dass sich der bei der Geburt erlangte Familienname im Laufe eines Lebens durch bestimmte familienrechtliche Rechtsakte[21] oder eine öffentlich-rechtliche Namensänderung[22] ändern kann. Hierbei mag es sich zwar rein statistisch gesehen um Randerscheinungen handeln.[23] Dennoch müssen diese Ausnahmefälle bei einer juristisch exakten Definition des Geburtsnamens berücksichtigt werden.

Da in den genannten Fällen die Namensänderung in Form einer Folgebeurkundung in das Geburtenregister einzutragen ist[24] und zum irreversiblen Verlust des zuvor geführten Geburtsnamens führt, erscheinen die personenstandsrechtlichen Eintragungen als geeignete Anknüpfung für eine Definition des Geburtsnamens. Dementsprechend hat der Gesetzgeber den Geburtsnamen für das Ehenamensrecht in § 1355 Abs. 6 BGB legaldefiniert als „Name(n), der in die Geburtsurkunde eines Ehegatten zum Zeitpunkt der Erklärung gegenüber dem Standesamt einzutragen ist." Eine über den Bereich des Ehenamensrechts hinausgehende, allgemein gültige Definition des Geburtsnamens kann daher lauten: Der Geburtsname ist der Fa-

---

[21] Zum Beispiel Namensänderung der Eltern (§ 1617c BGB), Änderung des Sorgerechts (§ 1617b BGB), Einbenennung (§ 1618 BGB), Adoption (§ 1557 Abs. 1 BGB).
[22] Vgl. § 3 NamÄndG.
[23] Vgl. *Pathe*, S. 17.
[24] Vgl. § 5 PStG bzw. § 36 Abs. 1 PStV.

milienname einer Person, der im für die Beurteilung maßgeblichen Zeitpunkt in der Geburtsurkunde eingetragen ist bzw. einzutragen wäre.

4. Der Doppelname

Unter einem Doppel- bzw. Mehrfachnamen versteht man einen Familiennamen, der aus zwei oder mehreren, meist mit Bindestrichen voneinander getrennten, Gliedern zusammengesetzt ist. Im Hinblick auf ihre Entstehung und ihre rechtliche Behandlung lassen sich zwei Kategorien von Doppelnamen unterscheiden: echte (a) und unechte Doppelnamen (b).

a) Der echte Doppelname

Unter einem echten Doppelnamen versteht man einen aus zwei oder mehreren Gliedern bestehenden Familiennamen, den der Namensträger als Einheit durch Geburt, nachgeburtliche Namensänderung oder Eheschließung erlangt.[25] Ein echter Doppelname wird grundsätzlich als untrennbare Namenseinheit behandelt, die in ihrer Gesamtheit an Nachkommen weitergegeben werden kann.

Beispiel:
Schließen Frau Schmidt und Herr Müller-Lüdenscheidt die Ehe und bestimmen den Namen des Mannes zum Ehenamen, so erwirbt Frau Schmidt den Namen *Müller-Lüdenscheidt* als echten Doppelnamen.

b) Der unechte Doppelname

Von einem unechten Doppelnamen spricht man, wenn einem ursprünglich eingliedrigen Namen ein weiterer hinzugefügt wird.[26] Im Unterschied zum echten Doppelnamen wird der unechte Doppelname also vom Namensträger nicht originär als Einheit erworben. Ein unechter Doppelname kann insbesondere bei der Eheschließung dadurch entstehen, dass der Ehegatte, dessen Name nicht gemeinsamer Ehename wird, dem Ehenamen seinen Geburtsnamen als Begleitnamen hinzufügt.[27] Auch im Rahmen der Stief-

---

[25] Vgl. *Diederichsen*, NJW 1976, 1170.
[26] Als zusätzliches Charakteristikum des unechten Doppelnamens nennt *von Sachsen Gessaphe*, dass die Verbindung der Namen vom Namensträger wieder aufgelöst werden kann (vgl. MüKo/*von Sachsen Gessaphe*, Vorbem. zu §§ 1616-1625 BGB, Rn. 13). Dies trifft indes nur für die Verbindung von Ehenamen und Begleitnamen zu (§ 1355 Abs. 4 S. 4 BGB), nicht aber für den im Rahmen der Stiefkindeinbenennung nach § 1618 S. 2 BGB gebildeten Doppelnamen, welchen auch *von Sachsen Gessaphe* selbst als unechten Doppelnamen qualifiziert (vgl. MüKo/*von Sachsen Gessaphe*, § 1618 Rn. 32).
[27] Vgl. § 1355 Abs. 4 BGB.

kindeinbenennung bzw. der Adoption ist die Entstehung unechter Doppelnamen möglich.[28]

Die vor allem in älteren Abhandlungen zum Namensrecht häufig zu lesende Aussage, der unechte Doppelname sei im Gegensatz zum echten Doppelnamen nicht übertragbar[29], ist nach heutiger Rechtslage in dieser Pauschalität nicht mehr zutreffend. Zwar kann ein aus Ehename und Begleitname bestehender unechter Doppelname nicht an die gemeinsamen Kinder der Ehegatten weitergegeben werden, da diese gemäß § 1616 BGB allein den Ehenamen als Geburtsnamen erhalten. Das Gesetz lässt aber in verschiedenen Fallkonstellationen die Übertragung des aktuell geführten Namens und somit auch eines unechten Doppelnamens zu. So können Ehegatten beispielsweise gemäß § 1355 Abs. 2 BGB den von einem Ehepartner aufgrund einer früheren Eheschließung geführten unechten Doppelnamen zum Ehenamen bestimmen und diesen gemäß § 1616 BGB an ihre Kinder weitergeben. Auch über § 1617 Abs. 1 S. 1 bzw. § 1617a Abs. 1 BGB kann der unechte Doppelname eines Elternteils als dessen aktuell geführter Name zum Geburtsnamen des Kindes werden. In diesen Fällen „mutiert" der unechte Doppelname in der Person des Namensempfängers zum echten Doppelnamen.[30]

Beispiel:
Schließen Frau Müller und Herr Lüdenscheidt die Ehe und bestimmen den Namen des Mannes zum Ehenamen, so kann Frau Müller dem Ehenamen ihrem Geburtsnamen beifügen und somit den Namen *Müller-Lüdenscheidt*[31] als unechten Doppelnamen führen. Im Falle der Scheidung könnte Frau Müller-Lüdenscheidt ihren Namen behalten und diesen in einer neuen Ehe gemeinsam mit ihrem Ehemann zum Ehenamen bestimmen. Sowohl der neue Ehemann als auch gemeinsame Kinder würden den Namen *Müller-Lüdenscheidt* als echten Doppelnamen erwerben.

5. Der Begleitname

Unter einem Begleitnamen ist ein Name zu verstehen, der dem bislang vom Namensträger geführten Namen hinzugefügt wird, so dass ein unechter Doppelname entsteht. Die häufigste Form des Begleitnamens ist der dem Ehenamen vorangestellte oder angefügte Name desjenigen Ehegatten, dessen Name nicht zum Ehenamen bestimmt wurde.[32] Außerdem ist die Hinzufügung eines Begleitnamens im Rahmen der Stiefkindeinbenennung sowie bei der Adoption möglich.[33]

---

[28] Vgl. § 1618 S. 2 BGB bzw. § 1757 Abs. 4 S. 1 Nr. 2 BGB.
[29] Vgl. z.B. *Pathe*, S. 22.
[30] Vgl. z.B. MüKo/*von Sachsen Gessaphe*, § 1617 Rn. 16.
[31] Oder *Lüdenscheidt-Müller*.
[32] Vgl. § 1355 Abs. 4 S. 1 BGB. Für die eingetragene Lebenspartnerschaft findet sich eine entsprechende Regelung in § 3 Abs. 2 LPartG.
[33] Vgl. § 1618 S. 2 BGB bzw. § 1757 Abs. 4 S. 1 Nr. 2 BGB.

Beispiel:
Fügt Frau Müller dem Ehenamen *Lüdenscheidt* ihren Geburtsnamen bei, so ist *Müller* der Begleitname.

II. Die Grundbegriffe des französischen Familiennamensrechts

1. Der nom de famille

Mit dem Begriff *nom de famille* wird im französischen Namensrecht der Familienname einer Person bezeichnet. Diese Bezeichnung trat im Zuge der zum 1. Januar 2005 in Kraft getretenen Reform des Familiennamensrechts an die Stelle des früher vom Gesetzgeber verwendeten Terminus *nom patronymique* (Vatername), in welchem der bis dato geltende Namensvorrang des Vaters zum Ausdruck kam.

2. Der nom d'usage

Der *nom d'usage* bezeichnet einen vom *nom de famille* verschiedenen Gebrauchsnamen[34], unter dem eine Person im alltäglichen Leben auftritt. Der Gebrauchsname ist kein Name im personenstandsrechtlichen Sinn und wird dementsprechend nicht in Personenstandsurkunden eingetragen. Er wird allein aufgrund eines Gebrauchsrechts geführt und kann jederzeit angenommen, gewechselt oder abgelegt werden. Eine Weitergabe des Gebrauchsnamens an Nachkommen ist nicht möglich.[35]

Der Gebrauchsname existiert im französischen Recht in zwei Formen: Zum einen haben Ehegatten das Recht, den Namen des jeweils anderen Ehegatten als Gebrauchsnamen zu führen (a). Zum anderen kann ein aus den Namen der Eltern zusammengesetzter Doppelname als Gebrauchsname geführt werden (b).

a) Der Ehegattengebrauchsname[36]

Das französische Recht kennt keinen Ehenamen. Die Ehegatten führen somit auch nach der Eheschließung ihren jeweiligen Familiennamen weiter. Aufgrund eines entsprechenden Gewohnheitsrechts besteht jedoch die Möglichkeit, den Namen des Ehegatten als Gebrauchsnamen zu tragen. Der Ehegattengebrauchsname wird grundsätzlich gebildet, indem der Name des Ehegatten dem eigenen Namen beigefügt wird. Die Ehefrau kann

---

[34] Auf die wörtliche Übersetzung mit „Gebrauchsname" wird in der Literatur nahezu einheitlich zurückgegriffen (vgl. z.B. *Giesen*, FuR 1993, 76; *Despeux*, StAZ 2000, 197, Fn. 24). Sie wird der Funktion und Entstehung des *nom d'usage* am ehesten gerecht (vgl. *Blumenrath*, S. 36 u. 40).

[35] Vgl. Murat/*Lamarche*, Ziff. 116.152; *Malaurie-Vignal*, D. 2009, Rn. 5.

[36] Im Französischen von *Scherer* als *nom d'usage matrimonial* bezeichnet (vgl. *Scherer*, Rn. 49). Eine ausführliche Darstellung findet sich auf S. 40 ff.

sich stattdessen auch dafür entscheiden, als Gebrauchsnamen allein den Namen ihres Mannes zu führen.[37] In Frankreich nimmt traditionell die Ehefrau den Mannesnamen als Gebrauchsnamen an. Lediglich in einigen Regionen Nordfrankreichs ist es üblich, dass der Mann seinem Namen den Familiennamen der Ehefrau beifügt.[38]

Beispiel:
Schließen Frau Dubois und Herr Meunier die Ehe, können beide Ehegatten die Namen *Dubois-Meunier* oder *Meunier-Dubois* als Gebrauchsnamen führen. Für Frau Dubois besteht daneben die Möglichkeit, im alltäglichen Leben unter dem Namen *Meunier* aufzutreten.

b) Der Gebrauchsname i.S.d. Art. 43 des Gesetzes vom 23.12.1985

Eine weitere Erscheinungsform des Gebrauchsnamens[39] wurde durch das Gesetz Nr. 85-1372 vom 23. Dezember 1985[40] geschaffen. Dessen Art. 43 räumt jeder volljährigen Person das Recht ein, ihrem Namen als Gebrauchsnamen den Namen desjenigen Elternteils hinzuzufügen, der ihr seinen Namen nicht übertragen hat.

Beispiel:
Frau Dubois, Tochter von Herrn Dubois und Frau Meunier, kann den Namen *Dubois-Meunier* oder *Meunier-Dubois* als Gebrauchsnamen führen.

Im Gegensatz zum Ehegattengebrauchsnamen hat der Gebrauchsname i.S.d. Art. 43 des Gesetzes vom 23. Dezember 1985 in der französischen Bevölkerung von Anfang an nur wenig Zuspruch erfahren. Mit Inkrafttreten der letzten umfassenden Reform des Familiennamensrechts zum 1. Januar 2005 hat er noch weiter an Bedeutung verloren, da Eltern nunmehr ihrem Kind ohnehin einen aus den elterlichen Namen zusammengesetzten Doppelnamen erteilen können.[41]

---

[37] Vgl. *Circulaire du 26 juin 1986 relative à la mise en œuvre de l'article 43 de la loi n° 85-1372 du 23 décembre 1985* (J.O. vom 3. Juli 1986, S. 8245 ff.), Ziff. 1.2. Abs. 1 lit. a) u. b); *Arrêté du 1er juin 2006 fixant le modèle de livret de famille* (J.O. vom 2. Juni 2006, Text 23), Anhang II (*Informations spécifiques aux époux*).

[38] Murat/*Lamarche*, Ziff. 116.141.

[39] Im Französischen von *Scherer* als *nom d'usage général* bezeichnet (vgl. *Scherer*, Rn. 49). Eine ausführliche Darstellung des Gebrauchsnamens i.S.d. Art. 43 des Gesetzes vom 23. Dezember 1985 findet sich auf S. 77 ff.

[40] *Loi n° 85-1372 du 23 décembre 1985 relative à l'égalité des époux dans les régimes matrimoniaux et des parents dans la gestion des biens des enfants mineurs*, J.O. vom 26. Dezember 1985, S. 15111 ff.

[41] Vgl. Art. 311-21 Abs. 1 S. 1 Hs. 2 bzw. Art. 311-23 Abs. 2 S. 1 Cc.

3. Der *nom composé*

Unter einem *nom composé* ist ein aus mehreren Namensbestandteilen zusammengesetzter Familienname zu verstehen, der nicht durch eine elterliche Namensbestimmung gemäß Art. 311-21 Cc bzw. Art. 311-23 Abs. 2 Cc zustande gekommen ist, sondern schon vor der Namensrechtsreform von 2005 in dieser Form existiert hat. Hierbei kann es sich beispielsweise um Adelsnamen handeln oder um zusammengesetzte Namen, die infolge einer Adoption entstanden sind.[42] Die Namensbestandteile können durch einen einfachen Bindestrich voneinander getrennt sein (z.B. *Chaban-Delmas*) oder nicht (z.B. *Giscard d'Estaing*).

Im Gegensatz zum nur eingeschränkt übertragbaren *double nom* stellt der *nom composé* eine untrennbare Namenseinheit dar, die (nur) in ihrer Gesamtheit an die Nachkommen weitergegeben werden kann.[43] Dementsprechend kann der *nom composé* ohne weiteres zum Bestandteil eines Kindesdoppelnamens bestimmt werden. Frau Chaban-Delmas und Herr Dreyfus-Schmitt könnten beispielsweise ihrem Kind den Namen *Chaban-Delmas Dreyfus-Schmitt* erteilen.[44] In diesem Fall ist es nicht erforderlich, aber auch nicht zulässig, auf einen Bestandteils des elterlichen Doppelnamens zu verzichten (z.B. *Chaban-Delmas Schmitt*). Letztlich wird der *nom composé* genauso behandelt wie ein „normaler" eingliedriger Familienname.

4. Der *double nom*

Als *double nom* wird ein Familienname bezeichnet, der sich aus den Familiennamen der Mutter und des Vaters zusammensetzt. Einen solchen Doppelnamen können Eltern grundsätzlich seit dem 1. Januar 2005 zum Familiennamen ihres Kindes bestimmen.[45]

Der *double nom* ist vom ebenfalls mehrgliedrigen *nom composé* zu unterscheiden. Diese Abgrenzung ist von entscheidender Bedeutung, da der *double nom* nicht uneingeschränkt übertragbar ist. Während der *nom composé* eine untrennbare Namenseinheit darstellt, die stets im Ganzen auf die Nachkommen übertragen wird, kann der *double nom* in der Folgegeneration nicht zum Bestandteil eines Doppelnamens werden. Wollen die Eltern ihrem Kind einen aus ihren Familiennamen zusammengesetzten *double nom* erteilen und trägt ein Elternteil seinerseits bereits einen *double*

---

[42] Vgl. *Massip*, Defrénois 2005, Rn. 11.
[43] Vgl. Circulaire CIV 2004-18, B.O. n° 96, S. 3.
[44] Vgl. *Nast*, StAZ 2004, 293.
[45] Vgl. Art. 311-21 Abs. 1 S. 1 Hs. 2 bzw. Art. 311-23 Abs. 2 S. 1 Cc.

*nom*⁴⁶, so kann nur ein Bestandteil des elterlichen Doppelnamens an das Kind weitergegeben werden.⁴⁷ Der elterliche Doppelname kann nur dann im Ganzen vom Kind erworben werden, wenn er als solcher zum Familiennamen des Kindes bestimmt wird und nicht Bestandteil eines Doppelnamens werden soll.

Um einen *double nom* unproblematisch von einem *nom composé* unterscheiden zu können, wurden die Namensbestandteile des *double nom* in der standesamtlichen Praxis zunächst durch einen doppelten Bindestrich voneinander getrennt (z.B. *Dupont--Martin*). Die Verwendung dieses Unterscheidungsmerkmals ist jedoch infolge einer Entscheidung des *Conseil d'Etat* vom 4. Dezember 2009, worin dieser den Doppelbindestrich mangels gesetzlicher Grundlage für unzulässig erklärt hatte⁴⁸, aufgegeben worden, so dass eine Unterscheidung vom *nom composé* allein anhand der Schreibweise nicht mehr möglich ist.⁴⁹

In der Praxis machen bislang nur vergleichsweise wenige Elternpaare von der Möglichkeit Gebrauch, ihrem Kind einen *double nom* zu erteilen.⁵⁰

5. Der nom légal

Der Begriff *nom légal* wird häufig verwendet, um den Namen zu bezeichnen, den eine Person aus personenstandsrechtlicher Sicht offiziell führt. Dieser Name wird in die Personenstandsurkunden eingetragen und kann an Nachkommen weitergegeben werden. Der *nom légal* bildet also das Gegenstück zum *nom d'usage*, der nicht tradierbar und einer Eintragung in eine Personenstandsurkunde nicht fähig ist.

---

⁴⁶ Da der *double nom* grundsätzlich nur von seit dem 1. Januar 2005 geborenen Personen geführt werden kann (zu einer Übergangsregelung für nach dem 1. September 1990 geborene Personen vgl. S. 72 ff.), ist die Frage der Übertragbarkeit auf deren Kinder derzeit noch rein theoretischer Natur.

⁴⁷ Vgl. Art. 311-21 Abs. 1 S. 1 Hs. 2 a.E. bzw. Art. 311-23 Abs. 2 S. 1 Cc. Diese Vorschriften sollen die Entstehung von theoretisch in jeder Generation verlängerbaren Namensketten verhindern.

⁴⁸ *Conseil d'Etat*, Entscheidung Nr. 315818 vom 4. Dezember 2009, AJDA 2009 D. 2010, S. 15.

⁴⁹ Zur Schreibweise des *double nom* vgl. die ausführliche Darstellung auf S. 55 ff.

⁵⁰ In den ersten vier Jahren seit Inkrafttreten der Namensrechtsreform zum 1. Januar 2005 wurde frankreichweit lediglich in 5% (in Paris: 9%) der Fälle ein Doppelname zum Kindesnamen bestimmt (vgl. *Robert-Diard*, Le Monde, 26. Dezember 2008, S. 9). Zur Unbeliebtheit des neuen Doppelnamens vgl. auch *Legrand*, La Croix, 29. November 2006, S. 13 f. („*Le double nom n'est pas populaire*").

Kapitel II

Das nationale Familiennamensrecht in Deutschland und Frankreich

Bevor ein Vergleich zwischen dem nationalen Familiennamensrecht Deutschlands und Frankreichs gezogen werden kann (C), ist es zunächst erforderlich, einen Überblick über die geschichtliche Entwicklung sowie den Inhalt der Regelungen des deutschen (A) und des französischen Familiennamensrechts (B) zu geben.

A. Das deutsche Familiennamensrecht

I. Die historische Entwicklung des Familiennamensrechts in Deutschland[1]

1. Das Ehe- und Kindesnamensrecht zu Beginn des 20. Jahrhunderts

Durch das am 1. Januar 1900 in Kraft getretene Bürgerliche Gesetzbuch vom 18. August 1896[2] wurde das Ehe- und Kindesnamensrecht erstmals für das gesamte Deutsche Reich einheitlich geregelt.[3]

Hinsichtlich der Auswirkungen der Eheschließung auf die Namensführung der Nupturienten traf § 1355 BGB a.F.[4] folgende Regelung: „Die Frau erhält den Familiennamen des Mannes." Der selbstverständliche Vorrang des Mannesnamens war Ausdruck der zu Beginn des 20. Jahrhunderts vorherrschenden hierarchisch-patriarchalischen Familienstruktur.[5] In der Gesetzesbegründung heißt es demgemäß auch schlicht: „Die Stellung des

---

[1] Die folgende Übersicht beschränkt sich auf die Grundzüge der historischen Entwicklung des Namensrechts in Deutschland seit Inkrafttreten des BGB. Eine bis in die Antike zurückgehende Darstellung der Historie des deutschen Namensrechts liefern z.B. *Westermann-Reinhardt*, S. 84 ff. und *Giesen*, FuR 1993, 65 ff.

[2] RGBl. I 1896, 195 ff.

[3] Vgl. *Westermann-Reinhardt*, S. 90.

[4] Auf den Zusatz „a.F." wird im Folgenden aus Gründen der besseren Lesbarkeit verzichtet. Aus dessen Fehlen möge daher nicht geschlossen werden, die jeweilige Vorschrift sei noch heute unverändert in Kraft.

[5] Vgl. *Gaaz*, StAZ 2006, 158.

Ehemannes bringt es mit sich, daß die Ehefrau den Familiennamen des Ehemannes erhält."[6]

Im Falle der Scheidung behielt die Ehefrau grundsätzlich den Mannesnamen.[7] Hatte sie allerdings die Scheidung der Ehe allein verschuldet, so war der Mann berechtigt, ihr die Fortführung „seines" Namens zu untersagen.[8]

Die Namensführung ehelicher Kinder war in § 1616 BGB geregelt, der mit der gleichen Selbstverständlichkeit wie § 1355 BGB anordnete: „Das Kind erhält den Familiennamen des Vaters."

Uneheliche Kinder führten gemäß § 1706 Abs. 1 BGB den Namen der Mutter.[9] Heiratete die Mutter den Vater des Kindes, so erwarb dieses gemäß § 1719 BGB den Status eines ehelichen Kindes und erhielt folglich gemäß § 1616 BGB den Vaternamen. Im Fall der Eheschließung mit einem Mann, der nicht der Vater des Kindes war, konnte dieser dem Kind im Wege der sog. „Stiefkindeinbenennung" gemäß § 1706 Abs. 2 S. 2 BGB seinen Namen erteilen, sofern Mutter und Kind dem Namenswechsel zustimmten.

Die namensrechtlichen Regelungen des BGB in seiner ursprünglichen Fassung waren bis in die fünfziger Jahre hinein weitestgehend akzeptiert.[10]

2. Das Gleichberechtigungsgesetz

Erst mit Inkrafttreten des Grundgesetzes im Jahr 1949 setzte eine ernstzunehmende Diskussion um das geltende Ehe- und Familiennamensrecht ein. Insbesondere die Frage, ob die Ehenamensregelung des § 1355 BGB im Hinblick auf die in Art. 3 Abs. 2 GG normierte Gleichberechtigung von

---

[6] Motive zu dem Entwurfe eines Bürgerlichen Gesetzbuches für das Deutsche Reich, Band IV, Familienrecht, 2. Auflage (1896), S. 106.

[7] Vgl. § 1577 Abs. 1 BGB i.d.F. vom 18. August 1896. Gemäß § 1577 Abs. 2 BGB konnte sie stattdessen auch ihren Mädchennamen oder einen früher geführten Ehenamen wieder annehmen, wenn sie die Scheidung der früheren Ehe nicht allein verschuldet hatte.

[8] Vgl. § 1577 Abs. 3 BGB i.d.F. vom 18. August 1896. Diese Untersagungsmöglichkeit wurde durch das Ehegesetz von 1938 sogar noch verschärft. Gemäß § 65 Abs. 1 EheG i.d.F. vom 6. Juli 1938 konnte das Vormundschaftsgericht der Frau auf Antrag des Mannes die Weiterführung des Mannesnamens untersagen, wenn diese sich nach der Scheidung einer „schweren Verfehlung" gegen den Mann schuldig machte oder einen „ehrlosen oder unsittlichen Lebenswandel" führte (vgl. RGBl. I 1938, 814).

[9] Damit war gemäß § 1706 Abs. 2 S. 1 BGB i.d.F. vom 18. August 1896 der Geburtsname der Mutter gemeint. Wenn sie diesen aufgrund einer vorangegangenen Ehe nicht mehr führte, kam es folglich zu Namensabweichungen zwischen Mutter und Kind.

[10] Vgl. *Giesen*, FuR 1993, 69; *Westermann-Reinhardt*, 91.

Mann und Frau reformbedürftig sei[11], war heftig umstritten.[12] Vorläufiges Ergebnis dieser namensrechtlichen Reformdiskussion war die Neufassung des § 1355 BGB durch das Gleichberechtigungsgesetz vom 18. Juni 1957[13], das am 1. Juli 1958 in Kraft trat. Ehe- und Familienname war danach zwar weiterhin der Name des Mannes. Der Frau war es aber fortan – in Altehen auch rückwirkend[14] – gestattet, dem Mannesnamen ihren Mädchennamen hinzuzufügen.[15]

Vom Gleichberechtigungsgesetz weitestgehend unberührt blieb die Namensführung der Kinder.[16] Auch weiterhin erhielten eheliche Kinder mit der Geburt automatisch den Namen des Vaters, während uneheliche Kinder den Geburtsnamen der Mutter erwarben.

Angesichts der nach wie vor bestehenden Privilegierung des Mannesnamens rissen die Diskussionen um eine Reformierung des Ehenamensrechts in der Folgezeit des Gleichberechtigungsgesetzes nicht ab. Während Teile der Rechtswissenschaft der Auffassung waren, der Gleichberechtigung der Frau sei nunmehr mit der Möglichkeit der Hinzufügung des Mädchennamens Genüge getan[17] und sich durch höchstrichterliche Rechtsprechung bestätigt sahen[18], äußerte das Bundesverfassungsgericht im Jahr 1963 erstmals Zweifel an der Verfassungsmäßigkeit des § 1355 BGB in der Fassung des Gleichberechtigungsgesetzes.[19]

---

[11] Die Frage der Reformbedürftigkeit stellte sich insbesondere wegen Art. 117 Abs. 1 GG, wonach alle gleichberechtigungswidrigen gesetzlichen Regelungen mit Ablauf des 31. März 1953 außer Kraft treten sollten (vgl. BGBl. I 1949, S. 16).

[12] Vgl. die ausführliche Darstellung des Meinungsstreits bei *Giesen*, FuR 1993, 69 f.

[13] Gesetz über die Gleichberechtigung von Mann und Frau auf dem Gebiete des bürgerlichen Rechts (GleichberG) vom 18. Juni 1957, BGBl. I 1957, S. 609 ff.

[14] Vgl. Art. 8 Nr. 1 GleichberG.

[15] Vgl. § 1355 S. 2 BGB i.d.F. des GleichberG. Diese Möglichkeit bestand zwar grundsätzlich auch ohne gesetzliche Regelung bereits seit der Weimarer Republik. Es bedurfte jedoch einer Genehmigung durch den Ehemann (vgl. *Westermann-Reinhardt*, S. 91).

[16] Lediglich die Regelungen zur Namensführung des Adoptivkindes wurden dahingehend geändert, dass das Kind im Falle einer Adoption durch eine Frau nunmehr auch einen von dieser erheirateten Namen führen durfte (vgl. § 1758 Abs. 2 BGB i.d.F. des GleichberG).

[17] Vgl. z.B. *Graf v. Bernstorff*, FamRZ 1963, 112.

[18] In einer Entscheidung des Bundesgerichtshofs aus dem Jahr 1957 heißt es, die Übernahme des Mannesnamens durch die Frau entspreche „der natürlichen Aufgabenteilung in der Ehe" (vgl. BGHZ 25, 163 [168]). Das Bundesverwaltungsgericht war der Ansicht, die Festlegung des Mannesnamens als gemeinsamer Ehe- und Familienname entspreche der „dem Namen innewohnenden Ordnungsfunktion" sowie dem „christlich-abendländischen Vorstellungsbild" der Ehe (vgl. BVerwG, NJW 1960, 449 [450]).

[19] Vgl. BVerfG, NJW 1964, 291.

3. Das Nichtehelichengesetz

Durch das Nichtehelichengesetz vom 19. August 1969[20], in Kraft getreten am 1. Juli 1970, wurde die Namensführung nichtehelicher[21] Kinder neu geregelt. § 1617 Abs. 1 BGB sah nunmehr vor, dass das nichteheliche Kind den Familiennamen erhielt, den die Mutter zur Zeit der Geburt des Kindes führte. Durch diese Neuregelung sollte die nach früherem Recht mögliche Namensverschiedenheit zwischen Mutter und Kind[22] und die damit einhergehende „Brandmarkung"[23] nichtehelicher Kinder vermieden werden. Nach § 1618 BGB hatte fortan neben dem Stiefvater auch der leibliche Vater des Kindes die Möglichkeit, dem unehelich geborenen Kind seinen Namen zu erteilen. Voraussetzung hierfür war die Einwilligung des Kindes und der Mutter.

4. Das 1. Eherechtsreformgesetz

Im Zuge einer umfassenden Reformierung des Ehe- und Familienrechts durch das am 1. Juli 1976 in Kraft getretene 1. Eherechtsreformgesetz vom 14. Juni 1976[24] erfuhr das deutsche Familiennamensrecht weitere Änderungen.

Nachdem sich in der namensrechtlichen Debatte, die auch nach der Neufassung des Ehenamensrechts durch das Gleichberechtigungsgesetz von 1957 fortgeführt worden war, die Auffassung durchgesetzt hatte, die Privilegierung des Mannesnamens in § 1355 BGB i.d.F. des GleichberG sei verfassungswidrig[25], wurde die Vorschrift dahingehend geändert, dass die Ehegatten nunmehr als Ehenamen statt des Geburtsnamens des Mannes auch den Geburtsnamen der Frau wählen konnten.[26] Der Geburtsname des Mannes wurde allerdings dann automatisch zum Ehenamen, wenn die Ehegatten keine Bestimmung über den Ehenamen trafen.[27]

---

[20] Gesetz über die rechtliche Stellung der nichtehelichen Kinder vom 19. August 1969, BGBl. I 1969, S. 1243 ff.

[21] Der zuvor vom Gesetzgeber verwendete Begriff der „Unehelichkeit" wurde im Zuge des Nichtehelichengesetzes durch den Begriff der „Nichtehelichkeit" ersetzt.

[22] Nach der Vorgängerregelung des § 1706 Abs. 1 BGB i.d.F. vom 18. August 1896 erhielt das nichteheliche Kind stets den Geburtsnamen der Mutter, und zwar gemäß § 1706 Abs. 2 S. 1 BGB auch dann, wenn die Mutter selbst diesen infolge einer Eheschließung nicht mehr führte.

[23] *Spiegelhalder*, FPR 2010, 2.

[24] Erstes Gesetz zur Reform des Ehe- und Familienrechts (EheRG) vom 14. Juni 1976, BGBl. I 1976, S. 1421 ff. Für eine umfassende Darstellung der namensrechtlichen Neuregelungen des EheRG vgl. z.B. *Diederichsen*, NJW 1976, 1169 ff.

[25] Vgl. z.B. *Ramm*, FamRZ 1963, 337; *Brintzinger*, StAZ 1970, 95.

[26] Vgl. § 1355 Abs. 2 S. 1 BGB i.d.F. des EheRG.

[27] Vgl. § 1355 Abs. 2 S. 2 BGB i.d.F. des EheRG.

Demjenigen Ehegatten, dessen Geburtsname nicht Ehename wurde, wurde in § 1355 Abs. 3 BGB fortan die Möglichkeit eingeräumt, dem Ehenamen seinen Geburtsnamen oder zur Zeit der Eheschließung geführten Namen voranzustellen.[28]

Der verwitwete oder geschiedene Ehegatte hatte nach der Neuregelung ein uneingeschränktes Recht, den Ehenamen weiterzuführen[29], konnte sich aber auch jederzeit dafür entscheiden, seinen Geburtsnamen oder den vor der Eheschließung geführten Namen wieder anzunehmen.[30]

Auch das Kindesnamensrecht erfuhr durch das EheRG einige Änderungen: Die ehelichen Kinder erwarben gemäß § 1616 BGB i.d.F. des EheRG fortan mit der Geburt nicht mehr zwingend den Namen des Vaters, sondern den Ehenamen der Eltern, welcher nach der Neufassung des § 1355 BGB auch der Geburtsname der Frau sein konnte.

Für nichteheliche Kinder blieb es gemäß § 1617 Abs. 1 S. 1 BGB beim Erwerb des Namens, den die Mutter im Zeitpunkt der Geburt führt.[31] § 1617 Abs. 3 BGB legte nunmehr ausdrücklich fest, dass sich eine Änderung des Familiennamens der Mutter infolge einer Eheschließung nicht auf das Kind erstreckt.[32] Um dennoch Namensgleichheit innerhalb der Familie erzielen zu können, bestand nach wie vor die Möglichkeit der Einbenennung gemäß § 1618 BGB.[33]

---

[28] Von dieser Möglichkeit konnten nach Art. 12 Nr. 2 des EheRG auch Ehefrauen nachträglich Gebrauch machen, die ihren Mädchennamen nach der Vorgängerregelung (§ 1355 Abs. 2 BGB i.d.F. des GleichberG) dem Ehenamen als Begleitnamen angefügt hatten.

[29] Vgl. § 1355 Abs. 4 S. 1 BGB i.d.F. des EheRG. Die heftig kritisierten (vgl. z.B. *Simitis*, StAZ 1969, 275 ff.) Regelungen der §§ 56, 57 EheG i.d.F. vom 20. Februar 1946, wonach der Mann der geschiedenen Ehefrau die Führung „seines" Namens untersagen (lassen) konnte, wenn sie die Scheidung allein verschuldet, sich nach der Ehe einer „schweren Verfehlung" gegen den Mann schuldig gemacht oder einen „unsittlichen oder ehrlosen Lebenswandel" geführt hatte, wurden in Konsequenz der Abkehr vom Schuldprinzip im Scheidungsrecht für wirkungslos erklärt (vgl. Art. 3 Nr. 1 EheRG).

[30] Vgl. § 1355 Abs. 4 S. 2 BGB i.d.F. des EheRG. Ein Recht der geschiedenen Ehefrau zur Wiederannahme des Geburtsnamens oder eines früheren Ehenamens sah zwar grundsätzlich auch die Vorgängerregelung (§ 55 Abs. 1 EheG) vor. Die Wiederannahme des früheren Ehenamens war jedoch ausgeschlossen, wenn die geschiedene Ehefrau die Scheidung der früheren Ehe allein oder weit überwiegend verschuldet hatte (§ 55 Abs. 2 EheG). Außerdem hatte der frühere Ehemann unter den Voraussetzungen des § 55 Abs. 1 EheG ein Recht zur Untersagung der Wiederannahme „seines" Namens (§ 57 Abs. 2 EheG).

[31] Für den Fall, dass die Mutter einen Ehenamen führt, stellte § 1617 Abs. 1 S. 2 BGB i.d.F. des GleichberG klar, dass dieser vom Kind ohne den ggf. vorangestellten Begleitnamen i.S.d. § 1355 Abs. 3 BGB erworben wird.

[32] Durch diese Regelung sollte in „Stiefkinderfällen" verhindert werden, dass dem Stiefvater eine Namensgleichheit mit seinen Stiefkindern und damit der Anschein ehelicher Abstammung von ihm aufgedrängt wird (vgl. *Coester*, StAZ 1990, 289).

[33] Nach der Neufassung des § 1618 Abs. 1 BGB durch das EheRG erfolgte die Namenserteilung allerdings nunmehr durch die Mutter und deren Ehemann gemeinsam.

Im Fall der Legitimation des nichtehelichen Kindes durch Eheschließung der Eltern erwarb das Kind nur dann gemäß § 1719 i.V.m. § 1616 BGB automatisch den Ehenamen der Eltern, wenn es noch nicht 14 Jahre alt war. Ab Vollendung des 14. Lebensjahres konnte sich das Kind nunmehr gemäß § 1720 S. 1 BGB entscheiden, ob es sich der Namensänderung anschließen wollte.

5. Das Ehenamensänderungsgesetz

Im Hinblick auf den Gleichberechtigungsgrundsatz des Art. 3 Abs. 2 GG war durch das EheRG zwar die Möglichkeit geschaffen worden, auch den Geburtsnamen der Ehefrau zum Ehenamen zu bestimmen. Der Gesetzgeber hatte jedoch davon abgesehen, in das EheRG eine Übergangsregelung für vor dem Inkrafttreten der Neuregelung am 1. Juli 1976 geschlossene Ehen aufzunehmen.[34] Dieser Ausschluss des nachträglichen Wahlrechts für Altehen wurde vom Bundesverfassungsgericht mit Beschluss vom 31. Mai 1978[35] für verfassungswidrig erklärt, soweit zwischen dem 1. April 1953 und dem 30. Juni 1976 geschlossene Ehen betroffen waren.[36] Der Bundesgesetzgeber wurde zum Erlass einer Übergangsregelung verpflichtet. Diesem Gebot kam der Gesetzgeber durch das Ehenamensänderungsgesetz vom 27. März 1979[37] nach, welches am 1. Juli 1979 in Kraft trat.

Gemäß Art. 1 § 1 Abs. 1 EheNÄndG konnten Ehegatten, die vor dem 1. Juli 1976 geheiratet hatten, innerhalb einer Übergangsfrist von einem Jahr nach Inkrafttreten des EheNÄndG, das heißt bis zum 30. Juni 1980, nachträglich den Geburtsnamen der Frau zum Ehenamen bestimmen.[38] Gemeinsame Kinder unter 14 Jahren folgten einer solchen nachträglichen Namensänderung gemäß § 1616 BGB automatisch.[39] Auf Kinder, welche

---

[34] Die im Gesetzesentwurf der Bundesregierung (BT-Drs. 7/650) vorgesehene Übergangsregelung war am Einspruch des Bundesrates gescheitert (vgl. *Wacke*, NJW 1979, 1439).

[35] BVerfGE 48, 327 ff = NJW 1992, 1602 ff.; vgl. hierzu auch die Urteilsanmerkung von *Heldrich*, NJW 1992, 294 f.

[36] Zur Begründung führte das BVerfG aus, § 1355 BGB habe sowohl in der ursprünglichen Fassung vom 18. August 1896 als auch in der Fassung des GleichberG gegen den Gleichberechtigungsgrundsatz des Art. 3 Abs. 2 GG verstoßen und sei deshalb gemäß Art. 117 Abs. 1 GG seit dem 1. April 1953 außer Kraft gesetzt (vgl. BVerfGE 48, 340).

[37] Gesetz über die Änderung des Ehenamens (Ehenamensänderungsgesetz – EheNÄndG) vom 27. März 1979, BGBl. I 1979, S. 401 f. Einen Überblick über die Regelungen des EheNÄndG gibt *Wacke*, NJW 1979, 1439 ff.

[38] Das nachträgliche Wahlrecht wurde mithin auch Ehegatten gewährt, die vor dem 1. April 1953 geheiratet hatten, obgleich dies verfassungsrechtlich nicht geboten gewesen wäre (vgl. BVerfGE 48, 341; *Wacke*, NJW 1979, 1440).

[39] Vgl. *Wacke*, NJW 1979, 1440.

das 14. Lebensjahr vollendet hatten, erstreckte sich die Namensänderung der Eltern nur dann, wenn sie sich dieser anschlossen.[40]

6. Die Entscheidung des BVerfG vom 5.3.1991

Trotz der Nachbesserung durch das EheNÄndG begegnete das Ehenamensrecht noch immer verfassungsrechtlichen Bedenken. Mit der durch das EheRG eingeführten Auffangregelung des § 1355 Abs. 2 S. 2 BGB, wonach im Falle des Ausbleibens einer Ehenamensbestimmung automatisch der Mannesname zum Ehenamen wurde, war eine „verfassungsrechtliche Fußangel gelegt, die eines Tages vor dem Bundesverfassungsgericht zuschnappen musste."[41]

So erklärte das Bundesverfassungsgericht die Vorschrift schließlich auch mit Beschluss vom 5. März 1991 für unvereinbar mit Art. 3 Abs. 2 GG.[42] Zwar sei die Verpflichtung der Ehegatten, einen gemeinsamen Familiennamen als Ehenamen zu führen, verfassungsrechtlich nicht zu beanstanden.[43] Die Regelung des § 1355 Abs. 2 S. 2 BGB benachteilige jedoch die Frau und beeinträchtige die Chancengleichheit bereits bei der Entscheidungsbildung über den Ehenamen zulasten der Frau.[44] Der Gesetzgeber wurde daher verpflichtet, eine dem Gleichberechtigungsgebot genügende Neuregelung zu treffen.

Im Interesse der Rechtsklarheit erließ das Bundesverfassungsgericht bis zum Inkrafttreten der Neuregelung anzuwendende Übergangsvorschriften:[45] Bei Ausbleiben einer Einigung über den Ehenamen, behielt jeder Ehegatte „vorläufig" den von ihm zur Zeit der Eheschließung geführten Namen.[46] Zum Geburtsnamen der gemeinsamen Kinder konnte in diesem Fall der Familienname des Vaters oder der Mutter oder ein aus beiden Namen zusammengesetzter Doppelname bestimmt werden. Sofern die Eltern keine Namensbestimmung trafen, erhielt das Kind einen Doppelnamen, wobei über die Reihenfolge der Namen das Los entschied.

7. Das Familiennamenrechtsgesetz

Die vom Bundesverfassungsgericht geforderte Neuregelung des Namensrechts erfolgte schließlich durch das Familiennamenrechtsgesetz (Fam-

---

[40] Vgl. Art. 1 § 2 Abs. 1 EheNÄndG.
[41] *Gaaz*, StAZ 2006, 159.
[42] Vgl. BVerfGE 84, 9 ff.
[43] Vgl. BVerfGE 84, 19. Dies hatte das BVerfG bereits mit Beschluss vom 8. März 1988 (BVerfGE 78, 38 ff.) ausdrücklich klargestellt.
[44] Vgl. BVerfGE 84, 20.
[45] Vgl. BVerfGE 84, 10.
[46] Durch diese Übergangsregelung wurde der Abschied vom Zwang zur Führung eines gemeinsamen Ehenamens eingeläutet (vgl. *Dethloff/Walther*, NJW 1991, 1575).

NamRG) vom 16. Dezember 1993[47], welches am 1. April 1994 in Kraft trat.

Die wichtigste Innovation des FamNamRG war die Aufgabe der Verpflichtung der Eheleute zur Führung eines gemeinsamen Ehenamens. Nach dem neu gefassten § 1355 BGB sollten die Ehegatten zwar grundsätzlich einen Ehenamen bestimmen.[48] Ihnen war jedoch nunmehr auch gestattet, stattdessen ihren jeweils im Zeitpunkt der Eheschließung geführten Namen zu behalten.[49] Die Bestimmung eines Ehenamens konnte in diesem Fall noch binnen fünf Jahren nach der Eheschließung nachgeholt werden.[50]

Als Ehenamen konnten die Eheleute wie schon nach der Vorgängerregelung den Geburtsnamen des Mannes oder der Frau wählen.[51] Der bei der Namenswahl weichende Ehegatte konnte dem Ehenamen seinen Geburtsnamen oder zur Zeit der Eheschließung geführten Namen voranstellen oder anfügen.[52] Um die Entstehung längerer Namensketten zu vermeiden, war allerdings die Hinzufügung eines Begleitnamens dann ausgeschlossen, wenn der Ehename bereits mehrgliedrig war.[53] Für den Fall, dass der als Begleitname in Frage kommende Name mehrgliedrig war, musste sich der Namensträger für einen Namensbestandteil entscheiden.[54]

---

[47] Gesetz zur Neuordnung des Familiennamensrechts (Familiennamenrechtsgesetz – FamNamRG) vom 16. Dezember 1993, BGBl. I 1993, S. 2054 ff. Eine Übersicht über die Neuregelungen des FamNamRG liefert z.B. *Coester*, FuR 1994, 1 ff.

[48] Vgl. § 1355 Abs. 1 S. 3 BGB i.d.F. des FamNamRG. Die Ausgestaltung als Soll-Vorschrift macht deutlich, dass das rechtspolitische Ziel des Gesetzgebers nach wie vor die Namenseinheit innerhalb der Familie war (vgl. Begründung zum Gesetzentwurf der Bundesregierung vom 14. August 1992, BT-Drs. 12/3163, S. 12).

[49] Vgl. § 1355 Abs. 1 S. 3 BGB i.d.F. des FamNamRG. Auch für Altehen wurde nachträglich ein Verzicht auf den Ehenamen ermöglicht: Nach der Übergangsregelung des Art. 7 § 1 Abs. 1 S. 1 FamNamRG konnten Ehegatten, die bereits einen Ehenamen führten, binnen eines Jahres nach Inkrafttreten des FamNamRG ihren Geburtsnamen oder zur Zeit der Eheschließung geführten Namen wieder annehmen. Die Auswirkungen einer solchen Aufgabe des Ehenamens auf den Geburtsnamen des Kindes waren in Art. 7 § 3 FamNamRG geregelt.

[50] Vgl. § 1355 Abs. 3 S. 2 BGB i.d.F. des FamNamRG. Bei einer Heirat im Ausland war der Fristablauf gemäß § 13a Abs. 2 EheG i.d.F. des FamNamRG bis zum Ablauf eines Jahres nach der Rückkehr nach Deutschland gehemmt.

[51] Vgl. § 1355 Abs. 2 BGB i.d.F. des FamNamRG. Die Vorschläge, auch die Wahl des von einem Ehegatten im Zeitpunkt der Eheschließung aktuell geführten Namens sowie die Wahl eines aus den Namen der Ehegatten zusammengesetzten Doppelnamens zu ermöglichen (vgl. Gesetzentwurf der Bundesregierung vom 14. August 1992, BT-Drs. 12/3163, S. 4), waren vom Gesetzgeber letztlich verworfen worden.

[52] Vgl. § 1355 Abs. 4 S. 1 BGB i.d.F. des FamNamRG. Während die Stellung des Begleitnamens bislang gesetzlich vorgeschrieben war (zunächst Anfügung und seit Inkrafttreten des EheRG Voranstellung) war die Namensreihenfolge also nunmehr von den Ehegatten frei wählbar.

[53] Vgl. § 1355 Abs. 4 S. 2 BGB i.d.F. des FamNamRG.

[54] Vgl. § 1355 Abs. 4 S. 3 BGB i.d.F. des FamNamRG.

Auch das Kindesnamensrecht erfuhr durch das FamNamRG einige Änderungen:[55] Für eheliche Kinder verblieb es grundsätzlich bei der bereits nach der alten Rechtslage bestehenden Regelung, dass diese mit der Geburt automatisch den Ehenamen der Eltern als Geburtsnamen erhielten.[56] Die Aufgabe der Verpflichtung der Eheleute zur Führung eines Ehenamens machte jedoch Regelungen für den Fall erforderlich, dass die Eltern keinen Ehenamen bestimmt hatten. So sah § 1616 Abs. 2 S. 1 BGB nunmehr vor, dass Eltern, die keinen Ehenamen führten, den Geburtsnamen des Kindes durch Erklärung gegenüber dem Standesbeamten zu bestimmen hatten, wobei sie zwischen dem von der Mutter oder dem vom Vater zur Zeit der Geburt geführten Namen wählen konnten.[57] Entgegen der Übergangsregelung des BVerfG[58] ausgeschlossen war dagegen die Wahl eines aus den Elternnamen zusammengesetzten Doppelnamens.

Die Regelungen der Namensführung nichtehelicher Kinder wurden durch das FamNamRG lediglich geringfügig angepasst. Eine grundlegende Novellierung blieb der Kindschaftsrechtsreform von 1998 vorbehalten.

8. Das Kindschaftsrechtsreformgesetz

Nur vier Jahre nach Inkrafttreten des FamNamRG kam es im Zuge des Kindschaftsrechtsreformgesetzes (KindRG)[59], das am 1. Juli 1998 in Kraft trat, zu neuerlichen Änderungen des deutschen Familiennamensrechts. Während die Regelungen zur Namensführung von Ehegatten weitestgehend unberührt blieben[60], wurde das Kindesnamensrecht grundlegend reformiert:

Um die vom Gesetzgeber intendierte Gleichstellung ehelicher und nichtehelicher Kinder[61] zu gewährleisten, wurde die Anknüpfung an die Ehelichkeit des Kindes aufgegeben. Die Namensführung eines Kindes, dessen Eltern keinen Ehenamen führten[62], hing fortan vielmehr davon ab,

---

[55] Um die Darstellung nicht zu komplex werden zu lassen, wird im Folgenden nur auf die wichtigsten Neuerungen eingegangen. Im Übrigen sei auf den Gesetzestext (BGBl. I 1993, S. 2054 ff.) bzw. den Überblick bei *Coester*, FuR 1994, 3 ff. verwiesen.

[56] Vgl. § 1616 Abs. 1 BGB i.d.F. des FamNamRG.

[57] Die Wahl des u.U. davon verschiedenen Geburtsnamens hat der Gesetzgeber den Eltern im Interesse der familiären Namenseinheit nicht ermöglicht.

[58] Vgl. BVerfGE 84, 10.

[59] Gesetz zur Reform des Kindschaftsrechts (Kindschaftsrechtsreformgesetz – KindRG) vom 16. Dezember 1997 (BGBl. I 1997, S. 2942 ff.).

[60] Einzig § 1355 Abs. 3 BGB wurde dahingehend neu gefasst, dass eine Bestimmung des Ehenamens von den Ehegatten nunmehr jederzeit und nicht lediglich innerhalb einer Frist von fünf Jahren nach der Eheschließung nachgeholt werden konnte.

[61] Vgl. Gesetzesentwurf der Bundesregierung vom 13. Juni 1996, BT-Drs. 13/4899, S. 1.

[62] Führen die Eltern einen Ehenamen, erwirbt das Kind diesen nach § 1616 BGB i.d.F. des KindRG automatisch mit der Geburt.

wem das Sorgerecht für das Kind zustand. Für den Fall, dass beide Eltern das Sorgerecht innehatten[63], sah § 1617 Abs. 1 BGB ein gemeinsames Namensbestimmungsrecht der Eltern vor. Wie schon nach dem FamNamRG standen der von der Mutter und der vom Vater im Zeitpunkt der Geburt geführte Name zur Wahl. In dem Fall, dass die elterliche Sorge nur einem Elternteil zustand, erhielt das Kind gemäß § 1617a Abs. 1 BGB kraft Gesetzes dessen Namen als Geburtsnamen.

Seit dem Kindschaftsrechtsreformgesetz hat das Kindesnamensrecht bis heute keine nennenswerten Änderungen mehr erfahren.[64]

9. Das Lebenspartnerschaftsgesetz

Mit dem am 1. August 2001 in Kraft getretenen Lebenspartnerschaftsgesetz vom 16. Januar 2001[65] wurde für gleichgeschlechtliche Paare die Möglichkeit geschaffen, eine Lebenspartnerschaft zu begründen, deren Rechtsfolgen in weiten Teilen denen der Ehe entsprechen.

Die Regelungen der Namensführung in § 3 LPartG sind § 1355 BGB nachgebildet. So können die Lebenspartner den Geburtsnamen eines Lebenspartners als gemeinsam geführten Lebenspartnerschaftsnamen bestimmen.[66] Der mit seinem Namen weichende Lebenspartner kann dem Lebenspartnerschaftsnamen seinen Geburtsnamen als Begleitnamen hinzufügen.[67]

10. Das Urteil des BVerfG vom 18.2.2004

Im Jahr 2004 erging eine weitere Grundsatzentscheidung des Bundesverfassungsgerichts zum deutschen Ehenamensrecht. Mit Urteil vom 18. Februar 2004[68] stellte das Gericht die Verfassungswidrigkeit von § 1355 Abs. 2 BGB in seiner damals geltenden Fassung fest, weil die Eheleute nach dieser Vorschrift lediglich ihren jeweiligen Geburtsnamen, nicht aber einen von einem Ehegatten infolge einer früheren Eheschließung geführten Namen zum Ehenamen bestimmen konnten. Die Karlsruher Richter waren der Auffassung, dadurch werde unverhältnismäßig in das Persönlichkeitsrecht des Namensträgers auf Schutz seines geführten Namens eingegriffen,

---

[63] Dies war nach dem neu eingefügten § 1626a BGB erstmals auch bei unverheirateten Eltern möglich.
[64] Dementsprechend wurde an dieser Stelle bewusst nur ein kurzer Überblick über die Novellierung gegeben. Eine ausführliche Erläuterung der einzelnen Regelungen des Kindesnamensrechts erfolgt im Rahmen der Darstellung der heutigen Rechtslage (S. 30 ff.).
[65] Gesetz über die Eingetragene Lebenspartnerschaft (Lebenspartnerschaftsgesetz – LPartG) vom 16. Februar 2001 (BGBl. I 2001, S. 266 ff.).
[66] Vgl. § 3 Abs. 1 LPartG i.d.F. vom 16. Januar 2001.
[67] Vgl. § 3 Abs. 2 LPartG i.d.F. vom 16. Januar 2001.
[68] BVerfG, NJW 2004, 1155 ff = BVerfGE 109, 256 ff.

da diesem nach Aufgabe seines Geburtsnamens in der ersten Ehe bei Bestimmung eines Ehenamens ein erneuter Namenswechsel zugemutet werde.[69] Dem Gesetzgeber wurde aufgegeben, die Rechtslage bis zum 31. März 2005 mit dem Grundgesetz in Einklang zu bringen.[70]

11. Das Gesetz zur Änderung des Ehe- und Lebenspartnerschaftsnamensrechts

Der vom Bundesverfassungsgericht auferlegten Verpflichtung zur Novellierung des Ehenamensrechts kam der Gesetzgeber im Rahmen des Gesetzes zur Änderung des Ehe- und Lebenspartnerschaftsnamensrechts[71] nach, das am 12. Februar 2005 in Kraft trat.

Entsprechend der Vorgaben des Bundesverfassungsgerichts stellte der neu gefasste § 1355 Abs. 2 BGB den Eheleuten fortan neben ihren jeweiligen Geburtsnamen auch den von einem Ehegatten zur Zeit der Eheschließung geführten Namen als möglichen Ehenamen zur Wahl.[72] Somit konnte nunmehr auch ein bei der Eheschließung geführter, aus früherem Ehenamen und Begleitnamen zusammengesetzter „unechter" Doppelname zum Ehenamen bestimmt und in diesem Fall als „echter" Doppelname an die Nachkommen weitergegeben werden.[73] Entsprechend dem Ehenamensrecht wurden die Wahlmöglichkeiten auch im Lebenspartnerschaftsnamensrecht erweitert.

12. Das Personenstandsrechtsreformgesetz

Durch das Personenstandsrechtsreformgesetz[74] wurde zum 24. Mai 2007[75] die Vorschrift des Art. 47 in das EGBGB eingefügt. Trotz der Ansiedlung im EGBGB handelt es sich hierbei um eine sachrechtliche Norm, die der namensrechtlichen Angleichung im Falle eines Statutenwechsels vom ausländischen zum deutschen Recht dient.[76] Nach Art. 47 EGBGB steht es den Betroffenen, deren Namensführung sich künftig nach deutschem Recht bestimmt, unter bestimmten Voraussetzungen frei, durch Erklärung die

---

[69] Vgl. BVerfGE 109, 268.

[70] Vgl. BVerfGE 109, 273.

[71] Gesetz zur Änderung des Ehe- und Lebenspartnerschaftsnamensrechts vom 6. Februar 2005 (BGBl. I 2005, S. 203 ff.). Einen guten Überblick über die einzelnen Novellierungen gibt der Beitrag von *Wagenitz/Bornhofen*, FamRZ 2005, 1425.

[72] Für Altehen wurde in Art. 229 § 13 EGBGB eine Übergangsregelung getroffen.

[73] Vgl. *Wagenitz/Bornhofen*, FamRZ 2005, 1427.

[74] Gesetz zur Reform des Personenstandsrechts (Personenstandsrechtsreformgesetz – PStRG) vom 19. Februar 2007 (BGBl. I 2007, S. 122 ff.).

[75] Während der Großteil der Änderungen erst am 1. Januar 2009 in Kraft trat, wurde das Inkrafttreten des Art. 47 EGBGB auf den 24. Mai 2007 vorverlegt (vgl. MüKo/*Birk*, Art. 47 EGBGB Rn. 5).

[76] Vgl. MüKo/*Birk*, Art. 47 EGBGB Rn. 3.

stimmt, unter bestimmten Voraussetzungen frei, durch Erklärung die deutschsprachige Form ihres nach ausländischem Recht erworbenen Namens zu wählen. Im Verhältnis zwischen Deutschland und Frankreich spielt die Angleichungsnorm des Art. 47 EGBGB kaum eine Rolle.

II. Die heutige Rechtslage

1. Das Ehegattennamensrecht

a) Der Ehename

Gemäß § 1355 Abs. 1 S. 1, 2 BGB sollen die Ehegatten einen gemeinsamen Familiennamen bestimmen, welcher von ihnen als Ehename geführt wird. Eine gesetzliche Verpflichtung, einen Ehenamen zu wählen, besteht nicht. Zum Ehenamen kann gemäß § 1355 Abs. 2 BGB der Geburtsname oder der zur Zeit der Erklärung über die Bestimmung des Ehenamens geführte Name der Frau oder des Mannes bestimmt werden. Der zur Zeit der Namenswahl geführte Name kann insbesondere ein durch frühere Eheschließung erworbener Name sein. Wenn es sich dabei um einen aus früherem Ehenamen und Begleitnamen zusammengesetzten Namen handelt, erstarkt dieser „unechte" Doppelname zu einem „echten" tradierbaren Doppelnamen.[77]

Die Erklärung über die Bestimmung des Ehenamens soll grundsätzlich bei der Eheschließung erfolgen[78], um den erhöhten administrativen Aufwand, den eine spätere Namenswahl und die dann gegebenenfalls erforderliche Namensänderung bei den gemeinsamen Kindern mit sich bringen würde, zu vermeiden.[79] Der Standesbeamte ist daher verpflichtet, die Eheschließenden vor der Eheschließung zu befragen, ob sie einen Ehenamen bestimmen wollen.[80] Verzichten die Ehegatten bei der Eheschließung auf die Bestimmung eines Ehenamens, so führt jeder Ehegatte seinen bisherigen Namen weiter.[81] Eine Nachholung der Namenswahl durch öffentlich beglaubigte Erklärung gegenüber dem Standesamt ist aber jederzeit möglich.[82]

---

[77] Vgl. Palandt/*Brudermüller*, § 1355 Rn. 4.
[78] Vgl. § 1355 Abs. 3 S. 1 BGB.
[79] Vgl. Beschlussempfehlung und Bericht des Rechtsausschusses vom 26. Oktober 1993, BT-Drs. 12/5982, S. 18.
[80] Vgl. § 14 Abs. 1 PStG.
[81] Vgl. § 1355 Abs. 1 S. 3 BGB.
[82] Vgl. § 1355 Abs. 3 S. 2 BGB.

b) Der Begleitname

Der Ehegatte, dessen Name nicht Ehename wird, kann gemäß § 1355 Abs. 4 S. 1 BGB dem Ehenamen seinen Geburtsnamen oder den zur Zeit der Namensbestimmung geführten Namen als Begleitnamen voranstellen oder anfügen. Eine Frist für die Erklärung über den Begleitnamen sieht das Gesetz nicht vor. Die Hinzufügung des Begleitnamens kann also zu beliebiger Zeit nach der Eheschließung, ggf. auch nach der Auflösung der Ehe erfolgen.[83]

aa) Das eingeschränkte Bestimmungsrecht bei mehrgliedrigen Namen

Zur Vermeidung längerer Namensketten hat der Gesetzgeber die Freiheit der Hinzufügung eines Begleitnamens bei mehrgliedrigen Namen eingeschränkt: Besteht der Name des Ehegatten, dessen Name nicht Ehename wird, aus mehreren Namen[84], so darf gemäß § 1355 Abs. 4 S. 3 BGB nur einer dieser Namen dem Ehenamen als Begleitname hinzugefügt werden. Bei Mehrgliedrigkeit des Ehenamens ist die Hinzufügung eines Begleitnamens nach § 1355 Abs. 4 S. 2 BGB sogar gänzlich ausgeschlossen. Die Verfassungsmäßigkeit dieser Regelung wurde vom Bundesverfassungsgericht mit Urteil vom 5. Mai 2009 bestätigt.[85] Diese Entscheidung wird im Folgenden näher dargestellt.

bb) Die Entscheidung des BVerfG vom 5.5.2009

Mit seinem Urteil vom 5. Mai 2009 stellte das Bundesverfassungsgericht die Verfassungsmäßigkeit von § 1355 Abs. 4 S. 2 BGB fest, der die Hinzufügung eines Begleitnamens bei Mehrgliedrigkeit des Ehenamens untersagt.

Das Urteil erging in dem Verfahren über die Verfassungsbeschwerde zweier Eheleute, die den Doppelnamen des Ehemannes zum Ehenamen bestimmen wollten, wobei die Ehefrau beabsichtigte, ihren Namen dem Ehenamen als Begleitnamen voranzustellen. Das zuständige Standesamt hatte die Namenswahl unter Verweis auf § 1355 Abs. 4 S. 2 BGB abgelehnt. Nachdem diese Entscheidung gerichtlich in allen Instanzen bestätigt worden war[86], erhoben die Eheleute Verfassungsbeschwerde.

Sie machten geltend, durch die Vorschrift des § 1355 Abs. 4 S. 2 BGB sowie die darauf gestützten gerichtlichen Entscheidungen in ihrem den Schutz des geführten Namens umfassenden allgemeinen Persönlichkeits-

---

[83] Vgl. AG Flensburg, StAZ 1978, 221; Palandt/*Brudermüller*, § 1355 Rn. 11.

[84] Zum Beispiel, weil er bereits bei einer früheren Eheschließung von der Möglichkeit der Hinzufügung eines Begleitnamens Gebrauch gemacht hat.

[85] BVerfG, NJW 2009, 1657 ff.

[86] Vgl. letztinstanzlich BayObLG, FamRZ 2004, 374 f.

recht aus Art. 2 Abs. 1 in Verbindung mit Art. 1 Abs. 1 GG verletzt zu sein. Zur Begründung führten sie aus, sie wollten zwar einen gemeinsamen Ehenamen führen, aber beide nicht gänzlich auf ihre bislang geführten Namen verzichten, um den mit ihren Namen verbundenen Goodwill nicht zu verlieren und die namentliche Verbindung zu Kindern aus erster Ehe nicht abreißen zu lassen. Dies werde ihnen durch § 1355 Abs. 4 S. 2 BGB verwehrt.

Außerdem sahen sich die Eheleute durch das Verbot der gewünschten Form der Namensführung in ihren Grundrechten aus Art. 6 Abs. 1 GG sowie aus Art. 3 Abs. 1 GG verletzt.

Schließlich trugen sie vor, die Ehefrau sei auch in ihrer Berufsausübungsfreiheit aus Art. 12 Abs. 1 GG verletzt, weil sie gezwungen werde, den Namen, unter dem sie als praktizierende Zahnärztin bekannt sei, aufzugeben.

Das Bundesverfassungsgericht hielt die Verfassungsbeschwerde unter allen Gesichtspunkten für unbegründet:

Die Vorschrift des § 1355 Abs. 4 S. 2 BGB verstoße nicht gegen das Persönlichkeitsrecht des Namensträgers gemäß Art. 2 Abs. 1 in Verbindung mit Art. 1 Abs. 1 GG. In den Fällen des § 1355 Abs. 4 S. 2 BGB werde der Namensträger zwar vor die Alternative gestellt, entweder auf seinen bisherigen Namen oder auf die Führung eines gemeinsamen Ehenamens zu verzichten. Dies stelle jedoch nur eine geringe Beeinträchtigung des Persönlichkeitsrechts dar, die durch das legitime gesetzgeberische Anliegen, Mehrfachnamen und Namensketten zur Sicherung einer besseren Identifikationskraft des Namens generell einzuschränken, gerechtfertigt sei. Der Gesetzgeber habe den Eheleuten bei der Wahl ihres Ehenamens eine große Varianz an Möglichkeiten belassen, die es ihnen in hinreichendem Maße erlaube, ihren Bedürfnissen nach Ausdruck der eigenen Identität sowie der Zusammengehörigkeit nachzukommen.

Auch sei Art. 6 Abs. 1 GG nicht verletzt, der den Schutz von Ehe und Familie gewährleistet. Der Gesetzgeber habe dem Anliegen von Ehegatten, ihre Zusammengehörigkeit in einem gemeinsamen Namen zum Ausdruck bringen zu können, Rechnung getragen, indem er ihnen die Möglichkeit der Bestimmung eines Ehenamens eröffnet habe. Das Recht auf Wahl eines Ehenamens sei durch das Verbot der Hinzufügung eines Begleitnamens bei mehrgliedrigem Ehenamen in § 1355 Abs. 4 S. 2 BGB nur indirekt betroffen. Sofern es aufgrund dieser Regelung nicht zur Bestimmung eines gemeinsamen Ehenamens komme, sei dies die Folge einer persönlichen Entscheidung und Präferenz der Eheleute. Die Vorschrift mache es den Ehegatten aber nicht schlechthin unmöglich, einen Ehenamen zu führen.

Eine Verletzung der Berufsausübungsfreiheit gemäß Art. 12 Abs. 1 GG vermochte das Bundesverfassungsgericht ebenfalls nicht zu erkennen. Zum einen komme § 1355 Abs. 4 S. 2 BGB schon keine berufsregelnde Tendenz zu, da die Vorschrift auf die generelle Verhinderung der Entstehung von Namensketten abziele und nicht speziell den Geschäftsverkehr regele. Zum anderen bleibe es dem Ehegatten, dessen Name aufgrund von § 1355 Abs. 4 S. 2 BGB zum Wegfall käme, unbenommen, keinen Ehenamen zu bestimmen und seinen bisherigen Namen weiterzuführen oder jedenfalls im Geschäftsverkehr weiterhin unter seinem bisherigen Namen zu firmieren.

Schließlich verneinte das Bundesverfassungsgericht auch einen Verstoß gegen das Gleichheitsgebot des Art. 3 Abs. 1 GG aufgrund einer Ungleichbehandlung der Ehegatten von Doppelnamensträgern gegenüber den Ehegatten, deren Ehepartner nur einen Namen trägt. Es handele sich hier um ungleiche Sachverhalte, die entsprechend ungleich behandelt werden könnten, und außerdem sei die Ungleichbehandlung durch das gesetzgeberische Anliegen der Vermeidung von Namensketten jedenfalls hinreichend gerechtfertigt.

c) Die Namensführung bei Verwitwung oder Scheidung

Gemäß § 1355 Abs. 5 S. 1 BGB führt der verwitwete oder geschiedene Ehegatte den Ehenamen grundsätzlich fort.[87] Diesem kann er seinen Geburtsnamen oder den zur Zeit der Bestimmung des Ehenamens geführten Namen als Begleitnamen hinzufügen.[88] Außerdem hat der verwitwete oder geschiedene Ehegatte die Möglichkeit, seinen Geburtsnamen oder den zur Zeit der Bestimmung des Ehenamens geführten Namen wieder anzunehmen.[89] Für die Ausübung der genannten Optionen durch Erklärung gegenüber dem Standesbeamten ist keinerlei Frist einzuhalten.[90]

2. Das Kindesnamensrecht

Die Regelungen des Kindesnamensrechts finden sich hauptsächlich in den §§ 1616 bis 1618 BGB.[91] Welchen Namen ein Kind als Geburtsnamen erhält, richtet sich in erster Linie danach, ob die Eltern einen Ehenamen füh-

---

[87] Nur in krassen Ausnahmefällen ist eine Untersagung der Fortführung des Ehenamens unter dem Gesichtspunkt des Rechtsmissbrauchs denkbar (vgl. BGH, FamRZ 2005, 1658).

[88] Vgl. § 1355 Abs. 5 S. 2 BGB. Bei mehrgliedrigen Namen gelten allerdings die Beschränkungen des § 1355 Abs. 4 S. 2 und 3 BGB (vgl. § 1355 Abs. 5 S. 3 BGB).

[89] Vgl. § 1355 Abs. 5 S. 2 BGB.

[90] Vgl. BayObLG, FamRZ 1984, 1224.

[91] Außerdem können zum Kindesnamensrecht noch § 1757 BGB, Art. 10 EGBGB, die Übergangsvorschriften der Art. 224 § 3, 234 § 3 EGBGB sowie mittelbar die Regelung des Ehenamens in § 1355 BGB gerechnet werden (vgl. Staudinger/*Coester*, Vorbem. zu §§ 1616–1625, Rn. 4).

ren bzw. ob die elterliche Sorge gemeinsam oder von einem Elternteil allein ausgeübt wird.

a) Der Kindesname bei Eltern mit Ehenamen

Der „gesetzgeberische Idealfall"[92] liegt vor, wenn die Eltern zum Zeitpunkt der Geburt ihres Kindes verheiratet sind und einen Ehenamen führen. In diesem Fall erwirbt das Kind gemäß § 1616 BGB kraft Gesetzes[93] mit der Geburt den Ehenamen als Geburtsnamen. Die Regelung gilt jedoch nicht notwendig nur für in der Ehe geborene Kinder. Das Kind erhält vielmehr auch dann den Ehenamen als Geburtsnamen, wenn die Eltern im Zeitpunkt der Geburt bereits geschieden sind, aber beide noch den Ehenamen führen, weil keiner von ihnen seinen vorehelichen Namen wieder angenommen hat.[94] Haben die Eltern bei der Eheschließung keinen Ehenamen bestimmt, holen die Namenswahl aber nach der Geburt des Kindes nach, ändert sich der Geburtsname des Kindes nach den Modalitäten des § 1617c BGB.[95]

b) Der Kindesname bei Eltern ohne Ehenamen

Wenn die Eltern bei der Geburt ihres Kindes nicht miteinander verheiratet sind bzw. zwar verheiratet sind, aber keinen Ehenamen führen[96], hängt der Erwerb des Kindesnamens davon ab, wem die elterliche Sorge zusteht.[97]

---

[92] *Blumenrath*, S. 104.

[93] Die gemäß § 21 Abs. 1 Nr. 1 PStG vorzunehmende Namenseintragung im Geburtenbuch hat lediglich deklaratorischen Charakter.

[94] Vgl. *Wagenitz*, FamRZ 1998, 1545; Schulz/Hauß/*Pauling*, § 1616 Rn. 1; Begründung zum Entwurf des KindRG, BT-Drs. 13/4899, S. 90. Ist im Zeitpunkt der Geburt des Kindes ein Elternteil gemäß § 1355 Abs. 5 S. 2 BGB zu einem vorehelichen Namen zurückgekehrt, ist § 1616 BGB nicht anwendbar, da eine gesamtfamiliäre Namenseinheit nicht mehr erreicht werden kann (vgl. Staudinger/*Coester*, § 1616 Rn. 16). Auch wenn der Ehemann und Vater vor der Kindesgeburt gestorben und die Mutter beim Ehenamen geblieben ist, kommt § 1616 BGB nicht zur Anwendung (vgl. Staudinger/*Coester*, § 1616 Rn. 17; a.A. z.B. *Lipp/Wagenitz*, § 1616 Rn. 2; Palandt/*Diederichsen*, § 1616 Rn. 1).

[95] Vgl. dazu unten c.

[96] Vgl. § 1355 Abs. 1 S. 3 BGB.

[97] Für Kinder, die gar nicht unter elterlicher Sorge stehen (z.B. wegen pränatalen Sorgerechtsentzugs), fehlt es an einer gesetzlichen Regelung. Zur Lösung dieser Fälle vgl. Staudinger/*Coester*, § 1617a Rn. 10-12.

aa) Der Kindesname bei gemeinsamer elterlicher Sorge

Üben die Eltern aufgrund ihrer Ehe[98], kraft einer entsprechenden Sorgeerklärung[99] oder aufgrund einer Anordnung des Familiengerichts[100] die elterliche Sorge bei der Geburt des Kindes[101] gemeinsam aus, bestimmen sie grundsätzlich gemäß § 1617 Abs. 1 S. 1 BGB durch Erklärung gegenüber dem Standesbeamten den Geburtsnamen des Kindes. Sie können dabei zwischen den von ihnen zur Zeit der Namensbestimmung geführten Namen wählen.[102] Zum Geburtsnamen des Kindes kann somit auch ein durch eine frühere Eheschließung eines Elternteils erworbener Name bestimmt werden.[103] Hat ein Elternteil dem aus einer früheren Ehe stammenden Ehenamen einen Begleitnamen hinzugefügt, kann der daraus resultierende „unechte Doppelname" ebenfalls zum Geburtsnamen des Kindes bestimmt werden.[104] Er erstarkt in diesem Fall in der Person des Kindes zum „echten Doppelnamen".[105]

Die Bestimmung eines aus Vater- und Mutternamen zusammengesetzten Doppelnamens ist dagegen nicht möglich. Das Verbot des aus den Eltern-

---

[98] Sind die Eltern bei der Geburt des Kindes miteinander verheiratet, erhalten sie mit der Geburt automatisch die gemeinsame elterliche Sorge (vgl. Palandt/*Diederichsen*, § 1626a Rn. 6).

[99] Vgl. § 1626a Abs. 1 Nr. 1 BGB. Zur Verfassungswidrigkeit dieser Vorschrift s. Fn. 100.

[100] Mit Urteil des BVerfG vom 21.7.2010 wurde § 1626a Abs. 1 Nr. 1 BGB in seiner jetzigen Fassung für verfassungswidrig erklärt, weil der nichteheliche leibliche Vater generell von der elterlichen Sorge ausgeschlossen sei, ohne die Verweigerung der Zustimmung der Mutter zur gemeinsamen Sorge gerichtlich überprüfen lassen zu können. Bis zum Inkrafttreten einer gesetzlichen Neuregelung hat das Familiengericht dem Vater auf Antrag eines Elternteils die elterliche Sorge ganz oder teilweise zu übertragen, soweit zu erwarten ist, dass dies dem Kindeswohl am besten entspricht (BVerfG, NJW 2010, 3008; vgl. hierzu auch KG, NJW-RR 2011, 940).

[101] Damit das gemeinsame Sorgerecht unverheirateter Eltern bereits im Zeitpunkt der Geburt des Kindes besteht, muss die gemeinsame Sorgeerklärung vor der Geburt abgegeben worden sein. Diese pränatale Sorgeerklärung gemäß §§ 1626a Abs. 1 Nr. 1, 1626b Abs. 2 BGB setzt zwingend ein vorheriges pränatales Vaterschaftsanerkenntnis gemäß §§ 1592 Nr. 2, 1594 Abs. 4 BGB voraus (vgl. Staudinger/*Coester*, § 1626b Rn. 8).

[102] Im Gegensatz zur Bestimmung des Ehenamens (vgl. § 1355 Abs. 2 BGB) steht der jeweilige Geburtsname nicht zur Wahl. Ansonsten könnte dem Kind nämlich ggf. ein Name zugewiesen werden, den keiner seiner Elternteile mehr führt, was dem Gesetzeszweck der Namensübereinstimmung des Kindes und mindestens einem Elternteil zuwiderlaufen würde (vgl. Staudinger/*Coester*, § 1617 Rn. 21).

[103] Einen Schutz des früheren Ehegatten vor der Weitergabe „seines" Namens an ein ihm fremdes Kind sieht das Gesetz nicht vor (vgl. Staudinger/*Coester*, § 1617 Rn. 22).

[104] Vgl. Staudinger/*Coester*, § 1617 Rn. 23; *Lipp/Wagenitz*, § 1617 Rn. 15; a.A. Palandt/*Diederichsen*, § 1617 Rn. 5; *Schlüter*, Rn. 326; *Rauscher* (2008), Rn. 918.

[105] Vgl. Staudinger/*Coester*, § 1617 Rn. 23.

namen zusammengesetzten Kindesdoppelnamens ist vom BVerfG als verfassungsgemäß bestätigt worden[106], begegnet aber nach wie vor Kritik.[107]

Wenn die Eltern nicht innerhalb eines Monats nach der Geburt des Kindes eine zulässige[108] Namensbestimmung treffen, überträgt das Familiengericht das Bestimmungsrecht gemäß § 1617 Abs. 2 S. 1 BGB einem Elternteil.[109] Das Familiengericht kann dem Elternteil für die Ausübung des Bestimmungsrechts eine Frist setzen.[110] Wird das Bestimmungsrecht innerhalb dieser Frist nicht wirksam ausgeübt, so erhält das Kind den Namen des Elternteils, dem das Bestimmungsrecht übertragen worden ist.[111]

Ist das Kind im Ausland geboren und gemäß Art. 10 EGBGB deutsches Namensrecht maßgeblich, überträgt das Familiengericht das Namensbestimmungsrecht einem Elternteil nur dann, wenn ein Elternteil oder das Kind dies beantragt oder die Eintragung des Namens des Kindes in ein deutsches Personenstandsbuch oder in ein amtliches deutsches Identitätspapier erforderlich wird.[112] Solange die Eltern eines im Ausland geborenen Kindes für dieses keinen Geburtsnamen bestimmt haben, führt es keinen für den deutschen Rechtsbereich gültigen Familiennamen. Dies gilt auch dann, wenn sich die Eltern intern auf einen Kindesnamen geeinigt oder dem Kind einen der ausländischen Umwelt entsprechenden Namen gegeben haben.[113]

Um die Nameneinheit der Geschwister zu gewährleisten[114], gilt die Namensbestimmung für das erste Kind gemäß § 1617 Abs. 1 S. 3 BGB auch für alle weiteren Kinder.[115]

Wird eine gemeinsame Sorge der Eltern erst begründet, wenn das Kind bereits einen Namen führt, so kann gemäß § 1617b Abs. 1 S. 1 BGB der Name des Kindes binnen drei Monaten nach der Begründung der gemeinsamen Sorge neu bestimmt werden.

---

[106] Vgl. BVerfG, NJW 2002, 1256.
[107] Vgl. Staudinger/*Coester*, § 1617 Rn. 25; *Sacksofsky*, FPR 2002, 121 ff.
[108] Unzulässig wäre beispielsweise die Bestimmung eines aus den Elternnamen zusammengesetzten Doppelnamens.
[109] Vor der Übertragung des Bestimmungsrechts soll das Familiengericht beide Elternteile anhören und auf eine einvernehmliche Bestimmung hinwirken (vgl. § 46a S. 1 FGG). Die Übertragung des Bestimmungsrechts bedarf keiner Begründung und ist unanfechtbar (vgl. § 46a S. 2 FGG).
[110] Vgl. § 1617 Abs. 2 S. 3 BGB.
[111] Vgl. § 1617 Abs. 2 S. 4 BGB.
[112] Vgl. § 1617 Abs. 3 BGB.
[113] Vgl. Staudinger/*Coester*, § 1617 Rn. 89.
[114] Vgl. Begründung zum Entwurf des KindRG, BT-Drs. 13/4899, S. 90; Staudinger/*Coester*, § 1617 Rn. 36.
[115] Die Verfassungsmäßigkeit dieser Regelung wurde vom BVerfG bestätigt (vgl. BVerfG, NJW 2002, 2861).

bb) Der Kindesname bei Alleinsorge eines Elternteils

Steht die elterliche Sorge einem Elternteil allein zu, so erhält das Kind gemäß § 1617a Abs. 1 BGB kraft Gesetzes mit der Geburt den Namen, den dieser Elternteil im Zeitpunkt der Geburt des Kindes führt. Diese Regelung betrifft in erster Linie den Fall der unverheirateten Mutter, die mit dem Vater keine gemeinsame Sorgeerklärung abgegeben hat.[116] Sie kann aber auch bei Ehegatten zur Anwendung kommen, wenn diese keinen Ehenamen führen und die elterliche Sorge ausnahmsweise nur einem Elternteil zusteht.[117] Der allein sorgeberechtigte Elternteil hat gemäß § 1617a Abs. 2 BGB auch die Möglichkeit, dem Kind durch öffentlich beglaubigte Erklärung gegenüber dem Standesamt den Namen des nichtsorgeberechtigten Elternteils zu erteilen.[118] Hierfür bedarf es stets der Einwilligung des nichtsorgeberechtigten Elternteils und, wenn das Kind das fünfte Lebensjahr vollendet hat, zusätzlich auch der Einwilligung des Kindes.[119]

c) Der Kindesname bei Namensänderung der Eltern

Die Auswirkungen einer Änderung des elterlichen Bezugsnamens auf die Namensführung des Kindes sind in § 1617c BGB geregelt. Die Regelung unterscheidet zwischen der Bestimmung eines Ehenamens (aa) und sonstigen nachträglichen Änderungen des elterlichen Bezugsnamens (bb).

aa) Der Kindesname bei nachträglicher Ehenamensbestimmung

Der Hauptfall einer Änderung des elterlichen Bezugsnamens ist die Bestimmung eines Ehenamens. Dabei kann es sich sowohl um eine Nachholung der Ehenamensbestimmung nach der Eheschließung[120] als auch um eine Ehenamensbestimmung im Rahmen einer Eheschließung der Eltern nach der Geburt des Kindes[121] handeln.

Im Falle der Ehenamensbestimmung erhält das Kind gemäß § 1617c Abs. 1 S. 1 BGB automatisch kraft Gesetzes den Ehenamen der Eltern als

---

[116] Vgl. § 1626a Abs. 2 BGB.

[117] Zum Beispiel, weil dem anderen Elternteil die elterliche Sorge gemäß § 1666 BGB entzogen wurde.

[118] Da das Kind bei der Geburt zunächst automatisch den Namen des sorgeberechtigten Elternteils erwirbt, bewirkt diese Namenserteilung nach § 1617a Abs. 2 BGB in der Regel eine Namensänderung, sofern die erforderliche Erklärung nicht bereits vor bzw. bei der Beurkundung der Geburt abgegeben wird.

[119] Vgl. § 1617a Abs. 2 S. 2 BGB. Erteilbar ist dabei nur der Name, den der nichtsorgeberechtigte Elternteil zur Zeit der Namenserteilung führt (Vgl. Staudinger/*Coester*, § 1617a Rn. 35).

[120] Diese ist gemäß § 1355 Abs. 3 BGB unbefristet möglich.

[121] Nach dem vor der Kindschaftsrechtsreform im Jahr 1998 geltenden Recht als sog. „Legitimation" des unehelichen Kindes bezeichnet (vgl. § 1719 BGB a.F.).

neuen Geburtsnamen, sofern es das fünfte Lebensjahr noch nicht vollendet hat. Hat das Kind das fünfte Lebensjahr bereits vollendet, erstreckt sich der Ehename auf den Geburtsnamen des Kindes nur dann, wenn sich das Kind der Namensgebung anschließt[122], wobei es die Anschlusserklärung ab Vollendung des 14. Lebensjahres nur selbst abgeben kann.[123] Die Änderung des Kindesnamens wirkt stets nur ex nunc. Für die Vergangenheit bleibt es bei der bisherigen Namensführung.

bb) Der Kindesname bei sonstigen nachträglichen Änderungen des Bezugsnamens

Die neben einer Bestimmung eines Ehenamens nach der Geburt des Kindes denkbaren sonstigen Fälle einer nachträglichen Änderung des elterlichen Bezugsnamens sind in § 1617c Abs. 2 BGB geregelt.

Wenn sich der Ehename der Eltern, der Geburtsname des Kindes geworden ist, nachträglich ändert, bestimmt sich die Namensführung des Kindes gemäß § 1617c Abs. 2 Nr. 1 BGB nach den soeben dargestellten Regelungen des § 1617c Abs. 1 BGB.[124]

Gemäß § 1617c Abs. 2 Nr. 2 BGB kommt § 1617c Abs. 1 BGB außerdem dann zur Anwendung, wenn sich der Familienname eines Elternteils, der Geburtsname des Kindes geworden ist, auf andere Weise als durch Eheschließung oder Begründung einer Lebenspartnerschaft ändert. Im Umkehrschluss aus § 1617c Abs. 2 Nr. 2 BGB ergibt sich, dass sich elterliche Namensänderungen infolge der Eingehung einer Ehe oder Lebenspartnerschaft nicht auf den Kindesnamen erstrecken. Gemeint ist in diesem Zusammenhang allein die Eheschließung mit einem Dritten.[125] In diesem Fall ist der Namensnachzug des Stiefkindes aber durch die sog. „Einbenennung" gemäß § 1618 BGB möglich.

d) Die Einbenennung

Hat der (zumindest mit-)sorgeberechtigte Elternteil eines minderjährigen Kindes mit einem Dritten die Ehe geschlossen und mit diesem eine Ehenamensbestimmung getroffen, ermöglicht § 1618 BGB die Namensintegration des Stiefkindes in die neue Familie durch die sog. „Einbenennung".

Gemäß § 1618 S. 1 BGB können der sorgeberechtigte Elternteil und der Stiefelternteil dem Kind durch gemeinsame Erklärung gegenüber dem Standesamt ihren Ehenamen erteilen, sofern sie das Kind in ihren gemein-

---

[122] Vgl. § 1617c Abs. 1 S. 1 BGB.
[123] Vgl. § 1617 Abs. 1 S. 2 Hs. 1 BGB. Bis zur Volljährigkeit bedarf es jedoch der Zustimmung des gesetzlichen Vertreters (vgl. § 1617 Abs. 1 S. 2 Hs. 2 BGB).
[124] Zu den einzelnen Fallgruppen einer Änderung des Ehenamens vgl. Staudinger/*Coester*, § 1617c Rn. 31 ff.
[125] Vgl. Staudinger/*Coester*, § 1617c Rn. 41.

samen Haushalt aufgenommen haben.[126] Dabei kann der Ehename auch gemäß § 1618 S. 2 BGB dem bisherigen Namen des Kindes als Begleitname vorangestellt oder angefügt werden.[127]

Die Erteilung oder Hinzufügung des Ehenamens bedarf gemäß § 1618 S. 3 BGB der Einwilligung des anderen Elternteils, wenn das Kind bislang dessen Namen führt[128] oder wenn die Eltern das Sorgerecht gemeinsam ausüben. Die Einwilligung des anderen Elternteils kann vom Familiengericht ersetzt werden, wenn die Namenserteilung zum Wohl des Kindes erforderlich ist.[129] Außerdem sieht § 1618 S. 3 BGB das Erfordernis der Einwilligung des Kindes in die Namenserteilung vor, wenn dieses das fünfte Lebensjahr vollendet hat.[130]

Mit § 9 Abs. 5 LPartG als weitgehend wortgleichem Pendant zu § 1618 BGB hat der Gesetzgeber die Möglichkeit der Einbenennung des Kindes auch für den Fall geschaffen, dass ein sorgeberechtigter Elternteil eine Lebenspartnerschaft mit einem Dritten begründet und ein Lebenspartnerschaftsname geführt wird.

e) Der Name des Adoptivkindes

Die Namensführung des Adoptivkindes ist in § 1757 BGB geregelt. Diese Vorschrift gilt sowohl für die Annahme Minderjähriger als auch für den Fall der Volljährigenadoption.[131]

Gemäß § 1757 Abs. 1 S. 1 BGB erhält das Kind mit der Adoption als Geburtsnamen grundsätzlich den Familiennamen des Annehmenden. Im Falle der Adoption durch ein Ehepaar oder der Stiefkindadoption erwirbt das Kind den Ehenamen als Geburtsnamen.[132] Führen die Ehegatten keinen Ehenamen, so obliegt es ihnen gemäß § 1757 Abs. 2 S. 1 Hs. 1 BGB, den Geburtsnamen des Kindes vor dem Ausspruch der Annahme durch gemeinsame Erklärung gegenüber dem Vormundschaftsgericht zu bestim-

---

[126] Ausgeschlossen ist die Einbenennung damit insbesondere dann, wenn das Kind bei gemeinsam sorgeberechtigten Eltern vom anderen Elternteil betreut wird.

[127] In diesem Fall spricht man von einer sog. „additiven Einbenennung", während die ausschließliche Erteilung des Ehenamens als „exklusive Einbenennung" bezeichnet wird (MüKo/*v. Sachsen Gessaphe,*§ 1618 Rn. 15 f.).

[128] Es muss Gleichheit zwischen dem aktuell geführten Namen von Kind und anderem Elternteil bestehen, wobei eine Teilübereinstimmung genügt (vgl. Staudinger/*Coester*, § 1618 Rn. 21f.).

[129] Vgl. § 1618 S. 4 BGB. Zu den Beurteilungskriterien vgl. Staudinger/*Coester*, § 1618 Rn. 29 ff.

[130] Hinsichtlich der einzelnen Modalitäten der Einwilligung gilt § 1617c BGB, auf den § 1618 S. 6 BGB verweist.

[131] Vgl. § 1767 Abs. 2 S. 1 BGB.

[132] Dies folgt bereits aus § 1754 Abs. 1 i.V.m. § 1616 BGB und im Übrigen aus § 1757 Abs. 1 S. 1 BGB.

men.[133] Zur Wahl stehen dabei die jeweils zum Zeitpunkt der Erklärung geführten Namen der Ehegatten.[134] Sofern das Adoptivkind das fünfte Lebensjahr vollendet hat, setzt eine wirksame Namensbestimmung gemäß § 1757 Abs. 2 S. 2 BGB dessen Zustimmung voraus. Können sich die Ehegatten nicht auf einen Namen einigen bzw. verweigert das Adoptivkind die erforderliche Zustimmung, so hat der Ausspruch der Annahme zu unterbleiben.[135]

Dass das Adoptivkind ausschließlich seinen bisherigen Familiennamen fortführt, ist nicht möglich.[136] Ebenso wenig kann das Kind grundsätzlich einen aus dem bisherigen Namen und dem Namen des Annehmenden gebildeten Doppelnamen führen.[137] Der Erwerb eines solchen Doppelnamens ist nur unter den strengen Voraussetzungen des § 1757 Abs. 4 S. 1 Nr. 2 BGB möglich, wonach das Vormundschaftsgericht im Adoptionsbeschluss auf Antrag des Annehmenden mit Einwilligung des Kindes dem neuen Familiennamen den bisherigen Namen voranstellen oder anfügen kann, wenn dies aus schwerwiegenden Gründen zum Wohl des Kindes erforderlich ist.[138]

Für den Fall, dass der Adoptierte verheiratet ist, bestimmt § 1757 Abs. 3 BGB, dass sich die Änderung seines Geburtsnamens nur dann auf den Ehenamen erstreckt, wenn sich der Ehegatte der Namensänderung vor dem Ausspruch der Annahme durch Erklärung gegenüber dem Vormund-

---

[133] Dies gilt über den Verweis in § 9 Abs. 7 S. 2 LPartG auch für den Fall, dass ein Lebenspartner ein Kind seines Lebenspartners annimmt und die Lebenspartner keinen gemeinsamen Lebenspartnerschaftsnamen führen.

[134] Vgl. §§ 1617 Abs. 1 S. 1, 1757 Abs. 2 S. 1 Hs. 2 BGB.

[135] Vgl. Staudinger/*Frank*, § 1757 Rn. 13 bzw. 17. Für den Fall der fehlenden Einigung der Ehegatten auf einen Geburtsnamen heißt es in der Begründung zum Entwurf des FamNamRG von 1993: „Läßt sich kein Konsens über den künftigen Geburtsnamen des Anzunehmenden erzielen, dürfte eine gedeihliche Entwicklung des Annahmeverhältnisses ohnehin von Anfang an gefährdet erscheinen." (BT-Drs. 12/3163, S. 19). Zu einer Namensfortführung kann es in Einzelfällen nur dadurch kommen, dass das Gericht fälschlicherweise trotz fehlender Namensbestimmung gemäß § 1757 Abs. 2 S. 1 BGB die Annahme ausspricht; eine nachträgliche Namensbestimmung ist dann nicht mehr möglich (vgl. Staudinger/*Frank*, § 1757 Rn. 15).

[136] Vgl. BayObLG, FamRZ 2003, 1869; OLG Karlsruhe, NJW-RR 1999, 1089; OLG Celle, FamRZ 1997, 115. In der Begründung zum Entwurf des FamNamRG von 1993 heißt es: „Mit der Annahme als Kind soll das angenommene Kind voll in seine Familie integriert werden. Diesem Ziel liefe es zuwider, wenn das Kind seinen früheren Namen weiterführen könnte und so die Beziehungen zur bisherigen Familie aufrechterhalten blieben." (BT-Drs. 12/3163, S. 19).

[137] Vgl. BayObLG, FamRZ 2002, 1649.

[138] Während bei minderjährigen Kindern eine Hinzufügung des früheren Namens in aller Regel nicht in Betracht kommt, ist die Ausnahmeregelung des § 1757 Abs. 4 S. 1 Nr. 2 BGB bei volljährigen Adoptierten relativ großzügig auszulegen (vgl. OLG Celle, FamRZ 1997, 115 [116]; LG Bonn, FamRZ 1985, 109).

38   Kapitel II: Nationales Familiennamensrecht

schaftsgericht anschließt.[139] Hat der Adoptierte bereits Kinder, bestimmen sich die Auswirkungen der Adoption auf deren Namensführung nach der allgemeinen Regelung des § 1617c Abs. 2 BGB.[140]

f) Der Name des Kindes unbekannter Abstammung

Für den Fall, dass die Abstammung eines Kindes gänzlich unbekannt ist, finden sich in §§ 24, 25 PStG Regelungen zur Frage der Namensführung: Wird im Inland eine Person angetroffen, deren Personenstand nicht festgestellt werden kann, so bestimmt gemäß § 25 S. 1 Hs. 2 PStG die zuständige Verwaltungsbehörde deren Vor- und Familiennamen. Der Name von „Findelkindern" ist gemäß § 24 Abs. 2 S. 1 PStG nach Anhörung des Gesundheitsamts ebenfalls von der zuständigen Verwaltungsbehörde zu bestimmen.

3. Die Angleichungsnorm des Art. 47 EGBGB

Eine Sondervorschrift, die sowohl das Ehe- als auch das Kindesnamensrecht betrifft, ist Art. 47 EGBGB. Obgleich sie im EGBGB angesiedelt ist, handelt es sich nach allgemeiner Auffassung um eine sachrechtliche Regelung.[141] Sie setzt voraus, dass ein Statutenwechsel zum deutschen Recht stattgefunden hat, und gibt den Betroffenen die Möglichkeit, ihren nach ausländischem Recht erworbenen Namen an die in Deutschland übliche Namensführung anzugleichen.

Die Vorschrift will hauptsächlich die Fälle erfassen, in denen der vom Betroffenen geführte Name dem deutschen Recht in dieser Form gänzlich unbekannt ist, weil er etwa nicht in Vor- und Familiennamen aufgegliedert ist[142] oder im deutschen Recht nicht vorgesehene Zwischennamen oder Namenszusätze enthält.[143] Auch für Personen, die eine geschlechtsabhängige[144] oder nach dem Verwandtschaftsverhältnis abgewandelte Form des

---

[139] Zu der umstrittenen Frage, wie sich die adoptionsbedingte Änderung des Geburtsnamens auf einen vom verheirateten Adoptivkind geführten Begleitnamen auswirkt, vgl. Staudinger/*Frank*, § 1757 Rn. 37 ff.

[140] Eine ausführliche Darstellung der Auswirkungen der Adoption auf die Namensführung der Kinder des Angenommenen findet sich bei Staudinger/*Frank*, § 1757 Rn. 40 ff.

[141] Vgl. z.B. MüKo/*Birk*, Art. 47 EGBGB Rn. 3; Bamberger/Roth/*Mäsch*, Art. 47 EGBGB Rn. 3.

[142] Vgl. Art. 47 Abs. 1 S. 1 Nr. 1 bzw. Nr. 2 EGBGB. Dies ist z.B. bei mehrgliedrigen arabischen Namen der Fall (vgl. MüKo/*Birk*, Art. 47 EGBGB Rn. 22).

[143] Vgl. Art. 47 Abs. 1 S. 1 Nr. 3 EGBGB.

[144] Insbesondere im slawischen Sprachkreis (z.B. Polen und Tschechien) führen Frauen eine weibliche Form des Familiennamens (z.B. *Herzegowa*), vgl. MüKo/*Birk*, Art. 47 EGBGB Rn. 35 m.w.N.

Familiennamens[145] führen, kommt eine Namensangleichung nach Art. 47 EGBGB in Betracht.[146]

Die genannten Sonderformen der Namensbildung existieren im französischen Recht nicht, so dass Art. 47 EGBGB bei einem Statutenwechsel vom französischen zum deutschen Recht insoweit nicht zum Tragen kommt. Einzig die in Art. 47 Abs. 1 S. 1 Nr. 5 EGBGB vorgesehene Möglichkeit, eine deutschsprachige Form des Familiennamens anzunehmen, kann bei nach französischem Recht erworbenen Familiennamen theoretisch eine Rolle spielen. Allerdings ist die Wahl der deutschsprachigen Form eines Namens nicht gleichzusetzen mit einer Übersetzung des Namens in Deutsche.[147] Eine Namensangleichung ist lediglich dann möglich, wenn für den ausländischen Namen im Deutschen ein entsprechendes Äquivalent existiert.

Beispiel:
Die in Deutschland wohnenden französischen Staatsangehörigen Herr Meunier und Frau Dubois könnten anlässlich ihrer Eheschließung eine Rechtswahl zugunsten des deutschen Rechts treffen und die deutschsprachige Form des Mannesnamens, also *Müller*, zum Ehenamen bestimmen.[148]

Abgesehen davon, dass den Betroffenen die Vorschrift des Art. 47 EGBGB zumeist unbekannt sein dürfte, haben sie jedoch in aller Regel kein Interesse an der Eindeutschung ihres französischsprachigen Familiennamens. Sie spielt daher bei Statutenwechseln vom französischen zum deutschen Recht in der Praxis keine Rolle.

B. Das französische Familiennamensrecht

Im französischen Familiennamensrecht ist wie im deutschen Recht zwischen den Regelungen zur Namensführung von Ehegatten (I) und dem Kindesnamensrecht (II) zu differenzieren.

---

[145] Dies ist beispielsweise in Island der Fall, wo an den Vornamen des Vaters die Endungen *son* für männliche und *dottir* für weibliche Nachkommen angehängt werden (z.B. *Erikson, Christiansdottir*), vgl. MüKo/*Birk*, Art. 47 EGBGB Rn. 37.

[146] Vgl. Art. 47 Abs. 1 S. 1 Nr. 4 EGBGB.

[147] Vgl. Bamberger/Roth/*Mäsch*, Art. 47 EGBGB Rn. 15; OLG München, StAZ 2009, 205.

[148] Vgl. zur Eindeutschung des englischen Namens *Miller* MüKo/*Birk*, Art. 47 EGBGB Rn. 51.

I. Das Ehegattennamensrecht

1. Der Ehegattengebrauchsname[149]

Das französische Recht kennt keinen gemeinsamen Ehenamen. Die Eheschließung berührt die Namensführung nicht; jeder Ehegatte behält seinen Geburtsnamen. Dies ergibt sich bereits aus dem noch heute gültigen *Loi du 6 fructidor an II*[150], in dessen Artikel 1 es heißt:

„Aucun citoyen ne pourra porter de nom ni de prénom autres que ceux exprimés dans son acte de naissance."[151] („Ein Bürger kann keinen anderen Namen oder Vornamen führen als den, der sich aus seiner Geburtsurkunde ergibt.")

In einem Arrêté vom 1. Juni 2006[152] wird ausdrücklich klargestellt:

„Le mariage est sans effet sur le nom des époux, qui continuent chacun d'avoir pour seul nom officiel celui qui résulte de leur acte de naissance."[153] („Die Eheschließung hat keine Auswirkung auf den Namen der Ehegatten, welche weiterhin jeweils ausschließlich den offiziellen Namen haben, der sich aus ihrer Geburtsurkunde ergibt.")

Es besteht jedoch die Möglichkeit, den Namen des anderen Ehegatten im alltäglichen Leben als sog. *nom d'usage* (Gebrauchsnamen[154]) zu führen.

a) Die Rechtsgrundlage des Ehegattengebrauchsnamens

Das Recht der Ehegatten zur Führung eines Gebrauchsnamens entspringt ursprünglich dem Gewohnheitsrecht (*coutume*).[155] Eine erste mittelbare Anerkennung durch den Gesetzgeber hat es durch das Gesetz vom 6. bis 8. Februar 1893[156] erfahren, durch das in Art. 299 Abs. 3 und Art. 311 Cc die Frage der Fortführung des Gebrauchsnamens im Falle der Scheidung bzw. der Trennung von Tisch und Bett geregelt wurde.[157] Aus diesen Regelungen, die sich heute in leicht veränderter Form in Art. 264 bzw. Art. 300 Cc finden, lässt sich e contrario ein Recht der Ehegatten zur Führung eines

---

[149] Der *nom d'usage* i.S.d. Ehegattengebrauchsnamens ist vom *nom d'usage* i.S.d. Art. 43 des Gesetzes vom 23. Dezember 1985 gebildeten *nom d'usage* zu unterscheiden (siehe dazu S. 77 ff.).

[150] Das Datum wurde nach dem Revolutionskalender von 1794 bezeichnet. Es entspricht dem 23. August 1794 nach gregorianischem Kalender.

[151] Zitiert nach *Jornod*, S. 43.

[152] *Arrêté du 1er juin 2006 fixant le modèle de livret de famille*, J.O. vom 2. Juni 2006, Text 23.

[153] Arrêté vom 1. Juni 2006, Anhang II, *Informations spécifiques aux époux* (J.O. vom 2. Juni 2006, Text 23).

[154] Zur Frage der passenden Übersetzung vgl. Fn. 34.

[155] Vgl. Murat/*Lamarche*, Ziff. 116.140; *Blumenrath*, S. 38.

[156] *Loi portant modification au régime de la séparation de corps*, D. 1893, IV, S. 41 f.

[157] Vgl. *Bachmann*, StAZ 1968, 89.

Gebrauchsnamens während der Ehe ableiten.[158] Ausdrücklich wurde den Eheleuten erstmals mit Arrêté vom 20. März 1985[159] ein Recht zur Führung eines Gebrauchsnamens eingeräumt. In den Anhang IV des Arrêté vom 16. Mai 1974 wurde der Abschnitt „*Nom des époux*" („Name der Ehegatten") eingefügt, der folgende Regelung enthielt:

„Chacun des époux peut utiliser dans la vie courante, s'il le désire, le nom de son conjoint." („Jeder der Ehegatten kann im täglichen Leben, wenn er es wünscht, den Namen seines Ehepartners verwenden.")

Eine gleichlautende Regelung findet sich heute im Arrêté vom 1. Juni 2006.[160] Die einzelnen Modalitäten der Führung eines Ehegattengebrauchsnamens werden in erster Linie durch einen Runderlass vom 26. Juni 1986[161] geregelt.

b) Die Funktion des Ehegattengebrauchsnamens

Das Führen eines Gebrauchsnamens ist für die Ehegatten rein fakultativ.[162] So kann beispielsweise die Frau ohne weiteres – entgegen der Tradition – auch nach der Eheschließung ausschließlich unter ihrem Geburtsnamen auftreten. Entscheidet sich ein Ehegatte dafür, den Namen seines Ehepartners als Gebrauchsnamen zu führen, entfaltet dies keinerlei rechtliche Wirkung. Aus personenstandsrechtlicher Sicht führt er auch weiterhin ausschließlich seinen Geburtsnamen.

Der Gebrauchsname wird dementsprechend nicht in Personenstandsurkunden wie z.B. das livret de famille (Familienstammbuch) eingetragen.[163] Offizielle Ausweispapiere (Personalausweis, Reisepass, Führerschein etc.) werden auch bei Führung eines Gebrauchsnamens weiterhin auf den Geburtsnamen ausgestellt.[164] Allerdings kann der Gebrauchsname auf Verlangen des Betroffenen nach dem Geburtsnamen in Klammern angegeben werden.[165] Für den Fall, dass die Ehefrau den Namen des Mannes als Gebrauchsnamen führt, wird dieser auf ihren Antrag hin dem Geburtsnamen

---

[158] Vgl. *Cornu*, S. 126; *Coester*, StAZ 1987, 196.
[159] *Arrêté du 20 mars 1985 portant modification de l'arrêté du 16 mai 1974 fixant les modèles de livret de famille*, J.O. vom 23. Mai 1985, S. 5780.
[160] Arrêté vom 1. Juni 2006, Anhang II, *Informations spécifiques aux époux, Nom des époux* (J.O. vom 2. Juni 2006, Text 23).
[161] *Circulaire du 26 juin 1986 relative à la mise en œuvre de l'article 43 de la loi n°85-1372 du 23 décembre 1985*, J.O. vom 3. Juli 1986, S. 8245 ff.
[162] Vgl. Circulaire vom 26. Juni 1986, Ziff. 2.1. Abs. 1 (J.O. vom 3. Juli 1986, S. 8246); Murat/*Lamarche*, Ziff. 116.142.
[163] Vgl. Circulaire vom 26. Juni 1986, Ziff. 2.3. Abs. 1 (J.O. vom 3. Juli 1986, S. 8246).
[164] Vgl. Murat/*Lamarche*, Ziff. 116.151.
[165] Vgl. Circulaire vom 26. Juni 1986, Anhang I.

mit dem Zusatz „*épouse*" nachgestellt.[166] Rechtsgeschäfte sind, insbesondere dann, wenn sie eine notarielle Beurkundung erfordern, unter dem Geburtsnamen zu tätigen.[167]

Im sozialen und beruflichen Umfeld ist es dagegen möglich, unter dem Gebrauchsnamen aufzutreten. Auch gegenüber Behörden ist es zulässig und üblich, den Gebrauchsnamen zu verwenden. Möchte eine Person von Behörden mit dem Gebrauchsnamen bezeichnet werden, muss sie lediglich bei der jeweiligen Stelle unter Vorlage bestimmter Nachweise (z.B. Kopie des Familienstammbuchs)[168] einen entsprechenden ausdrücklichen Antrag (*demande expresse*)[169] stellen. Die Behörde ist in diesem Fall verpflichtet, in der Korrespondenz mit dem Antragsteller künftig dessen Gebrauchsnamen zu verwenden.[170]

Die Entscheidung für einen Gebrauchsnamen ist jederzeit möglich. Ebenso kann zu jedem Zeitpunkt auf die Führung des Gebrauchsnamens verzichtet oder ein anderer Gebrauchsname gewählt werden. Auch hierfür bedarf es allein einer entsprechenden schriftlichen Erklärung gegenüber den betroffenen Stellen.

Letztlich kann durch die Annahme eines Ehegattengebrauchsnamens „optisch" eine familiäre Namenseinheit geschaffen werden, wie sie im deutschen Recht durch die Möglichkeit der Wahl eines gemeinsamen Ehenamens erreicht wird.

c) Die Wahlmöglichkeiten der Ehegatten

Die Ehefrau kann als Ehegattengebrauchsnamen entweder ausschließlich den Namen ihres Mannes oder einen aus ihrem Geburtsnamen und dem Mannesnamen zusammengesetzten Doppelnamen führen. Für den Mann besteht lediglich die Möglichkeit der Hinzufügung des Namens der Ehe-

---

[166] Vgl. Circulaire vom 26. Juni 1986, Anhang I. Hat also z.B. Frau Müller den Namen ihres Ehemannes Herrn Dubois zum Ehenamen bestimmt, wird sie von deutschen Behörden als „Frau Dubois, geborene Müller" geführt. Führt Frau Müller dagegen den Namen ihres Mannes als Gebrauchsnamen, wird sie von französischen Behörden auf entsprechenden Antrag hin als *Mme Müller, épouse Dubois* („Frau Müller, verheiratete Dubois") bezeichnet.

[167] Zu der Frage, ob ein unter dem Gebrauchsnamen getätigtes Rechtsgeschäft nichtig ist, vgl. Murat/*Lamarche*, Ziff. 116.151.

[168] Vgl. Circulaire vom 26. Juni 1986, Ziff. 2.2. (J.O. vom 3. Juli 1986, S. 8246).

[169] Vgl. Circulaire vom 26. Juni 1986, Ziff. 2.1. Abs. 2 S. 2 (J.O. vom 3. Juli 1986, S. 8246). Hierfür stellt das CERFA (*Centre d'enregistrement et de révision des formulaires administratifs*) Antragsformulare zur Verfügung, die auch im Internet kostenlos heruntergeladen werden können.

[170] Vgl. Circulaire vom 26. Juni 1986, Ziff. 2.2. (J.O. vom 3. Juli 1986, S. 8246).

frau.[171] Im Gebrauchsnamen des Mannes findet sich somit stets sein Geburtsname wieder.

Hinsichtlich der Frage, inwieweit ein Ehegatte statt des Geburtsnamens des anderen Ehegatten auch dessen Gebrauchsnamen i.S.d. Art. 43 des Gesetzes vom 23. Dezember 1985[172] annehmen kann, ist die Rechtslage nicht eindeutig:

Der oben genannte Abschnitt „*Nom des époux*" im Arrêté vom 16. Mai 1974 war zwar mit Arrêté vom 26. Juni 1986[173] um folgenden klarstellenden Zusatz ergänzt worden:

„Il peut en être ainsi même lorsque le conjoint a pris l'usage d'un nom double composé des noms de ses parents."[174] („Dies gilt selbst dann, wenn der Ehegatte einen aus den Namen seiner Eltern zusammengesetzten Doppelnamen gebraucht.")

Jedoch wurde der Arrêté vom 16. Mai 1974 inzwischen durch den Arrêté vom 1. Juni 2006[175] ersetzt, in den dieser Zusatz nicht mehr aufgenommen wurde.[176] Dass das französische Justizministerium hierauf bewusst verzichtet hat, um die bis dato geltenden Modalitäten der Gebrauchsnamenführung zu ändern, darf indes bezweifelt werden. Es dürfte sich wohl eher um ein bloßes Redaktionsversehen handeln, so dass davon auszugehen ist, dass ein Ehegatte nach wie vor auch den Gebrauchsnamen seines Ehepartners i.S.d. Art. 43 des Gesetzes vom 23. Dezember 1985 als Ehegattengebrauchsnamen oder Teil eines solchen führen kann.

Nach den im Runderlass vom 26. Juni 1986 aufgeführten Beispielen soll die Annahme des aus den Elternnamen bestehenden Gebrauchsnamens des Ehegatten offenbar sogar unabhängig davon möglich sein, ob dieser den Gebrauchsnamen tatsächlich führt.[177] Dies steht jedoch zum einen mit dem Wortlaut des Arrêté vom 26. Juni 1986 im Widerspruch, der voraussetzt,

---

[171] Vgl. Arrêté vom 1 Juni 2006, Anhang II, *Informations spécifiques aux époux*, J.O. vom 2. Juni 2006, Text 23; Circulaire vom 26. Juni 1986, Ziff. 1.2. Abs. 1 lit. a) u. b), J.O. vom 3. Juli 1986, S. 8245 f.

[172] *Loi n° 85-1372 du 23 décembre 1985 relative à l'égalité des époux dans les régimes matrimoniaux et des parents dans la gestion des biens des enfants mineurs*, J.O. vom 26. Dezember 1985, S. 15114. Nach dieser Vorschrift kann der Name desjenigen Elternteils, von dem man den Namen nicht übertragen bekommen hat, als Gebrauchsname geführt werden. Vgl. die ausführliche Darstellung auf S. 77 ff.

[173] *Arrêté du 26 juin 1986 portant modification de l'arrêté du 16 mai 1974 modifié fixant les modèles de livret de famille*, J.O. vom 3. Juli 1986, S. 8256.

[174] Art. 2 des Arrêté vom 26. Juni 1986.

[175] *Arrêté du 1er juin 2006 fixant le modèle de livret de famille*, J.O. vom 2. Juni 2006, Text 23.

[176] Vgl. Anhang II, *Informations spécifiques aux époux*, *Nom des époux*.

[177] Im Beispiel kann Frau Dupond als Ehefrau von Herrn Martin, Sohn von Herrn Martin und Frau Dupuis, ohne weiteres den Gebrauchsnamen *Dupond-Martin-Dupuis* wählen (vgl. Circulaire vom 26. Juni 1986, Anhang I, J.O. vom 3. Juli 1986, S. 8246).

dass der aus den Elternnamen zusammengesetzte Gebrauchsname vom Ehegatten tatsächlich gebraucht wird („lorsque le conjoint *a pris* l'usage d'un nom double composé des noms de ses parents").[178] Zum anderen handelt es sich schon begrifflich nur dann um einen Gebrauchsnamen, wenn von dem Namen tatsächlich Gebrauch gemacht wird.[179] Wenn ein Ehegatte einen theoretisch möglichen Gebrauchsnamen de facto nicht führt, existiert folglich kein Gebrauchsname, der vom anderen Ehegatten seinerseits zum Gebrauchsnamen bestimmt werden könnte. Im Ergebnis kann also ein rein potentieller Gebrauchsname eines Ehegatten vom anderen Ehegatten nicht als Gebrauchsname geführt werden.[180]

Lässt man den Gebrauchsnamen i.S.d. Art. 43 des Gesetzes vom 23. Dezember 1985 als Ehegattengebrauchsnamen oder Teil eines solchen zu, so stehen den Eheleuten – nicht zuletzt weil auch die Reihenfolge der Namensbestandteile des Gebrauchsnamens frei wählbar ist[181] – gegebenenfalls zahlreiche Wahlmöglichkeiten zur Verfügung.[182] Lediglich eine Kombination des Ehegattengebrauchsnamens mit dem Gebrauchsnamen i.S.d. Art. 43 des Gesetzes vom 23. Dezember 1985 ist ausgeschlossen.[183] Der Ehegatte muss sich also entscheiden, ob in seinem Gebrauchsnamen die Verbundenheit zu seinen beiden Elternteilen oder die zu seinem Ehepartner zum Ausdruck kommen soll.

Abschließend sei darauf hingewiesen, dass das Recht, den vom Ehegatten geführten Gebrauchsnamen i.S.d. Art. 43 des Gesetzes vom 23. Dezember 1985 zu gebrauchen, in der Praxis zumeist theoretischer Natur bleibt. Es entscheiden sich nur wenige Franzosen dafür, überhaupt einen aus ihren Elternnamen zusammengesetzten Gebrauchsnamen zu führen.[184] Selbst wenn sich ein Ehepartner für diesen Namen entschieden hat, wird die Motivation des anderen Ehegatten, diesen ebenfalls zu gebrauchen und somit die Namen beider Schwiegerelternteile im Gebrauchsnamen zu führen, in aller Regel eher gering sein.

---

[178] Art. 2 des Arrêté vom 26. Juni 1986, Hervorhebung durch Verfasser. Zwar ist diese Regelung mit Arrêté vom 1. Juni 2006 aufgehoben worden. Da es sich hierbei jedoch um ein Redaktionsversehen handeln dürfte, beansprucht die Wertung der Vorschrift nach der hier vertretenen Auffassung nach wie vor Geltung.

[179] So auch *Grimaldi*, Rn. 11.

[180] Dies entspricht auch der dem Verfasser auf entsprechende Nachfragen mitgeteilten Rechtsauffassung der CIEC (*Commission internationale de l'état civil*) sowie des französischen Justizministeriums.

[181] Vgl. Circulaire vom 26. Juni 1986, Ziff. 2.3. Abs. 2.

[182] Eine Übersicht über die verschiedenen Kombinationsmöglichkeiten findet sich im Anhang I des Circulaire vom 26. Juni 1986; vgl. auch *Coester*, StAZ 1987, 197.

[183] Vgl. Circulaire vom 26. Juni 1986, Ziff. 1.2. Abs. 3 (J.O. vom 3. Juli 1986, S. 8246): *„Aucun cumul ou combinaison entre les différents noms d'usage n'est possible."* („Eine Anhäufung oder Verbindung der verschiedenen Gebrauchsnamen ist nicht möglich.")

[184] Vgl. Murat/*Fournier*/*Farge*, Ziff. 231.201 a.E.

Der Gebrauch des Geburtsnamens des Ehegatten ist dagegen weit verbreitet. Nach wie vor entschließt sich die große Mehrzahl der Frauen dazu, den Geburtsnamen des Ehemannes als Gebrauchsnamen zu führen. Die Ehemänner machen demgegenüber eher selten von ihrem Recht zur Hinzufügung des Geburtsnamens der Ehefrau Gebrauch.[185]

2. Die Namensführung der Ehegatten nach Auflösung der Ehe

Die Namensführung der Ehegatten nach der Auflösung der Ehe hängt davon ab, ob die Ehe durch Scheidung (a) oder durch Tod eines Ehegatten (b) aufgelöst wird.[186]

a) Die Namensführung im Fall der Scheidung

Die Auswirkungen der Scheidung auf die Namensführung der Ehegatten sind in Art. 264 Cc geregelt. Gemäß Art. 264 Abs. 1 Cc erlischt mit der Scheidung grundsätzlich das Recht, den Namen des Ehegatten als Gebrauchsnamen zu führen. Allerdings darf der Name des Ehepartners gemäß Art. 264 Abs. 2 Cc dann weiterhin gebraucht werden, wenn dieser damit einverstanden ist oder eine richterliche Genehmigung vorliegt.[187] Um eine richterliche Genehmigung zu erlangen, muss der Antragsteller ein besonderes Interesse an der Fortführung des Gebrauchsnamens für sich oder die gemeinsamen Kinder nachweisen.[188] Eine Wiederheirat führt nach h.M. zum endgültigen Verlust des Gebrauchsrechts am Namen des Ex-Ehegatten.[189]

b) Die Namensführung im Fall des Todes eines Ehegatten

Im Runderlass vom 26. Juni 1986 wird ausdrücklich klargestellt, dass das Recht zur Führung eines Ehegattengebrauchsnamens der „verheirateten oder verwitweten Frau" („*femme mariée ou veuve*") bzw. dem „verheirate-

---

[185] Vgl. *Cornu*, S. 125; Murat/*Lamarche*, Ziff. 116.140.

[186] Die im französischen Recht vorgesehene gerichtliche „Trennung von Tisch und Bett" (*séparation de corps*) löst die Ehe nicht auf, sondern entbindet zunächst nur von der Pflicht zum Zusammenleben (vgl. Art. 299 Cc) und führt zur Gütertrennung (vgl. Art. 302 Abs. 1 Cc). Im Falle der Trennung von Tisch und Bett darf der Ehegattengebrauchsname grundsätzlich weitergeführt werden, sofern die Fortführung nicht durch Gerichtsurteil untersagt wird (vgl. Art. 300 Cc).

[187] Hinsichtlich der Fortführung von Adelstiteln besteht diese Möglichkeit nicht. Vgl. Murat/*Lamarche*, Ziff. 116.172 m.w.N.

[188] Vgl. Art. 264 Abs. 2 Cc.

[189] Vgl. Circulaire vom 26. Juni 1986, Ziff. 1.2. Abs. 1 lit. c) (J.O. vom 3. Juli 1986, S. 8245); *Pintens*, StAZ 1984, 189; *Blumenrath*, S. 191 m.w.N.; a.A. TGI Paris, RTDC 1996, 872.

ten oder verwitweten Mann" („*homme marié ou veuf*") zusteht.[190] Der Tod eines Ehegatten hat somit grundsätzlich keinerlei Einfluss auf das Recht des überlebenden Ehegatten, dessen Namen als Gebrauchsnamen zu führen.[191] Das Recht zur Fortführung des Ehegattengebrauchsnamens wird allerdings nicht vollkommen uneingeschränkt gewährt. Es ist anerkannt, dass im Falle „missbräuchlicher Verwendung" (*utilisation abusive*) des Gebrauchsnamens die Familie des verstorbenen Ehegatten verlangen kann, dass der überlebende Ehegatte die weitere Nutzung des Namens des Verstorbenen unterlässt.[192] Nach wohl h.M. soll das Nutzungsrecht außerdem dann erlöschen, wenn der verwitwete Ehegatte erneut heiratet.[193]

II. Das Kindesnamensrecht

Das französische Kindesnamensrecht wurde zum 1. Januar 2005 grundlegend reformiert.[194] Während bis dato die Vorrangigkeit des Vaternamens (*principe patronymique*) das Kindesnamensrecht beherrscht hatte (1), wurde den Eltern mit den Neuregelungen der Namensrechtsreform grundsätzlich die Möglichkeit eingeräumt, ihrem Kind den Familiennamen der Mutter oder des Vaters oder einen aus den Elternnamen zusammengesetzten Doppelnamen zu erteilen (2). Von diesen Neuregelungen können allerdings prinzipiell nur die seit dem 1. Januar 2005 geborenen Kinder profitieren, während die Namensführung der vor diesem Stichtag geborenen Kinder weitestgehend dem alten Recht unterworfen bleibt (3). Eine von der Namensrechtsreform unberührte Sonderform des Kindesnamens sieht das Gesetz vom 23. Dezember 1985[195] vor, wonach der Name desjenigen Elternteils, dessen Name nicht der Kindesname ist, als Gebrauchsname geführt werden kann (4).

1. Die Rechtslage bis zur Namensrechtsreform von 2005

Bis zum Inkrafttreten der Namensrechtsreform zum 1. Januar 2005 richtete sich die Namensführung des Kindes in erster Linie nach dessen Status. Dementsprechend war zwischen der Namensführung des ehelichen bzw.

---

[190] Vgl. Circulaire vom 26. Juni 1986, Ziff. 1.2. Abs. 1 lit. a) u. b) (J.O. vom 3. Juli 1986, S. 8245).

[191] Vgl. auch *Blumenrath*, S. 41.

[192] Vgl. Murat/*Lamarche*, Ziff. 116.171; *Borricand*, S. 12.

[193] Vgl. *Borricand*, S. 13; Murat/*Lamarche*, Ziff. 116.171 m.w.N.

[194] Vgl. *Loi n° 2002-304 du 4 mars 2002 relative au nom de famille* (J.O. vom 5. März 2002, S. 4159 ff.) sowie *Loi n° 2003-516 du 18 juin 2003 relative à la dévolution du nom de famille* (J.O. vom 19. Juni 2003, S. 10240 ff.).

[195] *Loi n° 85-1372 du 23 décembre 1985 relative à l'égalité des époux dans les régimes matrimoniaux et des parents dans la gestion des biens des enfants mineurs* (J.O. vom 26. Dezember 1985, S. 15111 ff.).

B. Das französische Familiennamensrecht   47

legitimierten Kindes (a), des unehelichen Kindes (b), des adoptierten Kindes (c) und des Kindes ohne festgestellte Abstammung (d) zu unterscheiden.[196]

a) Der Name des ehelichen bzw. legitimierten Kindes

Seit dem 19. Jahrhundert erwarb ein ehelich geborenes Kind (*enfant légitime*) den Familiennamen des Ehemannes der Mutter, dessen Vaterschaft vermutet wurde.[197] Dieses *principe patronymique* war gesetzlich nicht ausdrücklich geregelt, jedoch in ständiger Rechtsprechung anerkannt[198] und indirekt in Vorschriften wie Art. 57 Cc a.F.[199] oder Art. 333-5 Cc a.F.[200] verankert.

Wenn die Vaterschaft erfolgreich angefochten wurde, erhielten minderjährige Kinder automatisch den Namen der Mutter. Bei volljährigen Kindern war und ist für eine solche Namensänderung aufgrund veränderter Abstammung gemäß Art. 61-3 Abs. 2 Cc deren Zustimmung erforderlich. Einen anderen als den Vaternamen konnte das eheliche Kind ansonsten allein infolge einer behördlichen Namensänderung gemäß Art. 61 Cc erhalten.[201]

Den Status eines ehelichen Kindes konnte ein unehelich geborenes Kind durch die sogenannte Legitimation in Form einer Eheschließung der Eltern oder einer gerichtlichen Ehelicherklärung erwerben.

Durch Eheschließung der Eltern wurde ein uneheliches Kind gemäß Art. 332-1 Abs. 1 Cc a.F. dem ehelichen Kind gleichgestellt und erhielt somit entsprechend dem *principe patronymique* den Namen seines Vaters, sofern es diesen nicht ohnehin bereits führte. Bei minderjährigen Kindern erfolgte der Namenswechsel automatisch kraft Gesetzes[202]; ab Erreichen

---

[196] Vgl. Murat/*Fournier*/*Farge*, Ziff. 231.21 a.E.
[197] Vgl. *Blumenrath*, S. 77.
[198] Vgl. z.B. CA Paris, D. 1946, Jur., 363; Cass. civ., D. 1961, Jur., 544; weitere Nachweise bei *Blumenrath*, S. 77, Fn. 330.
[199] Nach Art. 57 Abs. 1 S. 1 Cc in der vor dem 1. Januar 2005 geltenden Fassung mussten in die Geburtsurkunde in Bezug auf das Kind lediglich der Tag, die Stunde und der Ort der Geburt, das Geschlecht sowie die Vornamen des Kindes eingetragen werden. Dass der Gesetzgeber die Angabe des Familiennamen des Kindes offenbar für nicht erforderlich gehalten hatte, wurde von vielen Autoren dahingehend gewertet, dass er von einem selbstverständlichen Erwerb des Vaternamens ausgegangen war (vgl. Murat/*Fournier*/*Farge*, Ziff. 231.31; *Blumenrath*, S. 77; *Coester*, StAZ 1987, 196 Fn. 1).
[200] Art. 333-5 Cc a.F. bestimmte, dass das uneheliche Kind im Fall der Legitimation durch Eheschließung der Eltern den Namen des Vaters erhält.
[201] Vgl. Murat/*Fournier*/*Farge*, Ziff. 231.31.
[202] Art. 61-3 Abs. 1 Cc, der ab einem Alter von 13 Jahren eine Zustimmung des Kindes vorsieht, war hier nicht einschlägig, da es sich bei einem Namenswechsel kraft Legitimation nicht um einen freiwilligen Namenswechsel handelt.

der Volljährigkeit bedurfte es gemäß Art. 332-1 Abs. 2 Cc a.f. einer Zustimmung des Kindes.[203]

Im Falle einer Legitimation durch gerichtliche Ehelicherklärung gemäß Art. 333 ff. Cc a.f. wurde hinsichtlich der künftigen Namensführung des Kindes danach unterschieden, ob die Ehelicherklärung durch einen Elternteil (*légitimation unilatérale*) oder durch beide Elternteile (*légitimation conjointe*) beantragt worden war: Bei einer Ehelicherklärung auf Antrag eines Elternteils entfaltete die Legitimation nur diesem gegenüber Wirkung[204], und der Name des Kindes blieb gemäß Art. 333-4 Abs. 2 Hs. 2 Cc a.f. vorbehaltlich einer anderslautenden gerichtlichen Entscheidung[205] grundsätzlich unverändert. Bei einer Ehelicherklärung auf Antrag beider Elternteile erhielt das Kind gemäß Art. 333-5 Cc a.f. den Namen des Vaters, sofern es diesen nicht ohnehin geführt hatte, wobei der Namenswechsel ab Erreichen der Volljährigkeit gemäß Art. 61-3 Abs. 2 Cc einer Zustimmung des Kindes bedurfte.[206]

b) Der Name des unehelichen Kindes

Die Ursprungsfassung des *Code civil* enthielt keine Regelungen zur Namensführung des unehelich geborenen Kindes (*enfant naturel*). Entsprechend dem in Literatur und Rechtsprechung anerkannten *principe patronymique* erwarb das uneheliche Kind mit der Geburt den Namen des Vaters, sofern die Vaterschaft feststand.[207] Ansonsten trug es den Namen der Mutter.[208]

Umstritten war allerdings, ob ein uneheliches Kind, das zunächst den Namen der Mutter erworben hatte, im Falle einer späteren Feststellung der Vaterschaft automatisch den Vaternamen erhalten sollte.[209] Mit Urteil vom

---

[203] Diese Vorschrift wurde erst mit Gesetz Nr. 93-22 vom 8. Januar 1993 (J.O. vom 9. Januar 1993, S. 495 ff.) in den *Code civil* aufgenommen. Nach der vorher geltenden Rechtslage konnten sich volljährige Personen bzw. deren Nachkommen dem Namenswechsel durch Legitimation nicht widersetzen.

[204] Vgl. Art. 333-4 Abs. 2 Hs. 1 Cc a.F.

[205] Dieser Vorbehalt diente insbesondere dazu, dem *principe patronymique* Geltung zu verschaffen und zu verhindern, dass das Kind trotz einer Ehelicherklärung gegenüber dem Vater den Mutternamen fortführte (vgl. z.B. CA Aix-en-Provence, D. 1998, Somm., 26, Anm. *Granet*).

[206] Vgl. Murat/*Fournier*/*Farge*, Ziff. 231.32; *Blumenrath* hält eine Zustimmung des Kindes zum Namenswechsel im Falle der gerichtlichen Ehelicherklärung generell für nicht erforderlich, nennt hierfür jedoch keine Gründe (vgl. *Blumenrath*, S. 97).

[207] Vgl. z.B. CA Paris, D. 1946, Jur., 363.

[208] Vorausgesetzt, die Abstammung gegenüber der Mutter stand fest.

[209] Vgl. *Blumenrath*, S. 83 m.w.N.

4. Juni 1946 entschied die *Cour de cassation* (Kassationshof)[210] den Meinungsstreit dahingehend, dass das Kind stets automatisch und unabhängig von der Inhaberschaft der elterlichen Sorge und dem Willen der Betroffenen den Namen des Vaters erwerbe, sobald die Abstammung zu diesem festgestellt werde.[211]

Im Jahr 1952 wurde die Namensführung unehelicher Kinder erstmals gesetzlich geregelt. Gemäß Art. 1 Abs. 1 des Gesetzes vom 25. Juli 1952[212] erhielt das nichtehelich geborene Kind den Namen desjenigen Elternteils, zu dem die Abstammung als erstes festgestellt wurde. Für den Fall der gleichzeitigen Abstammungsfeststellung gegenüber beiden Elternteilen sah Art. 1 Abs. 2 den Erwerb des Vaternamens vor. Die nachträgliche Feststellung der Vaterschaft hatte somit fortan nicht mehr den automatischen Erwerb des Vaternamens zur Folge. Das Kind[213] konnte vielmehr fakultativ beim *Tribunal de Grande Instance*[214] die Annahme des Vaternamens bzw. eine Hinzufügung desselben beantragen.[215]

Mit Gesetz vom 3. Januar 1972[216] wurden die Regelungen zur Namensführung unehelicher Kinder in den *Code civil* aufgenommen.[217] Wie nach bis dato geltendem Recht erhielt das Kind gemäß Art. 334-1 Hs. 1 Cc a.F. grundsätzlich den Namen des Elternteils, zu dem die Abstammung zuerst festgestellt wurde. Bei gleichzeitiger Abstammungsfeststellung gegenüber beiden Elternteilen erwarb es gemäß Art. 334-1 Hs. 2 Cc a.F. wie gehabt den Namen des Vaters.[218] Für den Fall der nachträglichen Vaterschaftsfeststellung konnten die Eltern dem Kind durch gemeinschaftliche Erklärung gegenüber dem Gericht den Vaternamen erteilen, wobei das Kind dem Namenswechsel ab Vollendung des 15. Lebensjahres persönlich zustimmen musste.[219] Im Übrigen konnte ein Namenswechsel wie bisher im Rahmen eines gerichtlichen Verfahrens erreicht werden.[220] Art. 334-5 Cc a.F. sah nunmehr die Möglichkeit einer Einbenennung durch den Ehemann der Mutter vor.

---

[210] Die *Cour de cassation* (Kassationshof) ist das oberste französische Revisionsgericht der ordentlichen Gerichtsbarkeit und mit dem deutschen Bundesgerichtshof vergleichbar.

[211] Vgl. Cass. civ., D. 1946, Jur., 357, Anm. *Savatier*.

[212] *Loi nº 52-899 du 25 juillet 1952 relative au nom des enfants naturels*, J.O. vom 29. Juli 1952, S. 7679.

[213] Im Falle der Minderjährigkeit handelte die Mutter bzw. der gesetzliche Vertreter für das Kind.

[214] Das *Tribunal de Grande Instance (TGI)* ist ein Zivilgericht der ersten Instanz, vergleichbar dem deutschen Landgericht.

[215] Vgl. Art. 2 u. 3 des Gesetzes Nr. 52-899 vom 25. Juli 1952.

[216] Loi nº 72-3 du 3 janvier 1972 sur la filiation, J.O. vom 5. Januar 1972, S. 145 ff.

[217] Vgl. Art. 334-1 bis 334-6 Cc i.d.F. vom 3. Januar 1972.

[218] Vgl. Art. 334-1 Hs. 2 Cc a.F.

[219] Vgl. Art. 334-2 Cc a.F.

[220] Vgl. Art. 334-3 Cc a.F.

Die Regelung des Art. 334-1 Hs. 1 Cc a.F., wonach das Kind grundsätzlich den Namen des Elternteils erhielt, zu dem die Abstammung zuerst festgestellt wurde, bedeutete de facto einen Vorrang des Mutternamens. Diese erkannte nämlich die Elternschaft in der Regel zeitlich vor dem Vater an.[221] Die Priorität des Mutternamens wurde noch dadurch verstärkt, dass nach der Rechtsprechung selbst bei Vorliegen pränataler Anerkennungserklärungen beider Elternteile das Kind den Namen der Mutter erhielt, wenn die Anerkennungserklärung der Mutter der des Vaters zeitlich vorausgegangen war.[222] Nicht verheiratete Eltern hatten somit im Gegensatz zu verheirateten Eltern die Möglichkeit, ihrem Kind den Mutternamen zu geben, indem sie schlicht die Mutter bewusst die Elternschaft zeitlich vor dem Vater anerkennen ließen.[223]

Die Bestimmungen des *Code civil* zur Namensführung unehelicher Kinder in der Fassung des Gesetzes vom 3. Januar 1972 blieben bis zur Namensrechtsreform von 2005 weitestgehend unverändert.

c) Der Name des Adoptivkindes

Hinsichtlich der Namensführung der vor dem 1. Januar 2005 geborenen Adoptivkinder muss zwischen der Volladoption (*adoption plénaire*), infolge derer sämtliche Verwandtschaftsverhältnisse gegenüber der ursprünglichen Familie des Kindes sowie die daraus resultierenden Rechte und Pflichten erlöschen[224], und der einfachen Adoption (*adoption simple*) unterschieden werden, welche die Verwandtschaftsverhältnisse zur ursprünglichen Familie des Kindes unberührt lässt.[225]

---

[221] Vgl. Murat/*Fournier*/*Farge*, Ziff. 231.51. Die Vorschrift des Art. 311-25 Cc, wonach für die Feststellung der Mutterschaft allein die Angabe der Mutter in der Geburtsurkunde des Kindes ausreicht, wurde erst mit der *Ordonnance n° 2005-759 du 4 juillet 2005 portant réforme de la filiation* (J.O. vom 6. Juli 2005, Text 19) zum 1. Juli 2006 in den *Code civil* aufgenommen. Bis zu diesem Zeitpunkt hatte die Angabe der Mutter in der Geburtsurkunde des unehelichen Kindes nur dann eine Feststellung der Mutterschaft zur Folge, wenn sie durch die sog. possession d'état bestätigt wurde (vgl. Art. 337 Cc a.F.). In aller Regel erfolgte die Feststellung der Mutterschaft eines unehelichen Kindes im Wege eines ausdrücklichen Mutterschaftsanerkenntnisses gemäß Art. 335 Cc a.F. (vgl. dazu *Völker*, StAZ 1998, 197 ff.).

[222] Vgl. CA Paris, D. 1991, IR, 8; CA Versailles, D. 1993, Somm., 169, Anm. *Granet-Lambrechts*.

[223] Vgl. Murat/*Fournier*/*Farge*, Ziff. 231.51. Ein prominentes „Ergebnis" dieser Vorgehensweise ist Mazarine Pingeot, die nichteheliche Tochter des französischen Staatspräsidenten François Mitterand. Indem Mitterand die Vaterschaft erst nach der Mutter anerkannte, konnte seine nichteheliche Tochter den Mutternamen führen und die Zweitfamilie des Präsidenten somit lange Zeit geheim gehalten werden (vgl. *Geisler*, StAZ 1996, 396).

[224] Vgl. Art. 356 Abs. 1 Cc. Eine Ausnahme gilt für den Fall der Stiefkindadoption, bei der die Abstammung gegenüber dem leiblichen Elternteil gemäß Art. 356 Abs. 2 S. 1 Cc bestehen bleibt.

[225] Vgl. Art. 364 Abs. 1 Cc.

Im Fall der Volladoption erwarb das Kind gemäß Art. 357 Abs. 1 Cc a.F. den Familiennamen des Annehmenden bzw. bei einer Adoption durch ein Ehepaar[226] entsprechend dem *principe patronymique* den Namen des Adoptivvaters. Bei einer Adoption durch eine verheiratete Frau konnte das Gericht gemäß Art. 357 Abs. 3 Cc a.F. im Adoptionsurteil mit Einverständnis des Ehemannes der Annehmenden aussprechen, dass das Kind dessen Familiennamen führte.

Im Fall der einfachen Adoption behielt das Kind entsprechend dem noch heute unverändert geltenden Art. 363 Abs. 1 Cc grundsätzlich seinen ursprünglichen Namen bei, dem der Name des Annehmenden hinzugefügt wurde. Gemäß Art. 363 Abs. 2 Cc a.F. konnte das Gericht auf Antrag des Annehmenden festlegen, dass das Kind allein dessen Familiennamen führt, wobei das Kind ab Vollendung des 13. Lebensjahres dem Namenswechsel zustimmen musste. Der Antrag konnte auch nach bereits erfolgter Adoption gestellt werden.[227]

Insgesamt lässt sich im Grundsatz festhalten, dass das Kind im Fall der Volladoption seinen früheren Namen zugunsten des Namens des Annehmenden verlor, während bei einer einfachen Adoption ein Doppelname aus dem bisherigen Namen und dem Namen des Annehmenden gebildet wurde.

d) Der Name des Kindes ungeklärter Abstammung

Die Namensführung von Findelkindern (*enfants trouvés*) und Kindern mit unbekannten Eltern[228] (*enfants nés de parents non dénommés*) war bereits in der Ursprungsfassung der französischen Dienstanweisung für Standesbeamte aus dem Jahr 1955[229] geregelt. Nach deren Ziff. 225 Abs. 2 hatte der Standesbeamte den Kindesnamen zu bestimmen, sofern nicht im Fall des Kindes unbekannter Eltern bereits eine Namensbestimmung von der die Geburt anzeigenden Person (*déclarant*) getroffen worden war.[230] Der Standesbeamte war gehalten, dem Kind mehrere Vornamen zu erteilen,

---

[226] Die Adoption durch ein unverheiratetes Paar war und ist gemäß Art. 346 Abs. 1 Cc nicht zulässig.

[227] Vgl. Art. 363 Abs. 2 S. 2 Cc a.F. Die Möglichkeit der nachträglichen Antragstellung wurde ebenso wie das etwaige Erfordernis der Zustimmung des Kindes erst mit Gesetz Nr. 93-22 vom 6. Januar 1993 (J.O. vom 9. Januar 1993, S. 495 ff.) in Art. 363 Abs. 2 Cc a.F. aufgenommen.

[228] Im Gegensatz zum deutschen Recht ist mit Unbekanntheit nicht gemeint, dass die Identität der in rechtlicher Hinsicht feststehenden Eltern nicht bekannt ist, sondern dass noch kein Abstammungsverhältnis gegenüber einem Elternteil begründet wurde, das Kind also „elternlos" ist.

[229] *Instruction générale relative à l'état civil du 21 septembre 1955* (J.O. vom 22. September 1955, S. 9322 ff.).

[230] Vgl. Ziff. 225 Abs. 2 S. 1 IGREC i.d.F. vom 21. September 1955.

von denen der letzte als Familienname fungierte.[231] Im Fall einer späteren Begründung eines Abstammungsverhältnisses, infolge derer das Kind nach den allgemeinen Regelungen den Familiennamen des Vaters oder der Mutter erhielt, wurde der vom Standesbeamten festgelegte Familienname wieder zum letzten Vornamen.[232]

Eine Namensbestimmung durch den Standesbeamten fand trotz ungeklärter Abstammung ausnahmsweise dann nicht statt, wenn die Mutter in die Geburtsurkunde des Kindes eingetragen war. In einem solchen Fall erhielt das Kind den Namen der Mutter[233], obwohl gegenüber dieser (noch) keine abstammungsrechtliche Beziehung bestand.[234]

Mit Gesetz Nr. 93-22 vom 8. Januar 1993 wurden die zuvor nur in der Dienstanweisung für Standesbeamte enthaltenen Regelungen zur Namensführung des Kindes bei ungeklärter Abstammung in den *Code civil* überführt. In Art. 57 Abs. 2 S. 2 Cc war nunmehr ausdrücklich gesetzlich festgeschrieben, dass der Standesbeamte dem Kind mehrere Vornamen zu erteilen hatte, von denen der letzte als Familienname galt.[235] Eine Namensbestimmung durch die Person, welche die Geburtsanzeige vornahm, war fortan nicht mehr möglich.

Im Zuge des Gesetzes Nr. 96-604 vom 5. Juli 1996 wurde Art. 57 Cc neu gefasst und die Zahl der vom Standesbeamten zu erteilenden Vornamen ausdrücklich auf drei festgelegt.[236] Außerdem wurde Müttern, die von ihrem Recht auf Geheimhaltung ihrer Identität Gebrauch machten, die Möglichkeit eingeräumt, dem Standesbeamten die zu erteilenden Vornamen vorzugeben[237] und auf diese Weise mittelbar auch den Familiennamen des Kindes zu bestimmen.[238]

2. Die heutige Rechtslage

Nach dem seit dem 1. Januar 2005 geltenden Recht ist für die Namensführung des Kindes maßgebend, inwieweit dessen Abstammung im Zeitpunkt der Geburtsanzeige feststeht. Die Regelungen der Art. 311-21 ff. Cc differenzieren danach, ob die Abstammung im Zeitpunkt der Geburtsanzeige

---

[231] Vgl. Ziff. 225 Abs. 2 S. 2 IGREC i.d.F. vom 21. September 1955. Dementsprechend wurde dem Standesbeamten in Ziff. 225 Abs. 2 S. 3 IGREC „empfohlen", den letzten Vornamen so auszuwählen, dass er sich auch als Familienname eignete.
[232] Vgl. Ziff. 95 a.E. IGREC i.d.F. vom 21. September 1955.
[233] Vgl. Ziff. 95 IGREC i.d.F. vom 21. September 1955.
[234] Vor Inkrafttreten des Art. 311-25 Cc zum 1. Juli 2006 genügte bei unehelichen Kindern allein die Eintragung der Mutter in die Geburtsurkunde des Kindes nicht, um eine Mutterschaft zu begründen.
[235] Vgl. Art. 57 Abs. 2 S. 2 Cc i.d.F. vom 8. Januar 1993.
[236] Vgl. Art. 57 Abs. 2 S. 3 Cc i.d.F. vom 5. Juli 1996.
[237] Vgl. Art. 57 Abs. 2 S. 2 Cc i.d.F. vom 5. Juli 1996.
[238] Vgl. *Blumenrath*, S. 99.

gegenüber beiden Elternteilen (a) oder nur gegenüber einem Elternteil (b) feststeht oder die Abstammung erst nach der Geburtsanzeige festgestellt wird (c). Sofern und sobald die Abstammung gegenüber beiden Elternteilen feststeht, können diese nunmehr grundsätzlich wählen, ob sie ihrem Kind den Vaternamen, den Mutternamen oder einen aus den Elternnamen zusammengesetzten Doppelnamen erteilen wollen. Die Einführung dieses Wahlrechts machte auch für die Regelungen zur Namensführung von Adoptivkindern entsprechende Anpassungen erforderlich (d). Eine Einschränkung erfährt das Wahlrecht dadurch, dass der Familienname eines Kindes, für das die Eltern ihr Wahlrecht bereits ausgeübt haben oder hätten ausüben können, auch für weitere Geschwister gilt (e). Insgesamt ist festzustellen, dass die Namensführung des Kindes de facto auch nach der Reform von 2005 noch entscheidend von dessen Status abhängig ist und auch der Vorrang des Vaternamens nicht gänzlich beseitigt wurde (f).

a) Der Kindesname bei im Zeitpunkt der Geburtsanzeige gegenüber beiden Elternteilen feststehender Abstammung

aa) Das Namensbestimmungsrecht der Eltern

Für den Fall, dass die Abstammung zu beiden Elternteilen spätestens am Tag der Geburtsanzeige feststeht, räumt Art. 311-21 Abs. 1 Cc den Eltern ein Namensbestimmungsrecht ein.[239] Sie können ihrem Kind entweder den Familiennamen der Mutter oder den des Vaters oder einen aus Vater- und Mutternamen in beliebiger Reihenfolge zusammengesetzten Doppelnamen erteilen.[240] Das Namensbestimmungsrecht wird durch eine gemeinsame Erklärung der Eltern ausgeübt, welche dem Standesbeamten zur Ausstellung der Geburtsurkunde in schriftlicher Form zu übergeben ist.[241] Die Namenswahl kann gemäß Art. 311-24 Cc nur einmal getroffen und somit nicht mehr rückgängig gemacht werden.

---

[239] Das Namensbestimmungsrecht besteht allerdings nur dann, wenn keine älteren Geschwister vorhanden sind, für die die Eltern bereits einen Familiennamen nach Art. 311-21 oder Art. 311-23 Abs. 2 Cc bestimmt haben, da dieser gemäß Art. 311-21 Abs. 3 Cc auch für alle weiteren gemeinsamen Kinder gilt.

[240] Vgl. Art. 311-21 Abs. 1 S. 1 Hs. 2 Cc.

[241] Vgl. Art. 1, 2 *des Décret n° 2004-1159 du 29 octobre 2004 portant application de la loi n° 2002-304 du 4 mars 2002 modifiée relative au nom de famille et modifiant diverses dispositions relatives à l'état civil* (J.O. vom 31. Oktober 2004, Text 7, S. 18496 ff.). Zu den genauen Modalitäten der Abgabe der gemeinsamen Namenserklärung vgl. auch Circulaire CIV 2004-18, B.O. n° 96, S. 11.

Sofern keine gemeinsame Namenserklärung abgegeben wird[242], erhält das Kind gemäß Art. 311-21 Abs. 1 S. 2 Cc kraft Gesetzes den Namen desjenigen Elternteils, zu dem die Abstammung zuerst festgestellt wurde. Wenn die Abstammung zu beiden Elternteilen gleichzeitig festgestellt wurde, erhält es den Namen des Vaters.[243]

De facto sind es in erster Linie verheiratete Elternpaare, denen ein Bestimmungsrecht hinsichtlich des Kindesnamens zusteht. Bei ehelich geborenen Kindern steht nämlich die Elternschaft beider Elternteile in aller Regel im Zeitpunkt der Geburtsanzeige fest. Die Abstammung von der Mutter wird gemäß Art. 311-25 Cc durch deren Eintragung in die Geburtsurkunde festgestellt. Als Vater gilt gemäß Art. 312 Cc grundsätzlich der Ehemann der Mutter, sofern diese Vaterschaftsvermutung nicht im Einzelfall widerlegt ist. Bei den Kindern unverheirateter Eltern steht dagegen im Zeitpunkt der Geburtsanzeige regelmäßig allein die Mutterschaft fest. Ein Namensbestimmungsrecht gemäß Art. 331-21 Abs. 1 Cc haben unverheiratete Eltern nur dann, wenn bei der Geburtsanzeige auch eine Anerkennungserklärung des Vaters vorliegt.

bb) Der Kindesdoppelname

Wie bereits aufgezeigt, sieht das seit dem 1. Januar 2005 geltende französische Recht im Gegensatz zum deutschen Recht für Eltern die Möglichkeit vor, ihrem Kind einen aus ihren jeweiligen Familiennamen zusammengesetzten Doppelnamen zu erteilen. Dieser Kindesdoppelname weist einige Besonderheiten auf, die im Folgenden näher dargestellt werden.

(1) Die Bildung und Übertragbarkeit des Kindesdoppelnamens

Der Kindesdoppelname setzt sich aus den Familiennamen der Eltern zusammen, wobei die Namensreihenfolge von den Eltern frei gewählt werden kann. Führt ein Elternteil seinerseits bereits einen nach neuem Recht ge-

---

[242] Das Gesetz unterscheidet nicht danach, aus welchen Gründen keine gemeinsame Namenserklärung abgegeben wurde. Die Regelung kommt somit nicht nur dann zum Tragen, wenn die Eltern keine Einigkeit über den Namen erzielen konnten, sondern auch dann, wenn sie über ihr Namensbestimmungsrecht im Unklaren waren oder dessen Ausübung, z.B. wegen Todes eines Elternteils, faktisch unmöglich war (vgl. Murat/*Fournier/Farge*, Ziff. 231.109).

[243] In der Fassung des Gesetzes vom 4. März 2002 hatte Art. 311-21 Abs. 1 S. 2 Cc den automatischen Erwerb des Vaternamens noch für alle Fälle der unterbliebenen Namensbestimmung, unabhängig von der Reihenfolge der Abstammungsfeststellungen, vorgesehen. Erst durch die mit Gesetz vom 18. Juni 2003 erfolgte Nachbesserung erhielt die Vorschrift ihre heutige abgeschwächte Form. Die von der *Assemblée nationale* vorgeschlagene Lösung, wonach das Kind mangels einer elterlichen Namenswahl einen Doppelnamen erhält, der sich aus Vater- und Mutternamen in alphabetischer Reihenfolge zusammensetzt (vgl. *Massip*, Defrénois 2005, Rn. 5), ist im Gesetzgebungsprozess vom Senat verworfen worden (vgl. Murat/*Fournier/Farge*, Ziff. 231.109).

bildeten Doppelnamen, so kann im Falle der Bestimmung eines Kindesdoppelnamens nur ein Namensbestandteil des elterlichen Doppelnamens an das Kind weitergegeben werden.[244] Ein elterlicher Doppelname allein kann dagegen vollumfänglich zum Kindesnamen bestimmt werden. In diesem Fall haben die Eltern gemäß Art. 311-21 Abs. 4 Cc auch die Möglichkeit, die Namenswahl freiwillig auf einen Namensbestandteil zu beschränken.

Beispiel:
Wenn der Vater den nach neuem Recht gebildeten Familiennamen *Dubois Meunier*[245] führt und die Mutter *Legrand* heißt, sind folgende Kindesnamen möglich:

- *Dubois Meunier*[246]
- *Legrand*[247]
- *Dubois Legrand, Legrand Dubois, Meunier Legrand, Legrand Menier*[248]
- *Dubois* bzw. *Meunier*[249]

Ausgeschlossen ist dagegen ein aus den Elternnamen zusammengesetzter Dreifachname (z.B. *Dubois Meunier Legrand*).

(2) Die Schreibweise des Kindesdoppelnamens

Während die Regelungen des *Code civil* keine Aussage zur Schreibweise des nach neuem Recht gebildeten Kindesdoppelnamens treffen, hatte der Runderlass vom 6. Dezember 2004 zunächst die Trennung der Namensbestandteile durch einen doppelten Bindestrich („--") vorgesehen (a). Obwohl diese Schreibweise mangels gesetzlicher Grundlage von der Zivilgerichtsbarkeit wiederholt für nicht rechtsverbindlich erklärt worden war (b), hielt die standesamtliche Praxis unter Berufung auf den ministeriellen Runderlass daran fest (c). Erst nachdem der *Conseil d'Etat* mit Urteil vom 4. Dezember 2009 die Aufhebung des Runderlasses vom 6. Dezember 2004 angeordnet hatte (d), wurde von französischen Standesämtern auch die Bestimmung von Kindesdoppelnamen ohne jegliches Trennzeichen akzeptiert (e).

---

[244] Vgl. Art. 311-21 Abs. 1 S. 1 Hs. 2 a.E. Cc.
[245] Zur Schreibweise des nach neuem Recht gebildeten Doppelnamens siehe sogleich.
[246] Vatername.
[247] Muttername.
[248] Aus den Elternnamen zusammengesetzter Doppelname bei verpflichtender Aufgabe eines Namensteils des väterlichen Doppelnamens gemäß Art. 311-21 Abs. 1 S. 1 Hs. 2 a.E. Cc.; Namensreihenfolge von den Eltern frei bestimmbar.
[249] Vatername bei freiwilliger Aufgabe eines Namensteils gemäß Art. 311-21 Abs. 4 Cc.

(a) Der Runderlass vom 6.12.2004

Wenige Wochen vor dem Inkrafttreten der Namensrechtsreform zum 1. Januar 2005 gab das französische Justizministerium einen Runderlass[250] heraus, in dem die Neuregelungen ausführlich dargestellt und Anwendungshinweise für die standesamtliche Praxis erteilt wurden. Dieser Runderlass sah für den nach neuem Recht gebildeten Doppelnamen (*double nom*) eine Trennung der Namensbestandteile durch einen doppelten Bindestrich („--") vor, welcher eine unproblematische Unterscheidung von den bereits vor der Namensrechtsreform existenten zusammengesetzten Namen (noms composés) ermöglichen sollte.[251]

Laut Runderlass war der französische Standesbeamte von Amts wegen verpflichtet, den Namen auch dann mit Doppelbindestrich in die Geburtsurkunde einzutragen, wenn die Eltern in der gemeinsamen Namenserklärung eine andere Schreibweise gewählt hatten. Sofern die Eltern eine Eintragung mit doppeltem Bindestrich ablehnten, hatte der Standesbeamte ihre Namensbestimmung als unbeachtlich zu behandeln und den Namen einzutragen, den das Gesetz bei unterbliebener Namenswahl vorsieht. Für den Fall, dass der Standesbeamte den Doppelnamen dennoch ohne doppelten Trennstrich in die Geburtsurkunde aufgenommen hatte, war diese auf Antrag des *procureur de la République*[252] gemäß Art. 99 Cc zu berichtigen.[253]

Auf Grundlage dieser eindeutigen Bestimmungen des Runderlasses vom 6. Dezember 2004 erhielten in den ersten Jahren nach Inkrafttreten der Namensrechtsreform über 200.000 Personen einen Doppelnamen mit doppeltem Bindestrich.[254]

(b) Der Doppelbindestrich auf dem Prüfstand der Zivilgerichte

Zwar wurde in der standesamtlichen Praxis der doppelte Bindestrich für die nach neuem Recht bestimmten Kindesdoppelnamen ausnahmslos für erforderlich erachtet. Nachdem jedoch der Doppelbindestrich nicht in den Vorschriften des *Code civil* zum Kindesnamen, sondern lediglich in einem ministeriellen Runderlass vorgesehen war, erschien diese Schreibweise keineswegs zwingend. Bei einem Runderlass handelt es sich grundsätzlich

---

[250] Circulaire CIV 2004-18, B.O. n° 96. Die Seitenangaben im Folgenden beziehen sich auf das im Internet unter http://www.justice.gouv.fr/bulletin-officiel/2-dacs96d.pdf abrufbare PDF-Dokument (zuletzt abgerufen am 15. Juli 2012).

[251] Vgl. Circulaire CIV 2004-18, B.O. n° 96, S. 3.

[252] Der *procureur de la République* entspricht dem deutschen Oberstaatsanwalt.

[253] Vgl. Circulaire CIV 2004-18, B.O. n° 96, S. 3 f.

[254] In der Zeit vom 1. Januar 2005 bis Ende 2009 wurde jährlich für ca. 35.000 Kinder ein Doppelname bestimmt (vgl. *Robert-Diard*, Le Monde, 26. Dezember 2008, S. 9). Dazu kommen 35.957 vor dem 1. Januar 2005 geborene Personen, denen nachträglich ein Doppelname erteilt wurde (vgl. Réponse ministerielle, J.O.A.N. vom 15. Januar 2008, S. 384).

um ein einfaches Rundschreiben eines Ministers ohne normativen Charakter, das lediglich dazu dienen soll, bestehende gesetzliche Regelungen zusammenzufassen sowie Auslegungs- und Anwendungshinweise zu geben. Zwar werden in einem Runderlass in der Praxis nicht selten eigenständige, über den Regelungsgehalt des Gesetzes hinausgehende Bestimmungen getroffen. Die französische Rechtsprechung hat jedoch mehrfach ausdrücklich klargestellt, dass solche von der Exekutive geschaffenen Regelungen keine Gesetzeskraft haben.[255]

In Fortsetzung dieser Rechtsprechung entschied das TGI Lille mit Urteil vom 3. Juli 2008, dass die Bestimmungen des Runderlasses vom 6. Dezember 2004 hinsichtlich des Doppelbindestrichs nicht rechtsverbindlich seien und es somit zulässig sei, für ein Kind einen Doppelnamen mit einfachem Bindestrich zu bestimmen.[256] Das Gericht war der Auffassung, es handele sich bei den Bestimmungen des Runderlasses zur Schreibweise des Doppelnamens um personenstandsrechtliche Regelungen, die gemäß Art. 34 der französischen Verfassung[257] allein durch Gesetz getroffen werden können. Im Übrigen sei der Standesbeamte auch ohne den Doppelbindestrich in der Lage, die aus einer Namensbestimmung resultierenden Doppelnamen von den bereits vor der Namensrechtsreform von 2005 existierenden *noms composés* zu unterscheiden, da gemäß Art. 57 Cc im Falle einer Namensbestimmung durch die Eltern deren gemeinschaftliche Erklärung in der Geburtsurkunde des Kindes erwähnt und dieser beigefügt werden müsse. Zuletzt wies das Gericht darauf hin, dass es sich bei dem doppelten Bindestrich um ein der französischen Sprache unbekanntes Zeichen handele. Da die französische Sprache aber gemäß Art. 2 Abs. 1 der Verfassung die offizielle Staatssprache sei, könne ein solches Zeichen nicht ohne vorherige Stellungnahme der Académie française[258] in öffentlichen Urkunden des französischen Staates Verwendung finden.

Diesem Urteil war bereits eine Entscheidung der Pariser *Cour d'Appel* vom 14. Februar 2008 vorangegangen, welche die Eintragung eines nach neuem Recht bestimmten Kindesdoppelnamens ohne jeglichen Trennstrich anordnete.[259] Das Gericht hatte über die Namensführung eines im Jahr 2002 geborenen Kindes zu befinden, dessen Eltern von einer Übergangsregelung der Namensrechtsreform Gebrauch gemacht und dem vom Kind ursprünglich geführten Vaternamen nachträglich den Namen der Mutter hin-

---

[255] Vgl. z.B. Cass. civ., Defrénois 2008, 866, Anm. *Massip*.
[256] Vgl. TGI Lille, Defrénois 2008, 2064, Anm. *Massip*.
[257] Constitution du 4 octobre 1958.
[258] Die Académie française ist eine bereits im 17. Jahrhundert gegründete Gelehrtengesellschaft, deren Aufgabe es ist, „über die französische Sprache zu wachen" (vgl. http://www.academie-francaise.fr).
[259] CA Paris, Urteil vom 14. Februar 2008, Az.: 07/12119 (nicht veröffentlicht).

zugefügt hatten.[260] Obwohl der Runderlass vom 6. Dezember 2004 auch für die auf diese Weise entstehenden Doppelnamen einen doppelten Bindestrich vorsieht[261], setzte sich die *Cour d'Appel* mit dieser Regelung in seiner Urteilsbegründung nicht auseinander und entschied zugunsten einer Eintragung ohne Trennstrich. Auch dieses Urteil zeigt also, dass die vom Runderlass vorgegebene Schreibweise des Kindesdoppelnamens von den Zivilgerichten für nicht verbindlich erachtet wurde.

(c) Die Reaktion der standesamtlichen Praxis auf die zivilgerichtlichen Urteile

Die standesamtliche Praxis zeigte sich von den zivilgerichtlichen Urteilen unbeeindruckt. Auch weiterhin verweigerten französische Standesbeamte unter Verweis auf den Runderlass vom 6. Dezember 2004 die Eintragung von nach neuem Recht bestimmten Kindesdoppelnamen ohne doppelten Bindestrich. Hierin sahen sie sich durch diverse *réponses ministérielles* der französischen Justizministerin Rachida Dati aus dem Jahr 2009 bestätigt[262], die den doppelten Bindestrich ebenfalls für zwingend erachtete. Ohne die Verwendung dieses Zeichens sei es ab der Folgegeneration unmöglich, den Ursprung des Namens und dessen Übertragbarkeit zu bestimmen. Auch sei durch die Einführung des Doppelbindestrichs durch den Runderlass vom 6. Dezember 2004 keine neue gesetzliche Regelung geschaffen worden. Es handele sich vielmehr um eine rein technische Bestimmung, die notwendig sei, um eine einheitliche Anwendung des Gesetzes zu gewährleisten.

(d) Das Urteil des Conseil d'Etat vom 4.12.2009

Ein Urteil des *Conseil d'Etat*[263] vom 4. Dezember 2009[264] beendete schließlich die Debatte um die Rechtsverbindlichkeit des Runderlasses. Der *Conseil d'Etat* schloss sich der zivilgerichtlichen Rechtsprechung an und entschied, dass der Runderlass vom 6. Dezember 2004 einen Doppelbindestrich für Kindesdoppelnamen nicht vorschreiben könne. Er sei daher insoweit aufzuheben.

---

[260] Vgl. Art. 23 des Gesetzes Nr. 2002-304 vom 4. März 2002, geändert durch Art. 11 des Gesetzes Nr. 2003-516 vom 18. Juni 2003.

[261] Vgl. Circulaire CIV 2004-18, B.O. n° 96, S. 3.

[262] Réponse ministérielle Nr. 06758, J.O. Sénat vom 14. Mai 2009, S. 1229; réponse ministérielle Nr. 08169, J.O. Sénat vom 25. Juni 2009, S. 1614; réponses ministérielles Nr. 42130 u. 38513, J.O.A.N. vom 12. Mai 2009, S. 4667.

[263] Der *Conseil d'Etat* ist das oberste französische Verwaltungsgericht, vergleichbar dem deutschen BVerwG.

[264] *Conseil d'Etat*, AJDA 2009, 2318.

Dem Urteil lag folgender Sachverhalt zugrunde:
Die Eheleute Thomas Pez und Diane Lavergne wollten ihrem am 20. November 2002 geborenen Sohn Hadrien den Familiennamen *Pez-Lavergne* erteilen.[265] Ihre entsprechende Erklärung wurde jedoch vom Standesbeamten nicht anerkannt und der Kindesname stattdessen mit doppeltem Trennstrich (*Pez--Lavergne*) in die Geburtsurkunde eingetragen.[266]

Daraufhin beantragten die Eheleute beim hierfür zuständigen[267] Präsidenten des TGI Paris, die Geburtsurkunde ihres Kindes dahingehend zu berichtigen, dass der Doppelname mit einfachem Trennstrich eingetragen werde. Mit Beschluss vom 14. März 2007[268] lehnte der Präsident des TGI Paris diesen Antrag ab und ordnete gleichzeitig die Löschung des Doppelnamens zugunsten des Vaternamens *Pez* an.[269]

Diesen Beschluss hob die Pariser *Cour d'Appel* auf Antrag der Eltern mit dem oben bereits erwähnten Urteil vom 14. Februar 2008[270] auf und ordnete die Eintragung des Kindesdoppelnamens ohne jeglichen Trennstrich (*Pez Lavergne*) an. Die von den Eltern ebenfalls beantragte Aussetzung des Verfahrens und Herbeiführung einer Entscheidung der Verwaltungsgerichtsbarkeit über das Schicksal des Runderlasses vom 6. Dezember 2004 hielt die *Cour d'Appel* dabei nicht für erforderlich.[271]

Das zuständige Standesamt kam indes der Anordnung der *Cour d'Appel* nicht nach und verweigerte unter Verweis auf den Runderlass vom 6. Dezember 2004 die Eintragung des Kindesdoppelnamens ohne Trennstrich. Darüber hinaus vertrat es sogar den Standpunkt, der nach wie vor mit doppeltem Trennstrich eingetragene Doppelname des Sohnes Hadrien habe

---

[265] Das Kind hatte zunächst nur den Namen des Vaters *Pez* geführt. Nach Inkrafttreten der Namensrechtsreform zum 1. Januar 2005 machten die Eltern jedoch von einer Übergangsregelung Gebrauch, wonach dem Kindesnamen nachträglich der Name desjenigen Elternteils angefügt werden konnte, der dem Kind seinen Namen nicht übertragen hat (vgl. S. 72 f.).

[266] Es ist nicht bekannt, ob sich die Eltern der Eintragung mit doppeltem Trennstrich widersetzt haben. In diesem Fall hätte der Standesbeamte eine Namensänderung durch Hinzufügung des Mutternamens nicht vornehmen dürfen und es bei der bisherigen Eintragung des Vaternamens belassen müssen (vgl. Circulaire CIV 2004-18, B.O. n° 96, S. 3).

[267] Vgl. Art. 99 Abs. 1 Cc bzw. Art. 1047 Abs. 1 Code de procédure civile.

[268] TGI Paris, Beschluss vom 14. März 2007, Az.: 06/12008 (nicht veröffentlicht).

[269] Vgl. *Pez*, RFDA 2010, Rn. 14. (Beim Autor dieses Artikels handelt es sich interessanterweise um den Vater des betroffenen Kindes.) Die Berichtigung zugunsten des Vaternamens entspricht den Vorgaben des Circulaire vom 6. Dezember 2004, wonach der Standesbeamte eine Namensänderung durch nachträgliche Hinzufügung eines Elternnamens nicht vornehmen darf, wenn sich die Eltern der Eintragung mit doppeltem Trennstrich widersetzen (vgl. Circulaire CIV 2004-18, B.O. n° 96, S. 3).

[270] CA Paris, Urteil vom 14. Februar 2008, Az.: 07/12119 (nicht veröffentlicht).

[271] Vgl. *Pez*, RFDA 2010, Rn. 14.

auch für das einige Monate nach dem Urteil geborene Geschwisterkind zu gelten.[272]

Nachdem den Eltern durch die Reaktion des Standesamtes vor Augen geführt worden war, dass sich die Eintragung eines Doppelnamens ohne doppelten Trennstrich bei Fortbestand des ministeriellen Runderlasses vom 6. Dezember 2004 nicht erreichen lassen würde, strebten sie nunmehr die Beseitigung dieses Runderlasses durch die Verwaltungsgerichtsbarkeit an. Zu diesem Zwecke beantragte Frau Lavergne in einem ersten Schritt beim Premierminister die Rücknahme bzw. hilfsweise die Aufhebung des Runderlasses vom 6. Dezember 2004, soweit dieser die Trennung der Bestandteile eines Kindesdoppelnamens durch einen doppelten Trennstrich vorschreibt.[273] Der Premierminister gab diesem Antrag erwartungsgemäß nicht statt.[274]

Daraufhin strengte Frau Lavergne ein Verfahren vor dem *Conseil d'Etat* an, mit dem Antrag, die ablehnende Entscheidung des Premierministers aufzuheben und diesen anzuweisen, den Runderlass vom 6. Dezember 2004 zurückzunehmen oder hilfsweise aufzuheben.

Der *Conseil d'Etat* gab dem Antrag teilweise statt und hob die ablehnende Entscheidung der Justizministerin[275] auf. Zur Begründung führte er aus, die Verwaltung habe die Schreibweise des Kindesdoppelnamens nicht durch ministeriellen Runderlass regeln dürfen und die Justizministerin sei daher verpflichtet gewesen, dem Antrag von Frau Lavergne stattzugeben und den Runderlass vom 6. Dezember 2004 im beantragten Umfang aufzuheben.

Wie schon das TGI Lille in seinem Urteil vom 3. Juli 2008 stellte der *Conseil d'Etat* fest, dass Regelungen zum Personenstand gemäß Art. 34 der französischen Verfassung ausschließlich durch Gesetz getroffen werden können. Das Gesetz sehe lediglich die Verbindung der Elternnamen zu einem Kindesdoppelnamen vor, ohne die Möglichkeit zu erwähnen, zwischen den beiden Namensbestandteilen besondere Zeichen einzufügen. Die Verwaltung habe die Ausübung des den Eltern durch Gesetz eingeräumten Rechts der Bestimmung eines Kindesdoppelnamens daher nicht durch einen Runderlass davon abhängig machen dürfen, dass diese die Einfügung

---

[272] Vgl. *Pez*, RFDA 2010, Rn. 15.

[273] Ein solcher Antrag war nötig, da die Frist für ein unmittelbares Vorgehen gegen den Runderlass im Wege eines sog. recours contentieux bereits abgelaufen war und somit zunächst eine vor der Verwaltungsgerichtsbarkeit angreifbare Verwaltungsentscheidung „provoziert" werden musste (vgl. *Pez*, RFDA 2010, Rn. 16).

[274] Es erging allerdings keine ausdrückliche ablehnende Entscheidung. Die Ablehnung ergab sich vielmehr konkludent aus dem Untätigbleiben des Premierministers.

[275] Obwohl der Antrag auf Aufhebung der ablehnenden Entscheidung des Premierministers gerichtet war, schrieb der *Conseil d'Etat* die konkludent ergangene Ablehnungsentscheidung offenbar der Justizministerin zu und tenorierte entsprechend.

eines besonderen Unterscheidungszeichens akzeptieren. Insoweit habe es der Verwaltung an der erforderlichen Zuständigkeit gefehlt.[276]

Obwohl der *Conseil d'Etat* von einer teilweisen Rechtswidrigkeit des Runderlasses und einer entsprechenden Aufhebungsverpflichtung der Justizministerin ausgegangen ist, hat er allerdings davon abgesehen, diese ausdrücklich anzuweisen, den Runderlass aufzuheben. Die Gründe hierfür bleiben im Dunkeln; die Urteilsbegründung schweigt sich hierzu aus. *Pez* weist darauf hin, dass der Runderlass mangels Veröffentlichung auf der Internetseite des Premierministers streng genommen gemäß Art. 2 Abs. 2 des Dekrets Nr. 2008-1281[277] bereits mit dessen Inkrafttreten zum 11. Dezember 2008 aufgehoben worden war, und spekuliert, dass der *Conseil d'Etat* möglicherweise deshalb auf eine Anweisung zur Aufhebung verzichtet habe.[278]

Letztlich ist eine Anweisung des Justizministeriums zur Aufhebung des Runderlasses aber auch entbehrlich, da die Verwaltung gemäß Art. 16-1 des Gesetzes Nr. 2000-321 vom 12. April 2000[279] ohnehin von Amts wegen verpflichtet ist, rechtswidrige Regelungen aufzuheben.

(e) Der Runderlass vom 25.10.2011

Als Reaktion auf das Urteil des *Conseil d'Etat* vom 4. Dezember 2009 wies das französische Justizministerium die Standesbeamten zunächst im Januar 2010 an, bis zu einer verbindlichen Neuregelung den Doppelnamen auf Wunsch der Eltern auch ohne doppelten Bindestrich einzutragen.[280] Mit Runderlass vom 25. Oktober 2011[281] wurde der Doppelbindestrich schließlich endgültig abgeschafft. Seit dessen Inkrafttreten zum 15. November 2011 wird der nach neuem Recht gebildete Doppelname zwingend ohne jegliches Trennzeichen, das heißt mit einer einfachen Leerstelle, in die Geburtsurkunde eingetragen (z.B. *Dubois Meunier*). In einer zweiten Zeile sind in Klammern die Namensbestandteile anzugeben (z.B. *1ère par-*

---

[276] Vgl. *Conseil d'Etat*, AJDA 2009, 2318.

[277] *Décret n° 2008-1281 du 8 décembre 2008 relatif aux conditions de publication des instructions et circulaires*, J.O. vom 10. Dezember 2008, Text 2.

[278] Vgl. *Pez*, RFDA 2010, Rn. 42 ff.

[279] *Loi n°2000-321 du 12 avril 2000 relative aux droits des citoyens dans leurs relations avec les administrations*.

[280] Vgl. Schreiben des französischen Justizministeriums vom 12. Januar 2010 an die Procureurs Généraux und die Procureurs de la République, Az.: 176-08/C1/1-4-3/MS.

[281] *Circulaire du 25 octobre 2011 relative à la modification des modalités d'indication des „doubles noms" issus de la loi n°2002-304 du 4 mars 2002 dans les actes de l'état civil: suppression du double tiret*, JUSC1028448C, B.O. n° 2011-11. Die Seitenangaben im Folgenden beziehen sich auf das im Internet unter http://www.textes.justice.gouv.fr/art_pix/ JUSC1028448C.pdf abrufbare PDF-Dokument (zuletzt abgerufen am 15. Juli 2012).

tie: Dubois, 2nde partie: Meunier).[282] Anhand dieses Klammerzusatzes in der Geburtsurkunde lassen sich die nach neuem Recht gebildeten Doppelnamen nach wie vor von den althergebrachten noms composés unterscheiden. Eine Unterscheidung allein aufgrund der Schreibweise des Namens ist dagegen nicht mehr möglich.

Personen, die entsprechend dem früher geltenden Runderlass vom 6. Dezember 2004 einen Doppelnamen mit Doppelbindestrich führen, können jederzeit eine Namensberichtigung dahingehend beantragen, dass der doppelte Bindestrich durch eine einfache Leerstelle ersetzt wird.[283] Es ist damit zu rechnen, dass die Mehrzahl der Betroffenen von dieser Möglichkeit Gebrauch machen wird. Eine Berichtigung von Amts wegen erfolgt hingegen nicht, so dass das Phänomen der Doppelnamen mit doppeltem Bindestrich in Frankreich nach wie vor existent ist. Jedoch können die Doppelnamen in dieser Schreibweise nicht an die Folgegeneration weitergegeben werden, so dass der Doppelbindestrich langsam „aussterben" wird.

b) Der Kindesname bei im Zeitpunkt der Geburtsanzeige gegenüber einem Elternteil feststehender Abstammung

Wenn im Zeitpunkt der Geburtsanzeige die Abstammung nur zu einem Elternteil feststeht, erhält das Kind gemäß Art. 311-23 Abs. 1 Cc den Namen dieses Elternteils. Bei späterer Feststellung der Abstammung gegenüber dem anderen Elternteil sieht Art.311-23 Abs. 2 Cc die Möglichkeit eines Namenswechsels vor. Durch gemeinsame Erklärung gegenüber dem Standesbeamten können die Eltern dem Kind den Namen des anderen Elternteils oder einen aus ihren Namen zusammengesetzten Doppelnamen erteilen. Ist das Kind bereits volljährig, bedarf die Namensänderung gemäß Art. 61-3 Abs. 2 Cc dessen Zustimmung.

Die Regelungen des Art. 311-23 Cc erfassen in erster Linie die Fälle unehelich geborener Kinder, in denen zunächst nur die Mutterschaft feststeht und gegebenenfalls später, z.B. durch eine Anerkennungserklärung, eine rechtliche Zuordnung zum Vater erfolgt.

c) Der Kindesname bei ungeklärter Abstammung im Zeitpunkt der Geburtsanzeige

In aller Regel steht im Zeitpunkt der Geburtsanzeige zumindest die Mutterschaft fest. Dennoch kann es ausnahmsweise vorkommen, dass die Abstammung des Kindes im Zeitpunkt der Geburtsanzeige gänzlich ungeklärt

---

[282] Vgl. Circulaire JUSC1028448C, S. 3.
[283] Vgl. Circulaire JUSC1028448C, S. 15 ff. Bei minderjährigen Kindern ist der Antrag von den Eltern zu stellen.

ist.²⁸⁴ In diesem Fall bestimmt der Standesbeamte drei Vornamen, wobei der dritte Vorname den Familiennamen des Kindes bildet.²⁸⁵

Eine spätere Feststellung der Abstammung des Kindes hat dann einen Namenswechsel zur Folge, der allerdings beim volljährigen Kind gemäß Art. 61-3 Abs. 2 Cc unter dem Vorbehalt von dessen Zustimmung steht. Welchen Namen das Kind erhält, hängt davon ab, ob die nachträgliche Abstammungsfeststellung gegenüber beiden Elternteilen gleichzeitig oder zunächst nur gegenüber einem Elternteil und gegebenenfalls erst später auch gegenüber dem anderen Elternteil erfolgt.

aa) Der Kindesname bei gleichzeitiger nachträglicher Abstammungsfeststellung gegenüber beiden Elternteilen

Wenn die Abstammung des Kindes nach der Geburtsanzeige zu beiden Elternteilen gleichzeitig festgestellt wird, steht diesen gemäß Art. 311-21 Abs.1 S. 1 Alt. 2 Cc wie im Fall der bereits bei der Geburtsanzeige feststehenden Abstammung ein Namensbestimmungsrecht zu.

Ein solcher Fall ist allerdings in der Praxis nur schwer vorstellbar. Selbst die gleichzeitige Abgabe von Anerkennungserklärungen durch beide Elternteile hat nämlich dann nicht die gleichzeitige Feststellung der Abstammung zur Folge, wenn die Abstammung zu einem Elternteil schon vorher feststand.²⁸⁶ Wie bereits dargestellt, steht in aller Regel die Mutterschaft bereits aufgrund der Eintragung der Mutter in die Geburtsurkunde fest. Zwar ist es theoretisch denkbar, dass die Abstammung von der Mutter zum Beispiel erst im Rahmen einer Mutterschaftsfeststellungsklage (*action en recherche de maternité*) gemäß Art. 325 Cc festgestellt wird. Eine gleichzeitige Feststellung der Vaterschaft wird dann aber zumeist ausgeschlossen sein.²⁸⁷ Insofern kommt der zweiten Alternative des Art. 311-21 Abs. 1 S. 1 Cc nur geringe praktische Bedeutung zu.²⁸⁸

---

²⁸⁴ Insbesondere, wenn die Mutter von ihrem Recht auf anonyme Entbindung (Art. 326 Cc) Gebrauch macht.
²⁸⁵ Vgl. Art. 57 Abs. 2 S. 3 Cc. Die Mutter, die sich für eine anonyme Entbindung entschieden hat, kann gemäß Art. 57 Abs. 2 S. 2 Cc diese Namen auch selbst bestimmen und so indirekt den Familiennamen des Kindes festlegen.
²⁸⁶ Vgl. *Massip*, Defrénois 2005, Rn. 15.
²⁸⁷ Eine Vaterschaftsvermutung zugunsten des Ehemannes vermag eine erfolgreiche Mutterschaftsklage nicht auszulösen (vgl. *Massip*, Defrénois 2006, Rn. 40). Selbst wenn man dies für möglich hielte, dürfte die Vermutung jedenfalls mit großer Wahrscheinlichkeit widerlegt sein (vgl. Murat/*Fournier*/*Farge*, Ziff. 231.151 a.E.).
²⁸⁸ So auch *Massip*, Defrénois 2005, Rn. 15.; Murat/*Fournier*/*Farge*, Ziff. 231.151 a.E.

bb) Der Kindesname bei zeitlich auseinanderfallenden nachträglichen Abstammungsfeststellungen

Wesentlich realistischer als eine gleichzeitige nachträgliche Abstammungsfeststellung gegenüber beiden Elternteilen ist der Fall, dass die bei der Geburtsanzeige ungeklärte Abstammung des Kindes nachträglich zunächst nur gegenüber einem Elternteil[289] und erst später gegebenenfalls auch gegenüber dem anderen Elternteil festgestellt wird. Dieser Fall wird von Art. 311-23 Cc erfasst.

Bei Inkrafttreten der Namensrechtsreform zum 1. Januar 2005 unterfiel diese Situation noch dem Anwendungsbereich von Art. 334-1 bzw. Art. 334-2 Cc a.F. Als diese Regelungen im Zuge der Reform des Abstammungsrechts zum 1. Juli 2006 gestrichen wurden, entstand eine Gesetzeslücke, da der neu gefasste Art. 311-23 Cc ausweislich seines eindeutigen Wortlauts nur die Namensführung des Kindes regelte, dessen Abstammung bei der Geburtsanzeige gegenüber einem Elternteil feststeht. Der Fall der zeitlich auseinanderfallenden Abstammungsfeststellungen zu beiden Elternteilen nach der Geburtsanzeige war dagegen nicht erfasst.[290]

Diese offenbar auf einem Redaktionsversehen[291] beruhende Gesetzeslücke hat der Gesetzgeber mit Gesetz vom 16. Januar 2009[292] geschlossen. Nach der am 19. Januar 2009 in Kraft getretenen Neufassung des Art. 311-23 Abs. 1 Cc kommt dieser auch dann zur Anwendung, wenn erst nach der Geburtsanzeige erstmalig die Abstammung zu einem Elternteil festgestellt wird. Gemäß Art. 311-23 Abs. 1 Cc erhält das Kind den Namen des Elternteils, zu dem die Abstammung zuerst festgestellt wird. Sollte die Abstammung später auch gegenüber dem anderen Elternteil festgestellt werden, können die Eltern gemäß Art. 311-23 Abs. 2 Cc auch den Namen dieses Elternteils oder einen aus den Elternnamen zusammengesetzten Doppelnamen zum Kindesnamen bestimmen. Es besteht mithin kein Unterschied zu der Fallkonstellation, in der die Abstammung zu einem Elternteil bereits bei der Geburtsanzeige feststeht.

d) Die Namensführung von Adoptivkindern

Hinsichtlich der Auswirkungen einer Adoption auf die Namensführung des Kindes ist nach wie vor zunächst danach zu unterscheiden, ob es sich um eine Volladoption (aa) oder um eine einfache Adoption (bb) handelt.

---

[289] In aller Regel wird die Abstammung zunächst gegenüber der Mutter festgestellt, z.B. im Rahmen einer Mutterschaftsfeststellungsklage gemäß Art. 325 Cc.

[290] Vgl. *Massip*, Défrénois 2006, Rn. 73.

[291] Vgl. *Dionisi-Peyrusse*, D. 2009, 971.

[292] *Loi n° 2009-61 du 16 janvier 2009 ratifiant l'ordonnance no 2005-759 du 4 juillet 2005 portant réforme de la filiation et modifiant ou abrogeant diverses dispositions relatives à la filiation*, J.O. vom 18. Januar 2009, Text 1.

aa) Der Kindesname bei Volladoption

Bei einer Volladoption (*adoption pléniaire*) gilt auch für ab dem 1. Januar 2005 geborene Kinder weiterhin der Grundsatz des Art. 357 Abs. 1 Cc, wonach diese mit der Adoption den Namen des Annehmenden erwerben.[293]

Ist der Annehmende verheiratet, kann das Gericht gemäß Art. 357 Abs. 4 Cc auf entsprechenden Antrag des Annehmenden dem Kind im Adoptionsurteil auch den Namen des Ehepartners oder einen aus den Namen der Ehegatten in beliebiger Reihenfolge zusammengesetzten Doppelnamen erteilen, sofern der Ehepartner dieser Namenserteilung zustimmt.[294] Hier zeigt sich eine gewisse Inkonsequenz des französischen Gesetzgebers, der im Zuge der Namensrechtsreform zwar Art. 334-5 Cc a.F. abgeschafft, für den Bereich der Adoption aber an einer Sonderform der Einbenennung festgehalten hat.[295]

Im Fall der Volladoption durch ein Ehepaar erhalten seit dem 1. Januar 2005 geborene Kinder nicht mehr automatisch den Namen des Adoptivvaters. Entsprechend der Aufgabe des *principe patronymique* zugunsten eines Namenswahlrechts der Eltern verweist Art. 357 Abs. 2 Cc vielmehr auf Art. 311-21 Cc, so dass entweder der Name des Adoptivvaters, der Name der Adoptivmutter oder ein aus den Namen der Adoptiveltern in beliebiger Reihenfolge zusammengesetzter Doppelname zum Kindesnamen bestimmt werden kann. Nur wenn die Adoptiveltern von ihrem Namensbestimmungsrecht keinen Gebrauch machen, erhält das Kind nach wie vor kraft Gesetzes den Namen des Adoptivvaters.[296]

bb) Der Kindesname bei einfacher Adoption

Bei einer einfachen Adoption (*adoption simple*) wird der Name des Annehmenden grundsätzlich dem ursprünglichen Namen des Kindes hinzugefügt (1). Stattdessen kann der bisherige Name des Kindes aber auch gänzlich ersetzt werden (2). Allein das volljährige Adoptivkind darf seinen bisherigen Namen fortführen, wenn es die erforderliche Zustimmung zum Namenswechsel verweigert (3).

---

[293] Art. 357 Abs. 1 Cc blieb insoweit durch die Namensrechtsreform unverändert.

[294] Nach Art. 357 Abs. 3 Cc a.F. konnte das Gericht dem Kind lediglich den Namen des Ehemannes der Adoptivmutter zuweisen. Entsprechend dem *principe patronymique* war der Name der Ehefrau des Adoptivvaters dagegen nicht erteilungsfähig.

[295] Vgl. *Massip*, Defrénois 2005, Rn. 29.

[296] Durch das Adoptionsurteil wird zu beiden Adoptivelternteilen gleichzeitig ein Abstammungsverhältnis begründet, so dass die Auffangregelung des Art. 311-21 Abs. 1 S. 2 a.E. Cc einschlägig ist.

(1) Die Hinzufügung des Namens des Annehmenden zum ursprünglichen Kindesnamen

Bei einer einfachen Adoption wird dem ursprünglichen Namen des Kindes entsprechend dem durch die Namensrechtsreform unveränderten Art. 363 Abs. 1 Cc der Name des Annehmenden hinzugefügt.[297]

Nach wie vor nicht abschließend geklärt ist die Frage, ob der Name des Annehmenden dem bisherigen Kindesnamen zwingend nachgestellt werden muss[298] oder er diesem auch vorangestellt werden kann.[299] Für eine frei wählbare Namensreihenfolge spricht insbesondere, dass dem Kind unter bestimmten Voraussetzungen sogar ausschließlich der Name des Annehmenden erteilt werden kann[300], so dass a maiore ad minus eine bloße Voranstellung dieses Namens erst recht möglich sein muss.[301]

Für den Fall der einfachen Adoption durch ein Ehepaar bestimmen gemäß Art. 363 Abs. 3 S. 1 Cc die Ehegatten, ob dem bisherigen Kindesnamen der Name des Adoptivvaters oder der Name der Adoptivmutter hinzugefügt werden soll.[302] Erzielen die Adoptiveltern diesbezüglich keine Einigung, wird der Name des Adoptivvaters an das Kind weitergegeben.[303]

(2) Die Ersetzung des ursprünglichen Kindesnamens

Statt einer Beibehaltung des bisherigen Kindesnamens unter Hinzufügung des Namens eines Adoptivelternteils ist auch eine völlige Ersetzung des ursprünglichen Kindesnamens möglich:

---

[297] Für den Fall, dass das Kind bzw. der Annehmende einen *double nom* führt, kann gemäß Art. 363 Abs. 2 S. 1 Cc nur ein Namensbestandteil beibehalten bzw. übertragen werden. Die Entscheidung darüber, welche Namen Teil des neu zu bildenden Kindesnamens werden sollen, trifft gemäß Art. 363 Abs. 2 S. 2 Cc grundsätzlich der Annehmende, wobei es einer Zustimmung des Kindes bedarf, wenn dieses das 13. Lebensjahr vollendet hat. Sofern sich der Annehmende und das Kind nicht einigen können bzw. das Wahlrecht nicht ausgeübt wird, wird gemäß Art. 363 Abs. 2 S. 3 Cc jeweils der erste Bestandteil des *double nom* beibehalten bzw. übertragen.

[298] So z.B. TGI Dijon, RTDC 1974, 797, Anm. *Nerson* bzw. Circulaire CIV 2004-18, S. 25.

[299] So z.B. CA Douai, RTDC 2000, 540, Anm. *Hauser*.

[300] Dazu sogleich.

[301] So auch Murat/*Fournier*/*Farge*, Ziff. 231.73.

[302] Führt der namensgebende Adoptivelternteil einen *double nom*, kann dem bisherigen Kindesnamen gemäß Art. 363 Abs. 3 S. 1 Cc nur ein Namensbestandteil hinzugefügt werden. Führt das Kind einen *double nom*, so bestimmen die Adoptiveltern, welcher Namensbestandteil beibehalten werden soll, wobei es einer Zustimmung des Kindes bedarf, wenn dieses das 13. Lebensjahr vollendet hat (Art. 363 Abs. 3 S. 2 Cc). Für den Fall, dass es zu keiner Einigung über die Namenserteilung kommt bzw. keine Wahl getroffen wird, wird gemäß Art. 363 Abs. 3 S. 3 Cc jeweils der erste Bestandteil des *double nom* beibehalten bzw. weitergegeben.

[303] Vgl. Art. 363 Abs. 3 S. 1 a.E. Cc.

Zum einen kann das Gericht gemäß Art. 363 Abs. 4 S. 1 Cc auf Antrag des Annehmenden allein dessen Namen zum Kindesnamen bestimmen. Im Fall einer Adoption durch ein Ehepaar kann der bisherige Kindesname nach Wahl der Ehegatten durch den Namen der Adoptivmutter, den Namen des Adoptivvaters oder einen aus den Namen der Adoptiveltern gebildeten Doppelnamen ersetzt werden.[304] Die Namensersetzung muss nicht zwingend bereits im Wege des Adoptionsurteils erfolgen; ein entsprechender Antrag kann auch nachträglich gestellt werden.[305] Sofern das Kind das 13. Lebensjahr vollendet hat, bedarf die Namensersetzung seiner Zustimmung.[306]

Zum anderen ist es bei einer einfachen Adoption durch eine verheiratete Einzelperson wie bei der Volladoption möglich, dem Kind auf Antrag des Annehmenden durch das Gericht den Namen des Ehepartners oder einen aus den Namen der Ehegatten zusammengesetzten Doppelnamen zuweisen zu lassen.[307] Diese Namenserteilung muss allerdings bereits im Adoptionsurteil ausgesprochen werden; im Gegensatz zur Namensersetzung gemäß Art. 363 Abs. 4 Cc ist eine nachträgliche Antragstellung nicht möglich.[308]

Die Namensersetzung hat den endgültigen Verlust des zuvor geführten Namens zur Folge.[309] Diese Konsequenz wird in ihrer Wirkung noch dadurch verstärkt, dass dem Adoptivkind, welches einer Namensersetzung zugestimmt hat, nach der Rechtsprechung der *Cour de cassation* nicht einmal mehr das Recht zugestanden wird, den früheren Namen als Gebrauchsnamen zu führen.[310]

(3) Die Beibehaltung des ursprünglichen Kindesnamens

Während die Möglichkeit einer völligen Ersetzung des ursprünglichen Kindesnamens gesetzlich ausdrücklich vorgesehen ist, schweigt das Gesetz zu der Frage, ob das Kind auch die Hinzufügung des Namens eines Adoptivelternteils ablehnen und ausschließlich seinen ursprünglich geführten Namen beibehalten kann.

---

[304] Vgl. Art. 363 Abs. 4 S. 2 Cc.
[305] Vgl. Art. 364 Abs. 4 S. 3 Cc.
[306] Vgl. Art. 363 Abs. 4 S. 4 Cc.
[307] Dies ergibt sich aus Art. 361 Cc, der für die *adoption simple* ausdrücklich auch auf Art. 357 Abs. 4 u. 5 Cc verweist.
[308] Vgl. Cass. civ., RTDC 2006, 735, Anm. *Hauser*; Defrénois 2006, 1780, Anm. *Massip*.
[309] Vgl. *Teyssié*, Rn. 143.
[310] Vgl. Cass. civ., D. 1996, 600, Anm. *Massip*. Zur Begründung führte der Kassationshof aus, als Gebrauchsname könne nur der Name desjenigen Elternteils geführt werden, von dem man seinen Namen nicht übertragen bekommen hat. Der im Namen einer *adoption simple* abgelegte Name kann daher nicht mehr als Gebrauchsname zurückerlangt werden, weil er ursprünglich von einem Elternteil übertragen worden war.

Für das minderjährige Adoptivkind ist diese Form der Namensführung unzweifelhaft nicht zulässig. In Art. 363 Cc ist eine Zustimmung des Kindes zur Hinzufügung des Namens des Annehmenden nicht vorgesehen. Die allgemeine Vorschrift des Art. 61-3 Abs. 1 Cc schreibt zwar für einen Namenswechsel eine Zustimmung des Kindes vor, sofern dieses das 13. Lebensjahr vollendet hat. Dies gilt jedoch dann nicht, wenn der Namenswechsel aus der Begründung oder Veränderung der Abstammung des Kindes resultiert. Nachdem sich mit einer Adoption die Abstammungsverhältnisse des Kindes ändern, ergibt sich auch aus Art. 61-3 Abs. 1 Cc kein Zustimmungserfordernis für den adoptionsbedingten Namenswechsel[311], so dass das minderjährige Kind eine Hinzufügung des Namens des Annehmenden zum bislang geführten Namen stets hinnehmen muss.[312]

Für das volljährige Adoptivkind lässt sich die Frage, ob dieses dem Namenswechsel zustimmen muss, dagegen nicht ohne weiteres beantworten. Grundsätzlich sieht Art. 61-3 Abs. 2 Cc zwar eine Zustimmung des volljährigen Kindes ausdrücklich auch für den Fall vor, dass der Namenswechsel auf der Begründung oder Änderung der Abstammung beruht. Mit Urteil vom 22. Februar 2005 hat die *Cour de cassation* jedoch entschieden, dass Art. 363 Cc als lex specialis die allgemeine Regelung des Art. 61-3 Cc verdrängt. Da Art. 363 Cc eine Zustimmung des Kindes zur Hinzufügung des Namens des Annehmenden nicht vorsehe, sei es auch dem volljährigen Kind nicht möglich, sich der Namenshinzufügung zu widersetzen und allein den bisherigen Namen weiterzuführen.[313]

Diese Rechtsprechung erscheint indes verfehlt. Art. 363 Cc regelt die Frage der Zustimmungsbedürftigkeit der Hinzufügung des Namens des Annehmenden nicht spezieller als Art. 61-3 Cc, sondern trifft diesbezüglich schlichtweg gar keine Regelung. Lässt man auch in Fällen, in denen eine Frage durch die primär anzuwendende Vorschrift selbst nicht geregelt wird, einen Rückgriff auf allgemeine Regelungen nicht zu, so drohen diese letztlich leerzulaufen. Außerdem hatte der Entwurf des Gesetzes Nr. 93-22 vom 8. Januar 1993, durch welches die Vorschrift des Art. 61-3 Cc in den *Code civil* aufgenommen wurde, eine Zustimmung des volljährigen Kindes zu abstammungsbedingten Namenswechseln ursprünglich nur für den Fall der Legitimation vorgesehen. Letztlich war das Zustimmungserfordernis vom Gesetzgeber dann aber ganz bewusst auf sämtliche Namenswechsel infolge einer Begründung oder Änderung der Abstammung ausgedehnt

---

[311] Vgl. Cass. civ., D. 2004, IR, 104; TGI Paris, D. 1996, Somm., 157, Anm. *Granet-Lambrechts*.

[312] Allein der völligen Ersetzung des bislang geführten Namens durch den Namen des oder der Annehmenden gemäß Art. 363 Abs. 4 Cc kann sich das Adoptivkind ab Vollendung des 13. Lebensjahres widersetzen (vgl. Art. 363 Abs. 4 S. 3 Cc).

[313] Vgl. Cass. civ., RTDC 2005, 361, Anm. *Hauser*; Défrénois 2005, 1057, Anm. *Massip*.

worden, um ausnahmslos zu verhindern, dass einer volljährigen Person, die unter Umständen selbst schon Familie hat, ein Namenswechsel aufgezwungen werden kann.[314] Es ist somit nicht davon auszugehen, dass der Gesetzgeber die Regelung des Art. 61-3 Abs. 2 Cc bei Namenswechseln aufgrund einfacher Adoption nicht angewendet wissen wollte. Auch die *Cour de cassation* hat in ihrem Urteil vom 11. Juli 2006 ihre frühere Rechtsprechung offenbar aufgegeben und Art. 61-3 Abs. 2 Cc im Falle der einfachen Adoption eines volljährigen Kindes für anwendbar erklärt.[315]

Im Ergebnis kann das volljährige Kind also erreichen, dass es nach der einfachen Adoption ausschließlich seinen bisherigen Namen führt, indem es seine gemäß Art. 61-3 Abs. 2 Cc erforderliche Zustimmung zu einer Hinzufügung des Namens des Annehmenden verweigert.

e) Die Namenseinheit der Geschwister

Um die Namenseinheit der Geschwister zu gewährleisten, bestimmt Art. 311-21 Abs. 3 Cc, dass der Name, den ein gemeinsames Kind unter Anwendung von Art. 311-21 Cc bzw. Art. 311-23 Abs. 2 Cc[316] erhalten hat, auch für sämtliche weiteren gemeinsamen Kinder gilt. Ob der Name des früher geborenen Kindes von den Eltern gemeinsam bestimmt oder infolge unterbliebener Namensbestimmung kraft Gesetzes erworben wurde, ist unerheblich.[317] Allein durch die Nichtausübung ihres Namenswahlrechts in Bezug auf das erste gemeinsame Kind, legen die Eltern folglich bereits implizit den Familiennamen für etwaige Geschwister fest.

Während also die Namenseinheit zwischen Eltern und Kindern nicht zuletzt aufgrund der fehlenden Existenz eines gemeinsamen Ehenamens in Frankreich nicht realisiert werden kann[318], tragen Geschwister grundsätz-

---

[314] Vgl. J.O. vom 8. Dezember 1992, Débats Sénat, S. 3746; *Massip*, Defrénois 2005, 1057.

[315] Vgl. Cass. civ., RTDC 2006, 735, Anm. *Hauser*; Defrénois 2006, 1780, Anm. *Massip*.

[316] Die Ergänzung, dass es sich um einen Namen handeln muss, der unter Anwendung von Art. 311-21 bzw. Art. 311-23 Abs. 2 Cc entstanden ist, wurde durch die *Ordonnance n° 2005-759 du 4 juillet 2005 portant réforme de la filiation* (J.O. vom 6. Juli 2005, Text 19) ins Gesetz aufgenommen, um klarzustellen, dass die Namenswahl noch ausgeübt werden kann, wenn früher geborene Geschwister ihren Namen noch nach dem vor dem 1. Januar 2005 geltenden Recht erhalten hatten.

[317] Vgl. *Massip*, Defrénois 2005, Rn. 10.

[318] Einzig über die Wahl von Gebrauchsnamen kann eine (scheinbare) Namenseinheit innerhalb der Familie erreicht werden.

lich denselben Familiennamen[319] – *„même parents, mêmes noms"*[320] („gleiche Eltern, gleiche Namen").

f) Wertung

Zusammenfassend ist zur heutigen Rechtslage zunächst festzustellen, dass trotz der im Zuge der Reform des Abstammungsrechts erfolgten Gleichstellung von unehelichen und ehelichen Kindern die Namensführung des Kindes noch immer entscheidend vom Status des Kindes abhängt. Art. 311-21 Abs. 1 Cc räumt den Eltern zwar ein Namensbestimmungsrecht unabhängig vom Status des Kindes ein. De facto ist diese Vorschrift aber auf die Fälle der ehelichen Geburt zugeschnitten, da hier die Abstammung gegenüber beiden Elternteilen in aller Regel ohne weiteres Zutun der Eltern allein durch die Eintragung der Mutter in die Geburtsurkunde und die Vaterschaftsvermutung zugunsten des Ehemannes feststeht.

Unverheiratete Eltern müssen dagegen zur Erlangung eines Namensbestimmungsrechts dafür Sorge tragen, dass neben einer Anerkennungserklärung der Mutter bzw. deren Eintragung in die Geburtsurkunde zusätzlich spätestens bei der Geburtsanzeige eine Anerkennungserklärung des Vaters vorliegt. In der Praxis wird die Anerkennungserklärung des Vaters aber in den meisten Fällen erst nach der Geburtsanzeige abgegeben.

Es lässt sich also festhalten, dass faktisch nahezu ausschließlich verheiratete Eltern die Möglichkeit haben, den Namen ihres Kindes im Rahmen der Geburtsanzeige frei zu wählen. Zwar erwerben unverheiratete Paare gemäß Art. 311-23 Abs. 2 Cc ein „nachträgliches Namensbestimmungsrecht", sobald die Abstammung zu beiden Elternteilen feststeht. Da dessen Ausübung aber mit einem Namenswechsel des Kindes verbunden ist, stellt dies nur eine teilweise Kompensation für das Nichtbestehen eines originären Namenswahlrechts dar.

Allerdings darf dies nicht als rechtliche Ungleichbehandlung ehelicher und unehelicher Kinder gewertet werden. Das faktische Ungleichgewicht zulasten der unehelich geborenen Kinder ist vielmehr allein dem Umstand geschuldet, dass deren Abstammung im Gegensatz zu ehelich geborenen Kindern nicht ohne weiteres festgestellt werden kann.

Eine weitere Auffälligkeit des neuen Kindesnamensrechts ist, dass der Vorrang des Vaternamens (das *principe patronymique*) nicht gänzlich abgeschafft worden ist.

---

[319] Eine Ausnahme bilden die Fälle, in denen die Geschwister einem Namenswechsel des Elternteils, von dem sie ihren Familiennamen ableiten, nicht einheitlich folgen, weil sie teilweise die Altersgrenzen des Art. 61-3 Cc überschritten und die demnach erforderliche Zustimmung zum Namenswechsel nicht erteilt haben.

[320] *Massip*, Defrénois 2005, Rn. 10.

Dies wird zum einen an der Auffangregelung des Art. 311-21 Abs. 1 S. 2 Alt. 2 Cc deutlich, wonach das Kind kraft Gesetzes den Vaternamen erwirbt, wenn die Eltern ihr Namensbestimmungsrecht nicht ausüben und die Abstammung zu beiden Elternteilen gleichzeitig festgestellt wurde. Trotz ihres subsidiären Charakters kommt dieser Vorschrift in der Praxis erhebliche Bedeutung zu. Wie bereits dargestellt, steht ein Namenswahlrecht in erster Linie verheirateten Eltern zu. Diesen gegenüber wird die Abstammung des Kindes nahezu ausnahmslos gleichzeitig festgestellt.[321] Sofern das Wahlrecht von den Eltern nicht ausgeübt wird, erhält das Kind also im absoluten Regelfall den Namen des Vaters. Der Vater kann somit letztlich seinen Namen als Kindesnamen durchsetzen, indem er schlichtweg die gemeinsame Bestimmung eines anderen Namens verweigert.

Eine Favorisierung des Vaternamens zeigt sich aber auch bei genauerer Betrachtung der Vorschrift des Art. 311-23 Abs. 2 Cc, welche in erster Linie den Fall des unehelichen Kindes betrifft, das zunächst den Namen der Mutter erworben hat und für das die Eltern nach der Feststellung der Vaterschaft nachträglich auch den Vaternamen oder einen Doppelnamen bestimmen können. Interessant ist nämlich, dass die Namensbestimmung nicht zwingend zeitnah zu der Abstammungsfeststellung erfolgen muss, sondern die Eltern ihr nachträgliches Bestimmungsrecht bis zur Volljährigkeit des Kindes ausüben können. Man kann sich des Eindrucks nicht erwehren, dass der Gesetzgeber dem Vater möglichst lange Zeit geben wollte, um die Mutter von einer Namensänderung des Kindes zugunsten seines Namens zu überzeugen und so den Erwerb des Mutternamens zu „korrigieren."[322] Dieser Eindruck wird noch verstärkt, wenn man sich vor Augen führt, dass der Erwerb des Vaternamens infolge unterbliebener Namenswahl gemäß Art. 311-21 Abs. 1 S. 2 Cc endgültig ist und der Mutter somit nur wenig Zeit bleibt, den Vater von einer gemeinsamen Ausübung des Bestimmungsrechts zugunsten ihres Namens zu überzeugen.[323]

Insgesamt ist also eine gewisse Bevorzugung des Vaternamens im französischen Kindesnamensrecht nach wie vor präsent. Es lässt sich nicht von der Hand weisen, dass dies gegen den Grundsatz der Gleichberechtigung von Mann und Frau verstößt und deshalb die Gefahr einer Verurteilung Frankreichs durch den Europäischen Gerichtshof für Menschenrechte birgt.[324]

---

[321] Die Feststellung der Mutterschaft löst grundsätzlich gleichzeitig eine Vaterschaftsvermutung zugunsten des Ehemannes gemäß Art. 312 Cc aus, sofern diese nicht ausnahmsweise widerlegt ist. Eine der Feststellung der Mutterschaft vorausgehende Anerkennungserklärung des Vaters liegt in der Praxis nur in den seltensten Fällen vor.

[322] Vgl. *Dionisi-Peyrusse*, D. 2009, 971.

[323] Vgl. ebd.

[324] So auch Murat/*Fournier*/*Farge*, Ziff. 231.109.

3. Die Behandlung von Altfällen

Die Neuregelungen der Namensrechtsreform gelten im Grundsatz nur für seit deren Inkrafttreten am 1. Januar 2005 geborene Kinder. Die Namensführung von Kindern, die vor diesem Stichtag zur Welt gekommen sind, ist prinzipiell weiterhin dem früher geltenden Namensrecht unterworfen.[325] Da aber in bestimmten Fällen aufgrund von Übergangs- bzw. Ausnahmeregelungen auch auf vor dem 1. Januar 2005 geborene Kinder das neue Recht angewendet werden kann, ist die Rechtslage in Altfällen recht unübersichtlich. Im Folgenden soll daher ein kurzer Überblick über die Behandlung von Altfällen gegeben werden.

a) Die nachträgliche Anfügung des anderen Elternnamens für vor dem 1.1.2005 geborene Kinder

Eine Ausnahme von dem Grundsatz, dass sich die Namensführung vor dem 1. Januar 2005 geborener Kinder weiterhin nach dem alten Recht richtet, sieht Art. 23 des Gesetzes Nr. 2002-304 vom 4. März 2002, geändert durch Art. 11 des Gesetzes Nr. 2003-516 vom 18. Juni 2003, vor. Nach dieser Übergangsregelung konnten die Eltern eines vor dem 1. Januar 2005 geborenen Kindes innerhalb einer Frist von 18 Monaten nach Inkrafttreten der Neuregelungen dessen Familiennamen durch gemeinsame Erklärung gegenüber dem Standesbeamten den Namen desjenigen Elternteils anfügen, der dem Kind seinen Namen nicht übertragen hatte. Dies war allerdings nur dann möglich, wenn das Kind am 1. September 2003 oder zum Zeitpunkt der Erklärung[326] das 13. Lebensjahr noch nicht vollendet hatte. Vereinfacht ausgedrückt konnte von der Übergangsregelung also bis spätestens 30. Juni 2006 für all diejenigen Kinder Gebrauch gemacht werden, die nach dem 1. September 1990 geboren wurden.[327] Hatte das Kind im Zeitpunkt der Namenserklärung durch die Eltern das 13. Lebensjahr bereits vollendet, bedurfte der Namenswechsel seiner Zustimmung.[328]

---

[325] Vgl. Art. 23 Abs. 1 S. 1 des Gesetzes Nr. 2002-304 vom 4. März 2002 (i.d.F. des Art. 11 des Gesetzes Nr. 2003-516 vom 18. Juni 2003) i.V.m. Art. 25 Abs. 1 des Gesetzes Nr. 2002-304 vom 4. März 2002 (i.d.F. des Art. 13 des Gesetzes Nr. 2003-516 vom 18. Juni 2003).

[326] Der letztgenannten Alternative kommt keine eigenständige Bedeutung zu, da ein Kind, welches das 13. Lebensjahr zum Zeitpunkt der erst seit dem 1. Januar 2005 möglichen Namenserklärung der Eltern noch nicht vollendet hatte, zwingend auch am 1. September 2003 noch nicht 13 Jahre alt war (vgl. *Massip*, Defrénois 2005, Rn. 44, Fn. 36).

[327] Vgl. *Massip*, Defrénois 2005, Rn. 44.

[328] Vgl. Art. 23 Abs. 2 des Gesetzes Nr. 2002-304 vom 4. März 2002 i.d.F. des Art. 11 des Gesetzes Nr. 2003-516 vom 18. Juni 2003.

B. Das französische Familiennamensrecht

Übten die Eltern in gesetzeskonformer Weise[329] ihr Erklärungsrecht aus, wurde dem bisherigen Familiennamen des Kindes, den dieses nur von einem Elternteil übertragen bekommen hatte[330], der Name des anderen Elternteils[331] angefügt, so dass ein aus den Elternnamen zusammengesetzter Doppelname entstand, wie er von den Eltern grundsätzlich nur für seit dem 1. Januar 2005 geborene Kinder bestimmt werden kann.[332] Die elterlichen Namen waren durch einen doppelten Bindestrich voneinander zu trennen.[333] Der von den Eltern für ein Kind auf diese Weise nachträglich bestimmte Doppelname galt kraft Gesetzes auch für ihre weiteren gemeinsamen Kinder[334], sofern diese ihre gegebenenfalls erforderliche Zustimmung zum Namenswechsel erteilten.[335]

Letztlich konnten aufgrund der genannten Übergangsregelung auch vor dem 1. Januar 2005 geborene Kinder zumindest teilweise von den vom französischen Gesetzgeber neu geschaffenen Formen des Kindesnamens profitieren.

Es bestehen allerdings zwei entscheidende Unterschiede zwischen der Namensführung, wie sie die genannte Übergangsregelung vorsieht und der Namensführung, welche für seit dem 1. Januar 2005 geborene Kinder möglich ist:

Zum einen war nach der Übergangsregelung der neu hinzugefügte Elternname dem bisherigen Namen zwingend nachzustellen, wohingegen die Namensreihenfolge bei einer Namensbestimmung nach den Neuregelungen der Art. 311-21 Abs. 1 bzw. Art. 311-23 Abs. 2 Cc von den Eltern frei wählbar ist.

Zum anderen ermöglichte die Übergangsregelung lediglich die nachträgliche Bildung eines aus beiden Elternnamen zusammengesetzten Doppelnamens, nicht aber die Ersetzung des bislang geführten Namens durch den Namen des anderen Elternteils.

---

[329] Die einzelnen Voraussetzungen einer ordnungsgemäßen Erklärung regeln die Art. 11 u. 12 des Dekrets Nr. 2004-1159 vom 29. Oktober 2004 (J.O. Nr. 255 vom 31. Oktober 2004, S. 18496 ff.).

[330] Bei ehelich geborenen Kindern war der bislang geführte Name zwingend der Vatername, bei unehelich geborenen Kindern in der Regel der Muttername.

[331] Es gilt die zur Vermeidung überlanger Namen übliche Einschränkung, dass bei elterlichem Doppelnamen nur ein Namensbestandteil übertragen werden kann.

[332] Vgl. Art. 311-21 Abs. 1 bzw. Art. 311-23 Abs. 2 Cc.

[333] Entsprechend der Vorgaben des Circulaire des Justizministeriums vom 6. Dezember 2004 war der Standesbeamte gehalten, die Namensänderung nicht vorzunehmen, wenn sich die Eltern einer Eintragung des Namens mit doppeltem Bindestrich widersetzten (vgl. Circulaire CIV 2004-18, B.O. n° 96, S. 4).

[334] Vgl. Art. 23 Abs. 1 S. 3 des Gesetzes Nr. 2002-304 vom 4. März 2002 i.d.F. des Art. 11 des Gesetzes Nr. 2003-516 vom 18. Juni 2003.

[335] Vgl. *Massip*, Defrénois 2005, Rn. 44.

Da die Frist, innerhalb derer von der Übergangsregelung Gebrauch gemacht werden konnte, bereits mit dem 30. Juni 2006 abgelaufen ist, besteht für diese heute keinerlei Anwendungsbereich mehr.[336]

b) Die Neubestimmung des Namens vor dem 1.1.2005 geborener Kinder bei neuer Abstammungsfeststellung

Sofern die Abstammung eines Kindes zunächst nur zu einem Elternteil feststeht, kann nach einer Feststellung der Abstammung gegenüber dem anderen Elternteil eine Neubestimmung des Namens erfolgen. Dies war bereits in Art. 334-2 Cc in der vor dem 1. Januar 2005 geltenden Fassung geregelt. Allerdings sah dieser lediglich für den Fall der nachträglichen Feststellung der Vaterschaft die Möglichkeit eines Wechsels vom Mutter- zum Vaternamen vor.[337] Im Zuge der Namensrechtsreform wurde die Vorschrift der neuen gesetzgeberischen Konzeption angepasst. Gemäß Art. 334-2 Abs. 1 Cc i.d.F. des Gesetzes Nr. 2003-516 vom 18. Juni 2003 konnten die Eltern nunmehr während der Minderjährigkeit des Kindes dessen bisherigen Namen im Wege einer gemeinsamen Erklärung durch den Namen des Elternteils, zu dem die Abstammung zuletzt festgestellt worden war[338], oder durch einen aus den Elternnamen gebildeten Doppelnamen ersetzen.

Durch die Ordonnance Nr. 2005-759 vom 4. Juli 2005[339] wurde die Regelung des Art. 334-2 Cc mit Wirkung zum 1. Juli 2006 weitestgehend inhaltsgleich in Art. 311-23 Cc übernommen. Allerdings wurde in der Ordonnance ausdrücklich klargestellt, dass ein Namenswechsel unter den Voraussetzungen des Art. 311-23 Abs. 2 Cc ausschließlich für Kinder in Betracht kommt, die seit dem 1. Januar 2005 geboren wurden.[340] Diese Einschränkung wurde mit Gesetz Nr. 2009-61 vom 16. Januar 2009[341] wieder aufgehoben.[342]

Ein Namenswechsel nach Art. 311-23 Abs. 2 Cc ist somit nach derzeit geltendem Recht unabhängig vom Zeitpunkt der Geburt für sämtliche min-

---

[336] Eine Darstellung der Regelung in dieser Arbeit wurde dennoch für notwendig erachtet, um zu veranschaulichen, weshalb teilweise auch vor dem 1. Januar 2005 geborene Kinder einen Doppelnamen mit doppeltem Bindestrich führen.

[337] Vgl. Art. 334-2 Cc i.d.F. des Gesetzes Nr. 72-3 vom 3. Januar 1972, geändert durch Gesetz Nr. 93-22 vom 8. Januar 1993.

[338] Dies konnte im Gegensatz zur vorherigen Fassung der Vorschrift theoretisch auch der Name der Mutter sein.

[339] Ordonnance n° 2005-759 du 4 juillet 2005 portant réforme de la filiation, J.O. vom 6. Juli 2005, Text 19.

[340] Vgl. Art. 20 Abs. 2 Nr. 5 der Ordonnance Nr. 2005-759 vom 4. Juli 2005.

[341] *Loi n° 2009-61 du 16 janvier 2009 ratifiant l'ordonnance no 2005-759 du 4 juillet 2005 portant réforme de la filiation et modifiant ou abrogeant diverses dispositions relatives à la filiation*, J.O. vom 18. Januar 2009, Text 1.

[342] Vgl. Art. 1 Abs. 1 des Gesetzes Nr. 2009-61 vom 16. Januar 2009.

derjähriger Kinder möglich, deren Abstammung zunächst nur gegenüber einem Elternteil feststand und erst mit zeitlichem Abstand auch gegenüber dem anderen Elternteil festgestellt wurde.[343] Von der Neuregelung des Art. 311-23 Abs. 2 Cc können dementsprechend auch vor dem 1. Januar 2005 geborene Kinder profitieren.

c) Die Einbenennung vor dem 1.1.2005 geborener Kinder

Die die Einbenennung (*dation de nom*) regelnde Vorschrift des Art. 334-5 Cc a.F. wurde durch das Namensrechtsreformgesetz vom 18. Juni 2003 zum 1. Januar 2005 ersatzlos gestrichen.[344] Für vor diesem Stichtag geborene Kinder bleibt eine Einbenennung gemäß Art. 334-5 Cc a.F. jedoch weiterhin möglich.

Zwar wird teilweise die Auffassung vertreten, durch die Ordonnance Nr. 2005-759 vom 4. Juli 2005[345] sei Art. 334-5 Cc zum 1. Juli 2006 auch mit Wirkung für die vor dem 1. Januar 2005 geborenen Kinder abgeschafft worden.[346] Zur Begründung wird vorgebracht, die Ordonnance halte an der Streichung des Art. 334-5 Cc fest und sei ausweislich ihres Art. 20 Abs. 1 unterschiedslos sowohl auf vor als auch auf nach dem Zeitpunkt ihres Inkrafttretens zum 1. Juli 2006 geborene Kinder anzuwenden.[347]

Diese Ansicht vermag jedoch nicht zu überzeugen. Die Ordonnance vom 4. Juli 2005 schafft Art. 334-5 Cc nicht ab. Eine Regelung dieses Inhalts konnte sie schon deshalb gar nicht treffen, weil Art. 334-5 Cc im Zeitpunkt ihres Inkrafttretens zum 1. Juli 2006 bereits außer Kraft getreten war.[348] Dementsprechend war eine „Bestätigung" der bereits mit Gesetz vom 18. Juni 2003 erfolgten Streichung durch die Ordonnance weder nötig noch möglich. Allein aus der Tatsache, dass die von der Ordonnance vom 4. Juli 2005 vorgesehene Neufassung des *Code civil* die bereits abgeschaffte Vorschrift des Art. 334-5 Cc selbstverständlich nicht mehr enthält[349], kann nicht geschlossen werden, dass der Gesetzgeber die sich aus dem Gesetz vom 18. Juni 2003 eindeutig ergebende Weitergeltung des Art. 334-5 Cc für vor dem 1. Januar 2005 geborene Kinder aufgeben wollte. Hierfür

---

[343] Sind Geschwister vorhanden, ist die Wahlfreiheit der Eltern jedoch gegebenenfalls aufgrund der Bindungswirkung des Art. 311-23 Abs. 3 Cc eingeschränkt.
[344] Vgl. Art. 9 des Gesetzes 2003-516 vom 18. Juni 2003.
[345] *Loi n° 2009-61 du 16 janvier 2009 ratifiant l'ordonnance n° 2005-759 du 4 juillet 2005 portant réforme de la filiation et modifiant ou abrogeant diverses dispositions relatives à la filiation*, J.O. vom 18. Januar 2009, Text 1.
[346] Vgl. *Massip*, Dr. fam. 2006, Rn. 8.
[347] Vgl. *Massip*, Dr. fam. 2006, Rn. 8.
[348] So auch Murat/*Fournier*/*Farge*, Ziff. 231.64.
[349] Vgl. Art. 15 der Ordonnance Nr. 2005-759 vom 4. Juli 2005.

hätte es vielmehr einer ausdrücklichen Regelung zum Schicksal des Art. 334-5 Cc a.f. in Altfällen bedurft.

Es lässt sich somit festhalten, dass Art. 334-5 Cc a.f. für vor dem 1. Januar 2005 geborene minderjährige Kinder weiterhin uneingeschränkte Geltung beansprucht.

d) Die Möglichkeit des Namenswechsels durch Legitimation unehelicher Kinder

Die Vorschriften zur Namensführung unehelicher Kinder im Falle der Legitimation durch Eheschließung der Eltern bzw. gerichtliche Ehelicherklärung waren im Zuge der Namensrechtsreform zunächst noch beibehalten und an die neue Systematik angepasst worden. Gemäß Art. 332-1 Abs. 2 Cc bzw. Art. 333-5 Cc i.d.F. des Gesetzes Nr. 516-2003 vom 18. Juni 2003 erwarben die Eltern durch die Legitimation grundsätzlich nachträglich ein Namensbestimmungsrecht i.S.d. Art. 311-21 Cc. Durch die Ordonnance Nr. 2005-759 vom 4. Juli 2005 wurde die Unterscheidung zwischen ehelichen und unehelichen Kindern und mit ihr auch das Rechtsinstitut der Legitimation mit Wirkung zum 1. Juli 2006 abgeschafft.[350]

Hinsichtlich der Behandlung von Altfällen ist somit letztlich wie folgt zu differenzieren:[351]

Uneheliche Kinder, die vor dem 1. Januar 2005 zur Welt gekommen sind, bleiben den vor diesem Stichtag geltenden Regelungen zur Legitimation unterworfen. Sofern sie – wie in aller Regel – den Namen ihrer Mutter führen, erhalten sie im Falle der Legitimation durch Eheschließung der Eltern oder durch von beiden Elternteilen beantragte gerichtliche Ehelicherklärung den Namen des Vaters.

Für uneheliche Kinder, die in dem Zeitraum zwischen dem 1. Januar 2005 und dem 30. Juni 2006 geboren wurden, gelten die Regelungen in der Fassung des Namensrechtsreformgesetzes Nr. 516-2003 vom 18. Juni 2003, wonach die Eltern durch die Legitimation des Kindes grundsätzlich ein nachträgliches Namenswahlrecht erwerben, sofern ein solches noch nicht ausgeübt wurde.[352]

Für ab dem 1. Juli 2006 geborene uneheliche Kinder ist eine Legitimation gesetzlich nicht mehr vorgesehen. Eine Eheschließung der Eltern hat folglich keinerlei Auswirkungen mehr auf die Namensführung dieser Kinder.[353]

---

[350] Vgl. Art. 14 III bzw. 15 der Ordonnance Nr. 2005-759 vom 4. Juli 2005.

[351] Vgl. *Massip*, Dr. fam. 2006, Rn. 9.

[352] Zu den einzelnen Voraussetzungen für das Bestehen eines solchen nachträglichen Namensbestimmungsrechts vgl. Art. 332-1 Abs. 2 bzw. Art. 333-5 Cc i.d.F. des Gesetzes Nr. 516-2003 vom 18. Juni 2003.

[353] Vgl. *Massip*, Dr. fam. 2006, Rn. 9.

e) Die Namensführung bei Adoption vor dem 1.1.2005 geborener Kinder

Nach welchen Vorschriften sich die Namensführung eines adoptierten Kindes bestimmt, richtet sich danach, wann das Kind geboren wurde. Unerheblich ist dagegen der Zeitpunkt der Adoption. Die zum 1. Januar 2005 in Kraft getretenen Neuregelungen sind auf vor diesem Stichtag geborene Kinder nicht anwendbar. So kann beispielsweise im Falle der Adoption eines vor dem 1. Januar 2005 geborenen Kindes durch eine verheiratete Einzelperson diesem nicht ein aus den Namen der Ehegatten zusammengesetzter Doppelname erteilt werden, was für seit diesem Datum geborene Kinder möglich wäre.[354] Da auch die Adoption volljähriger Personen möglich ist, werden noch lange Zeit Fälle auftreten können, die nach den Art. 357 und 363 Cc a.F. zu beurteilen sind.

4. Der Gebrauchsname i.S.d. Gesetzes vom 23.12.1985

Eine Sonderform des Kindesnamens hat der französische Gesetzgeber im Jahr 1985 geschaffen. Es handelt sich hierbei nicht um einen Familiennamen im personenstandsrechtlichen Sinne, sondern um einen bloßen Gebrauchsnamen, der im alltäglichen Leben geführt werden kann. Gemäß Art. 43 des Gesetzes Nr. 85-1372 vom 23. Dezember 1985[355] kann jede volljährige Person ihrem Namen zum Gebrauch den Namen desjenigen Elternteils hinzufügen, welcher ihr seinen Namen nicht übertragen hat.[356]

Die Namensreihenfolge ist dabei vom Namensträger frei wählbar.[357] So kann beispielsweise Frau Dubois, Tochter von Herrn Dubois und Frau Meunier, den Namen *Dubois-Meunier* oder *Meunier-Dubois* als Gebrauchsnamen führen.

Schon vor der Namensrechtsreform von 2005 war es also möglich, einen aus den Elternnamen zusammengesetzten Doppelnamen zu führen, wenngleich mit den für einen Gebrauchsnamen charakteristischen Einschränkungen. So entfaltet die Annahme des Gebrauchsnamens i.S.d. Art. 43 des Gesetzes vom 23. Dezember 1985 insbesondere keinerlei personenstandsrechtliche Wirkung und wird dementsprechend nicht in Personenstandsurkunden eingetragen.[358] Auch kann der Gebrauchsname unter keinen Umständen auf die Nachkommen des Namensträgers übertragen

---

[354] Vgl. Art. 357 Abs. 4 S. 2 Cc.

[355] *Loi n° 85-1372 du 23 décembre 1985 relative à l'égalité des époux dans les régimes matrimoniaux et des parents dans la gestion des biens des enfants mineurs*, J.O. vom 26. Dezember 1985, S. 15111 ff.

[356] „*Toute personne majeure peut ajouter à son nom, à titre d'usage, le nom de celui de ses parents qui ne lui a pas transmis le sein.*"

[357] Vgl. Murat/*Fournier*/*Farge*, Ziff. 231.222; Circulaire vom 26. Juni 1986, Ziff. 2.3 Abs. 2 (J.O. vom 3. Juli 1986, S. 8246).

[358] Vgl. Circulaire vom 26. Juni 1986, Ziff. 2.3. Abs. 1 (J.O. vom 3. Juli 1986, S. 8246).

werden.³⁵⁹ Weder ist ein Erwerb des Gebrauchsnamens im Zuge der Geburt möglich, noch kann der Gebrauchsname von den Kindern ihrerseits als Gebrauchsname geführt werden.³⁶⁰

Für minderjährige Kinder wird die Wahl des Gebrauchsnamens durch die Inhaber der elterlichen Autorität vorgenommen.³⁶¹ Der gesetzlichen Regelung lässt sich allerdings nicht eindeutig entnehmen, ob bei gemeinsamer elterlicher Autorität jeder Elternteil allein das Wahlrecht für das Kind ausüben kann³⁶² oder es stets einer gemeinsamen Erklärung beider Elternteile bedarf.³⁶³

Die *Cour de cassation* hat diese Frage mit Urteil vom 3. März 2009³⁶⁴ dahingehend entschieden, dass bei gemeinsamer Ausübung der elterlichen Autorität ein Elternteil den Gebrauchsnamen des Kindes nur mit Einverständnis des anderen Elternteils bestimmen kann. Für den Fall, dass die Eltern keine Einigung erzielen können, ist nach dem Urteil der *Cour de cassation* eine richterliche Genehmigung der Namensbestimmung erforderlich.³⁶⁵

Diese Lösung überzeugt. Zum einen stünde es mit Art. 372 Abs. 1 Cc in Widerspruch, wenn trotz gemeinsamer elterlicher Autorität ein Elternteil den Gebrauchsnamen des Kindes auch gegen den Willen des anderen Elternteils bestimmen könnte. Zum anderen entspricht das Erfordernis einer einvernehmlichen Entscheidung der Eltern der gesetzgeberischen Konzeption einer „démocratie parentale"³⁶⁶ im Rahmen der Ausübung der elterlichen Autorität.³⁶⁷ Schließlich sprechen auch praktische Erwägungen dafür, einen elterlichen Konsens zu fordern: Könnte jeder Elternteil allein den Gebrauchsnamen des Kindes bestimmen, wäre der andere Elternteil nicht gehindert, seinerseits sein Bestimmungsrecht auszuüben und den Gebrauchsnamen für das Kind wieder abzulegen oder neu zu wählen. Schon um der Gefahr eines solchen ständigen Hin- und Her vorzubeugen, darf ein Elternteil bei gemeinsamer elterlicher Autorität den Gebrauchsnamen des Kindes nicht gegen den Willen des anderen Elternteils bestimmen können.

Übt ein Elternteil die elterliche Autorität alleine aus, so ist die Mitwirkung des anderen Elternteils auch dann nicht erforderlich, wenn sein Name

---

³⁵⁹ Vgl. *Grimaldi*, Rn. 23.
³⁶⁰ Vgl. *Grimaldi*, Rn. 9.
³⁶¹ Vgl. Art. 43 Abs. 2 des Gesetzes vom 23. Dezember 1985: „*A L'égard des enfants mineurs, cette faculté est mise en œuvre par les titulaires de l'exercice de l'autorité parentale.*"
³⁶² So der Circulaire vom 26. Juni 1986, Anhang III (J.O. vom 3. Juli 1986, S. 8247).
³⁶³ So z.B. *Grimaldi*, Rn. 20.
³⁶⁴ Vgl. Cass. civ., D. 2009, 803, Anm. *Egéa,* RTDC 2009, 294, Anm. *Hauser*.
³⁶⁵ Die Voraussetzungen für eine solche richterliche Genehmigung nennt das Urteil allerdings nicht.
³⁶⁶ Vgl. *Lienhard*, AJ fam. 2002, 128.
³⁶⁷ So auch *Egéa*, D. 2009, 804.

zum Gebrauchsnamen des Kindes bestimmt wird.[368] So kann beispielsweise die allein erziehende Mutter eines außerehelich geborenen Kindes diesem den Namen des Vaters zumindest als Gebrauchsnamen erteilen, wenn der Vater nicht bereit ist, dem Kind seinen Namen durch eine gemeinsame Namenserklärung gemäß Art. 311-23 Abs. 2 Cc zu übertragen. Umgekehrt hat der Elternteil, der die elterliche Autorität nicht ausübt, keine Möglichkeit, dem Kind seinen Namen als Gebrauchsnamen zu erteilen.[369]

Ein Einverständnis des Kindes zur Namensbestimmung durch den oder die Inhaber der elterlichen Autorität ist in keinem Fall erforderlich. Art. 61-3 Abs. 1 Cc, welcher für eine Namensänderung von Kindern, die das 13. Lebensjahr vollendet haben, deren Einverständnis voraussetzt, ist auf die Wahl des Gebrauchsnamens nicht anwendbar, da es sich hierbei nicht um eine echte Namensänderung handelt.[370]

Die Annahme des Gebrauchsnamens i.S.d. Gesetzes vom 23. Dezember 1985 ist jederzeit möglich. Bei entsprechendem Antrag sind Behörden verpflichtet, den Träger des Gebrauchsnamens mit diesem zu bezeichnen.[371] Um Verwechslungen zwischen dem Gebrauchsnamen und dem Familiennamen zu vermeiden, werden in amtlichen Dokumenten beide Namen aufgeführt, wobei der Gebrauchsname zumeist in Klammern hinter dem Familiennamen angegeben wird.[372]

Ein einmal geführter Gebrauchsname kann jederzeit abgelegt[373] oder wieder neu angenommen werden. Dies ist insbesondere für Personen von Bedeutung, die als Minderjährige von ihren Eltern einen Gebrauchsnamen erhalten haben und diese Entscheidung nach Erreichen der Volljährigkeit rückgängig machen wollen.[374]

Ein prominenter Träger eines nach Art. 43 des Gesetzes vom 23. Dezember 1985 bestimmten Gebrauchsnamens ist der Enkelsohn des ehemaligen französischen Staatspräsidenten Jacques Chirac. Dieser kam 1996 als Sohn von Chiracs Tochter und deren Lebensgefährten Thierry Rey, einem ehemaligen Olympiasieger im Judo, zur Welt und wurde der Öffentlichkeit in einem offiziellen Kommuniqué des Elysée-Palastes als Martin Rey-Chirac vorgestellt.[375] Bei diesem Namen handelte es sich indes nicht um den personenstandsrechtlichen Familiennamen des Kindes, sondern um

---

[368] Vgl. Cass. civ., D. 1996, 237, Anm. *Dubaele*, RTDC 1995, 861, Anm. *Hauser*.
[369] Vgl. CA Paris, D. 1992, 65, Anm. *Hauser*.
[370] Vgl. *Hauser*, RTDC 1995, 861; Murat/*Fournier*/*Farge*, Ziff. 231.221.
[371] Vgl. Circulaire vom 26. Juni 1986, Ziff. 2.1. Abs. 4 (J.O. vom 3. Juli 1986, S. 8246).
[372] Vgl. Circulaire vom 26. Juni 1986, Anhang I (J.O. vom 3. Juli 1986, S. 8246).
[373] Vgl. Circulaire vom 26. Juni 1986, Ziff. 2.3. Abs. 3 (J.O. vom 3. Juli 1986, S. 8246).
[374] Vgl. Murat/*Fournier*/*Farge*, Ziff. 231.212.
[375] Vgl. *Geisler*, StAZ 1996, 346.

den von den Eltern erteilten Gebrauchsnamen i.S.d. Gesetzes vom 23. Dezember 1985.[376]

Im Allgemeinen wird dieser Gebrauchsname allerdings im Gegensatz zum Ehegattengebrauchsnamen nur von den wenigsten Franzosen angenommen.[377] Dies dürfte einerseits schlicht auf die mangelnde Kenntnis der Bevölkerung von der Existenz der Regelung des Art. 43 des Gesetzes vom 23. Dezember 1985 zurückzuführen sein. Dazu kommt, dass sich Behörden, insbesondere Schulen, noch immer häufig weigern, den Gebrauchsnamen anzuerkennen[378], so dass er von der Öffentlichkeit eher als Auslöser von Komplikationen denn als namensrechtlicher Vorteil wahrgenommen wird. Schließlich hat der Gebrauchsname mit Inkrafttreten der Namensrechtsreform zum 1. Januar 2005 auch an Attraktivität eingebüßt, da Eltern nunmehr grundsätzlich auch die Möglichkeit haben, ihrem Kind einen aus ihren Namen zusammengesetzten Doppelnamen als übertragbaren Familiennamen im Rechtssinne zu erteilen.

Auf den ersten Blick mag es überraschen, dass der französische Gesetzgeber im Zuge der Namensrechtsreform den als „Notlösung"[379] gegenüber einem „echten" Kindesdoppelnamen konzipierten Gebrauchsnamen i.S.d. Gesetzes vom 23. Dezember 1985 nicht abgeschafft hat. Bei genauerer Betrachtung wird aber deutlich, dass für den Gebrauchsnamen ein nicht unwesentlicher Anwendungsbereich verbleibt.[380]

Zum einen können von den durch die Namensrechtsreform eröffneten Wahlmöglichkeiten grundsätzlich nur ab dem 1. Januar 2005 geborene Kinder profitieren.[381] Art. 43 des Gesetzes vom 23. Dezember 1985 ermöglicht somit der Vielzahl der nicht von der Namensrechtsreform erfassten Personen, einen aus den Elternnamen zusammengesetzten Doppelnamen zumindest in Form eines Gebrauchsnamens zu führen und auf diese Weise auch zu demjenigen Elternteil, dessen Name nicht als Familienname erworben wurde, eine namentliche Verbundenheit herzustellen.

Zum anderen steht es den Eltern frei, sich im Rahmen ihres Namensbestimmungsrechts gegen einen Kindesdoppelnamen zu entscheiden. Diese

---

[376] Die Bestimmung eines aus den Elternnamen zusammengesetzten Doppelnamens war 1996 noch nicht möglich. Ob die Eltern nach Inkrafttreten der Namensrechtsreform zum 1. Januar 2005 innerhalb der Übergangsfrist bis zum 30. Juni 2006 den Doppelnamen nachträglich auch zum personenstandsrechtlichen Familiennamen bestimmt haben (vgl. hierzu *Massip*, Defrénois 2005, Rn. 44), ist nicht bekannt.

[377] Vgl. Murat/*Fournier/Farge*, Ziff. 231.201 a.E.

[378] Vgl. réponse ministérielle n° 14503, JO Sénat vom 27. Mai 1999, S. 1772; Murat/*Fournier/Farge*, Ziff. 231.201 a.E.

[379] Murat/*Fournier/Farge*, Ziff. 231.202.

[380] Vgl. *Malaurie-Vignal*, D. 2009, Rn. 6.

[381] Zu der Übergangsregelung für nach dem 1. September 1990 geborene Kinder vgl. S. 72.

grundsätzlich unwiderrufliche Entscheidung kann über den Gebrauchsnamen nachträglich von den Eltern oder ab Erreichen der Volljährigkeit von dem Betroffenen selbst ein Stück weit „korrigiert" werden.

Schließlich kann durch die Annahme eines Gebrauchsnamens i.S.d. Art. 43 des Gesetzes vom 23. Dezember 1985 zumindest für das alltägliche Leben eine Namensführung erreicht werden, die nach dem seit dem 1. Januar 2005 geltenden Kindesnamensrecht nicht zulässig wäre. So kann beispielsweise ein Elternteil, der seinerseits bereits einen nach neuem Recht bestimmten Doppelnamen führt, im Falle der Bestimmung eines Kindesdoppelnamens nach Art. 311-21 Abs. 1 S. 1 Cc nur einen Bestandteil seines Namens an das Kind weitergeben. Zum Bestandteil eines Gebrauchsnamens kann dagegen der vollständige Elternname bestimmt werden.[382]

Außerdem waren die Bestandteile des nach neuem Recht bestimmten Kindesdoppelnamens bis zum Urteil des *Conseil d'Etat* vom 4. Dezember 2009 zwingend durch einen doppelten Bindestrich voneinander zu trennen. Diese ungewöhnliche und bei den Franzosen unbeliebte Schreibweise konnte durch den Verzicht auf die Bestimmung eines „echten" Doppelnamens und die Annahme eines bloßen Gebrauchsnamens vermieden werden, da letzterer lediglich mit einfachem Bindestrich geschrieben wird.

Insgesamt lässt sich also festhalten, dass Art. 43 des Gesetzes vom 23. Dezember 1985 das seit dem 1. Januar 2005 geltende Kindesnamensrecht flankiert und dort Lösungen bereit hält, wo das neue Recht den Bedürfnissen der Betroffenen nicht gerecht wird.

C. Das deutsche und das französische Familiennamensrecht im Vergleich

Nachdem das nationale Familiennamensrecht Deutschlands und Frankreichs ausführlich dargestellt wurde, kann nunmehr ein Vergleich zwischen den beiden Rechtsordnungen im Hinblick auf das Ehegattennamensrecht (I) und das Kindesnamensrecht (II) gezogen werden.

---

[382] Dementsprechend wäre es z.B. für das Kind von Frau Dubois Meunier und Herrn Legrand Dupont, das den Familiennamen *Legrand Dupont* trägt, möglich, den Namen *Legrand Dupont-Dubois Meunier* als Gebrauchsnamen zu führen (vgl. *Massip*, Defrénois 2005, Rn. 30). Diese Kombination wäre als echter Familienname nach Art. 311-21 Abs. 1 S. 1 Hs. 2 a.E. Cc unzulässig. Allerdings hat die Praxis gezeigt, dass die Trägern von Mehrfachnamen nur in den seltensten Fällen eine Namensverlängerung anstreben (vgl. *Grimaldi*, Rn. 16 a.E.).

I. Das Ehegattennamensrecht im Vergleich

1. Die Grundkonzeption

Der entscheidende Unterschied zwischen dem deutschen und dem französischen Ehegattennamensrecht besteht darin, dass das französische Namensrecht keinen gemeinsamen Ehenamen kennt und die Eheleute somit zwingend getrennte Namen führen, während das deutsche Recht von der Grundkonzeption ausgeht, dass die Ehegatten einen Ehenamen bestimmen.[383] Allerdings wird dieser Unterschied unter zwei Gesichtspunkten relativiert:

Zum einen besteht im deutschem Recht kein Zwang zur Führung eines gemeinsamen Ehenamens mehr. Die Eheleute können vielmehr gemäß § 1355 Abs. 1 S. 3 BGB von der Bestimmung eines Ehenamens absehen und jeweils ihren bislang geführten Familiennamen beibehalten. Dies entspricht der Namensführung der Eheleute nach französischem Recht, wonach die Eheschließung auf den Namen der Ehegatten keinen Einfluss hat.[384]

Zum anderen existiert im französischen Namensrecht die dem deutschen Recht unbekannte Rechtsfigur des Ehegattengebrauchsnamens[385], durch dessen Annahme eine (scheinbare) Namenseinheit der Ehegatten geschaffen werden kann. Da es in Frankreich nach wie vor insbesondere für die Ehefrau üblich ist, den Namen des Ehepartners als Gebrauchsnamen zu führen, werden die rechtlichen Unterschiede zwischen Deutschland und Frankreich im Alltagsleben verwischt.

2. Die Regelungen im Einzelnen

Nachdem das französische Recht keinen Ehenamen, sondern allein einen Ehegattengebrauchsnamen kennt, kann ein Vergleich des deutschen Ehenamensrechts lediglich mit den Regelungen des französischen Rechts zum Ehegattengebrauchsnamen erfolgen. Der Ehegattengebrauchsname soll zunächst mit dem Ehenamen (a) und anschließend mit dem Begleitnamen (b) verglichen werden, bevor die Regelungen zur Namensführung im Falle der Auflösung der Ehe gegenübergestellt werden (c).

---

[383] Vgl. § 1355 Abs. 1 S. 1 BGB.

[384] Ein Unterschied besteht allerdings insofern, als die Ehegatten nach französischem Recht zwingend ihre Geburtsnamen weiterführen, während die Ehegatten nach deutschem Recht bei unterbliebener Ehenamenswahl lediglich ihren zur Zeit der Eheschließung geführten Namen beibehalten, welches auch ein Ehename aus einer früheren Ehe sein kann.

[385] Vgl. dazu S. 40 ff.

a) Der Ehegattengebrauchsname im Vergleich zum Ehenamen

Zwischen dem französischen Ehegattengebrauchsnamen und dem deutschen Ehenamen bestehen offensichtliche Unterschiede:

Abgesehen von der bereits hinreichend beleuchteten Tatsache, dass der Gebrauchsname im Gegensatz zum Ehenamen kein Name im personenstandsrechtlichen Sinne ist, kann der Gebrauchsname von einem Ehegatten einseitig und formlos angenommen werden, während die Bestimmung eines Ehenamens gemäß § 1355 Abs. 2 BGB eine gemeinsame Erklärung beider Ehegatten gegenüber dem Standesamt erfordert[386], die bei nachträglicher Abgabe öffentlich beglaubigt sein muss.[387]

Darüber hinaus kann ein Ehegattengebrauchsname jederzeit abgelegt und in gleicher oder anderer Form wieder angenommen werden[388], wohingegen die getroffene Ehenamenswahl während der Ehe unwiderruflich ist.[389]

Schließlich unterscheiden sich auch die Erscheinungsformen des Ehegattengebrauchsnamens von denen des Ehenamens. Als Ehename kann gemäß § 1355 Abs. 2 BGB lediglich der Name eines der beiden Ehegatten gewählt werden. Vom Gesetz nicht vorgesehen ist dagegen die Bestimmung eines aus den Namen beider Ehegatten zusammengesetzten Ehenamens. Einen solchen Doppelnamen können die Eheleute aber nach französischem Recht als Gebrauchsnamen führen.[390]

Die genannten Unterschiede machen deutlich, dass der französische Ehegattengebrauchsname keinesfalls mit dem deutschen Ehenamen gleichgesetzt werden kann.

b) Der Ehegattengebrauchsname im Vergleich zum Begleitnamen

Ein Vergleich zwischen dem Ehegattengebrauchsnamen und dem Begleitnamen als solchem würde zu kurz greifen. Da der Ehegattengebrauchsname das Ergebnis einer Namenshinzufügung bzw. -ersetzung ist[391], muss ihm vielmehr der durch Beifügung des Begleitnamens zum Ehenamen gemäß § 1355 Abs. 4 BGB entstehende Doppelname gegenübergestellt werden.

---

[386] Vgl. § 1355 Abs. 2 BGB.
[387] Vgl. § 1355 Abs. 3 S. 2 BGB.
[388] Vgl. Circulaire vom 26. Juni 1986, Ziff. 2.1. Abs. 1 bzw. Ziff. 2.3. Abs. 3 (J.O. vom 3. Juli 1986, S. 8246).
[389] Vgl. z.B. MüKo/*v. Sachsen Gessaphe*, § 1355 Rn. 21
[390] Vgl. Circulaire vom 26. Juni 1986, Ziff. 1.2. Abs. 1 lit. a) u. b) (J.O. vom 3. Juli 1986, S. 8245 f.). Die Ehefrau hat stattdessen auch die Möglichkeit, allein den Namen des Ehemannes als Gebrauchsnamen zu führen.
[391] Vgl. *Scherer*, Rn. 53.

Diese beiden Formen der Namensführung weisen gewisse Gemeinsamkeiten auf: In beiden Fällen handelt es sich um einen aus den Namen der Ehegatten zusammengesetzten Namen[392], wobei der neu hinzugekommene Namensbestandteil grundsätzlich nicht an die Nachkommen weitergegeben werden kann.[393] Die Namensreihenfolge ist sowohl beim Ehegattengebrauchsnamen als auch bei dem aus Ehe- und Begleitnamen bestehenden Doppelnamen vom Namensträger frei wählbar.[394] Eine weitere Gemeinsamkeit besteht darin, dass die Entscheidung für die Annahme eines Ehegattengebrauchsnamens bzw. für die Hinzufügung eines Begleitnamens den Ehegatten gänzlich freigestellt ist[395] und jederzeit wieder rückgängig gemacht werden kann.[396]

Zwischen dem aus Ehenamen und Begleitnamen zusammengesetzten Doppelnamen und dem Ehegattengebrauchsnamen bestehen jedoch auch gravierende Unterschiede:

Zunächst einmal ist die Annahme des Namens des Ehepartners in Form eines Gebrauchsnamens uneingeschränkt für beide Ehegatten möglich, wohingegen ein Begleitname nur von dem Ehegatten geführt werden kann, dessen Name nicht zum Ehenamen bestimmt wurde, was wiederum voraussetzt, dass überhaupt eine Ehenamenswahl getroffen wurde.

Außerdem ist die Annahme eines Gebrauchsnamens an keine besondere Form gebunden. Für die Hinzufügung des Begleitnamens zum Ehenamen bedarf es dagegen einer öffentlich beglaubigten Erklärung gegenüber dem Standesamt.[397]

Des Weiteren ist die Hinzufügung eines Begleitnamens bei mehrgliedrigen Namen der Ehegatten nicht uneingeschränkt möglich.[398] Für die Annahme eines Ehegattengebrauchsnamens bestehen dagegen keinerlei Beschränkungen in Bezug auf mehrgliedrige Namen. Es kann auch dann ein

---

[392] Vorausgesetzt, die Ehefrau entscheidet sich nicht dafür, allein den Namen ihres Ehemannes als Gebrauchsnamen zu führen.

[393] Der aus Ehenamen und Begleitnamen bestehende unechte Doppelname kann jedoch im Falle der Namensfortführung nach Auflösung der Ehe an Nachkommen weitergegeben werden und dadurch zu einem echten tradierbaren Doppelnamen erstarken.

[394] Vgl. Circulaire vom 26. Juni 1986, Ziff. 2.3. Abs. 2 bzw. § 1355 Abs. 4 S. 1 BGB („voranstellen oder anfügen").

[395] Vgl. Circulaire vom 26. Juni 1986, Ziff. 2.1. Abs. 1 bzw. § 1355 Abs. 4 S. 1 BGB („kann").

[396] Vgl. Circulaire vom 26. Juni 1986, Ziff. 2.3. Abs. 3 bzw. § 1355 Abs. 4 S. 4 Hs. 1 BGB. Allerdings ist eine Wiederannahme des Ehegattengebrauchsnamens jederzeit möglich, eine Rückkehr zum Begleitnamen dagegen nicht (vgl. § 1355 Abs. 4 S. 4 Hs. 2 BGB).

[397] Vgl. § 1355 Abs. 4 S. 1 u. 5 BGB.

[398] Besteht der Name des Ehegatten, dessen Name nicht Ehename wird, aus mehreren Namen, darf gemäß § 1355 Abs. 4 S. 3 BGB nur einer dieser Namen dem Ehenamen als Begleitname hinzugefügt werden. Bei Mehrgliedrigkeit des Ehenamens ist die Hinzufügung eines Begleitnamens gemäß § 1355 Abs. 4 S. 2 BGB gänzlich ausgeschlossen.

Gebrauchsname aus den Namen der Eheleute gebildet werden, wenn diese jeweils bereits einen Doppelnamen tragen.[399]

Ein weiterer Unterschied besteht darin, dass beim Ehegattengebrauchsnamen der Name des anderen Ehepartners dem eigenen Namen hinzugefügt wird, während der Begleitname der eigene Name ist, der dem Ehenamen beigefügt wird.

Schließlich haben Ehegattengebrauchsname und Begleitname auch gegensätzliche Funktionen.[400] Die Möglichkeit der Annahme eines Ehegattengebrauchsnamens soll dazu dienen, die nach französischem Recht zwingende getrennte Namensführung der Eheleute abzuschwächen, indem zumindest für das Alltagsleben eine einheitliche Namensführung erreicht werden kann. Die Möglichkeit der Hinzufügung eines Begleitnamens wurde vom deutschen Gesetzgeber dagegen geschaffen, um die zur Herstellung einer Namenseinheit zwischen den Eheleuten erforderliche Aufgabe des Namens durch einen Ehegatten abzumildern. Während der Gebrauchsname also eine Namenseinheit schaffen soll, wirkt der Begleitname der bestehenden Namenseinheit ein Stück weit entgegen.

Insgesamt kann der aus Ehe- und Begleitnamen zusammengesetzte Doppelname angesichts der Vielzahl an Unterschieden ebenso wenig als Pendant zum französischen Ehegattengebrauchsnamen angesehen werden wie der Ehename selbst. Der Ehegattengebrauchsname ist also eine Namensform, die im deutschen Ehenamensrecht keine Entsprechung findet.

c) Die Namensführung der Eheleute bei Auflösung der Ehe

Hinsichtlich der Behandlung der Namensführung der Eheleute bei Auflösung der Ehe im deutschen und französischen Recht lassen sich folgende Feststellungen treffen:

Während der Ehegattengebrauchsname nach der Auflösung der Ehe durch Scheidung grundsätzlich gemäß Art. 264 Abs. 1 Cc nicht beibehalten werden darf, wird der Ehename vom geschiedenen Ehegatte gemäß § 1355 Abs. 5 S. 1 BGB grundsätzlich weitergeführt. Diese gegensätzlichen Regelungen sind die zwingende Folge des unterschiedlichen Rechtscharakters von Gebrauchs- und Ehenamen. Der Gebrauchsname wird allein aufgrund eines Nutzungsrechts am Namen des anderen Ehegatten geführt, welches mit der Ehescheidung erlischt. Der Ehename wird dagegen als eigener Name erworben, so dass die Scheidung keinen Einfluss auf die Namensführung der Ehegatten haben kann.

---

[399] Sei es ein nach neuem Recht gebildeter *double nom* oder ein althergebrachter *nom composé* (zur Unterscheidung vgl. S. 14 f.).

[400] Vgl. *Scherer*, Rn. 53.

Im Falle der Auflösung der Ehe durch Tod eines Ehegatten sind die Rechtsfolgen für den Ehegattengebrauchsnamen und den Ehenamen zunächst einmal gleich. Im französischen Recht ist eine Fortführung des Namens des verstorbenen Ehegatten durch den verwitweten Ehegatten anerkannt.[401] Das deutsche Recht sieht in § 1355 Abs. 5 S. 1 BGB die Beibehaltung des Ehenamens vor. Allerdings führt eine Wiederheirat nach wohl h.M. im französischem Recht zum Verlust des Ehegattengebrauchsnamens[402], wohingegen nach deutschem Recht ein früherer Ehename auch im Fall einer erneuten Eheschließung fortgeführt[403] und sogar zum Ehenamen in der neuen Ehe bestimmt werden kann.[404]

d) Zusammenfassung

Ein Vergleich zwischen dem deutschen Ehenamensrecht und den französischen Regelungen zum Ehegattengebrauchsnamen hat gezeigt, dass durchaus einige Parallelen bestehen. Nichtsdestotrotz darf nicht übersehen werden, dass es sich bei dem Gebrauchsnamen nicht um einen „echten" Familiennamen im personenstandsrechtlichen Sinne handelt. Trotz aller Gemeinsamkeiten in der Namensführung der Eheleute im Alltag bleiben das deutsche und das französische Ehegattennamensrecht aus rein personenstandsrechtlicher Sicht diametral unterschiedlich, was bei deutsch-französischen Ehepaaren nicht selten zu Problemen führt.[405]

II. Das Kindesnamensrecht im Vergleich

1. Die Grundkonzeption

Sowohl das deutsche als auch das französische Namensrecht gehen im Grundsatz von einer Wahlbefugnis der Eltern im Hinblick auf den Familiennamen ihrer Kinder aus.[406] Während jedoch das Recht zur Namenserteilung nach der Konzeption des deutschen Gesetzgebers aus der elterlichen Sorge folgt[407], setzt die französische Rechtsordnung für das Bestehen des

---

[401] Vgl. Circulaire vom 26. Juni 1986, Ziff. 1.2. Abs. 1 lit. a) u. b) (J.O. vom 3. Juli 1986, S. 8245 f.).
[402] Vgl. Murat/*Lamarche*, Ziff. 116.171 m.w.N.
[403] Vgl. § 1355 Abs. 1 S. 3 BGB.
[404] Gemäß § 1355 Abs. 2 BGB kann nicht nur der Geburtsname eines Ehegatten zum Ehenamen bestimmt werden, sondern auch der zur Zeit der Erklärung über die Bestimmung des Ehenamens geführte Name.
[405] Siehe dazu insbesondere S. 170 ff.
[406] Zwar erwerben die Kinder nach § 1616 BGB stets kraft Gesetzes den Ehenamen der Eltern, wenn diese einen solchen führen. In diesem Fall bestand aber eine Wahlbefugnis der Eltern im Hinblick auf den Ehenamen und somit letztlich inzident auch hinsichtlich des Namens der gemeinsamen Kinder.
[407] Vgl. *Hepting*, FPR 2002, 117; OLG Hamm, StAZ 2005, 15 (16).

Bestimmungsrechts lediglich voraus, dass die Abstammung gegenüber beiden Elternteilen feststeht.

Beide Rechtsordnungen lassen die gesetzgeberische Tendenz zur Namenseinheit innerhalb der Familie erkennen. Nach Vorstellung des deutschen Gesetzgebers sollen allerdings im „Idealfall" sämtliche Familienmitglieder, also die Eltern und deren Kinder, denselben Namen führen.[408] Nach französischem Recht kann dagegen lediglich eine Namenseinheit der Kinder im Verhältnis zu einem der Elternteile erreicht werden, wenngleich dies im Alltag durch die Möglichkeit der Annahme von Gebrauchsnamen relativiert wird.

2. Die Regelungen im Einzelnen

a) Die Erscheinungsformen des Kindesnamens

Nach deutschem Recht erhält ein Kind als Geburtsnamen grundsätzlich entweder kraft Gesetzes den Ehenamen seiner Eltern oder aufgrund einer Namensbestimmung den Namen der Mutter oder des Vaters. Nicht möglich ist der Erwerb eines aus Vater- und Mutternamen zusammengesetzten Doppelnamens.

Die Unzulässigkeit eines solchen Kindesdoppelnamens darf allerdings nicht dahingehend missverstanden werden, dass ein Kind nach deutschem Recht als Geburtsnamen grundsätzlich keinen Doppelnamen erhalten kann. Der Erwerb eines Doppelnamens ist ohne weiteres möglich, wenn die Eltern einen Doppelnamen als Ehenamen führen[409] bzw. wenn der Elternteil, dessen Namen das Kind erhält, bereits einen Doppelnamen trägt. Auch im Rahmen der Stiefkindeinbenennung gemäß § 1618 BGB ist die Bildung von Kindesdoppelnamen zulässig. Gemäß § 1618 S. 2 BGB kann dem Kind ein aus den Namen eines Elternteils und dessen Ehegatten zusammengesetzter Name erteilt werden.

Ausgeschlossen ist folglich allein die Bestimmung eines Kindesdoppelnamens, in dem sich sowohl der Name der leiblichen Mutter als auch der Name des leiblichen Vaters wiederfindet. Hier liegt der wesentliche Unterschied zum französischen Kindesnamensrecht, welches als mögliche Geburtsnamen des Kindes neben Mutter- und Vaternamen auch einen aus den elterlichen Namen gebildeten Doppelnamen vorsieht.

---

[408] Dies ist der Fall, wenn die Eltern verheiratet sind und einen Ehenamen bestimmt führen, den gemäß § 1616 BGB auch die gemeinsamen Kinder tragen.

[409] Dieser kann jedoch nicht aus den Namen beider Ehegatten bestehen. Ein Ehegatte muss vielmehr bereits vor der Eheschließung einen Doppelnamen geführt haben, den die Eheleute zum Ehenamen bestimmt haben.

Die nach französischem Recht außerdem bestehende Möglichkeit, im alltäglichen Leben einen aus den Elternnamen zusammengesetzten Gebrauchsnamen zu tragen[410], ist dem deutschen Recht gänzlich unbekannt.

b) Die Namenseinheit der Geschwister

Sowohl das französische als auch das deutsche Kindesnamensrecht strebt eine Namenseinheit von Geschwistern an. Im deutschen Recht wird die Einheitlichkeit für den Fall, dass die Eltern verheiratet sind und einen Ehenamen führen, dadurch erreicht, dass alle gemeinsamen Kinder gemäß § 1616 BGB den Ehenamen als Geburtsnamen erhalten. Führen die Eltern keinen Ehenamen, sind aber gemeinsam sorgeberechtigt, so können sie für das erste gemeinsame Kind eine Namensbestimmung treffen. Diese gilt dann gemäß § 1617 Abs. 1 S. 3 BGB auch für ihre weiteren Kinder.[411] Das französische Kindesnamensrecht enthält in Art. 311-21 Abs. 3 Cc sowie in Art. 311-23 Abs. 3 Cc entsprechende Regelungen.

In beiden Rechtsordnungen lässt sich jedoch eine Namenseinheit innerhalb der Geschwister nicht in allen Fällen erreichen.

So besteht beispielsweise nach französischem Recht nur dann eine Bindungswirkung, wenn der Name eines früher geborenen gemeinsamen Kindes unter Anwendung von Art. 311-21 bzw. Art. 311-23 Abs. 2 Cc erworben wurde.[412] Dies bedeutet zum einen, dass die Eltern ihr Namensbestimmungsrecht noch frei ausüben können, wenn ein früher geborenes Kind seinen Namen nach Art. 311-23 Abs. 1 Cc erworben hatte.[413] Zum anderen besteht keine Bindungswirkung, wenn ein früher geborenes Kind seinen Namen noch nach dem vor dem 1. Januar 2005 geltenden Recht erhalten hatte. In diesem Fall können die Eltern einem ab diesem Stichtag geborenen Geschwisterkind theoretisch einen anderen Familiennamen erteilen.[414]

Nach deutschem Recht besteht insbesondere dann keine Bindungswirkung, wenn die Eltern keinen Ehenamen führen und ein Elternteil die elterliche Sorge alleine ausübt. In diesem Fall kann dem gemeinsamen Kind statt des ihm gesetzlich zugewiesenen Namens des sorgeberechtigten El-

---

[410] Vgl. Art. 43 des Gesetzes Nr. 85-1372 vom 23. Dezember 1985.

[411] Die Bindungswirkung besteht auch, wenn das Bestimmungsrecht vom Familiengericht einem Elternteil übertragen wurde (vgl. § 1617 Abs. 2 S. 2 BGB), selbst wenn dieser sein Bestimmungsrecht nicht ausübt und das Kind gemäß § 1617 Abs. 2 S. 4 BGB seinen Namen erhält (vgl. Staudinger/*Coester*, § 1616 Rn. 85).

[412] Diese Klarstellung wurde durch die Ordonnance n° 2005-759 du 4 juillet 2005 portant réforme de la filiation (J.O. vom 6. Juli 2005, Text 19) ins Gesetz aufgenommen.

[413] Vgl. Murat/*Fournier*/*Farge*, Ziff. 231.121.

[414] Vgl. *Massip*, Dr. fam. 2006, Rn. 10; Murat/*Fournier*/*Farge*, Ziff. 231.121.

ternteils[415] gemäß § 1617a Abs. 2 BGB auch der Name des anderen Elternteils erteilt werden.[416] Da es der Gesetzgeber versäumt hat, in § 1617a BGB eine dem § 1617 Abs. 1 S. 3 BGB entsprechende Regelung aufzunehmen, können Geschwister unterschiedliche Familiennamen führen, wenn das Bestimmungsrecht des § 1617a Abs. 2 BGB nicht einheitlich ausgeübt wird.[417] Allerdings sollte nicht übersehen werden, dass die Eltern in aller Regel selbstverständlich ein Interesse daran haben, ihren Kindern einheitliche Familiennamen zu erteilen und deshalb selbst bei Nichtbestehen einer gesetzlichen Bindungswirkung ihr Namensbestimmungsrecht im Normalfall nicht willkürlich unterschiedlich ausüben werden.

Neben den Fällen, in denen die uneinheitliche Namensführung von Geschwistern auf die unterschiedliche Ausübung des Namensbestimmungsrechts der Eltern zurückzuführen ist, kann der Grundsatz der geschwisterlichen Namenseinheit vor allem dann durchbrochen werden, wenn älteren Geschwistern ein Mitbestimmungsrecht hinsichtlich des von ihnen zu führenden Namens eingeräumt ist[418] und sie sich einer für die jüngeren Geschwister automatisch geltenden Namensänderung der Eltern bzw. Neubestimmung des Kindesnamens nicht anschließen.

c) Die Einbenennung

Das deutsche Kindesnamensrecht enthält mit § 1618 BGB bzw. § 9 Abs. 5 LPartG Regelungen, die es ermöglichen, einem minderjährigen Kind, das bei einem sorgeberechtigten Elternteil und dessen Ehe- bzw. Lebenspartner lebt, den von diesen beiden geführten Ehe- bzw. Lebenspartnerschaftsnamen zu erteilen und so eine Namenseinheit innerhalb der Familie herzustellen.[419] Auf diese Weise kann ein Kind den Namen eines Stiefelternteils erhalten.

Eine dem § 1618 BGB vergleichbare Regelung war mit Gesetz vom 3. Januar 1972[420] in den *Code civil* eingeführt worden. Gemäß Art. 334-5 Abs. 1 Cc a.F. konnte einem minderjährigen Kind der Name des Ehemannes der Mutter erteilt werden, sofern die Vaterschaft nicht feststand. Diese

---

[415] Vgl. § 1617a Abs. 1 BGB.
[416] Hierfür bedarf es gemäß § 1617a Abs. 2 S. 2 BGB der Einwilligung des anderen Elternteils sowie ab Vollendung des fünften Lebensjahres auch der Einwilligung des Kindes.
[417] Vgl. Staudinger/*Coester*, § 1617a Rn. 33 m.w.N. Denkbar ist theoretisch auch, dass der sorgeberechtigte Elternteil zwar für alle Kinder einheitlich den Namen des anderen Elternteils zum Familiennamen bestimmen möchte, der andere Elternteil aber seine gemäß § 1617a Abs. 2 S. 2 BGB erforderliche Einwilligung bei einem Kind verweigert, obwohl er sie bei einem anderen Kind erteilt hat.
[418] Vgl. §§ 1617b Abs. 1 S. 3, 1617c Abs. 1 S. 1 BGB bzw. Art. 61-3 Cc.
[419] Vgl. S. 35.
[420] Loi n° 72-3 du 3 janvier 1972 sur la filiation, J.O. vom 5. Januar 1972, S. 145 ff.

sogenannte dation de nom konnte das Kind innerhalb von zwei Jahren nach Erreichen der Volljährigkeit rückgängig machen und seinen zuvor geführten Namen wieder annehmen.[421]

Im Zuge der zum 1. Januar 2005 in Kraft getretenen Namensrechtsreform wurde Art. 334-5 Cc a.f. ersatzlos gestrichen.[422] Begründet wurde dies vor allem damit, dass die Regelung veraltet sei und kaum noch von ihr Gebrauch gemacht werde.[423] Außerdem wurde gegen die Einbenennung vorgebracht, dass das Kind im Falle einer Scheidung der Ehe unter Umständen gezwungen sei, einen Namen zu führen, den weder die Mutter noch der Vater trägt.[424]

Allerdings ist Art. 334-5 Cc a.f. trotz der Streichung nicht völlig obsolet, da er für vor dem 1. Januar 2005 geborene minderjährige Kinder weiterhin Geltung beansprucht.[425] Bis zum 31. Dezember 2022, an dem die letzten dieser Kinder volljährig werden, kann Art. 334-5 Abs. 1 Cc a.F. somit theoretisch zur Anwendung kommen.[426] Da sich das Kind innerhalb von zwei Jahren nach Erreichen der Volljährigkeit dazu entscheiden kann, die Einbenennung rückgängig zu machen[427], wird Art. 334-5 Cc a.F. erst zum 1. Januar 2025 jegliche Bedeutung verloren haben.

Nachdem für Art. 334-5 Cc a.F. also noch ein gewisser Anwendungsbereich verbleibt, sollen an dieser Stelle kurz die wesentlichen Gemeinsamkeiten und Unterschiede gegenüber § 1618 BGB dargestellt werden:

Die Vorschriften stimmen zunächst in ihrer Zielsetzung überein, eine Namensintegration des Kindes in die Stieffamilie zu ermöglichen. Zu die-

---

[421] Vgl. Art. 334-5 Abs. 2 Cc a.F.

[422] Das erste Reformgesetz vom 4. März 2002 hatte zunächst noch eine Beibehaltung der Vorschrift unter Erweiterung ihres Anwendungsbereichs vorgesehen (vgl. Art. 13, J.O. vom 5. März 2002, S. 4159), die aber durch das zweite Reformgesetz vom 18. Juni 2003 in eine Streichung abgewandelt wurde (vgl. Art. 9, J.O. vom 19. Juni 2003, S. 10240).

[423] Landesweit wurden zuletzt weniger als 40 Fälle pro Jahr verzeichnet (vgl. *Massip*, Defrénois 2005, Rn. 25).

[424] Vgl. *Massip*, Defrénois 2005, Rn. 25 m.w.N. Die unrevidierbare Fixierung auf den Namen der Stiefelternehe ist auch der Hauptkritikpunkt an § 1618 BGB (vgl. Staudinger/*Coester*, § 1618, Rn. 4 m.w.N.). Zwar kann dem Kind nach § 1618 BGB nur der Ehename des Elternteils und dessen Ehegatten erteilt werden, so dass im Falle einer Auflösung der Ehe zunächst einmal noch Namensgleichheit mit dem Elternteil gegeben ist. Kehrt dieser jedoch gemäß § 1355 Abs. 5 S. 2 BGB zu einem früheren Namen zurück, besteht keine Folgemöglichkeit des Kindes. § 1617c Abs. 2 Nr. 1 BGB ist nach h.M. nicht einschlägig, da sich der Kindesname von einem Ehenamen ableitet (vgl. Staudinger/*Coester*, § 1618, Rn. 42 f. m.w.N.).

[425] Vgl. dazu die ausführliche Darstellung auf S. 72 ff.

[426] So wohl auch Murat/*Fournier/Farge*, die jedoch fälschlicherweise den 31. Dezember 2012 als Stichtag benennen (vgl. Murat/*Fournier/Farge*, Ziff. 231.64).

[427] Vgl. Art. 334-5 Abs. 2 Cc a.F.

sem Zweck lassen sie trotz des Fehlens einer abstammungsrechtlichen Beziehung den Erwerb des Namens des Stiefelternteils durch das Kind zu.

Beide Vorschriften setzen die Minderjährigkeit des Kindes voraus[428] und fordern ab Erreichen einer bestimmten Altersgrenze eine Einwilligung des Kindes in die Einbenennung. Während allerdings gemäß § 1618 S. 3 BGB die Einwilligung des Kindes bereits ab Vollendung des fünften Lebensjahres erforderlich ist, schreibt Art. 334-5 Cc a.F. über den Verweis auf Art. 334-2 Cc a.F. eine Einwilligung erst dann vor, wenn das Kind das 13. Lebensjahr vollendet hat.[429]

Sowohl nach deutschem als auch nach französischem Recht ist eine mehrfache Einbenennung zulässig, das heißt bei erneuter Heirat des Elternteils kann das Kind den Namen des neuen Stiefelternteils erhalten.[430]

Der Hauptunterschied zwischen beiden Regelungen besteht darin, dass Art. 334-5 Cc a.F. allein die Einbenennung durch die Mutter und deren Ehemann, nicht aber durch den Vater und dessen Frau zulässt[431], während § 1618 BGB eine Einbenennung sowohl in die neue Familie der Mutter wie auch des Vaters erlaubt.

Art. 334-5 Cc a.F. ermöglicht außerdem lediglich die Ersetzung des vom Kind zuvor geführten Namens der Mutter durch den Namen des Ehemannes der Mutter; eine Beifügung des Mutternamens ist nicht möglich.[432] Nach § 1618 S. 2 BGB kann dagegen der bislang geführte Kindesname als Begleitname vorangestellt oder angefügt werden.

Die Einbenennung gemäß Art. 334-5 Cc a.F. steht außerdem unter der Einschränkung, dass eine Vaterschaft nicht festgestellt sein darf, wohingegen § 1618 BGB gerade für den Fall, dass die Abstammung des Kindes zu

---

[428] Dies ergibt sich für die dation de nom aus Art. 334-2 Abs. 1 Cc a.F., auf den Art. 334-5 Cc a.F. verweist. Für die Einbenennung nach § 1618 BGB lässt sich das Erfordernis der Minderjährigkeit des einzubenennenden Kindes daraus ableiten, dass das Kind unter elterlicher Sorge stehen muss, welche mit Erreichen der Volljährigkeit endet (vgl. § 1626 Abs. 1 S. 1 BGB).

[429] Die von Art. 334-2 Cc i.d.F. des Gesetzes Nr. 72-3 vom 3. Januar 1972 (J.O. vom 5. Januar 1972, S. 145 ff.) ursprünglich vorgesehene Altersgrenze von 15 Jahren wurde mit Gesetz Nr. 93-22 vom 8. Januar 1993 (J.O. vom 9. Januar 1993, S. 495 ff.) zum 1. Februar 1994 auf 13 Jahre herabgesetzt.

[430] Vgl. *Blumenrath*, S. 129. Zum deutschen Recht vgl. *Lang*, FPR 2010, 24.

[431] Dass dies gegen den Gleichheitsgrundsatz der französischen Verfassung und der EMRK verstößt, zeigt *Blumenrath* (S. 130 f.). Einer im Jahr 2002 bereits verabschiedeten gleichberechtigungskonformen Fassung der Vorschrift (vgl. Art. 13 des Gesetzes Nr. 2002-304 vom 4. März 2002) zog der Gesetzgeber letztlich die komplette Streichung vor (vgl. Art. 9 des Gesetzes vom 18. Juni 2003).

[432] Die Neufassung der Vorschrift durch Art. 13 des Gesetzes Nr. 2002-304 sah die Möglichkeit der Erteilung eines aus den Namen des Elternteils und des Stiefelternteils zusammengesetzten Doppelnamens vor, trat aber letztlich nicht in Kraft (vgl. Art. 9 des Gesetzes vom 18. Juni 2003).

beiden Elternteilen fest steht, eine Einbenennung ermöglicht. Nachdem Art. 334-5 Cc a.F. nur zur Anwendung kommen kann, wenn eine Vaterschaft nicht fest steht, ist eine Zustimmung des leiblichen Vaters zur Einbenennung nicht vorgesehen. Nach deutschem Recht bedarf die Einbenennung durch einen Elternteil und dessen Ehepartner dagegen grundsätzlich der Zustimmung des anderen Elternteils, sofern dieser ebenfalls sorgeberechtigt ist oder das Kind seinen Name führt.[433]

Ein weiterer Unterschied ist, dass das Kind gemäß Art. 334-5 Abs. 2 Cc a.F. innerhalb von zwei Jahren nach Erreichen der Volljährigkeit zum vor der Einbenennung geführten Namen zurückkehren kann, während die Einbenennung nach deutschem Recht grundsätzlich nicht wieder rückgängig zu machen ist.[434]

Für seit dem 1. Januar 2005 geborene Kinder ist nach französischem Recht definitiv keine Einbenennung mehr möglich. Es gilt uneingeschränkt der Grundsatz, dass der Name einer Person, zu der kein Abstammungsverhältnis besteht, vom Kind nicht erworben werden kann. Selbst in Form eines Gebrauchsnamens, dessen Annahme in den meisten Fällen zumindest für das alltägliche Leben die gewünschte Form der Namensführung ermöglicht, kann der Name eines Stiefelternteils vom Kind nicht geführt werden. Art. 43 des Gesetzes vom 23. Dezember 1985 sieht lediglich einen aus den Namen der Eltern zusammengesetzten Gebrauchsnamen vor. In dem Fall, dass die Mutter den Namen des Stiefvaters als Ehegattengebrauchsnamen führt und das Kind den Namen des leiblichen Vaters trägt, wäre der Name des Stiefvaters zwar über den Umweg der Hinzufügung des mütterlichen Gebrauchsnamens zum Vaternamen gemäß Art. 43 des Gesetzes vom 23. Dezember 1985 für das Kind theoretisch erreichbar. Eine solche Kombination der beiden Formen des Gebrauchsnamens ist jedoch nach dem Runderlass vom 26. Juni 1986 nicht zulässig.[435] Folglich kann auch über die Annahme von Gebrauchsnamen keine Namenseinheit zwischen dem Stiefelternteil und dem Kind sowie gegebenenfalls vorhandenen Stiefgeschwistern erreicht werden.

Will ein Stiefelternteil dem Kind seinen Namen übertragen, muss er zwingend ein Abstammungsverhältnis zu diesem begründen. Sofern die Abstammung des Kindes bereits gegenüber beiden Elternteilen fest

---

[433] Vgl. § 1618 S. 3 BGB. Die Einwilligung des anderen Elternteils kann allerdings gemäß § 1618 S. 4 BGB vom Familiengericht ersetzt werden, wenn die Einbenennung zum Kindeswohl erforderlich ist.
[434] Vgl. BGH, NJW 2004, 1108.
[435] Vgl. Circulaire vom 26. Juni 1986, Ziff. 1.2. Abs. 3 (J.O. vom 3. Juli 1986, S. 8246): „Aucun cumul ou combinaison entre les différents noms d'usage n'est possible."

steht[436], bleibt hierfür letztlich nur der Weg einer Adoption. Sowohl die Volladoption[437] als auch die einfache Adoption hat grundsätzlich zur Folge, dass das Kind den Namen des Adoptivelternteils erwirbt.[438]

Im Ergebnis bleibt festzuhalten, dass der Name eines Stiefelternteils nach französischem Recht nur über die Begründung eines Abstammungsverhältnisses, in der Regel durch Adoption, vom Kind erworben werden kann[439], während im deutschen Recht gemäß § 1618 BGB bzw. § 9 Abs. 5 LPartG als „kleine Schwester der Stiefkindadoption"[440] die Möglichkeit der Stiefkindeinbenennung besteht.

d) Die Namensführung von Adoptivkindern

Sowohl nach französischem als auch nach deutschem Recht wirkt sich eine Adoption auf die Namensführung des Kindes aus. Im französischen Recht haben allerdings die Volladoption (*adoption pléniaire*) und die einfache Adoption (*adoption simple*) unterschiedliche namensrechtliche Wirkungen.[441] Im deutschen Recht dagegen wird in namensrechtlicher Hinsicht nicht zwischen der Volladoption und der Volljährigenadoption, die in ihren Wirkungen der französischen adoption simple entspricht[442], unterschieden. Der für die Volladoption geltende § 1757 BGB findet über den Verweis des § 1767 Abs. 2 S. 1 BGB auch bei der Annahme Volljähriger Anwendung.

Bei einer Volladoption gilt nach französischem wie nach deutschem Recht der Grundsatz, dass das Adoptivkind den Namen des Annehmenden erwirbt.[443]

Im Fall einer Volladoption durch ein Ehepaar erhält das Kind nach deutschem Recht grundsätzlich den Ehenamen als Geburtsnamen.[444] Im

---

[436] Steht die Abstammung des Kindes noch nicht vollständig fest, kommt beispielsweise auch die Begründung eines Abstammungsverhältnisses durch Anerkennungserklärung (Art. 316 Cc) in Betracht, mit der Folge, dass dem Kind gemäß Art. 311-23 Abs. 2 Cc der Name des „neuen" Elternteils erteilt werden kann.

[437] Die Volladoption eines Kindes des Ehegatten ist allerdings nur in den von Art. 345-1 Cc genannten Fällen möglich.

[438] Vgl. Art. 357 Abs. 1 Cc bzw. Art. 363 Abs. 1 Cc

[439] Vorbehaltlich der oben dargestellten Altfälle.

[440] Staudinger/*Coester*, § 1618 Rn. 4.

[441] Für die Volladoption gilt Art. 357 Cc, für die einfache Adoption Art. 363 Cc.

[442] Wie die adoption simple (vgl. Art. 364 Abs. 1 Cc) lässt die Volljährigenadoption gemäß § 1770 Abs. 2 BGB das Verhältnis des Angenommenen zu seinen leiblichen Verwandten und die daraus resultierenden Rechte und Pflichten unberührt.

[443] Vgl. Art. 357 Abs. 1 Cc („L'adoption confère à l'enfant le nom de l'adoptant.") bzw. § 1757 Abs. 1 S. 1 BGB („Das Kind erhält als Geburtsnamen den Familiennamen des Annehmenden.").

[444] Vgl. § 1754 Abs. 1 i.V.m. § 1616 BGB.

französischen Recht, das keinen Ehenamen kennt, existiert keine entsprechende Regelung. Bei Namensverschiedenheit der Eheleute[445] obliegt es diesen in beiden Rechtsordnungen, den Kindesnamen nach den allgemeinen Regeln zu bestimmen.[446] Zur Wahl stehen dabei die jeweiligen Namen der Adoptiveltern.[447] Die vom französischen Recht zusätzlich vorgesehene Möglichkeit der Erteilung eines aus den Namen der Adoptiveltern zusammengesetzten Doppelnamens besteht im deutschen Recht nicht.

Den Fall, dass die Adoptiveltern keine Einigung über den Kindesnamen erzielen bzw. von ihrem Namensbestimmungsrecht keinen Gebrauch machen, behandeln beide Rechtsordnungen unterschiedlich: Während das Adoptivkind nach französischem Recht automatisch den Namen des Adoptivvaters erhält[448], kann nach deutschem Recht ein Ausspruch der Adoption in einem solchen Fall nicht erfolgen.[449] Ein weiterer Unterschied ist, dass die Namensbestimmung nach deutschem Recht der Zustimmung des Kindes bedarf, sofern dieses das fünfte Lebensjahr vollendet hat[450], wohingegen nach französischem Recht das Adoptivkind an der Entscheidung seiner Adoptiveltern über seinen künftig zu führenden Namen unabhängig von seinem Alter nicht zu beteiligen ist.

Bei einer Volladoption durch eine verheiratete Einzelperson kann dem Adoptivkind gemäß Art. 357 Abs. 4 Cc vom Gericht im Adoptionsurteil statt des Namens des Annehmenden auch der Familienname von dessen Ehepartner oder ein aus den Namen der Ehegatten zusammengesetzter Doppelname erteilt werden. Eine solche Sonderform der Einbenennung im Rahmen der Adoption ist dem deutschen Namensrecht unbekannt. Das Adoptivkind kann nur dann den Namen des Ehepartners des Annehmenden erlangen, wenn er vom Annehmenden als Ehename geführt wird. Führen der Annehmende und sein Ehepartner keinen Ehenamen, bleibt der Name des Ehepartners des Annehmenden für das Kind unerreichbar. Selbst im Wege einer öffentlich-rechtlichen Namensänderung kann der Name des Ehepartners des Annehmenden nicht erlangt werden, da die Einbenennung eines Kindes durch einen Elternteil und dessen Ehegatten, von dem das Kind nicht abstammt, durch § 1618 BGB abschließend geregelt ist. Selbst im Wege einer öffentlich-rechtlichen Namensänderung kann der Name des

---

[445] Namensverschiedenheit der Eheleute ist nach französischem Recht stets und nach deutschem Recht nur dann gegeben, wenn die Eheleute keinen Ehenamen führen.
[446] Vgl. Art. 357 Abs. 2 i.V.m. Art. 311-21 Cc bzw. § 1757 Abs. 2 i.V.m. § 1617 Abs. 1 BGB.
[447] Vgl. Art. 311-21 Abs. 1 S. 1 Cc bzw. § 1617 Abs. 1 S. 1 BGB.
[448] Vgl. Art. 311-21 Abs. 1 S. 2 a.E. Cc.
[449] Vgl. Staudinger/*Frank*, § 1757 Rn. 13; BT-Drs. 12/3163, S. 19. § 1617 Abs. 2 BGB kommt nicht zur Anwendung, da § 1757 Abs. 2 S. 1 Hs. 2 BGB lediglich auf § 1617 Abs. 1 BGB verweist.
[450] Vgl. § 1757 Abs. 2 S. 2 BGB.

Ehepartners des Annehmenden nicht erlangt werden, da die Einbenennung eines Kindes durch einen Elternteil und dessen Ehegatten, von dem das Kind nicht abstammt, durch § 1618 BGB abschließend geregelt ist.[451] Eine Einbenennung gemäß § 1618 BGB hilft hier jedoch ebenfalls nicht weiter, da sie dem Kind lediglich den Ehenamen, nicht aber den vom Ehegatten des Elternteils allein geführten Namen verschaffen kann.

Eine Gemeinsamkeit beider Rechtsordnungen besteht darin, dass sie eine Fortführung des bisherigen Familiennamens durch das Adoptivkind grundsätzlich nicht zulassen. Eine Ausnahme gilt nach französischem Recht lediglich für den Fall der einfachen Adoption eines volljährigen Kindes. Dieses kann seine gemäß Art. 61-3 Abs. 2 Cc erforderliche Zustimmung zum Namenswechsel verweigern und so eine Beibehaltung seines bisherigen Namens erreichen.[452] Nach deutschem Recht ist es dagegen auch dem volljährigen Adoptivkind ausnahmslos verwehrt, ausschließlich seinen ursprünglichen Namen fortzuführen.[453]

Hinsichtlich der Möglichkeit des Adoptivkinds, einen aus dem bisherigen Namen und dem Namen des Annehmenden zusammengesetzten Doppelnamen zu führen, differieren beide Rechtsordnungen: Nach französischem Recht ist diese Form der Namensführung allein bei der Volladoption gänzlich ausgeschlossen, wohingegen sie im Fall der einfachen Adoption den gesetzlich vorgesehenen Regelfall darstellt.[454] Nach deutschem Recht kann die gerichtliche Erteilung eines aus dem früheren Kindesnamen und dem Namen des Annehmenden zusammengesetzten Doppelnamens nur unter den strengen Voraussetzungen des § 1757 Abs. 4 S. 1 Nr. 2 BGB erreicht werden, hat also absoluten Ausnahmecharakter.

Im Zusammenhang mit der Bildung eines Doppelnamens aus dem früheren Namen des Adoptivkindes und dem Namen des Annehmenden zeigt sich ein weiterer Unterschied zwischen dem deutschen und dem französischen Recht:

Die französischen Regelungen enthalten die zur Vermeidung von Namensketten üblichen Einschränkungen hinsichtlich der Übertragbarkeit mehrgliedriger Namen. Für den Fall, dass das Kind bzw. der Annehmende einen *double nom* führt, kann gemäß Art. 363 Abs. 2 S. 1 Cc nur ein Namensbestandteil beibehalten bzw. übertragen werden.

Der deutsche Gesetzgeber, der grundsätzlich ebenfalls auf die Vermeidung überlanger Namen bedacht ist[455], hat davon abgesehen, in § 1757

---

[451] Vgl. OVG Münster, FamRZ 2000, 698 f.; *Pieper*, FuR 2003, 397 f.
[452] Dies ist allerdings nicht unumstritten (vgl. die ausführliche Darstellung auf S. 67 f.).
[453] Vgl. BayObLG, FamRZ 2003, 1869; OLG Karlsruhe, NJW-RR 1999, 1089; OLG Celle, FamRZ 1997, 115.
[454] Vgl. Art. 363 Abs. 1 Cc.
[455] Vgl. z.B. § 1355 Abs. 4 S. 2, 3 BGB.

BGB eine entsprechende Regelung aufzunehmen.[456] In der Praxis kann allerdings das Vormundschaftsgericht die Entstehung von Namensketten verhindern, indem es schlicht die für die Erteilung eines Doppelnamens erforderlichen „schwerwiegenden Gründe" des Kindeswohls i.S.d. § 1757 Abs. 4 S. 1 Nr. 2 BGB verneint.[457]

Eine dem § 1757 Abs. 3 BGB entsprechende Vorschrift, welche regelt, inwieweit sich die Änderung des Geburtsnamens eines verheirateten Adoptivkindes auch auf dessen Ehenamen erstreckt, ist im französischen Recht nicht erforderlich, da es keinen Ehenamen kennt.

Ein weiterer Unterschied zwischen beiden Rechtsordnungen besteht schließlich darin, dass nach deutschem Recht über die Namensführung des Adoptivkindes im Annahmebeschluss entschieden wird und eine nachträgliche annahmebedingte Namensänderung ausscheidet, während im französischen Recht bei der adoption simple durch Eheleute diese auch nach der Annahme noch eine gerichtliche Änderung des Kindesnamens beantragen können.[458]

e) Die Namensführung von Kindern ungeklärter Abstammung

Die Regelungen zur Namensführung von Kindern, deren Abstammung gänzlich ungeklärt ist, sind in Deutschland und Frankreich ähnlich ausgestaltet: Sofern kein Elternteil vorhanden bzw. bekannt ist, von dem der Familienname des Kindes abgeleitet werden könnte, ist es nach deutschem wie nach französischem Recht Aufgabe des Staates, den Namen des Kindes festzulegen. Nach Art. 57 Abs. 2 S. 3 Cc obliegt es dem Standesbeamten, nach § 24 Abs. 2 S. 1 PStG der „zuständigen Verwaltungsbehörde", Vornamen und Familiennamen des Kindes zu bestimmen.

Ein Unterschied zwischen beiden Rechtsordnungen besteht darin, dass für die Namensbestimmung durch die zuständige Behörde im deutschen Recht keinerlei Vorgaben in Bezug auf Anzahl oder Auswahl der Namen bestehen, während das französische Recht dem Standesbeamten in Art. 57 Abs. 2 S. 3 Cc ausdrücklich vorschreibt, für das Kind drei Vornamen zu bestimmen, von denen der letzte als Familienname gilt. Im Fall einer anonymen Entbindung[459] hat die leibliche Mutter gemäß Art. 57 Abs. 2 S. 3 Cc auch die Möglichkeit, selbst die dem Kind zu erteilenden Vornamen und damit indirekt auch dessen Familiennamen zu bestimmen.

Auf die Regelungen der Namensführung von Kindern mit gänzlich ungeklärter Abstammung muss in Frankreich wesentlich häufiger zurück-

---

[456] Die von der Bundesregierung vorgeschlagene Regelung (vgl. BT-Drs. 12/3163, S. 24 f.) wurde letztlich nicht ins Gesetz übernommen.
[457] Vgl. Staudinger/*Franke*, § 1757 Rn. 27; MüKo/*Maurer*, § 1757 Rn. 9 m.w.N.
[458] Vgl. Art. 363 Abs. 4 S. 3 Cc.
[459] Dazu sogleich.

gegriffen werden als in Deutschland. Dies ist zum einen auf Unterschiede im Abstammungsrecht beider Staaten zurückzuführen:

Dem deutschen Abstammungsrecht liegt der Grundsatz „mater semper certa est" zugrunde, wonach mit der Geburt des Kindes stets zumindest die Mutterschaft feststeht. Gemäß § 1591 BGB ist die Mutter eines Kindes die Frau, die es geboren hat, ohne dass es eines gesonderten Anerkennungsaktes oder einer Eintragung in die Geburtsurkunde bedarf. Dass die Identität der Mutter unter Umständen unbekannt ist, steht der Begründung des Mutterschaftsverhältnisses durch die Geburt nicht entgegen. Nach deutschem Recht kann ein Kind daher niemals völlig „elternlos" sein. Ein Rückgriff auf die Regelung des § 24 PStG ist somit nur in den Fällen erforderlich, in denen die Identität der Eltern nicht geklärt ist. Sobald zumindest die Identität der Frau, die das Kind zur Welt gebracht hat, feststeht, besteht ein Anknüpfungspunkt für den Kindesnamen.

Im französischen Abstammungsrecht muss das Abstammungsverhältnis gegenüber beiden Elternteilen, also auch gegenüber der Mutter, gesondert begründet werden. Die Geburt als solche vermittelt noch keine Abstammung. Nach französischem Recht hat folglich eine Namensbestimmung durch den Standesbeamten gemäß Art. 57 Abs. 2 S. 3 Cc jedenfalls zunächst auch in den Fällen zu erfolgen, in denen die Identität der Eltern des Kindes zwar grundsätzlich geklärt ist, das Kind aber im Zeitpunkt der Beurkundung der Geburt keinem Elternteil rechtlich zugeordnet ist.[460]

Der Hauptgrund dafür, dass die französische Regelung zur Namensführung von Kindern ungeklärter Abstammung ungleich häufiger zur Anwendung gelangt als die entsprechende Regelung des deutschen Rechts, ist, dass das französische Recht eine anonyme Entbindung (*accouchement sous x*) zulässt. Nach Art. 326 Cc kann die Mutter bei der Geburt die Geheimhaltung ihrer Identität verlangen. Alternativ hat sie nach Art. L 222-6 Code de l'action sociale et des familles auch die Möglichkeit, Angaben zu ihrer Identität in einem verschlossenen Umschlag zu hinterlassen, welche später grundsätzlich nur auf Antrag des Kindes und mit ausdrücklicher Zustimmung der Mutter offengelegt werden dürfen.[461] In beiden Alternativen entsteht kein Abstammungsverhältnis zwischen Mutter und Kind. Das Kind ist folglich bis zu einer Klärung der Abstammung oder einer Adoption „elternlos". Hier liegt ein entscheidender Unterschied zum deutschen Recht, in dem nach dem Grundsatz „mater semper certa est" zumindest die Mutter eines Kindes stets feststeht. Gemäß § 1591 BGB ist die Mutter eines Kin-

---

[460] Allerdings haben solche Fälle Ausnahmecharakter, da gemäß Art. 311-25 Cc bereits die Eintragung der Mutter in die Geburtsurkunde ausreicht, um zumindest zu dieser ein abstammungsrechtliches Verhältnis zu begründen.

[461] Zu den einzelnen Voraussetzungen, unter denen die Identität der Mutter offengelegt werden darf, vgl. Art. L 147-6 Code de l'action sociale et des familles.

des die Frau, die es geboren hat, ohne dass es eines gesonderten Anerkennungsaktes oder einer Eintragung in die Geburtsurkunde bedarf. Dass die Mutter unter Umständen unbekannt ist (z.b. bei anonymer Kindesabgabe), steht der Begründung des Abstammungsverhältnisses nicht entgegen.

Sofern die Mutter ihre Entscheidung für eine anonyme Geburt nicht innerhalb von zwei Monaten rückgängig macht, wird das Kind zu einem sogenannten Staatsmündel (*pupille de l'état*) und kann zur Adoption freigegeben werden. Zwar nimmt in Frankreich die Kritik an der anonymen Geburt stetig zu. Es existieren mittlerweile zahlreiche Vereinigungen von Betroffenen[462], die in der anonymen Geburt eine Verletzung des Rechts auf Kenntnis der eigenen Herkunft sehen und die Abschaffung der anonymen Geburt fordern. Nachdem allerdings der Europäische Gerichtshof für Menschenrechte in einem Urteil aus dem Jahr 2003 festgestellt hat, dass die französischen Regelungen zur anonymen Geburt nicht gegen das in Art. 8 EMRK enthaltene Recht auf Kenntnis der Identität der Eltern verstoßen[463], dürfte vorerst nicht mit einer Abschaffung der anonymen Entbindung durch den französischen Gesetzgeber zu rechnen sein.

Das deutsche Recht sieht eine anonyme Entbindung nicht vor. Allerdings gibt es in Deutschland seit einigen Jahren vermehrt Hilfsangebote, die Frauen in einer für sie ausweglos scheinenden Notlage die Möglichkeit geben sollen, ihr Kind unter ärztlicher Betreuung anonym zur Welt zu bringen oder in sogenannten „Babyklappen" nach der Geburt anonym abzugeben.[464] Obwohl nahezu unstreitig ist, dass solche Angebote in mehrfacher Hinsicht gegen geltendes Recht verstoßen[465], werden sie derzeit aufgrund der an sich anerkennenswerten Intention, die Aussetzung oder Tötung von Neugeborenen zu verhindern, von den zuständigen Behörden geduldet. Verschiedene Gesetzesinitiativen im Bundestag und Bundesrat mit dem Ziel, die anonyme Geburt bzw. Kindesabgabe auf eine rechtliche Grundlage zu stellen, sind bislang erfolglos geblieben.[466] Der Deutsche Ethikrat hat sich Ende November 2009 in einer umfangreichen Stellungnahme eindeutig gegen die Aufrechterhaltung der Angebote in ihrer bishe-

---

[462] Die Zahl der in Frankreich lebenden anonym Geborenen wird mit 400.000 angegeben (vgl. Antwort der Bundesregierung auf große Anfrage zu den Auswertungen der Erfahrungen mit anonymer Geburt und Babyklappe, BT-Drs. 16/7220, S. 15).

[463] Vgl. EGMR, NJW 2003, 2145.

[464] Genaue Zahlen zur Anzahl solcher Angebote existieren nicht. Der Deutsche Ethikrat ging Ende November 2009 von ca. 80 Babyklappen und etwa 130 Kliniken aus, die anonyme Geburten anbieten (Stellungnahme des Deutschen Ethikrates vom 26. November 2009, S. 9).

[465] Vgl. Stellungnahme des Deutschen Ethikrates vom 26. November 2009, S. 23 m.w.N.

[466] Vgl. Entwurf eines Gesetzes zur Regelung der anonymen Geburt des Landes Baden-Württemberg vom 6. Juni 2002, BR-Drs. 506/02 (vgl. dazu auch die Ausschussempfehlung vom 13. September 2004, BR-Drs. 682/04); interfraktioneller Entwurf eines Gesetzes zur Regelung anonymer Geburten vom 23. April 2002, BT-Drs. 14/8856.

rigen Form ausgesprochen und stattdessen ein Gesetz zur „vertraulichen Kindesabgabe mit vorübergehend anonymer Meldung" empfohlen, wonach die persönlichen Daten der Mutter und des Vaters für die Dauer von maximal einem Jahr ab der Geburt geheim gehalten werden können.[467] Nachdem es für anonyme Geburten in Deutschland keine Rechtsgrundlage gibt, ist deren Zahl vergleichsweise gering. Im Zeitraum von 1999 bis 2009 wurden insgesamt schätzweise 300 bis 500 Kinder anonym geboren bzw. abgegeben.[468] Demgegenüber werden in Frankreich jedes Jahr etwa 500 anonyme Geburten registriert.[469]

---

[467] Vgl. Stellungnahme des Deutschen Ethikrates vom 26. November 2009, S. 63.
[468] Vgl. Stellungnahme des Deutschen Ethikrates vom 26. November 2009, S. 17
[469] Vgl. Stellungnahme des Deutschen Ethikrates vom 26. November 2009, S. 34; BT-Drs. 16/7220, S. 15.

Kapitel III

Das internationale Namensrecht in Deutschland und Frankreich

Das internationale Namensrecht regelt die Namensführung in Fällen mit Auslandsberührung und legt fest, welches nationale Namensrecht zur Anwendung berufen ist. Im Verhältnis zwischen Deutschland und Frankreich existiert insoweit kein einheitliches Kollisionsrecht.[1] Beide Staaten haben vielmehr in ihrem jeweiligen internationalen Privatrecht unterschiedliche Regelungen getroffen. Demgemäß hat die Untersuchung des internationalen Namensrechts für Deutschland (A) und Frankreich (B) gesondert zu erfolgen.

A. Das deutsche internationale Namensrecht

Wie im deutschen Namenssachrecht lassen sich auch im internationalen Namensrecht Regelungen zur Namensführung von Ehegatten (I) sowie zum Kindesnamen (II) unterscheiden.

I. Das internationale Ehegattennamensrecht

1. Die Rechtslage vom Inkrafttreten des EGBGB bis zum Beginn der 1970er Jahre

Die Frage, welches nationale Recht auf einen Sachverhalt mit Auslandsberührung zur Anwendung kommt, ist in Deutschland vor allem im Einführungsgesetz zum Bürgerlichen Gesetzbuche (EGBGB)[2] geregelt. Dieses enthielt zum Zeitpunkt seines Inkrafttretens am 1. Januar 1900 keinerlei namensrechtliche Regelungen. Nach herrschender Meinung war die Namensführung grundsätzlich dem Personalstatut, das heißt dem Heimatrecht des Namensträgers, unterstellt.[3] Sofern jedoch der Namenserwerb von ei-

---

[1] Das Übereinkommen über das auf Familiennamen und Vornamen anwendbare Recht vom 5. September 1980 ist von beiden Staaten nicht ratifiziert worden (vgl. S. 202).

[2] Einführungsgesetz zum Bürgerlichen Gesetzbuche vom 18. August 1896 (RGBl. 1896, S. 604 ff.).

[3] Vgl. z.B. RGZ 95, 268 (272); RGZ 117, 215 (218); *Frankenstein*, S. 393.

nem familienrechtlichen Vorgang abhing, sollte das Recht zur Anwendung kommen, das diesen Vorgang beherrscht.

Für die Namensführung von Eheleuten wurde somit das gemäß Art. 14 EGBGB geltende Ehewirkungsstatut für maßgeblich erachtet.[4] Auf deutsche Ehepaare war demnach deutsches Recht anzuwenden.[5] Obwohl Art. 14 EGBGB ausweislich seines Wortlautes lediglich für deutsche Ehepaare galt, wurde die Vorschrift auf ausländische Ehegatten mit gemeinsamer Staatsangehörigkeit entsprechend angewendet.[6] Die Namensführung von Ehegatten mit gemeinsamer Staatsangehörigkeit wurde folglich stets nach deren gemeinsamem Heimatrecht als Ehewirkungsstatut beurteilt. Insoweit ergaben sich gegenüber einer Anwendung des Personalstatuts keine Unterschiede.

Problematisch waren dagegen die Fälle, in denen die Eheleute keine gemeinsame Staatsangehörigkeit besaßen und somit Art. 14 EGBGB nicht angewendet werden konnte.[7] Hierzu wurden in Rechtsprechung und Schrifttum die verschiedensten Lösungsansätze vertreten.[8] Teilweise wurde das Heimatrecht des Mannes[9], teilweise das Recht des gewöhnlichen Aufenthalts der Ehegatten[10] für maßgeblich erachtet. Weitere Lösungsvorschläge bestanden darin, nur diejenigen Rechtswirkungen eintreten zu lassen, die den Heimatrechten beider Ehegatten gemeinsam sind[11] oder aber den Ehegatten die Wahl des Namensstatuts zu überlassen.[12]

Die standesamtliche Praxis folgte der wohl überwiegend vertretenen Auffassung, dass sich die Namensführung von Ehegatten verschiedener

---

[4] Vgl. z.B. BGHZ 44, 121 (124); BayObLGZ 1971, 22 = NJW 1971, 989.

[5] Art. 14 Abs. 1 EGBGB i.d.F. vom 18. August 1896 lautete: „Die persönlichen Rechtsbeziehungen deutscher Ehegatten zu einander werden nach den deutschen Gesetzen beurtheilt, auch wenn die Ehegatten ihren Wohnsitz im Auslande haben."

[6] Vgl. RGZ 62, 400 (403). Nach Auffassung des BayObLG (vgl. BayObLG, FamRZ 1965, 565; FamRZ 1971, 51) sollte die analoge Anwendung des Art. 14 Abs. 1 EGBGB auf ausländische Ehegatten gemeinsamer Staatsangehörigkeit selbst dann möglich sein, wenn einer der Ehegatten Mehrstaater ist.

[7] Der Gesetzesentwurf des EGBGB enthielt ursprünglich eine auch diese Fälle erfassende Vorschrift, wonach die persönlichen Rechtsbeziehungen der Ehegatten nach dem Heimatrecht des Mannes beurteilt werden sollten. Diese Regelung wurde jedoch letztlich Opfer eines Abänderungsbeschlusses des Bundesrates (vgl. dazu im Einzelnen *Niemeyer*, S. 6 ff.).

[8] Vgl. die Übersicht bei *Henrich*, FS Zweigert, S. 127 ff.

[9] Vgl. z.B. *Dölle*, RabelsZ 1951, 360 (374); OLG Frankfurt, NJW 1967, 503; OLG Köln, FamRZ 1969, 653.

[10] Vgl. z.B. *Makarov*, RabelsZ 1952, 389; *Lüderitz*, FamRZ 1970, 169 ff.

[11] Vgl. z.B. *Kegel*, S. 277 f.; OLG Düsseldorf, FamRZ 1967, 626; OLG Hamburg, StAZ 1970, 53.

[12] Vgl. z.B. *Sturm* (1967), S. 168.

Staatsangehörigkeit nach dem Heimatrecht des Mannes beurteilt.[13] Bei einer Eheschließung zwischen einem Deutschen und einer Französin bestimmte sich folglich die Namensführung nach deutschem Recht, wonach die Ehegatten den Mannesnamen als gemeinsamen Ehenamen führten.[14] Heiratete dagegen eine Deutsche einen Franzosen, galt das französische Recht[15] mit der Folge, dass beide Ehegatten ihren vor der Eheschließung geführten Namen beibehielten. Die Möglichkeit der Führung eines gemeinsamen Ehenamens bestand für sie zunächst einmal nicht.[16]

2. Die Entscheidung des BGH vom 12.5.1971

Nicht zuletzt aufgrund der mit der Anwendung des Art. 14 EGBGB verbundenen Schwierigkeiten wurden im Schrifttum vor allem seit Beginn der 1960er-Jahre zunehmend Stimmen laut, die Namensführung von Ehegatten sei nicht dem Ehewirkungsstatut, sondern dem Personalstatut zu unterstellen.[17]

Dieser Auffassung schloss sich letztlich auch der Bundesgerichtshof in seiner Grundsatzentscheidung vom 12. Mai 1971[18] weitestgehend an. Er stellte fest, dass die Namensänderung infolge der Eheschließung in erster Linie das höchstpersönliche Recht eines Menschen auf einen Namen betreffe und deshalb zumindest auch namensrechtlich zu qualifizieren sei. Der Name wirke in alle Lebensbereiche hinein und gehöre somit nicht nur zu den zwischen den Ehegatten untereinander bestehenden Rechtsbeziehungen. Im Ergebnis sei die Frage der Namensführung von Ehegatten nicht allein unter die Kollisionsnorm des Art. 14 EGBGB einzuordnen, sondern eine Doppelqualifikation vorzunehmen. Hierbei sei dem Personalstatut, das

---

[13] Vgl. z.B. die jeweiligen Runderlasse der Innenminister von Hessen, Schleswig-Holstein und Nordrhein-Westfalen (StAZ 1968, 129, 161 u. 292).

[14] Der Name der Frau konnte erst ab Inkrafttreten des EheRG zum 1. Juli 1977 zum Ehenamen bestimmt werden.

[15] Zwar war nach französischem IPR das Heimatrecht des Namensträgers maßgeblich. Dennoch kam es nicht zu einer Rückverweisung auf deutsches Recht, da die deutsche Ehefrau nach dem damals geltenden französischen Staatsangehörigkeitsrecht durch die Eheschließung mit einem Franzosen automatisch die französische Staatsangehörigkeit erwarb (vgl. Art. 37 der Ordonnance n° 45/2447 vom 19. Oktober 1945, J.O. vom 20. Oktober 1945, S. 6711 ff.), welche aus Sicht des französischen IPR vorrangig war. Zum vergleichbaren Fall der Heirat einer Deutschen mit einem Niederländer vgl. BGH, NJW 1965, 2052.

[16] Entsprechend einem Beschluss des BGH vom 16. Oktober 1974 konnte die deutsche Ehefrau jedoch nachträglich durch einseitige Erklärung mit ex-nunc-Wirkung den Namen ihres ausländischen Mannes nach deutschem Recht als Ehenamen annehmen (vgl. BGH, NJW 1975, 112).

[17] Vgl. z.B. *Wengler*, Urteilsanmerkungen in NJW 1963, 593 u. 2230; *Simitis*, StAZ 1971, 35; *Ficker*, FS Nipperdey, 307 f.

[18] BGHZ 56, 193 = NJW 1971, 1516.

heißt dem Heimatrecht des jeweiligen Ehegatten, grundsätzlich vorrangige Bedeutung einzuräumen.[19] Allerdings sei die Ehefrau[20] berechtigt, statt des für sie nach ihrem Heimatrecht geltenden Namens den nach dem Ehewirkungsstatut in Betracht kommenden Namen zu wählen.[21] Bei verschiedener Staatsangehörigkeit der Ehegatten[22] sei dabei aus Gründen der Umweltbezogenheit des Namens das Recht des gemeinsamen gewöhnlichen Aufenthalts als Ehewirkungsstatut anzusehen.[23] Diese Rechtsauffassung wurde vom BGH in späteren Entscheidungen bestätigt[24] und von den Obergerichten übernommen.[25]

Bei deutsch-französischen Ehepaaren bestimmte sich also grundsätzlich die Namensführung des französischen Ehegatten nach französischem Recht und die Namensführung des deutschen Ehegatten nach deutschem Recht. Der französische Ehegatte behielt demnach seinen bisherigen Namen; der deutsche Ehegatte führte den Mannesnamen.[26] Befand sich der gemeinsame gewöhnliche Aufenthalt in Frankreich, konnte die deutsche Ehefrau für eine Namensführung nach französischem Recht, das heißt für die Beibehaltung ihres bisherigen Namens, optieren. Umgekehrt konnte sich die französische Ehefrau bei gemeinsamem Aufenthalt in Deutschland für die Annahme des Mannesnamens nach deutschem Recht entscheiden. Für die Ehemänner war die Befugnis zur Wahl des Aufenthaltsrechts praktisch bedeutungslos, weil sie ihren Namen nach der Eheschließung sowohl nach deutschem wie auch nach französischem Recht weiterführten.

---

[19] Vgl. NJW 1971, 1517.

[20] Dass der BGH ausschließlich von der Ehefrau spricht, dürfte darauf zurückzuführen sein, dass ein Wahlrecht für den Ehemann praktisch weitestgehend bedeutungslos erschien, weil dieser zur damaligen Zeit ohnehin in nahezu allen Rechtsordnungen nach der Eheschließung seinen Namen fortführte (vgl. *Hepting*, StAZ 1977, 158). In einer späteren Entscheidung stellte der BGH ausdrücklich klar, dass das Wahlrecht gleichermaßen für den Ehemann gilt (vgl. BGH, NJW 1979, 489).

[21] Vgl. BGH, NJW 1971, 1518.

[22] Nur in diesen Fällen gemischt-nationaler Ehen spielte das Wahlrecht der Ehefrau de facto eine Rolle, da das Ehewirkungsstatut primär an die gemeinsame Staatsangehörigkeit angeknüpft wurde und somit bei deren Vorliegen keine Differenz zum Personalstatut bestand (vgl. *Stoll*, S. 14, Fn. 32).

[23] Vgl. BGH, NJW 1971, 1519.

[24] Vgl. BGHZ 63, 107 = StAZ 1975, 11; BGHZ 72, 163 = NJW 1979, 489.

[25] Vgl. z.B. BayObLG, StAZ 1981, 293; OLG Hamm, StAZ 1979, 147 u. 170; KG, StAZ 1981, 188.

[26] Vgl. § 1355 S. 1 BGB i.d.F. vom 18. Juni 1957.

3. Das 1. Eherechtsreformgesetz

Das 1. Eherechtsreformgesetz vom 14. Juni 1976[27] enthielt zwar keine internationalprivatrechtlichen Regelungen. Die Neuerungen im Ehegattennamensrecht hatten jedoch mittelbare Auswirkungen auf Fälle mit Auslandsberührung. Die Eheleute führten fortan nicht mehr automatisch den Mannesnamen als Ehenamen, sondern bestimmten ihren Ehenamen durch gemeinsame Erklärung, wobei sie auch den Geburtsnamen der Frau wählen konnten.[28] Dies warf bei Ehen von Deutschen mit Ausländern die Frage auf, welchen Namen die Eheleute führten, wenn der ausländische Ehegatte nicht für das deutsche Recht optieren konnte[29] oder wollte und sein Namensstatut eine Ehenamenswahl nicht zuließ.

Der BGH äußerste sich zu dieser Frage in einem obiter dictum seines Beschlusses vom 25. September 1978. Er lehnte eine analoge Anwendung des § 1355 Abs. 2 S. 2 BGB a.f., wonach mangels einer Bestimmung durch die Eheleute der Mannesname Ehename wird, mit der Begründung ab, diese Vorschrift setze voraus, dass die Eheleute rechtlich in der Lage sind, eine gemeinsame Ehenamensbestimmung zu treffen. Wenn das ausländische Namensrecht die Bestimmung eines Ehenamens nicht zulasse, führe jeder Ehegatte seinen bisherigen Familiennamen weiter.[30]

Während die Rechtsauffassung des BGH in der standesamtlichen Praxis zunächst strikt umgesetzt wurde[31], stieß sie auf heftigen Widerspruch im Schrifttum[32] und bei den Obergerichten.[33] Schließlich setzte sich die Auffassung durch, dass in Fällen, in denen das Namensstatut des ausländischen Ehegatten eine Ehenamensbestimmung nicht zulässt, dem deutschen Ehegatten im Wege einer kollisionsrechtlichen Angleichung das Recht eingeräumt werden müsse, einseitig den Namen des ausländischen Ehegat-

---

[27] Erstes Gesetz zur Reform des Ehe- und Familienrechts (1. EheRG) vom 14. Juni 1976, (BGBl. I 1976, S. 1421 ff.), in Kraft getreten am 1. Juli 1977.

[28] Vgl. § 1355 Abs. 2 S. 1 BGB i.d.F. vom 14. Juni 1976.

[29] Eine Option des ausländischen Ehegatten für das deutsche Recht war nach der Rechtsprechung des BGH nur bei gewöhnlichem Aufenthalt der Eheleute in Deutschland möglich (vgl. BGHZ 56, 193).

[30] Vgl. BGH, Beschluss vom 25. September 1978, NJW 1979, 489.

[31] Vgl. z.B. Runderlass des Innenministers von NRW vom 21. März 1980, StAZ 1980, 221; *Sturm*, IPRax 1982, 42 m.w.N.

[32] Vgl. z.B. *Hepting*, StAZ 1980, 328 ff.

[33] Vgl. z.B. OLG Frankfurt, StAZ 1980, 236; OLG Hamm, StAZ 1981, 193; BayObLG, StAZ 1981, 292; OLG Celle, StAZ 1981, 294. Angesichts der Vielzahl der obergerichtlichen Entscheidungen, die allesamt entgegen dem BGH von der Anwendbarkeit des § 1355 Abs. 2 S. 2 BGB a.F. ausgingen, sprach *Sturm* von einem „obergerichtlichen Aufstand gegen den Beschluß des BGH" (IPRax 1982, 42).

ten zum Ehenamen zu bestimmen.³⁴ Für die Ausübung dieses einseitigen Namensbestimmungsrechts wurde es zunächst als ausreichend angesehen, dass der deutsche Ehegatte, z.B. bei einem Passanliegen, unmissverständlich zu erkennen gibt, dass er den Namen des ausländischen Ehegatten als Ehenamen führen will.³⁵

Im Jahr 1983 wurde das einseitige Namensbestimmungsrecht des deutschen Ehegatten durch Verwaltungsvorschriften geregelt. Diese sahen aus Gründen der Rechtsklarheit eine formgebundene Erklärung gegenüber dem zuständigen Standesamt vor.³⁶

Ebenfalls im Zuge des 1. EheRG eingeführt wurde die Regelung des § 13a Abs. 2 EheG. Danach konnten Ehegatten, die die Ehe im Ausland geschlossen und keinen Ehenamen bestimmt hatten, die Ehenamensbestimmung nachholen, wenn die Eintragung des Familiennamens in ein deutsches Personenstandsbuch erforderlich wurde, spätestens aber vor Ablauf eines Jahres nach einer Rückkehr der Eheleute nach Deutschland.

In der Zeit nach Inkrafttreten des 1. EheRG galt für die Namensführung deutsch-französischer Ehepaare somit letztlich Folgendes:

Grundsätzlich unterlag der Name jedes Ehegatten dessen Heimatrecht, so dass das französische und das deutsche Namensrecht nebeneinander zur Anwendung kamen. Der französische Ehegatte behielt demnach seinen Namen bei. Der deutsche Ehegatte konnte durch einseitige Erklärung den Namen des französischen Ehegatten zum gemeinsamen Ehenamen bestimmen. Machte er von diesem Bestimmungsrecht keinen Gebrauch, führte auch er seinen bisherigen Namen weiter.³⁷

Im Ergebnis führten die Eheleute also nur dann einen gemeinsamen Ehenamen, wenn der französische Ehegatte für das deutsche Namensrecht optierte³⁸ und eine gemeinsame Ehenamensbestimmung getroffen wurde oder der deutsche Ehegatte einseitig den Namen des französischen Ehegatten zum Ehenamen bestimmte. In den übrigen Fällen verblieb es bei einer getrennten Namensführung.

Von der Fristenregelung des § 13a Abs. 2 EheG a.F. waren deutsch-französische Ehepaare de facto nicht betroffen. Die Anwendbarkeit dieser sachrechtlichen Vorschrift setzte nämlich voraus, dass sich die Namens-

---

³⁴ Vgl. *Sturm*, IPRax 1982, 45; *Henrich* (1983), S. 53; KG, StAZ 1982, 133; LG Augsburg, StAZ 1982, 71;OLG Köln, StAZ 1983, 278; LG Bonn, StAZ 1986, 214.
³⁵ Vgl. z.B. OLG Celle, StAZ 1981, 294; KG, NJW 1982, 1229.
³⁶ Vgl. § 190 Abs. 3a bzw. § 370b DA i.d.F. vom 10. Juni 1983 (vgl. StAZ 1983, 174) bzw. Ziff. 3.2.1.4 der Ausführungsvorschriften zu den personenstandsrechtlichen Bestimmungen des Konsulargesetzes i.d.F. vom 14. Juli 1983 (vgl. StAZ 1983, 259).
³⁷ Vgl. § 1355 Abs. 2 S. 2 BGB a.F.
³⁸ Dies war nur bei gemeinsamem gewöhnlichem Aufenthalt in Deutschland möglich (vgl. BGHZ 56, 193).

führung beider Ehegatten nach deutschem Recht bestimmt.[39] Damit war eine Anwendung auf deutsch-französische Ehepaare zwar nicht per se ausgeschlossen. Die Fristenregelung konnte aber erst zum Tragen kommen, wenn der französische Ehegatte für das deutsche Recht optiert hatte.[40] Da dieser seine Namensführung aber allein zum Zweck der Bestimmung eines Ehenamens dem deutschen Recht unterwarf und somit die Ehenamensbestimmung in aller Regel mit der Rechtswahlerklärung einherging, verblieb für § 13a Abs. 2 EheG a.F. bei deutsch-französischen Ehepaaren kein praktischer Anwendungsbereich.

4. Das IPR-Gesetz

Durch das Gesetz zur Neuregelung des Internationalen Privatrechts[41], welches am 1. September 1986 in Kraft trat, wurde die Maßgeblichkeit des Personalstatuts für Fragen der Namensführung gesetzlich kodifiziert.

Der neu eingeführte Art. 10 EGBGB lautete in seinem Absatz 1: „Der Name einer Person unterliegt dem Recht des Staates, dem die Person angehört." Diese Regelung erfasste auch die Namensführung nach der Eheschließung. Wie schon nach der bisherigen BGH-Rechtsprechung war der Name somit grundsätzlich für jeden Ehegatten gesondert nach dessen Heimatrecht zu bestimmen.

Art. 10 Abs. 2 EGBGB a.F. ermöglichte den Ehegatten bei Eheschließung im Inland[42] zudem, ihren nach der Eheschließung zu führenden Namen nach dem Recht eines Staates zu wählen, dem einer der Ehegatten angehörte oder nach deutschem Recht, wenn einer von ihnen seinen gewöhnlichen Aufenthalt in Deutschland hatte. Diese Wahlmöglichkeiten gingen deutlich weiter als die den Ehegatten bislang von der Rechtsprechung zugestandenen Optionen.

So war nunmehr eine Rechtswahl zugunsten des Heimatrechts eines Ehegatten stets uneingeschränkt möglich[43], wohingegen bis dato lediglich bei Ehepaaren verschiedener Staatsangehörigkeit ein Ehegatte für das Recht des Heimatstaates des anderen optieren konnte, wenn dort der gemeinsame gewöhnliche Aufenthalt lag.[44]

Darüber hinaus konnte fortan auch von ausländischen Ehegatten mit gleicher Staatsangehörigkeit deutsches Recht schon dann gewählt werden,

---

[39] Vgl. OLG Hamm, StAZ 1981, 272; KG, StAZ 1982, 135 (136).
[40] Vgl. KG, StAZ 1982, 135 (136).
[41] Gesetz zur Neuregelung des Internationalen Privatrechts vom 25. Juli 1986 (BGBl. I 1986, S. 1142 ff.), in Kraft getreten am 1. September 1986.
[42] Bei Eheschließung im Ausland konnte die Vorschrift nach h.M. analog herangezogen werden (vgl. z.B. *Henrich*, IPRax 1986, 336; *Reichard*, StAZ 1987, 65)
[43] Vgl. Art. 10 Abs. 2 Nr. 1 EGBGB i.d.F. vom 25. Juli 1986.
[44] Vgl. BGHZ 56, 193.

wenn einer von ihnen seinen gewöhnlichen Aufenthalt in Deutschland hatte.[45] Zuvor stand die Wahl des deutschen Rechts nur gemischt-nationalen Ehepaaren offen[46] und nur dann, wenn beide Ehegatten ihren gewöhnlichen Aufenthalt in Deutschland hatten.

Art. 10 Abs. 3 und 4 EGBGB a.F. enthielten Sonderregelungen für den Fall der Eheschließung im Ausland:

Art. 10 Abs. 3 EGBGB a.F. sah vor, dass ein deutscher Ehegatte, der im Ausland die Ehe mit einem ausländischen Ehegatten geschlossen und keine Erklärung über die Namensführung in der Ehe abgegeben hatte, nachträglich erklären konnte, den Namen nach dem Heimatrecht seines Ehegatten führen zu wollen. Gab er eine solche Erklärung nicht ab, behielt er den vor der Eheschließung geführten Namen.

Art. 10 Abs. 4 EGBGB a.F. räumte den Ehegatten das Recht ein, nachträglich einen Ehenamen nach deutschem Recht zu wählen, wenn einer von ihnen seinen gewöhnlichen Aufenthalt in Deutschland hatte oder deutsches Recht Ehewirkungsstatut wurde.[47]

Die oben dargestellte Streitfrage, welchen Namen der deutsche Ehegatte führt, wenn für ihn deutsches Namensrecht zur Anwendung kommt, das Namensstatut des ausländischen Ehegatten aber keine Ehenamensbestimmung zulässt, war nunmehr in Art. 220 Abs. 4 EGBGB a.F. ausdrücklich geregelt: Dem deutschen Ehegatten wurde das Recht eingeräumt, den Familiennamen des ausländischen Ehegatten durch einseitige Anschlusserklärung zu seinem Ehenamen zu bestimmen; gab er eine solche Erklärung nicht ab, so behielt er den zum Zeitpunkt der Eheschließung geführten Namen.

Für deutsch-französische Ehepaare wirkten sich die Neuregelungen des IPR-Gesetzes wie folgt aus:

Wie schon vor Inkrafttreten des IPR-Gesetzes wurde die Namensführung grundsätzlich für jeden Ehegatten gesondert nach dessen Heimatrecht beurteilt. Die Ehegatten konnten nunmehr aber gemäß Art. 10 Abs. 2 Nr. 1 EGBGB a.F. unabhängig von ihrem gewöhnlichen Aufenthalt gemeinsam eine Rechtswahl zugunsten des deutschen oder des französischen Namensrechts treffen. Bei einer Rechtswahl zugunsten des deutschen Rechts führten die Eheleute einen gemeinsamen Ehenamen. Stattdessen konnten sie sich – auch bei gewöhnlichem Aufenthalt in Deutschland – durch die Wahl

---

[45] Vgl. Art. 10 Abs. 2 Nr. 1 EGBGB i.d.F. vom 25. Juli 1986.

[46] Vgl. OLG Hamm, StAZ 1979, 170. Allerdings konnte das deutsche Recht auch von gemischt-nationalen Ehepaaren gewählt werden, bei denen kein Ehegatte die deutsche Staatsangehörigkeit besaß (vgl. OLG Hamburg, FamRZ 1972, 505).

[47] Die Nachholung der Ehenamensbestimmung musste erfolgen, sobald die Eintragung des Familiennamens in ein deutsches Personenstandsbuch erforderlich wurde, spätestens aber vor Ablauf eines Jahres nach einer Rückkehr nach Deutschland (vgl. Art. 10 Abs. 4 S. 2 i.V.m. Abs. 3 S. 2 EGBGB a.F.).

des französischen Rechts gegen einen gemeinsamen Ehenamen entscheiden.[48] Allerdings bedurfte es einer solchen ausdrücklichen Entscheidung zugunsten des französischen Rechts nicht, um eine Beibehaltung der bislang geführten Namen zu erreichen. Jeder Ehegatte führte stets schon dann seinen Namen fort, wenn keine gemeinsame Rechtswahl gemäß Art. 10 Abs. 2 bzw. 4 EGBGB a.f. zugunsten des deutschen Rechts getroffen wurde und der deutsche Ehegatte auch nicht nach Art. 220 Abs. 4 EGBGB a.f. einseitig den Namen des französischen Ehegatten zum Ehenamen bestimmte.

Dementsprechend war die Regelung des Art. 10 Abs. 3 EGBGB a.F. für deutsch-französische Paare ohne praktische Relevanz. Für deutsche Ehegatten, die in Frankreich einen französischen Staatsangehörigen geheiratet hatten, war eine Erklärung, die Namensführung solle sich nach französischem Recht bestimmen, nicht sinnvoll. Sie löste dieselbe Folge aus wie der Verzicht auf eine solche Erklärung: die Fortführung des zum Zeitpunkt der Eheschließung geführten Namens. Im Gegenteil hätte sich der deutsche Ehegatte durch die Abgabe einer Erklärung nach Art. 10 Abs. 3 EGBGB a.f. endgültig der Möglichkeit beraubt, durch einseitige Erklärung gemäß Art. 220 Abs. 4 EGBGB a.f. nachträglich doch noch einen Ehenamen zu bestimmen.[49]

Art. 10 Abs. 4 S. 1 Nr. 1 EGBGB a.f. ermöglichte es deutsch-französischen Ehepaaren, die in Frankreich die Ehe geschlossen hatten, nachträglich gemeinsam nach deutschem Recht einen Ehenamen zu bestimmen, wenn wenigstens ein Ehegatte im Zeitpunkt der Erklärung seinen gewöhnlichen Aufenthalt in Deutschland hatte.[50] Allerdings musste die Erklärung innerhalb der Frist des Art. 10 Abs. 3 S. 2 EGBGB a.f. erfolgen.

Sofern die Ehegatten nicht gemeinsam eine Rechtswahl zugunsten des deutschen Rechts getroffen und einen Ehenamen bestimmt hatten, konnte der deutsche Ehegatte gemäß Art. 220 Abs. 4 EGBGB a.F einseitig den Namen des französischen Ehegatten als Ehenamen annehmen.

Im Ergebnis führten deutsch-französische Ehepaare nach Inkrafttreten des IPR-Gesetzes dann einen gemeinsamen Namen, wenn sie entweder bei der Eheschließung gemäß Art. 10 Abs. 2 EGBGB a.f. oder nachträglich gemäß Art. 10 Abs. 4 EGBGB a.f. gemeinsam eine Rechtswahl zugunsten des deutschen Rechts trafen und einen Ehenamen bestimmten oder wenn

---

[48] Der Verzicht auf einen gemeinsamen Ehenamen wurde rein deutschen Ehepaaren erst mit Inkrafttreten des FamNamRG zum 1. April 1994 ermöglicht.

[49] Art. 220 Abs. 4 EGBGB a.F. setzte voraus, dass eine Erklärung nach Art. 10 Abs. 3 EGBGB a.F. noch nicht abgegeben worden war.

[50] Für Art. 10 Abs. 4 S. 1 Nr. 2 EGBGB a.F. verblieb daneben kaum ein praktischer Anwendungsbereich (vgl. *Henrich*, IPRax 1986, 335.

der deutsche Ehegatte gemäß Art. 220 Abs. 4 EGBGB a.F. den Namen des französischen Ehegatten als Ehenamen annahm.

Trotz des gleichen Ergebnisses einer einheitlichen Namensführung waren die Vorgehensweisen nicht gleichwertig: Bei einer Wahl des deutschen Rechts nach Art. 10 Abs. 2 bzw. 4 EGBGB a.F. konnte der Name jedes der beiden Ehegatten zum Ehenamen bestimmt werden. Art. 220 Abs. 4 EGBGB a.F. ermöglichte hingegen nur die Annahme des Namens des französischen Ehepartners.

Andererseits konnte die einseitige Anschlusserklärung des deutschen Ehegatten gemäß Art. 220 Abs. 4 EGBGB a.F. im Falle einer Eheschließung in Frankreich jederzeit abgegeben werden[51]. Eine gemeinsame Rechtswahl und Ehenamensbestimmung gemäß Art. 10 Abs. 4 EGBGB a.F. musste dagegen abgegeben werden, sobald die Eintragung des Familiennamens in ein deutsches Personenstandsbuch erforderlich wurde, spätestens aber vor Ablauf eines Jahres nach einer Rückkehr nach Deutschland. Dies hatte zur Folge, dass eine französische Frau und ein deutscher Mann den Mannesnamen nur binnen Jahresfrist nach einer Rückkehr nach Deutschland zum Ehenamen bestimmen konnten[52], während eine deutsche Frau sich jederzeit dafür entscheiden konnte, den Namen ihres französischen Ehemannes als Ehenamen anzunehmen.[53]

Schließlich führte der französische Ehegatte seinen Namen nur im Falle der gemeinsamen Erklärung nach Art. 10 Abs. 2 bzw. 4 EGBGB a.F. und § 1355 Abs. 2 S. 1 BGB a.F. als Ehenamen im Sinne des deutschen Rechts. Durch eine Erklärung gemäß Art. 220 Abs. 4 S. 1 EGBGB a.F. konnte der deutsche Ehegatte den Familiennamen des französischen Ehegatten nur zu „seinem Ehenamen" bestimmen. Insofern kam es zwar zu einem gemeinsamen Familiennamen[54], nicht aber zu einem Ehenamen im Rechtssinne.

5. Das Familiennamenrechtsgesetz

Mit dem Familiennamenrechtsgesetz (FamNamRG) vom 16. Dezember 1993[55] sollte in erster Linie das deutsche Namenssachrecht an die vom

---

[51] Vgl. Soergel/*Schurig*, Art. 10 EGBGB, Rn. 54 m.w.N.
[52] Allerdings konnte der deutsche Ehemann sich jederzeit nachträglich für eine Annahme des Frauennamens entscheiden und so eine Namenseinheit herstellen.
[53] Dass die unterschiedliche Regelung in Art. 10 Abs. 4 und Art. 220 Abs. 4 EGBG a.F. dennoch nicht gleichberechtigungswidrig war, zeigt *Coester* in IPRax 1991, 38 f.
[54] So auch der Wortlaut des Art. 220 Abs. 4 S. 1 EGBGB i.d.F. vom 25. Juli 1986.
[55] Gesetz zur Neuordnung des Familiennamensrechts (Familiennamenrechtsgesetz – FamNamRG) vom 16. Dezember 1993 (BGBl. I., 1993, S. 2054 ff.), in Kraft getreten am 1. April 1994.

Bundesverfassungsgericht aufgestellten Erfordernisse angepasst werden.[56] Der Gesetzgeber ergriff jedoch die günstige Gelegenheit, um das als zu kompliziert empfundene internationale Namensrecht ebenfalls zu reformieren.[57]

Art. 10 Abs. 2 EGBGB i.d.F. vom 25. Juli 1986 wurde dahingehend geändert, dass nunmehr eine Rechtswahl auch bei Auslandseheschließungen ausdrücklich zugelassen wurde.[58] Außerdem wurde den Ehegatten die zeitlich unbefristete Möglichkeit eingeräumt, die Rechtswahl- und Namenserklärung nach der Eheschließung nachzuholen. Diese neu geschaffene Möglichkeit der nachträglichen Namenswahl machte die komplizierten Sonderregelungen in Art. 10 Abs. 3 und 4 EGBGB i.d.F. vom 25. Juli 1986 überflüssig. Dementsprechend wurden diese gestrichen.

Ebenfalls aufgehoben wurde die Vorschrift des Art. 220 Abs. 4 EGBGB i.d.F. vom 25. Juli 1986. Der deutsche Ehegatte konnte somit fortan nicht mehr den Namen des ausländischen Ehegatten einseitig zum Ehenamen bestimmen, wenn dessen Namensstatut eine Ehenamenswahl nicht vorsah.

Für deutsch-französische Ehepaare waren die Neuerungen des FamNamRG insofern vorteilhaft, als eine gemeinsame Ehenamensbestimmung nach deutschem Recht nunmehr unabhängig vom Ort der Eheschließung unbefristet jederzeit nachgeholt werden konnte. Zuvor war eine Nachholung der gemeinsamen Rechtswahl- und Ehenamenserklärung nur bei Eheschließung in Frankreich möglich und musste spätestens vor Ablauf eines Jahres nach einer Rückkehr nach Deutschland erfolgen.[59]

Allerdings brachte das FamNamRG für deutsch-französische Ehepaare auch einen nicht unwesentlichen Nachteil mit sich: Aufgrund der ersatzlosen Streichung des Art. 220 Abs. 4 EGBGB a.F. war es dem deutschen Ehegatten fortan nicht mehr möglich, durch einseitige Erklärung nachträglich den Namen des französischen Ehegatten zum Ehenamen zu bestimmen. Für diese Vorschrift bestand zwar aus Sicht des Gesetzgebers kein Bedürfnis mehr, weil sich die Ehegatten nach dem neu gefassten Art. 10 Abs. 2 EGBGB ohnehin jederzeit nachträglich für einen Ehenamen entscheiden konnten.

Die Vorschrift des Art. 220 Abs. 4 EGBGB a.F. fehlt jedoch zum einen dann, wenn eine Nachholung der gemeinsamen Erklärung ausscheidet, weil die Ehe nicht mehr besteht. Im Falle der Auflösung der Ehe durch

---

[56] Das BVerfG hatte die Vorschrift des § 1355 Abs. 2 S. 2 i.d.F. des EheRG von 1976 für verfassungswidrig erklärt (BVerfG, StAZ 1991, 89).

[57] Vgl. *Hepting*, StAZ 1994, 1.

[58] Nach dem Wortlaut der Vorschrift i.d.F. vom 25. Juli 1986 war eine Rechtswahl an sich nur bei Eheschließungen im Inland möglich. Die analoge Anwendung auf Auslandseheschließungen war zwar herrschende Ansicht, aber nicht unumstritten (vgl. die Nachweise bei *Hepting*, StAZ 1994, 1 Rn. 18).

[59] Vgl. Art. 10 Abs. 4 EGBGB i.d.F. vom 25. Juli 1986.

Scheidung wird zwar regelmäßig kein gesteigertes Interesse an einer nachträglichen Annahme des Namens des geschiedenen Ehegatten bestehen. Anders verhält es sich aber, wenn die Ehe durch Tod eines Ehegatten aufgelöst wird. In diesem Fall gab Art. 220 Abs. 4 EGBGB a.F. dem deutschen Ehegatten die Möglichkeit, den Namen seines verstorbenen ausländischen Ehegatten nachträglich als Ehenamen anzunehmen.[60] Seit Inkrafttreten des FamNamRG verbleibt es zwingend bei der getrennten Namensführung. Dies mag man für hinnehmbar halten, wenn sich die Ehegatten während der Ehe nicht auf einen gemeinsamen Namen einigen konnten. Insoweit besteht keinerlei Benachteiligung gegenüber Ehegatten einer deutschen Ehe, denen es ebenfalls verwehrt ist, den Namen des anderen gegen dessen Willen anzunehmen. Gerade bei deutsch-französischen Ehepaaren mit gewöhnlichem Aufenthalt in Frankreich besteht aber die Besonderheit, dass ein Ehegatte in der Regel den Namen des anderen als Gebrauchsnamen führt und die Eheleute deshalb häufig fälschlicherweise davon ausgehen, einen gemeinsamen Ehenamen zu tragen.[61] Wird dieser Irrglaube erst nach Auflösung der Ehe aufgedeckt, ist der Weg zu einem gemeinsamen Ehenamen endgültig versperrt.

Zum anderen hinterlässt die Streichung des Art. 220 Abs. 4 EGBGB a.F. auch für die Fälle eine Regelungslücke, in denen der französische Ehegatte seine Namensführung nicht dem deutschen Recht unterstellen möchte. Die Praxis hat gezeigt, dass häufig eine gewisse Skepsis und Zurückhaltung gegenüber der Wahl fremden Rechts besteht und somit eine gemeinsame Rechtswahlerklärung nicht selten am Widerstand des ausländischen Ehegatten scheitert. Insbesondere, wenn die Eheleute in Frankreich leben und der deutsche Ehegatte den Namen des französischen Ehegatten annehmen möchte, ist es dem französischen Ehegatten nur schwer vermittelbar, weshalb er eine Rechtswahl zugunsten des deutschen Rechts treffen sollte, obwohl seine eigene Namensführung gar nicht unmittelbar betroffen ist.[62] Hinzu kommt, dass eine gemeinsame Namensführung – vermeintlich – auch wesentlich unkomplizierter dadurch erreicht werden kann, dass der deutsche Ehegatte den Namen des französischen Ehegatten als Gebrauchsnamen annimmt. Ist der französische Ehegatte deshalb zu einer gemeinsamen Erklärung nach Art. 10 Abs. 2 EGBGB nicht bereit, muss der deutsche Ehegatte seinen Namen fortführen. Art. 220 Abs. 4

---

[60] Vgl. LG Bonn, StAZ 1988, 328; LG Berlin, StAZ 1992, 271.
[61] Vgl. dazu auch *Sperling*, StAZ 2010, 259 ff.
[62] So auch *Höfer*, StAZ 1994, 228: „Die ersten Erfahrungen haben bereits gezeigt, dass die ausländischen Ehegatten hierzu aus verständlichen Gründen nur zögernd bereit sind; es ist in der Tat nur schwer zu verstehen, daß ein ausländischer Ehegatte bei Eheschließung und ständigem Wohnort im Ausland eine Erklärung zu unterzeichnen hat, worin er die Namensführung seiner Ehe deutschem Recht unterstellt."

EGBGB a.f. hätte ihm dagegen die Möglichkeit gegeben, den Namen des französischen Ehegatten – theoretisch sogar gegen dessen Willen – einseitig zum Ehenamen zu bestimmen.

6. Das Kindschaftsrechtsreformgesetz

Durch das Kindschaftsrechtsreformgesetz[63] wurde die Fünfjahresfrist für die Nachholung der Bestimmung eines Ehenamens in § 1355 Abs. 3 BGB abgeschafft.[64] Dementsprechend war auch die Fristenregelung für Auslandseheschließungen in § 13a Abs. 2 EheG a.f. überflüssig und wurde gestrichen.[65] Deutsch-französische Ehepaare waren von diesen Fristenregelungen praktisch nicht betroffen[66], so dass deren Aufhebung keine nennenswerten Veränderungen mit sich brachte.

7. Das Lebenspartnerschaftsgesetz

Das Lebenspartnerschaftsgesetz[67] stellte die Namensführung von Lebenspartnern nicht nur in sachrechtlicher[68], sondern auch in kollisionsrechtlicher Hinsicht der Namensführung von Ehegatten gleich, indem es den Lebenspartnern über § 17b Abs. 2 EGBGB ebenfalls die Rechtswahlmöglichkeiten des Art. 10 Abs. 2 EGBGB eröffnete.

8. Die heutige Rechtslage

Auch heute noch gilt für die Namensführung von Ehegatten zunächst einmal Art. 10 Abs. 1 EGGBGB, wonach das Heimatrecht des Namensträgers maßgeblich ist. Der Name jedes Ehegatten ist somit grundsätzlich gesondert nach dessen Heimatrecht zu bestimmen.

Der Grundsatz der Maßgeblichkeit des Personalstatuts wird allerdings durch die weitreichenden Rechtswahlbefugnisse ausgehöhlt, die Art. 10 Abs. 2 EGBGB den Ehegatten einräumt: Gemäß Art. 10 Abs. 2 EGBGB können die Eheleute ihren in der Ehe zu führenden Namen nach dem Heimatrecht eines der Ehegatten bestimmen oder nach deutschem Recht, wenn mindestens einer der Ehegatten seinen gewöhnlichen Aufenthalt in

---

[63] Gesetz zur Reform des Kindschaftsrechts (Kindschaftsrechtsreformgesetz – KindRG) vom 16. Dezember 1997 (BGBl. I 1997, S. 2942 ff.); in Kraft getreten am 1. Juli 1998.
[64] Vgl. Art. 1 Nr. 47 KindRG.
[65] Vgl. Art. 14 § 13 Nr. 2 KindRG.
[66] Vgl. S. 105.
[67] Gesetz über die Eingetragene Lebenspartnerschaft (Lebenspartnerschaftsgesetz – LPartG) vom 16. Februar 2001 (BGBl. I 2001, S. 266 ff.); in Kraft getreten am 1. August 2001.
[68] Vgl. § 3 LPartG.

Deutschland hat.[69] Ob die Ehe im In- oder im Ausland geschlossen wird, spielt dabei keine Rolle. Die Rechts- bzw. Namenswahl muss außerdem nicht zwingend im Rahmen der Eheschließung getroffen, sondern kann ohne zeitliche Befristung jederzeit nachgeholt werden.

Bei deutsch-französischen Ehepaaren führen folglich beide Ehegatten nach der Eheschließung ihren Namen fort[70], sofern sie nicht gemäß Art. 10 Abs. 2 EGBGB eine Rechtswahl zugunsten des deutschen Rechts treffen und durch gemeinsame Erklärung einen Ehenamen bestimmen. Die grundsätzlich ebenfalls mögliche Wahl französischen Rechts macht für die Eheleute wenig Sinn, da sich die Rechtsfolge der getrennten Namensführung auch bei Verzicht auf eine Rechtswahl ergibt.

II. Das internationale Kindesnamensrecht

1. Die Rechtslage nach Inkrafttreten des EGBGB

Das EGBGB in seiner Ursprungsfassung enthielt keine ausdrücklichen Regelungen zur Namensführung des Kindes. In Rechtsprechung und Lehre wurde zunächst einhellig die Ansicht vertreten, ein Namenserwerb, der auf einem familienrechtlichen Vorgang beruhe, sei dem für das jeweilige familienrechtliche Verhältnis maßgebenden Statut zu unterstellen.[71]

Dementsprechend wurde beim Namenserwerb kraft Geburt nach ehelicher und nichtehelicher Geburt unterschieden und das jeweils maßgebliche Kindschaftsstatut angewendet. Der Name ehelicher Kinder wurde gemäß Art. 19 EGBGB a.F. nach dem Heimatrecht des Vaters[72], der Name unehelicher Kinder gemäß Art. 20 EGBGB a.F. nach dem Heimatrecht der Mutter bestimmt. Die Auswirkungen einer Legitimation auf den Kindesnamen wurden nach dem Legitimationsstatut gemäß Art. 22 EGBGB a.F. (Heimatrecht des Vaters) beurteilt.[73] Der Name des adoptierten Kindes bestimmte sich nach dem ebenfalls über Art. 22 EGBGB a.F. zu ermittelnden Adoptionsstatut (Heimatrecht des oder der Annehmenden).[74]

---

[69] Nicht zur Wahl steht dagegen ausländisches Aufenthaltsrecht (a.A. *Sturm*, StAZ 1995, 259, StAZ 2005, 257; Soergel/*Schurig*, Art. 10 EGBGB Rn. 63d).

[70] Für den französischen Ehegatten ergibt sich dies daraus, dass das für ihn maßgebliche französische Recht keinen Ehenamen vorsieht. Für den deutschen Ehegatten folgt die Namensfortführung aus § 1355 Abs. 1 S. 3 BGB.

[71] Vgl. z.B. BGHZ 44, 121.

[72] Vgl. BGH, NJW 1971, 1521; Palandt (1967)/*Lauterbach*, Art. 19 EGBGB Rn. 4.

[73] Vgl. BGH, NJW 1978, 1107.

[74] Vgl. BGH, FamRZ 1960, 229.

Für die Kinder deutsch-französischer Paare bedeutete dies aus deutscher Sicht Folgendes: Eheliche Kinder[75] erwarben unabhängig davon, ob der Vater Franzose oder Deutscher war, mit der Geburt in jedem Fall dessen Familiennamen. Dies ergab sich sowohl aus dem bis 2005 im französischen Recht geltenden, gesetzlich nicht kodifizierten, *principe patronymique* als auch aus § 1616 BGB in der bis zum 30. Juni 1976 geltenden Fassung. Uneheliche Kinder erwarben bei französischer Staatsangehörigkeit der Mutter den Namen des Vaters, sofern die Vaterschaft fest stand.[76] Bei deutscher Staatsangehörigkeit der Mutter erhielten sie deren Namen.[77]

2. Die Rechtsprechungsänderung ab Beginn der 1970er Jahre

Insbesondere nachdem der BGH seine Rechtsprechung hinsichtlich der Namensführung von Ehegatten zugunsten einer grundsätzlichen Maßgeblichkeit des Personalstatuts geändert hatte[78], mehrten sich im Schrifttum die Stimmen, dieser Grundsatz müsse auch im internationalen Kindesnamensrecht gelten.[79] Dieser Auffassung konnte sich der BGH nicht dauerhaft verschließen. Nachdem er für die Einbenennung nichtehelicher Kinder bereits in einer Entscheidung aus dem Jahr 1971 deren Personalstatut für maßgeblich erklärt hatte[80], entschied er im Jahr 1979, der Name eines deutschen ehelichen Kindes richte sich zumindest dann nicht nach dem gemäß Art. 19 EGBGB a.F. maßgeblichen Heimatrecht des ausländischen Vaters, sondern nach deutschem Recht als Personalstatut des Kindes, wenn das Kind von Geburt an mit seinen Eltern den gewöhnlichen Aufenthalt in Deutschland hat und die Eltern einen gemeinsamen Ehenamen nach deutschem Recht führen.[81] Hinsichtlich der Namensführung des legitimierten Kindes hielt der BGH zwar zunächst noch an der Maßgeblichkeit des Legitimationsstatuts fest.[82] Im Jahr 1983 gab er aber auch diesbezüglich seine bisherige Rechtsprechung ausdrücklich auf und unterstellte die namensrechtlichen Folgen der Legitimation dem Personalstatut des Kindes.[83] Da-

---

[75] Die Vorfrage der Ehelichkeit war gemäß Art. 18 Abs. 1 EGBGB a.F., der von Rechtsprechung und Lehre als allseitige Kollisionsnorm verstanden wurde (vgl. BGH, NJW 1965, 1129 [1130]), nach dem Recht des Staates zu beurteilen, dem der Ehemann der Mutter zur Zeit der Geburt angehört hat.

[76] Vgl. S. 48 ff.

[77] Vgl. § 1706 Abs. 1 BGB i.d.F. vom 18. August 1896.

[78] Vgl. BGHZ 56, 139.

[79] Vgl. z.B. *Wengler*, StAZ 1973, 211; *Beitzke*, StAZ 1976, 322 f.; *Jayme*, NJW 1977, 1381.

[80] Vgl. BGH, NJW 1972, 2177.

[81] Vgl. BGH, StAZ 1979, 260 m. Anm. *Wengler*; in der Folge auch OLG Hamm, StAZ 1981, 190.

[82] Vgl. BGH, FamRZ 1978, 233.

[83] Vgl. BGH, StAZ 1983, 273; bestätigt durch BGH, NJW 1984, 1299 (1301).

mit hatte sich in der Rechtsprechung die grundsätzliche Maßgeblichkeit des Personalstatuts für sämtliche Fragen der Namensführung des Kindes durchgesetzt.[84]

Mit der Klärung des maßgeblichen Statuts waren allerdings nicht alle Probleme des internationalen Kindesnamensrechts gelöst. Unklar blieb die Namensführung ehelich geborener deutscher Kinder, deren Eltern keinen gemeinsamen Ehenamen führten. Das in diesem Fall maßgebliche deutsche Sachrecht sah für eheliche Kinder gemäß § 1616 BGB i.d.F. vom 14. Juni 1976 allein den Erwerb des Ehenamens vor, da ein solcher von den Eheleuten gemäß § 1355 Abs. 1 BGB a.F. grundsätzlich zwingend zu führen war. Bei unterschiedlicher Staatsangehörigkeit der Ehegatten konnte es indes zu einer getrennten Namensführung kommen, so dass für den Kindesnamen eine Regelungslücke bestand. Die herrschende Meinung räumte den Eltern in entsprechender Anwendung des § 1355 Abs. 2 S. 1 BGB i.d.F. vom 14. Juni 1976 ein Wahlrecht zwischen den elterlichen Familiennamen ein; hilfsweise wurde entsprechend § 1355 Abs. 2 S. 2 BGB i.d.F. vom 14. Juni 1976 ein Vorrang des Mannesnamens angenommen.[85]

Durch die Rechtsprechungsänderung zugunsten einer grundsätzlichen Maßgeblichkeit des Heimatrechts des Kindes wurde die Namensbestimmung bei Kindern deutsch-französischer Elternpaare erleichtert: Nachdem diese mit der Geburt vom deutschen Elternteil die deutsche Staatsangehörigkeit erwarben, welche aus deutscher Sicht gegenüber der französischen Staatsangehörigkeit vorrangig war, richtete sich ihre Namensführung fortan stets einheitlich nach deutschem Recht. Allerdings war die Rechtsprechungsänderung ein Prozess, der sich über einen langen Zeitraum vollzog, während dem in der standesamtlichen Praxis große Rechtsunsicherheit herrschte. Diese Rechtsunsicherheit wurde bei ehelichen Kindern deutsch-französischer Elternpaare noch dadurch verstärkt, dass die Elternteile regelmäßig mangels Bestimmung eines gemeinsamen Ehenamens getrennte Namen führten, so dass sich die oben geschilderte Frage stellte, welcher der Elternnamen zum Kindesnamen werden sollte. Zwar favorisierte die Rechtsprechung in diesem Fall ein Wahlrecht der Eltern mit hilfsweisem Vorrang des Vaternamens. Dies stand jedoch im Widerspruch zu § 268 Abs. 2 DA i.d.F. vom 24. Juni 1978, wonach das Kind stets den Familien-

---

[84] Hinsichtlich der Namensführung adoptierter Kinder hatte der BGH zwar vor der Kodifikation des internationalen Namensrechts durch das IPR-Gesetz keine Gelegenheit mehr, den Wechsel in der Anknüpfung vom Adoptionsstatut zum Personalstatut zu bestätigen. Spätestens seit der Entscheidung von 1983 zur Namensführung legitimierter Kinder (vgl. zuvor) war jedoch davon auszugehen, dass der BGH auch für den Namen des adoptierten Kindes dessen Personalstatut für maßgeblich erachtete (so auch *Henrich*, IPRax 1984, 256).

[85] Vgl. z.B. BayObLG, NJW 1985, 564; OLG Celle, IPRax 1985, 232 m. Anm. *Jayme*; OLG Stuttgart, StAZ 1985, 72; a.A. (grundsätzlicher Erwerb des Vaternamens) z.B. OLG Köln, StAZ 1983, 202; *Henrich*, FS Zweigert, S. 14.

namen des Vaters erhalten sollte, wenn die Eltern keinen Ehenamen führten.[86] Geltende Rechtslage und standesamtliche Praxis fielen somit auseinander.[87] Die Phase der Rechtsunsicherheit und der dadurch bedingten uneinheitlichen Bestimmung des Kindesnamens durch die deutschen Standesbeamten wurde letztlich erst mit der Schaffung verbindlicher gesetzlicher Regelungen durch das IPR-Gesetz von 1986 beendet.

3. Das IPR-Gesetz

Durch das am 1. September 1986 in Kraft getretene IPR-Gesetz vom 25. Juli 1986 wurde die Maßgeblichkeit des Personalstatuts für die Namensführung einer Person in Art. 10 Abs. 1 EGBGB positivrechtlich verankert. Diese Vorschrift stellte fortan auch die Grundregel für die Bestimmung des Kindesnamens dar.

Ergänzt wurde diese Grundregel durch die Rechtswahlbefugnisse in Art. 10 Abs. 5 und 6 EGBGB a.F.: Die Namensführung ehelicher Kinder konnte gemäß Art. 10 Abs. 5 EGBGB a.F. dem Heimatrecht eines Elternteils oder, wenn ein Elternteil seinen gewöhnlichen Aufenthalt in Deutschland hatte, dem deutschen Recht unterstellt werden. Voraussetzung einer solchen Rechtswahl war allerdings, dass kein Elternteil die deutsche Staatsangehörigkeit besaß. Bei nichtehelichen Kindern ermöglichte Art. 10 Abs. 6 EGBGB a.F. eine Rechtswahl zugunsten des Rechts des Staates, dem ein Elternteil oder ein den Namen Erteilender angehörte.

Welchen Namen ein eheliches Kind erhält, wenn deutsches Namensrecht maßgeblich ist, die Eltern aber keinen Ehenamen führen, wurde nunmehr durch die sachrechtliche[88] Vorschrift des Art. 220 Abs. 5 EGBGB a.F. ausdrücklich geregelt. Entsprechend den von der Rechtsprechung entwickelten Grundsätzen[89] standen in diesem Fall die beiden Elternnamen zur Wahl. Wurde das Wahlrecht nicht ausgeübt, erhielt das Kind den Familiennamen des Vaters.[90]

Für die Bestimmung des Kindesnamens in Fällen mit Frankreichbezug wirkten sich die Neuregelungen des IPR-Gesetzes wie folgt aus:

Französische Ehepaare konnten nunmehr für ihr in Deutschland geborenes Kind gemäß Art. 10 Abs. 5 EGBGB a.F. einen nach deutschem Recht bestimmten Familiennamen in die deutsche Geburtsurkunde eintragen lassen, wenn mindestens ein Elternteil seinen gewöhnlichen Aufenthalt in

---

[86] Vgl. Beilage zum BAnz. Nr. 123 vom 6. Juli 1978, S. 69.
[87] Das BayObLG stellte in seinem Beschluss vom 4. Dezember 1986 ausdrücklich fest, § 268 Abs. 2 DA gebe die „Rechtslage unzutreffend wieder" (BayObLG, IPRax 1987, 244).
[88] Vgl. Soergel/*Schurig*, Art. 10 EGBGB Rn. 72.
[89] Vgl. S. 115.
[90] Dieser Vorrang des Mannesnamens wurde allerdings später vom BVerfG für verfassungswidrig erklärt (vgl. BVerfG, NJW 1991, 2822).

Deutschland hatte. Führten sie einen Ehenamen nach deutschem Recht[91], erhielt das Kind diesen ohne weiteres als Geburtsnamen. Führten sie keinen gemeinsamen Ehenamen[92], konnten sie gemäß Art. 220 Abs. 5 EGBGB a.F. den Namen eines Elternteils zum Kindesnamen bestimmen. Sofern sie nicht den Mannesnamen als Ehenamen trugen, war es ihnen somit über eine Rechtswahl zugunsten des deutschen Rechts theoretisch möglich, dem Kind den Familiennamen der Frau zu erteilen, was ihr Heimatrecht nicht zugelassen hätte.[93]

Umgekehrt war es dagegen deutschen Ehepaaren mit gewöhnlichem Aufenthalt in Frankreich nicht gestattet, ihrem Kind einen Namen nach französischem Recht zu erteilen.[94] Die Wahl ausländischen Aufenthaltsrechts ist im deutschen internationalen Namensrecht bis heute nicht vorgesehen.

Für den Namen des ehelichen Kindes eines deutschen und eines französischen Elternteils brachte das IPR-Gesetz keine Veränderung mit sich. Er bestimmte sich gemäß Art. 10 Abs. 1 EGBGB ausschließlich nach deutschem Recht. Eine Rechtswahl zugunsten des französischen Rechts war nicht möglich, da Art. 10 Abs. 5 EGBGB a.F. nur anwendbar war, wenn kein Elternteil die deutsche Staatsangehörigkeit besaß.

Der Name von in Deutschland geborenen nichtehelichen Kindern französischer Eltern war auch dann zwingend nach französischem Recht zu ermitteln, wenn die Eltern ihren gewöhnlichen Aufenthalt in Deutschland hatten. Eine Rechtswahlbefugnis zugunsten des deutschen Rechts aufgrund gewöhnlichen Aufenthalts in Deutschland bestand nur hinsichtlich der Namensführung ehelicher Kinder.[95]

Deutsche Eltern mit gewöhnlichem Aufenthalt in Frankreich hatten keine Möglichkeit, den Namen ihres nichtehelichen Kindes dem französischen Recht zu unterstellen.

Für nichteheliche Kinder mit einem deutschen und einem französischen Elternteil konnte dagegen statt des grundsätzlich gemäß Art. 10 Abs. 1 EGBGB maßgeblichen deutschen Rechts gemäß Art. 10 Abs. 6 EGBGB

---

[91] Dies war nur dann möglich, wenn die französischen Eltern bei ihrer Eheschließung in Deutschland gemäß Art. 10 Abs. 2 Nr. 2 EGBGB i.d.F. vom 25. Juli 1986 eine Rechtswahl zugunsten des deutschen Rechts getroffen hatten.

[92] Dies war immer dann der Fall, wenn keine Rechtswahl zugunsten des deutschen Rechts getroffen worden war und sich die Namensführung somit nach französischem Recht richtete, welches keinen Ehenamen kennt.

[93] Im französischen Namensrecht galt bis zum 1. Januar 2005 das „principe patronymique", wonach das eheliche Kind stets den Namen des Vaters erwarb.

[94] Allerdings hätte dies auch wenig Sinn gemacht, da das französische Recht allein den Erwerb des Vaternamens vorsah und insofern gegenüber dem deutschen Recht keinerlei namensrechtliche Vorteile bot.

[95] Vgl. Art. 10 Abs. 5 Nr. 2 EGBGB a.F.

a.F. das französische Namensrecht gewählt werden. Eine solche Rechtswahl machte durchaus einen Unterschied: Während nach deutschem Recht das unehelich geborene Kind mit der Geburt in jedem Fall zunächst einmal den Namen der Mutter erwarb[96] und den Namen des Vaters nur im Wege einer Legitimation bzw. einer Einbenennung erhalten konnte, wurde nach französischem Recht bei feststehender Vaterschaft der Vatername als Geburtsname erworben.[97]

4. Das Familiennamenrechtsgesetz

Das FamNamRG vom 16. Dezember 1993[98] hatte nur geringfügige Auswirkungen auf das internationale Kindesnamensrecht: Die bisherigen Absätze 5 und 6 des Art. 10 wurden zu den neuen Absätzen 3 und 4. Die Angleichungsnorm des Art. 220 Abs. 5 EGBGB a.F. wurde ersatzlos gestrichen. Für sie bestand kein Bedürfnis mehr, weil nunmehr der Fall, dass die Eltern eines ehelichen Kindes keinen Ehenamen führen, bereits durch die sachrechtliche Vorschrift des § 1616 BGB geregelt war.[99]

5. Das Kindschaftsrechtsreformgesetz

Durch das KindRG vom 16. Dezember 1997[100] wurden die rechtlichen Unterschiede zwischen ehelichen und nichtehelichen Kindern abgeschafft. Dementsprechend wurden die nach dem Status des Kindes differenzierenden Rechtswahlvorschriften des Art. 10 Abs. 3 und 4 EGBGB in Art. 10 Abs. 3 EGBGB zusammengefasst, der unterschiedslos auf alle Kinder anwendbar war.

Rechtswahlbefugt war nunmehr der Inhaber der elterlichen Sorge. Die Zuweisung der Rechtswahlbefugnis an die Eltern durch das FamNamRG hatte sich in der Praxis nicht bewährt.[101] Mit der Begründung, die Bestimmung des Geburtsnamens des Kindes sei Ausfluss der elterlichen Sorge, waren auch Rechtswahlerklärungen des allein sorgeberechtigten Elternteils akzeptiert worden.[102]

Die zeitliche Fixierung, wonach die Rechtswahl vor der Beurkundung der Geburt des Kindes erfolgen musste, wurde aufgegeben. Art. 10 Abs. 3

---

[96] Vgl. § 1617 Abs. 1 S. 1 BGB i.d.F. vom 14. Juni 1976.

[97] Vgl. dazu die ausführliche Darstellung auf S. 48 ff.

[98] Gesetz zur Neuordnung des Familiennamensrechts (Familiennamenrechtsgesetz – FamNamRG) vom 16. Dezember 1993 (BGBl. I., 1993, S. 2054 ff.), in Kraft getreten am 1. April 1994.

[99] Vgl. § 1616 Abs. 2, 3 BGB i.d.F. vom 16. Dezember 1993.

[100] Gesetz zur Reform des Kindschaftsrechts (Kindschaftsrechtsreformgesetz – KindRG) vom 16. Dezember 1997 (BGBl. I 1997, S. 2942 ff.), in Kraft getreten am 1. Juli 1998.

[101] So *Hepting*, StAZ 1998, 138.

[102] Vgl. z.B. LG Freiburg, StAZ 1997, 293.

S. 2 EGBGB stellte nunmehr ausdrücklich klar, dass die Rechtswahlerklärung auch jederzeit nach der Beurkundung der Geburt abgegeben werden kann.

In Fällen mit Frankreichbezug ergaben sich aus dem KindRG keine nennenswerten Änderungen gegenüber der bis dato geltenden Rechtslage.

6. Die heutige Rechtslage

Gemäß Art. 10 Abs. 1 EGBGB bestimmt sich der Name des Kindes im Grundsatz nach dessen Heimatrecht. Dies gilt sowohl für den Namenserwerb durch Geburt als auch für spätere Namensänderungen aufgrund familienrechtlicher Vorgänge.

Haben die Eltern unterschiedliche Staatsangehörigkeiten, so ist das Kind regelmäßig Mehrstaater.[103] In diesem Fall ist grundsätzlich die „effektive Staatsangehörigkeit" maßgeblich.[104] Besitzt das Kind auch die deutsche Staatsangehörigkeit, geht diese gemäß Art. 5 Abs. 1 S. 2 EGBGB stets vor. Nach § 4 Abs. 1 S. 1 StAG erwirbt das Kind durch die Geburt die deutsche Staatsangehörigkeit, wenn ein Elternteil Deutscher ist. Demzufolge lässt sich als Grundregel festhalten, dass ein Kind seinen Namen nach deutschem Recht erhält, wenn ein Elternteil die deutsche Staatsangehörigkeit besitzt.

Für den Inhaber der elterlichen Sorge[105] besteht gemäß Art. 10 Abs. 3 EGBGB auch die Möglichkeit, das für die Namensführung des Kindes maßgebliche Recht zu wählen. Zur Wahl steht neben dem Heimatrecht jedes Elternteils[106] das deutsche Recht, wenn ein Elternteil seinen gewöhnlichen Aufenthalt in Deutschland hat.[107] Wählbar ist außerdem das Recht des Staates, dem ein „den Namen Erteilender" angehört.[108] Für die Ausübung der Rechtswahl besteht grundsätzlich keine zeitliche Grenze. In Art. 10 Abs. 3 S. 2 EGBGB kommt vielmehr eindeutig zum Ausdruck, dass die Rechtswahlerklärung auch noch nach der Geburt des Kindes abgegeben werden kann. Allerdings ist nur der Sorgerechtsinhaber wahlbefugt, so

---

[103] So auch in den im Rahmen dieser Arbeit zu behandelnden Fällen deutsch-französischer Elternpaare. Das Kind eines französischen und eines deutschen Elternteils erwirbt mit der Geburt sowohl die französische (Art. 18 Cc) als auch die deutsche (§ 4 Abs. 1 S. 1 StAG) Staatsangehörigkeit.

[104] Gemäß Art. 5 Abs. 1 S. 1 EGBGB ist das Recht des Staates anzuwenden, mit dem das Kind am engsten verbunden ist.

[105] Der Sorgeberechtigte ist nach Art. 21 EGBGB zu ermitteln (vgl. OLG Düsseldorf, StAZ 1999, 114 [115]).

[106] Vgl. Art. 10 Abs. 3 S. 1 Nr. 1 EGBGB.

[107] Vgl. Art. 10 Abs. 3 S. 1 Nr. 2 EGBGB.

[108] Vgl. Art. 10 Abs. 3 S. 1 Nr. 3 EGBGB. Diese Vorschrift ermöglicht es, bei der Stiefkindeinbenennung das Heimatrecht des Stiefelternteils zu wählen.

dass eine Rechtswahlerklärung mit Erreichen der Volljährigkeit des Kindes nicht mehr möglich ist.[109]

Die Namensführung von Kindern in Fällen mit Frankreichbezug ist demnach aktuell wie folgt zu beurteilen:

Französische Kinder französischer Eltern erhalten ihren Namen grundsätzlich unabhängig von Aufenthalts- und Geburtsort nach französischem Recht. Hat jedoch ein Elternteil seinen gewöhnlichen Aufenthalt in Deutschland, kann eine Rechtswahl zugunsten des deutschen Rechts getroffen werden. Dies ist allerdings – zumindest hinsichtlich des Geburtsnamens – wenig sinnvoll, da das deutsche Namensrecht hinter den Möglichkeiten, die das französische Namensrecht bietet, zurückbleibt.[110]

Die Namensführung von Kindern mit deutschen Eltern ist ausschließlich nach deutschem Recht zu beurteilen. Das gilt selbst für den Fall, dass das Kind – anders als seine beiden Elternteile – zusätzlich noch die französische Staatsangehörigkeit besitzt[111], weil Art. 10 Abs. 3 S. 1 Nr. 1 EGBGB nur die Heimatrechtsordnungen der Eltern, nicht aber die des Kindes zur Wahl stellt. Auch der gewöhnliche Aufenthalt in Frankreich ermöglicht keine Wahl des französischen Namensrechts.

Für die Kinder deutsch-französischer Elternpaare gilt Folgendes: Wird keine Rechtswahl getroffen, bestimmt sich der Name gemäß Art. 10 Abs. 1 EGBGB nach dem Heimatrecht des Kindes. Kinder mit einem deutschen und einem französischen Elternteil erwerben mit der Geburt sowohl die französische[112] wie auch die deutsche[113] Staatsangehörigkeit.[114] Nachdem gemäß Art. 5 Abs. 1 S. 2 EGBGB die deutsche Staatsangehörigkeit vorgeht, ist für den Geburtsnamen deutsch-französischer Kinder grundsätzlich das deutsche Recht maßgeblich. Das Kind erhält demnach als Geburtsnamen entweder gemäß § 1616 BGB den Ehenamen der Eltern oder, wenn

---

[109] Vgl. MüKo/*Birk*, Art. 10 EGBGB Rn. 126.

[110] Insbesondere kann dem Kind kein aus den Elternnamen zusammengesetzter Doppelname erteilt werden.

[111] Ein Kind zweier deutscher Staatsangehöriger kann zum Beispiel durch Geburt in Frankreich die französische Staatsangehörigkeit erwerben, wenn mindestens ein Elternteil seinerseits in Frankreich geboren ist (vgl. Art. 19-3 Cc).

[112] Vgl. Art. 18 Cc.

[113] Vgl. § 4 Abs. 1 S. 1 StAG. Eine – derzeit noch rein theoretische – Ausnahme gilt nach § 4 Abs. 4 S. 1 StAG dann, wenn der deutsche Elternteil nach dem 31. Dezember 1999 im Ausland geboren wurde und dort seinen gewöhnlichen Aufenthalt hat, es sei denn, das Kind würde sonst staatenlos. In diesem Fall wird die deutsche Staatsangehörigkeit nur dann erworben, wenn der deutsche Elternteil die Geburt der zuständigen Auslandsvertretung innerhalb eines Jahres anzeigt, § 4 Abs. 4 S. 2 StAG.

[114] Voraussetzung ist natürlich stets, dass nach den Vorschriften des Staates, dessen Staatsangehörigkeit in Rede steht, die Abstammung zu dem Elternteil feststeht, von dem die Staatsangehörigkeit abgeleitet wird.

diese keinen Ehenamen führen[115], den bei gemeinsamer Sorge von den Eltern zu wählenden Familiennamen eines Elternteils.

Alternativ haben die Eltern die Möglichkeit, gemäß Art. 10 Abs. 3 S. 1 Nr. 1 EGBGB eine Rechtswahl zugunsten des französischen Rechts zu treffen.[116] Hierfür müssen sie sich vor allem dann entscheiden, wenn sie ihrem Kind einen aus ihren Namen zusammengesetzten Doppelnamen erteilen wollen. Diese Möglichkeit besteht nur im französischen[117], nicht aber im deutschen Recht. Wenn in die französische Geburtsurkunde des Kindes bereits ein solcher aus den Elternnamen gebildeter Doppelname eingetragen wurde, ist eine Rechtswahl zugunsten des französischen Rechts und entsprechende Namenserteilung für den deutschen Rechtsraum ebenfalls dringend anzuraten, um eine „hinkende Namensführung" des Kindes zu vermeiden.[118]

B. Das französische internationale Namensrecht

Das französische Recht hält im Gegensatz zum deutschen keine speziellen gesetzlichen Regelungen zur Namensführung in Fällen mit Auslandsberührung bereit (I). Die zentrale Fragestellung lautet auch im französischen internationalen Namensrecht, ob für die Namensführung einer Person stets das Personalstatut maßgeblich ist oder dann, wenn der Namenserwerb von einem familienrechtlichen Vorgang abhängt, auf das diesen beherrschende Statut zurückgegriffen werden muss. Weder Rechtsprechung (II) noch Schrifttum (III) geben hierauf eine einheitliche Antwort. In der standesamtlichen Praxis in Frankreich wird der Familienname grundsätzlich nach dem Heimatrecht des Betroffenen bestimmt (IV). Insgesamt kann im französischen internationalen Namensrecht von einer Maßgeblichkeit des an die Staatsangehörigkeit des Namensträgers anknüpfenden Personalstatuts ausgegangen werden (V). Ist demnach ausländisches Namensrecht maßgeblich, muss der Richter dieses im Zivilprozess von Amts wegen anwenden (VI).

---

[115] Dies ist immer dann der Fall, wenn die Eltern nicht nach Art. 10 Abs. 2 EGBGB eine Rechtswahl zugunsten des deutschen Rechts getroffen und einen Ehenamen bestimmt haben.

[116] Eine Wahl des deutschen Rechts ist zwar theoretisch ebenfalls denkbar, aber sinnlos, weil dieses schon nach der Grundregel des Art. 10 Abs. 1 EGBGB i.V.m. Art. 5 Abs. 1 S. 2 EGBGB zur Anwendung kommt. Von einer solchen, rein „deklaratorischen" Rechtswahl ist auch dringend abzuraten, da diese eine unnötige, unwiderrufliche (vgl. MüKo/*Birk*, Art. 10 EGBGB Rn. 116) Festlegung auf das deutsche Recht zur Folge hätte. Eine nachträgliche Rechtswahl zugunsten des französischen Rechts wäre grundsätzlich nicht mehr möglich.

[117] Vgl. Art. 311-21 Abs. 1 Cc.

[118] Zur „hinkenden Namensführung" deutsch-französischer Kinder vgl. die umfassende Darstellung auf S. 155 ff.

I. Die gesetzlichen Regelungen

In Frankreich ist das internationale Privatrecht kaum gesetzlich kodifiziert. Insbesondere existiert keine Bündelung internationalprivatrechtlicher Regelungen wie im deutschen EGBGB. Einzelne Vorschriften, welche das anwendbare Recht in Sachverhalten mit Auslandsberührung bestimmen, finden sich vielmehr über den *Code civil* verstreut. Eine Generalklausel stellt Art. 3 Cc dar, dessen Abs. 3 lautet:

„Les lois concernant l'état et la capacité des personnes régissent les Français, même résidant en pays étranger." („Die Gesetze, die den Personenstand und die Geschäftsfähigkeit von Personen betreffen, gelten für alle Franzosen, selbst wenn diese im Ausland wohnhaft sind.")

Es ist allgemein anerkannt, dass diese Vorschrift trotz ihres allein auf Franzosen bezogenen Wortlauts eine allseitige Kollisionsnorm darstellt, wonach das Personalstatut einer Person stets deren Heimatrecht ist.[119] Da der Name Teil des Personenstands ist, lässt sich Art. 3 Abs. 3 Cc der Grundsatz entnehmen, dass die Namensführung einer Person deren Heimatrecht unterliegt.[120] Auch das französische internationale Namensrecht wird jedoch von der Frage beherrscht, ob dieser Grundsatz auch dann Geltung beanspruchen kann, wenn der Namenserwerb von einem familienrechtlichen Vorgang abhängig ist oder ob in diesem Fall dem für diesen Vorgang maßgeblichen familienrechtlichen Statut der Vorzug zu geben ist.

II. Die Rechtsprechung

Die Frage, ob sich die Namensführung auch dann nach dem Personalstatut des Namensträgers beurteilt, wenn sie von einem familienrechtlichen Vorgang abhängt, wurde von der französischen Rechtsprechung jahrzehntelang nicht eindeutig beantwortet (1). Eine Entscheidung des TGI Paris aus dem Jahr 1982 zugunsten des Personalstatuts brachte erstmals Klarheit (2), die jedoch durch ein gegenläufiges Urteil des Kassationshofs von 1997 wieder erschüttert wurde (3).

1. Die mangelnde Eindeutigkeit der älteren Rechtsprechung

Es existieren in der französischen Rechtsprechung zahlreiche Urteile zur Namensführung in Fällen mit Auslandsberührung. Allerdings setzen sich diese in aller Regel mit der Frage des maßgeblichen Statutes nicht näher auseinander. Die Gerichte beschränkten sich vielmehr nahezu ausnahmslos darauf, ein bestimmtes Recht für anwendbar zu erklären, ohne dies näher zu begründen. Allein aus der Anwendung eines bestimmten Rechts lassen

---

[119] Dies stellte die *Cour de Paris* bereits wenige Jahre nach Inkrafttreten des *Code civil* klar (Cour de Paris, Recueil Sirey 1814, II, 393; zitiert nach *Ancel/Lequette*, S. 1).

[120] Vgl. *Audit*, Rn. 602 f.; *Batiffol/Lagarde*, Rn. 277; *Jornod*, S. 251.

sich aber dann keine Schlüsse auf das maßgebliche Statut ziehen, wenn im konkreten Fall das Personalstatut und das ebenfalls in Frage kommende familienrechtliche Statut identisch sind.

So wurde beispielsweise in zwei Urteilen des Tribunal civil de la Seine aus den Jahren 1932 und 1935 die Namensführung einer geschiedenen Frau nach dem Recht der gemeinsamen Staatsangehörigkeit der Ehegatten beurteilt.[121] Dies kann jedoch sowohl als Anwendung des Personalstatuts gewertet werden[122] als auch als Anwendung des Ehewirkungs- bzw. Scheidungsstatuts.[123] Die Urteilsbegründung lässt beide Interpretationen zu.[124]

Ein weiteres Beispiel für die mangelnde Eindeutigkeit der Rechtsprechung ist das Urteil des TGI Dieppe vom 4. November 1971.[125] Das Gericht knüpfte hierin zwar für die Namensbestimmung eines unehelichen Kindes an dessen Staatsangehörigkeit an.[126] Es traf jedoch keinerlei Aussage darüber, ob es das Heimatrecht des Kindes als dessen Personalstatut oder als – ebenfalls an die Nationalität des Kindes anknüpfendes – Abstammungsstatut angewendet wissen wollte.

Selbst in Fällen, in denen das Personalstatut und das familienrechtliche Statut ausnahmsweise nicht identisch waren, vermieden die Gerichte eine klare Positionierung, wenn sie nach beiden Statuten zum gleichen sachrechtlichen Ergebnis gelangten. So hatte beispielsweise ein Zivilgericht in Avesnes im Jahr 1943 über die Namensführung eines Kindes belgischer Staatsangehörigkeit zu entscheiden, welches von seinem französischen Stiefvater adoptiert wurde. Zwar war in dieser Fallkonstellation grundsätzlich sowohl die Anwendung des belgischen Rechts als Personalstatut des Kindes als auch die des französischen Rechts als Adoptionsstatut denkbar. Das Gericht begnügte sich jedoch mit der Feststellung, dass die Namensführung des adoptierten Kindes nach beiden Rechtsordnungen gleich beurteilt wird, und umging auf diese Weise die grundsätzlich gebotene Festlegung auf eines der beiden Statute.[127]

Die genannten Beispiele zeigen, dass die französische Rechtsprechung zur Namensführung in Fällen mit Auslandsberührung jahrzehntelang derart missverständlich und unklar war, dass sich letztlich keine eindeutigen

---

[121] Tribunal Civil de la Seine, RCDIP 1935, 778.
[122] So z.B. *Jornod*, S. 252, Fn. 941.
[123] So z.B. *Lucas*, JCI, 1998, Rn. 75.
[124] So auch *Scherer*, Rn. 85.
[125] TGI Dieppe, JCP 1972, II, 17059, Anm. *Gaudemet-Tallon*.
[126] Merkwürdigerweise ging das TGI Dieppe allerdings entgegen der ständigen Rechtsprechung nicht von einer Vorrangigkeit der französischen Staatsangehörigkeit des deutsch-französischen Kindes aus, sondern erklärte sowohl das deutsche als auch das französische Recht für anwendbar, da beide Rechtsordnungen die Namensführung im Ergebnis gleich beurteilten.
[127] Vgl. Tribunal d'Avesnes, Recueil Sirey 1944, II, 23.

Schlüsse für die Maßgeblichkeit des einen oder anderen Statuts daraus ziehen ließen.[128]

2. Das Urteil des TGI Paris vom 9.11.1982

Es dauerte bis 1982 bevor ein französisches Gericht erstmals wirklich eindeutig Stellung zu der Frage des anzuwendenden Rechts in internationalen Namensfällen bezog:[129] In seinem Urteil vom 9. November 1982 unterstellte das TGI Paris die Namensführung eines unehelichen Kindes ausdrücklich dessen Personalstatut.[130] Diese klare Aussage überraschte umso mehr, als nach den Umständen des Falles eine Entscheidung zwischen dem Personalstatut und dem Abstammungsstatut nicht zwingend geboten gewesen wäre. Da sowohl die Eltern als auch das Kind die französische Staatsangehörigkeit besaßen, war in jedem Fall das französische Recht zur Anwendung berufen[131], so dass das Gericht entsprechend der bisherigen Praxis in der Rechtsprechung eine Festlegung auf ein Statut hätte umgehen können.

Aufgrund ihrer Eindeutigkeit ist der Entscheidung des TGI Paris der Charakter eines Grundsatzurteils beizumessen, mit dem die viel diskutierte Streitfrage des für die Namensführung maßgeblichen Statuts von Seiten der Rechtsprechung endgültig geklärt zu sein schien.[132]

3. Das Urteil des Kassationshofs vom 7.10.1997

Bedauerlicherweise hat jedoch der französische Kassationshof in einem Urteil aus dem Jahr 1997 die scheinbar klare Position der Rechtsprechung wieder in Frage gestellt, indem er die Namensführung ehelicher Kinder dem Ehewirkungsstatut unterstellte.[133] Diesem Urteil lag folgender Sachverhalt zugrunde:

Im Jahr 1935 heiratete der in Frankreich lebende spanische Staatsangehörige Blas Canovas Gutierrez die Französin Geneviève Corre. Aus dieser Ehe gingen die Kinder Manuel und Isabelle hervor, die beide kraft Geburt

---

[128] So auch *Scherer*, Rn. 81.
[129] So auch *Scherer*, Rn. 88; *Huet*, JDI 1983, 110.
[130] TGI Paris, JDI 1983, 99 (105), Anm. *Huet*.
[131] Vgl. *Huet*, JDI 1983, 110.
[132] Ob sich das TGI Paris der grundlegenden Bedeutung seines Urteils bewusst war, sei allerdings dahingestellt. Die undifferenzierte Aussage, es sei „im französischen Recht anerkannt", dass sich die Namensführung nach dem Personalstatut des Betroffenen bestimme (vgl. JDI 1983, 105), lässt eher darauf schließen, dass das Gericht die Kontroverse um das für die Namensführung maßgebliche Statut schlicht übersehen hat (so auch *Huet*, JDI 1983, 109) und lediglich eine vermeintlich bereits bestehende Rechtsprechung fortsetzen wollte.
[133] Cass. civ., RCDIP 1998, 72, Anm. *Hammje* bzw. D. 1998, Somm., 299, Anm. *Bottiau* bzw. D. 1999, Jur., 229, Anm. *Massip*.

die französische Staatsangehörigkeit besaßen und den Familiennamen *Canovas Gutierrez*[134] trugen. Im Jahr 1955 erwarb Blas Canovas Gutierrez die französische Staatsangehörigkeit und mit ihr den Familiennamen *Canovas*.[135]

1991 ließ Isabelle Canovas Gutierrez ihre Geburts- sowie ihre Heiratsurkunde dahingehend berichtigen, dass diese Dokumente sie allein unter dem Namen *Canovas* auswiesen. Gegen diese Berichtigung wandte sich ihr Bruder Manuel Canovas Gutierrez in einem Verfahren vor dem TGI Paris[136], welches mit Urteil vom 4. Januar 1994 entschied, dass Blas Canovas Gutierrez seinen Kindern ausschließlich den Namen *Canovas* übertragen habe und somit die Berichtigung der Urkunden seiner Tochter zu Recht erfolgt sei. Nachdem diese Entscheidung auch von der *Cour d'Appel* im Rahmen eines Berufungsverfahrens mit Urteil vom 12. Mai 1995 vollumfänglich bestätigt worden war[137], legte Manuel Canovas Gutierrez schließlich Revision beim Kassationshof ein.

Der Kassationshof bestätigte die vorinstanzlichen Entscheidungen und begründete dies wie folgt:[138]

In einem ersten Schritt stellte er fest, dass das Abstammungsstatut in Form des Ehewirkungsstatuts die Namensführung ehelicher Kinder regele[139] und somit französisches Recht zur Anwendung komme, wonach eheliche Kinder mit der Geburt den Namen ihres Vaters erwerben.[140] In einem zweiten Schritt wendete der Kassationshof das spanische Recht als Personalstatut des Vaters an, um zu ermitteln, in welcher Form der Vatername

---

[134] Der guten Ordnung halber sei erwähnt, dass die Schreibweise des Namens *Canovas Gutierrez* je nach Quelle differiert. Die hier gewählte Orthographie entspricht der des Kassationsurteils.

[135] Vgl. Loi n° 50-399 du 3 avril 1950 relative à la francisation du nom patronymique et du prénom des étrangers, J.O. vom 6. April 1950, S. 3703 f.

[136] Anlass für dieses Verfahren war ein weiterer Rechtsstreit zwischen den Geschwistern über eine Markenanmeldung der Schwester unter dem Namen *Canovas* (vgl. *Massip*, D. 1999, Jur., 230).

[137] CA Paris, RCDIP 1996, 653, Anm. *Hammje* bzw. JDI 1997, 417, Anm. *Lucas*.

[138] Vgl. RCDIP 1998, 72 f.

[139] „La loi des effets du mariage est compétente pour régir la transmission du nom aux enfants légitimes." (RCDIP 1998, 72). Mit diesem einen Satz entschied der Kassationshof gleich zwei Streitfragen. Er legte sich nicht nur auf eine familienrechtliche Anknüpfung des Namens fest, sondern ließ zugleich erkennen, dass die Wirkungen der Abstammung bei ehelichen Kindern aus seiner Sicht nach dem Ehewirkungsstatut zu beurteilen sind. Seit der Einführung der Kollisionsnormen der Art. 311-14 ff. Cc a.F. durch Gesetz vom 3. Januar 1972 (Loi n° 72-3 du 3 janvier 1972 sur la filiation, J.O. vom 5. Januar 1972, S. 145 ff.) war heftig umstritten, ob diese lediglich für die Feststellung der Abstammung oder auch für deren Wirkungen heranzuziehen sind (vgl. die Darstellung bei *Lucas*, JCI, 1998, Rn. 88 ff.).

[140] Nach der damals geltenden Rechtslage in Frankreich erwarb das eheliche Kind den Vaternamen aufgrund von Gewohnheitsrecht (vgl. dazu S. 47).

auf die Kinder übertragen wird. Aus dem spanischen Recht ergebe sich, dass nur der Name Canovas an die Kinder weitergegeben werden könne.

Im Gegensatz zur *Cour d'Appel*[141] legte sich der Kassationshof also zunächst eindeutig auf das Ehewirkungsstatut als das für die Namensführung ehelicher Kinder maßgebliche Statut fest. Angesichts dieser seltenen Eindeutigkeit wäre das Urteil prinzipiell zu begrüßen gewesen[142], hätte der Kassationshof seine kaum aufgestellte Regel nicht sogleich wieder unterlaufen, indem er das Personalstatut des Vaters heranzog, um zu ermitteln, in welcher Form dessen Name von den Kindern erworben wird.[143] Dadurch spaltete der Kassationshof den einheitlichen Vorgang des Namenserwerbs künstlich in zwei gesonderte Fragestellungen auf, die er verschiedenen Statuten unterstellte. Dieser Lösungsansatz ist jedoch allenfalls dann brauchbar, wenn den zur Anwendung berufenen Sachrechten die gleiche oder zumindest eine vergleichbare Systematik des Namenserwerbs zugrunde liegt.[144] In dem vom Kassationshof zu entscheidenden Fall gingen sowohl das französische als auch das spanische Recht für das eheliche Kind von einen Erwerb des Vaternamens kraft Gesetzes aus[145], so dass das spanische Recht für die Frage, in welcher Form der Vatername übertragen wird, eine Antwort bereit hielt. Die Formel des Kassationshofs versagt dagegen bereits dann, wenn ein Statut die Möglichkeit einer Namenswahl vorsieht.[146] Nachdem das französische Recht seit dem 1. Januar 2005 den Eltern grundsätzlich ein Bestimmungsrecht hinsichtlich des Kindesnamens ein-

---

[141] Nach beinahe schon „alter Tradition" in der französischen Rechtsprechung (vgl. S. 122 ff.) hatte die *Cour d'Appel* lediglich festgestellt, dass in jedem Fall das französische Recht (entweder als Personal- oder als Ehewirkungsstatut) zur Anwendung komme und so eine Entscheidung zugunsten des einen oder anderen Statuts umgangen (vgl. CA Paris, JDI 1997, 421).

[142] Wenngleich sich in der französischen Rechtsprechung bis dato eher eine Favorisierung des Personalstatuts für die Beurteilung von Namensfragen abzuzeichnen schien (vgl. nur TGI Paris, JDI 1983, 99 [105], m. Anm. *Huet*).

[143] Diese Fragestellung ist streng von der zu trennen, wie der Name des Vaters lautet. Nach dem spanischen Recht als Personalstatut des Vaters bestimmte der Kassationshof nicht dessen tatsächlichen Namen (*Canovas Gutierrez*), sondern den auf die Kinder übertragbaren Namen (*Canovas*).

[144] So auch *Hammje*, RCDIP 1998, 80.

[145] Nach dem spanischen Recht wird dem Kind allerdings zusätzlich auch von der Mutter ein Name übertragen, der dem Vaternamen beigefügt wird, so dass ein Doppelname entsteht (Vgl. Art. 194 S. 2 RRC; *Bergmann/Ferid/Henrich*, Spanien, S. 32). Trotz der Anwendung des spanischen Rechts für die Ermittlung des zu übertragenden Vaternamens, gelangt der Kassationshof also durch die „Ausblendung" der Übertragung des Mutternamens im Ergebnis zu einem Kindesnamen, der nach spanischem Recht nicht möglich wäre.

[146] Vgl. *Hammje*, RCDIP 1998, 80.

räumt¹⁴⁷, sind die Vorgaben des Kassationshofs zur Namensermittlung spätestens seither nicht mehr umsetzbar.

Letztlich handelt es sich bei dem Urteil des Kassationshofs vom 7. Oktober 1997 um eine auf den sehr speziellen Einzelfall zugeschnittene Entscheidung, die als solche nicht geeignet ist, Allgemeingültigkeit zu beanspruchen. Es wurde bis heute durch keine weitere Gerichtsentscheidung bestätigt. Auch die standesamtliche Praxis zeigte sich von dem Urteil unbeeindruckt¹⁴⁸ und geht nach wie vor von der Maßgeblichkeit des Personalstatuts aus.¹⁴⁹ Insofern ist man geneigt, es mit dem Autorenpaar *Sturm* zu halten, welches das Urteil des Kassationshofs vom 7. Oktober 1997 als „Ausreißer" bezeichnet, der „keine weitere Beachtung verdient."¹⁵⁰

Insgesamt muss die französische Rechtsprechung zum internationalen Namensrecht als uneinheitlich und widersprüchlich bezeichnet werden.¹⁵¹ Zwar lässt sich eine gewisse Favorisierung des Personalstatuts in Form des Heimatrechts des Namensträgers erkennen. Es bleibt aber zu hoffen, dass diese Tendenz baldmöglichst durch eine obergerichtliche Entscheidung bestätigt wird, um letzte Zweifel auszuräumen.

III. Die Diskussion im Schrifttum

Im Schrifttum besteht weitestgehend Einigkeit darüber, dass sich Fragen des öffentlich-rechtlichen Namenswechsels sowie des Namensschutzes nach dem Personalstatut in Form des Heimatrechts des Betroffenen beurteilen.¹⁵² Umstritten ist dagegen, ob das Personalstatut auch für den Namenserwerb infolge familienrechtlicher Vorgänge zur Anwendung gelangen soll.

Einige Autoren favorisieren eine grundsätzliche Anwendung des Personalstatuts in allen Fragen der Namensführung.¹⁵³ Als Begründung führen sie an, der Name sei in erster Linie Ausdruck der Identität und der Persönlichkeit des Namensträgers.¹⁵⁴

---

[147] Vgl. Art. 311-21 bzw. Art. 311-23 Abs. 2 Cc.

[148] In der Neufassung der französischen Dienstanweisung für Standesbeamte vom 11. Mai 1999 wurde das Urteil in der Sache nicht berücksichtigt, sondern lediglich ohne weiteren Kommentar in einer Fußnote zu Ziff. 531 erwähnt.

[149] Dazu sogleich.

[150] *Sturm/Sturm*, FS Jayme, S. 927.

[151] Die Aussage *Despeux*', die französische Rechtsprechung habe immer eine „klare und einheitliche Antwort" auf die Frage nach dem für die Namensführung maßgeblichen Statut gegeben (vgl. *Despeux*, StAZ 2000, 201), ist insbesondere vor dem Hintergrund des Urteils des TGI Paris vom 7. Oktober 1997 nicht nachvollziehbar.

[152] Vgl. z.B. *Clavel*, Rn. 519 ff.; *Mayer/Heuzé*, Rn. 515; *Vignal*, Rn. 212.

[153] Vgl. *Courbe*, S. 215; *Scherer*, Rn. 110 ff.; *Bureau/Muir Watt*, Rn. 623; *Fadlallah*, Rn. 378.

[154] Vgl. *Lucas*, JCI, 1998, Rn. 83.

Die Mehrzahl der Stimmen im französischen Schrifttum befürwortet hingegen eine Anwendung des jeweils maßgeblichen familienrechtlichen Statuts.[155] Die Namensführung von Ehegatten[156] sei nach dem Ehewirkungsstatut zu beurteilen, die Namensführung von Kindern nach dem Abstammungsstatut etc. Die Vertreter dieser Auffassung argumentieren, der Familienname sei ein Zeichen der Zugehörigkeit zu einer bestimmten Familie[157] und insofern familienrechtlich zu qualifizieren. Außerdem habe die Anwendung des familienrechtlichen Statuts den Vorteil, dass alle Wirkungen des familienrechtlichen Vorgangs, z.B. der Eheschließung, nach dem gleichen Recht beurteilt werden.[158]

Daneben finden sich in der rechtswissenschaftlichen Literatur auch vermittelnde Lösungsansätze:

Bereits im Jahr 1961 schlug *Ponsard* vor, den Familiennamen nicht einem einheitlichen Statut zu unterwerfen, sondern zwischen dem Namenserwerb kraft Abstammung und der Namensführung von Ehegatten zu differenzieren. Er war der Ansicht, der kraft Abstammung erworbene Name diene der Individualisierung des Namensträgers, während mit dem für die Ehegatten wählbaren Gebrauchsnamen die durch die Ehe eingegangene familienrechtliche Verbindung nach außen deutlich gemacht werden solle. Dementsprechend sei die Namensführung des Kindes nach dessen Personalstatut und die Namensführung von Ehegatten nach dem familienrechtlichen Ehewirkungsstatut zu beurteilen.[159]

In jüngerer Zeit hat *Lucas* diese Lösung einer alternativen Anwendung des Personalstatuts und des jeweiligen familienrechtlichen Statuts aufgegriffen und weiterentwickelt. Er hält es für sachgerecht, nicht nur die Art des Namenserwerbs, sondern vor allem den Zeitpunkt zu berücksichtigen, zu dem dieser erfolgt.[160] Seiner Auffassung nach ist für den originären Namenserwerb kraft Geburt eine familienrechtliche Anknüpfung geboten, da der Name zu diesem Zeitpunkt noch kein Ausdruck der Persönlichkeit des Kindes sein könne. Für spätere Namenswechsel zu einem Zeitpunkt, an dem der Name bereits ein Teil der Persönlichkeit des Namensträgers geworden sei, könne dagegen auch das Personalstatut zum Zuge kommen.[161]

---

[155] Vgl. z.B. *Mayer/Heuzé*, Rn. 515; *Vignal*, Rn. 212; *Clavel*, Rn. 511f.; *Gutmann*, Rn. 141; *Niboyet/De la Pradelle*, Rn. 10.

[156] Hiermit ist in erster Linie die Frage der Fortführung des Ehegattengebrauchsnamens im Falle der Auflösung der Ehe gemeint.

[157] Vgl. *Hammje*, Rép. Int. Dalloz., Rn. 10.

[158] Vgl. *Hammje*, Rép. Int. Dalloz., Rn. 11.

[159] Vgl. *Ponsard*, S. 408.

[160] Vgl. *Lucas*, JCI, 1998, Rn. 86.

[161] Vgl. *Lucas*, S. 214.

Lucas hält es auch für denkbar, die Wahl des anzuwendenden Statuts grundsätzlich dem Betroffenen zu überlassen.[162]

IV. Die standesamtliche Praxis

Während in Rechtsprechung und Schrifttum die Frage des für die Namensführung maßgeblichen Rechts nicht einheitlich beantwortet wird, wendet der französische Standesbeamte zur Namensermittlung grundsätzlich das Personalstatut, das heißt das Heimatrecht des Namensträgers, an. Dies ist in der französischen Dienstanweisung für Standesbeamte[163] ausdrücklich geregelt. In Ziff. 530 Abs. 1 IGREC heißt es zunächst allgemein unter Verweis auf den Grundsatz des Art. 3 Abs. 3 Cc:

„Si les conditions de forme des actes de l'état civil des étrangers en France sont régies par la loi française, les conditions de fond sont, en revanche, déterminées par la loi nationale des intéressés." („Während die Formvoraussetzungen der Personenstandsurkunden von Ausländern in Frankreich dem französischen Recht unterliegen, werden die materiellen Voraussetzungen vom nationalen Recht der Betroffenen bestimmt.")

Ziff. 531 Abs. 1 IGREC enthält eine spezielle Regelung zur Namensbestimmung:

„La définition, la transmission et l'orthographe des noms patronymiques[164], ainsi que le choix des prénoms relèvent, en principe, de la loi nationale des intéressés." („Die Bestimmung, die Übertragung und die Schreibweise der Familiennamen sowie die Wahl der Vornamen unterliegen grundsätzlich dem nationalen Recht der Betroffenen.")

Dass der Name nach dem Heimatrecht des Namensführers zu ermitteln ist, wurde auch durch diverse *réponses ministerielles*[165] bestätigt.[166] So erklärte beispielsweise der französische Justizminister im Jahr 1978, dass ein von einer Französin nach deutschem Recht gewählter Ehename in Frankreich nicht anerkannt werden könne, da sich die Namensführung ausschließlich nach deren Heimatrecht bestimme und das französische Recht einen Ehenamen nicht vorsehe.[167]

---

[162] Vgl. *Lucas*, JCI, 1998, Rn. 87.

[163] *Instruction générale relative à l'état civil du 11 mai 1999* (Anhang zum J.O. vom 28. Juli 1999) i.d.F. vom 2. November 2004.

[164] Die Dienstanweisung verwendet hier noch den früher gebräuchlichen Begriff *nom patronymique*, der grundsätzlich mit der Namensrechtsreform zum 1. Januar 2005 durch den Begriff *nom de famille* ersetzt wurde.

[165] Abgeordnete der Nationalversammlung (*Assemblée Nationale*) haben die Möglichkeit, einem bestimmten Minister eine konkrete Frage (*question parlementaire*) zu dessen Zuständigkeitsbereich zu stellen, die dieser durch eine *réponse ministérielle* beantwortet.

[166] Vgl. z.B. Réponse ministérielle, JCP 1980, IV, 386; Réponse ministérielle, RCDIP 1978, 593 f. ; Réponse ministérielle, RCDIP 1989, 582.

[167] Vgl. Réponse ministérielle, RCDIP 1978, 594.

Es darf jedoch nicht übersehen werden, dass der Grundsatz der Maßgeblichkeit des Heimatrechts der Betroffenen in der Praxis eine weitreichende Einschränkung erfährt. Der französische Standesbeamte ist nämlich nach seiner Dienstanweisung nur dann verpflichtet, das nationale Recht der Betroffenen anzuwenden, wenn diese ihm dessen Inhalt selbst darlegen.[168] Sie müssen hierfür ein sog. certificat du coutume über die Rechtslage im Heimatstaat beibringen, welches beispielsweise von den Konsulaten ausgestellt wird.[169] Wird ein solches certificat du coutume nicht vorgelegt, wendet der Standesbeamte das französische Recht an.[170] Die Betroffenen können sich also bewusst für oder gegen die Vorlage eines certificat de coutume entscheiden und dadurch das anwendbare Recht bestimmen. De facto kann somit vor dem französischen Standesbeamten eine Rechtswahl getroffen werden.[171]

V. Zusammenfassung und Wertung

Die gesetzlichen Regelungen lassen die Frage unbeantwortet, ob die Namensführung im Zusammenhang mit familienrechtlichen Vorgängen dem Personalstatut des Namensträgers unterstellt werden kann.

Im Schrifttum mögen zwar die Stimmen überwiegen, die sich gegen eine grundsätzliche Anwendung des Personalstatuts aussprechen. Bei genauerer Betrachtung fällt jedoch auf, dass dies vor allen Dingen der eindeutigen Positionierung des Kassationshofs in seinem Urteil vom 7. Oktober 1997 geschuldet ist. Nachdem diese Rechtsprechung bislang weder revidiert noch bestätigt wurde, beschränken sich in jüngerer Zeit viele Autoren darauf, die verschiedenen Ansätze in Literatur und Rechtsprechung wiederzugeben, ohne selbst Stellung zu beziehen.[172] Eine eindeutige Tendenz im Schrifttum lässt sich daher derzeit nicht ausmachen.

In der französischen Rechtsprechung kann man trotz des Verwirrung stiftenden Urteils des Kassationshofs vom 7. Oktober 1997 eine gewisse Tendenz in Richtung einer generellen Anwendung des Personalstatuts in

---

[168] Vgl. Art. 530 Abs. 2 Hs. 1 IGREC („Devant l'officier de l'état civil, il appartient à l'étranger de justifier de sa nationalité et du contenu de sa loi nationale.") bzw. Art. 531 Abs. 2 S. 1 IGREC („Celle-ci doit être appliquée par les officiers de l'état civil français si les intéressés justifient eux-mêmes de son contenu.").

[169] Vgl. Art. 530 Abs. 3 u. 4 IGREC.

[170] Vgl. Art. 530 Abs. 2 Hs. 2 bzw. Art. 531 Abs. 2 S. 2 IGREC. Dies ist ein entscheidender Unterschied gegenüber dem deutschen Standesamtswesen, wo der Standesbeamte im Falle der Verweisung auf ausländisches Namensrecht verpflichtet ist, dessen Inhalt von Amts wegen zu ermitteln und den Namen nach dem ausländischen Recht zu bestimmen.

[171] So auch *Scherer*, Rn. 251.

[172] Vgl. z.B. *Audit*, Rn. 603; *Monéger*, Rn. 241; *Loussouarn/Bourrel/De Vareilles-Sommières*, Rn. 275.

Fragen der Namensführung feststellen.[173] Auch die standesamtliche Praxis geht, gedeckt von der Dienstanweisung und bestätigt durch diverse *réponses ministérielles*, von der Maßgeblichkeit des Personalstatuts aus.

Diese Auffassung hat zuletzt auch eine indirekte Bestätigung durch den französischen Gesetzgeber erfahren. Im Zuge der Namensrechtsreform wurden zum 1. Januar 2005 zwei Vorschriften in den *Code civil* eingeführt, die als „versteckte Kollisionsnormen"[174] angesehen werden können:

Art. 311-21 Abs. 2 Cc regelt für die Geburt eines Kindes im Ausland, dass die Eltern bei der Umschreibung der Geburtsurkunde in Frankreich nachträglich von ihrem Namenswahlrecht gemäß Art. 311-21 Abs. 1 Cc Gebrauch machen können, wenn die Umschreibung innerhalb von drei Jahren nach der Geburt erfolgt und mindestens ein Elternteil Franzose ist.[175] Dieser zunächst etwas kompliziert anmutenden Vorschrift lässt sich die einfache Grundregel entnehmen, dass sich der Name französischer Kinder[176] grundsätzlich nach französischem Recht bestimmt. Der Gesetzgeber knüpft den Namenserwerb hier eindeutig an die Staatsangehörigkeit des Betroffenen an, erklärt also indirekt das Personalstatut für maßgeblich.

Gleiches gilt für die Vorschrift des Art. 311-22 Cc. Dieser sieht vor, dass sich der Name eines Kindes, welches infolge des Erwerbs der französischen Staatsangehörigkeit durch einen Elternteil ebenfalls die französische Nationalität erlangt[177], nach den Regelungen des Art. 311-21 Cc bestimmt.

Zwar bestimmen sowohl Art. 311-21 Abs. 2 Cc als auch Art. 311-22 Cc lediglich, dass sich der Name französischer Kinder nach französischem Recht richtet, ohne eine allgemeine Anwendbarkeit des Heimatrechts des Namensträgers zu statuieren. Dennoch kommt in diesen Vorschriften der gesetzgeberische Wille zum Ausdruck, die Namensführung dem Heimatrecht des Betroffenen zu unterstellen, und zwar auch dann, wenn der Namenserwerb mit einem familienrechtlichen Vorgang zusammenhängt.[178]

---

[173] Diese Einschätzung teilt auch *Hammje* in ihrer Anmerkung zum Urteil des Kassationshofs vom 7. Oktober 1997, RCDIP 1998, 76.

[174] Vgl. *Scherer*, Rn. 111 („règle de conflit cachée").

[175] Art. 311-21 Abs. 2 Cc kommt vor allen Dingen in den Fällen zum Tragen, in denen der Geburtsstaat eine Namensbestimmung nach französischem Recht nicht zulässt. Für Geburten in Deutschland spielt die Vorschrift mithin nur eine untergeordnete Rolle, weil bei französischer Staatsangehörigkeit eines Elternteils über eine Rechtswahl gemäß Art. 10 Abs. 3 S. 1 Nr. 1 EGBGB bereits vor dem deutschen Standesamt ein Name nach französischem Recht bestimmt und in die Geburtsurkunde eingetragen werden kann.

[176] Wenn ein Elternteil Franzose ist, erwirbt das Kind gemäß Art. 18 Cc mit der Geburt ebenfalls die französische Staatsangehörigkeit.

[177] Vgl. Art. 22-1 Cc.

[178] So auch *Clavel*, Rn. 513; *Scherer*, Rn. 111 ff.

Zusammenfassend lässt sich daher festhalten, dass im französischen internationalen Namensrecht wie im deutschen IPR der Grundsatz gilt, dass sich die Namensführung einer Person nach deren Personalstatut in Form ihres Heimatrechts bestimmt.[179]

Wie im deutschen IPR[180] sind jedoch nicht unmittelbar die Sachvorschriften des zur Anwendung berufenen Heimatrechts anzuwenden, sondern es ist zunächst zu prüfen, ob dessen internationalprivatrechtliche Regelungen auf eine andere Rechtsordnung verweisen bzw. auf das französische Recht zurückverweisen. Ein solcher renvoi wird im französischen IPR grundsätzlich anerkannt.[181]

Bei Mehrstaatern ist die effektive Staatsangehörigkeit (*nationalité effective*) maßgeblich[182], das heißt es ist zu ermitteln, mit welchem Staat die Person die engste Verbindung unterhält. Ist allerdings eine der Staatsangehörigkeiten die französische, so geht diese stets vor.[183] Besitzt der Betroffene sowohl die deutsche als auch die französische Staatsangehörigkeit, ist folglich aus deutscher Sicht grundsätzlich das deutsche Recht[184], aus französischer Sicht dagegen das französische Recht anzuwenden. Dies kann zur Entstehung „hinkender Namensverhältnisse" führen.

VI. Die Verpflichtung des Richters zur Anwendung ausländischen Namensrechts

In einem Zivilverfahren vor deutschen Gerichten muss der Richter von Amts wegen die Anwendbarkeit ausländischen Rechts prüfen, gegebenenfalls dessen Inhalt ermitteln und es auf den zu entscheidenden Fall anwenden.[185]

Im französischen Zivilprozess gilt dieser Grundsatz nicht uneingeschränkt.[186] Die obergerichtliche Rechtsprechung zu der Frage, inwieweit der Richter verpflichtet ist, ausländisches Recht von Amts wegen anzuwenden, hat sich in den letzten Jahrzehnten mehrfach geändert:[187]

---

[179] So auch *Bergmann/Ferid/Henrich*, Frankreich, S. 43; *Despeux*, StAZ 2000, 201 f.; *Jornod*, S. 263.

[180] Vgl. Art. 4 Abs. 1 S. 1 EGBGB.

[181] Vgl. *Mayer/Heuzé*, Rn. 217 ff.; CA Paris, RCDIP 1970, 718, Anm. *Foyer*.

[182] Vgl. *Gutmann*, Rn. 343; CA Paris, Urteil vom 7. Oktober 1967, JDI 1968, 76, Anm. *Aymond*; Cass. civ., JDI 1975, 298, Anm. *Alexandre*.

[183] Vgl. *Gutmann*, Rn. 343; Cass. civ., RCDIP 1969, 59, Anm. *Batiffol*; Cass. civ., RCDIP 1987, 401, Anm. *Lagarde*.

[184] Vgl. Art. 5 Abs. 1 S. 2 EGBGB.

[185] Vgl. § 293 ZPO.

[186] Vgl. hierzu auch *Fauvarque-Cosson*, D. 2000, 125 ff.

[187] Eine ausführliche Darstellung der einzelnen Entscheidungen findet sich z.B. bei *Gutmann*, Rn. 92 ff.

Ursprünglich war der Kassationshof der Auffassung, der Richter sei nur dann verpflichtet, das vom französischen Kollisionsrecht als maßgeblich bezeichnete ausländische Recht anzuwenden, wenn sich die Parteien ausdrücklich auf dieses beriefen; andernfalls sei ihm die Anwendung des ausländischen Rechts freigestellt.[188] Ende der 1980er Jahre befand der Kassationshof dagegen, der Richter habe die uneingeschränkte Verpflichtung, das ausländische Recht von Amts wegen anzuwenden.[189] Nur wenige Jahre später änderte er seine Rechtsprechung erneut. Die Verpflichtung zu einer Anwendung des ausländischen Rechts von Amts wegen sollte nunmehr lediglich dann bestehen, wenn der Rechtsstreit eine Materie betrifft, die durch ein internatonales Übereinkommen geregelt wird.[190] Zuletzt entschied der Kassationshof schließlich, der französische Richter sei nur dann verpflichtet, ausländisches Recht von Amts wegen anzuwenden, wenn es um eine Rechtsmaterie gehe, die nicht der Dispositionsfreiheit der Parteien unterliege.[191]

Das Personenstandsrecht, zu dem insbesondere das Namensrecht zählt, steht nicht zur Disposition der Parteien.[192] Der französische Richter ist somit verpflichtet, ausländisches Namensrecht von Amts wegen anzuwenden. Die Parteien müssen sich weder ausdrücklich darauf berufen noch können sie auf die Anwendung des ausländischen Rechts verzichten.

---

[188] Vgl. z.B. Cass. civ., JDI 1960, 810, Anm. *Sialelli*; Cass. civ., JDI 1961, 408, Anm. *Goldmann*.

[189] Vgl. Cass. civ., JDI 1989, 349, Anm. *Alexandre*.

[190] Vgl. Cass. civ., JDI 1991, 371, Anm. *Bureau*.

[191] Vgl. Cass. civ., RCDIP 1999, 707, Anm. *Muir-Watt*; Cass. civ., JCP 2009, II, 10065, Anm. *Mahinga*;

[192] Vgl. *Fauvarque-Cosson*, D. 2000, Rn. 11; *Scherer*, Rn. 269.

Kapitel IV

Namensrechtliche Konflikte in Fällen mit Frankreichbezug

Im bisherigen Verlauf der Arbeit wurde deutlich, dass sich sowohl das nationale als auch das internationale Namensrecht Deutschlands und Frankreichs in zahlreichen Punkten unterscheiden. Aus diesen Unterschieden resultieren in der Praxis bei namensrechtlichen Sachverhalten mit Bezug zu Frankreich nicht unerhebliche Probleme, die im Folgenden exemplarisch näher dargestellt werden.

A. Konflikte bei der Namensführung des Kindes

Die Namensführung des Kindes kann bei Sachverhalten mit Berührungspunkten zu Deutschland und Frankreich vor allem dann problematisch sein, wenn das Kind einen aus den Elternnamen zusammengesetzten Doppelnamen erhalten soll, wie er nur im französischen Recht vorgesehen ist. Wird ein solcher Name in Frankreich bestimmt, besteht sowohl bei deutschen Kindern (I) als auch bei Kindern mit deutscher und französischer Staatsangehörigkeit (II) die Gefahr einer „hinkenden Namensführung". Daneben stellt sich in Fällen mit Frankreichbezug die Frage, ob die Familiennamen von Geschwistern verschiedenen Rechtsordnungen unterliegen und deshalb gegebenenfalls voneinander abweichen können (III).

I. Der nach französischem Recht bestimmte Doppelname bei deutschen Kindern

Nach französischem Recht ist es den Eltern seit dem 1. Januar 2005 möglich, ihrem Kind einen aus den Elternnamen zusammengesetzten Familiennamen als Geburtsnamen zu erteilen.[1] Im deutschen Recht ist diese Form des Kindesnamens dagegen nicht vorgesehen. Nur in der Zeit vom 29. März 1991 bis zum 31. März 1994 konnte das Kind nach der vom BVerfG in seinem Urteil vom 5. März 1991 aufgestellten Übergangsregelung einen aus den Elternnamen zusammengesetzten Doppelnamen erhal-

---

[1] Vgl. Art. 311-21 Abs. 1 S. 1 Hs. 2 bzw. Art. 311-23 Abs. 2 S. 1 Cc.

ten.² Nach heutiger Rechtslage ist die Bildung von Doppelnamen zwar nicht schlechthin ausgeschlossen.³ Der Erwerb eines aus den Elternnamen zusammengesetzten Doppelnamens als Geburtsname ist aber nicht möglich.⁴ Dies wirft die Frage auf, ob deutschen Kindern in Fällen mit Frankreichbezug ein Doppelname nach französischem Recht erteilt werden kann (1) bzw. inwieweit ein solcher Name in Deutschland anzuerkennen ist (2).

1. Die Erteilung eines Doppelnamens nach französischem Recht für deutsche Kinder

Wie die Frage, ob Kindern mit deutscher Staatsangehörigkeit ein Doppelname nach französischem Recht erteilt werden kann, zu beantworten ist, hängt davon ab, ob sie sich vor einem deutschen (a) oder einem französischen Standesamt (b) stellt.

a) Die Sichtweise des deutschen Standesbeamten

Der deutsche Standesbeamte hat zur Ermittlung der Namensführung in Fällen mit Auslandsberührung das deutsche IPR anzuwenden. Gemäß Art. 10 Abs. 1 EGBGB bestimmt sich der Name eines Kindes grundsätzlich nach dessen Heimatrecht. Für Kinder mit deutscher Staatsangehörigkeit ist demnach prinzipiell deutsches Namensrecht maßgeblich, welches einen aus den Elternnamen zusammengesetzten Doppelnamen nicht vorsieht.

Eine Namensbestimmung nach französischem Namensrecht für deutsche Kinder ist jedoch dann möglich, wenn ein Elternteil die französische Staatsangehörigkeit besitzt. In diesem Fall kann gemäß Art. 10 Abs. 3 S. 1 Nr. 1 EGBGB französisches Recht gewählt⁵ und bei Vorliegen der entsprechenden materiellen Voraussetzungen ein Doppelname erteilt werden, der vom Standesbeamten in die deutsche Geburtsurkunde einzutragen ist und im deutschen Rechtsraum uneingeschränkte Wirkung entfaltet.⁶ Dass die Führung eines solchen Namens nach deutschem Sachrecht nicht möglich wäre, ist unerheblich.

Hat kein Elternteil die französische Staatsangehörigkeit, verbleibt es für deutsche Kinder bei der Anwendung des deutschen Rechts, so dass die El-

---

² Vgl. dazu S. 22.
³ Vgl. z.B. § 1618 S. 2 BGB
⁴ Dies verstößt weder gegen das GG (BVerfG, NJW 2002, 1256) noch gegen die EMRK (EGMR, StAZ 2008, 375).
⁵ Obwohl das Kind in solchen Fällen gemäß Art. 18 Cc mit der Geburt auch die französische Staatsangehörigkeit erlangt hat, kann man nur über eine Rechtswahl ins französische Recht gelangen, da die deutsche Staatsangehörigkeit gemäß Art. 5 Abs. 1 S. 2 EGBGB vorrangig ist und somit nach Art. 10 Abs. 1 EGBGB deutsches Recht zur Anwendung kommt.
⁶ Vgl. für den Fall der Erteilung eines Doppelnamens nach spanischem Recht OLG Köln, StAZ 1995, 42.

tern vor deutschen Standesämtern für ihr Kind keinen aus den Elternnamen bestehenden Doppelnamen bestimmen können.[7] Dies gilt auch dann, wenn die Familie ihren gewöhnlichen Aufenthalt in Frankreich hat. Während Ausländer gemäß Art. 10 Abs. 3 S. 1 Nr. 2 EGBGB bei gewöhnlichem Aufenthalt in Deutschland die Möglichkeit haben, ihrem Kind einen Namen nach deutschem Recht zu erteilen, ist Auslandsdeutschen die Wahl des Aufenthaltsrechts verwehrt.[8]

b) Die Sichtweise des französischen Standesbeamten

Der französische Standesbeamte hat die Namensführung eines Kindes in Fällen mit Auslandsberührung grundsätzlich nach dessen Heimatrecht zu beurteilen.[9] Sofern das Kind (auch) die französische Staatsangehörigkeit besitzt[10], ist folglich französisches Namensrecht maßgeblich, wonach ihm bei Vorliegen der materiellen Voraussetzungen ein aus den Elternnamen gebildeter Doppelname erteilt werden kann. Besitzt ein Kind dagegen ausschließlich die deutsche Staatsangehörigkeit, muss der französische Standesbeamte grundsätzlich deutsches Namensrecht anwenden, welches einen Kindesdoppelnamen nicht vorsieht.

Dennoch wird in der standesamtlichen Praxis in Frankreich auch für deutsche Kinder die Erteilung eines aus den Elternnamen zusammengesetzten Doppelnamens akzeptiert. Dies ist auf die Regelungen der französischen Dienstanweisung zurückzuführen, wonach der Standesbeamte nur dann zur Anwendung ausländischen Namensrechts verpflichtet ist, wenn ihm dessen Inhalt von den Betroffenen in Form eines sogenannten *certificat du coutume* dargelegt wird.[11] Wird ein solches *certificat du coutume* nicht beigebracht, wendet der Standesbeamte französisches Recht an.[12] Obwohl eine Rechtswahl im französischen Kollisionsrecht nicht vorgese-

---

[7] So auch ausdrücklich das BayObLG in einem Beschluss vom 17. Juni 1999: „Da Eltern und Kind deutsche Staatsangehörige sind, für die deutsches Namensrecht gilt (Art. 10 Abs. 1 EGBGB), steht ihnen die Möglichkeit des Art. 10 Abs. 3 EGBGB nicht offen, den Familiennamen des Kindes nach fremdem Recht zu bestimmen" (BayObLG, StAZ 1999, 333 f.).

[8] Dies wird im Schrifttum teilweise heftig kritisiert. So fordert zum Beispiel *Sturm*, Auslandsdeutschen über eine „spiegelbildliche Anwendung" des Art. 10 Abs. 2 S. 1 Nr. 2 EGBGB die Wahl des Aufenthaltsrechts zu gestatten (vgl. StAZ 1995, 259; StAZ 2005, 257). *Schurig* will die Wahl ausländischen Aufenthaltsrechts in analoger Anwendung von Art. 10 Abs. 2 S. 1 Nr. 2 EGBGB jedenfalls dann zulassen, wenn das Aufenthaltsrecht zugleich das Ehewirkungsstatut bildet (vgl. Soergel/*Schurig*, Art. 10 Rn. 63d).

[9] Vgl. Art. 3 Abs. 3 Cc bzw. Ziff. 531 Abs. 1 IGREC. Siehe auch die ausführliche Darstellung auf S. 121 ff.

[10] Ist das Kind Mehrstaater, geht die französische Staatsangehörigkeit vor (vgl. z.B. *Gutmann*, Rn. 343).

[11] Vgl. 530 Abs. 2 Hs. 1 IGREC bzw. Art. 531 Abs. 2 S. 1 IGREC.

[12] Vgl. Art. 530 Abs. 2 Hs. 2 bzw. Art. 531 Abs. 2 S. 2 IGREC.

A. Konflikte bei der Namensführung des Kindes 137

hen ist, können die Betroffenen somit de facto für eine Namensbestimmung nach französischem Recht optieren, indem sie schlichtweg auf die Vorlage eines certificat de coutume über das grundsätzlich anzuwendende ausländische Namensrecht verzichten. Sofern also bewusst oder aus Unkenntnis der Rechtslage kein certificat de coutume zum grundsätzlich maßgeblichen deutschen Namensrecht vorgelegt wird, wird ein französischer Standesbeamter für ein deutsches Kind mit deutschen Eltern einen nach französischem Recht bestimmten Doppelnamen akzeptieren und diesen in die Geburtsurkunde eintragen.

Vor französischen Gerichten hat dieser Name allerdings keinen Bestand. Da der französische Richter von Amts wegen verpflichtet ist, das nach französischem Kollisionsrecht maßgebliche nationale Recht anzuwenden[13], wird er die Namensführung nach deutschem Recht beurteilen, welches keinen aus den Elternnamen gebildeten Doppelnamen zulässt.[14] Dass sich die französische Dienstanweisung für Standesbeamte nicht strikt an die Vorgaben des Kollisionsrechts hält, hat somit für die Betroffenen nicht nur eine „hinkende Namensführung" im Verhältnis zwischen Deutschland und Frankreich, sondern auch eine Instabilität des Namens innerhalb Frankreichs zur Folge. Dieses Dilemma könnte durch die Aufnahme einer echten Rechtswahlmöglichkeit ins französische Kollisionsrecht verhindert werden, wie sie im französischen Schrifttum zunehmend gefordert wird.[15] Solange eine solche echte Rechtswahlbefugnis nicht existiert, sollte der französische Standesbeamte zumindest verpflichtet werden, die Eheleute ausdrücklich darauf hinzuweisen, dass ihre Namenswahl gegebenenfalls vor französischen Gerichten keinen Bestand haben würde.[16]

2. Die Anerkennung eines in Frankreich erteilten Kindesdoppelnamens in Deutschland

Beispielsfall:
Die Eheleute Frau Müller und Herr Schmidt, beide deutsche Staatsangehörige, leben in Frankreich. Dort kommt ihr gemeinsames Kind zur Welt. Bei der Geburtsanzeige vor dem französischen Standesamt bestimmen sie für das Kind den nach französischem Recht zulässigen Namen „Müller Schmidt" zum Geburtsnamen. Dieser Name wird in die französische Geburtsurkunde eingetragen. Als die Eheleute die Geburt dem Standesamt I in Berlin anzeigen, lehnt dieses eine Eintragung in das Geburtenregister unter dem Namen „Müller Schmidt" mit der Begründung ab, dass sich die Namensführung des Kindes nach deutschem Recht richte, welches eine solche Form der Namensführung nicht vorsehe.

---

[13] Vgl. hierzu S. 132 f.
[14] Vgl. *Scherer*, Rn. 269.
[15] Vgl. nur *Scherer*, Rn. 270.
[16] Ebenso *Scherer*, Rn. 270.

Wird der Familienname eines im Ausland geborenen Kindes mit deutscher Staatsangehörigkeit nach dem Recht des Geburtsstaates bestimmt und in das ausländische Geburtenregister eingetragen, kann dieser für den deutschen Rechtsraum nicht ohne weiteres übernommen werden. Eine gleichlautende Eintragung in das deutsche Geburtenregister ist vielmehr grundsätzlich nur dann möglich, wenn die Namensführung auch aus deutscher Sicht zulässig ist.

Ein nach französischem Recht gebildeter und in die französische Geburtsurkunde eingetragener Kindesdoppelname ist demnach aus deutscher Sicht eintragungsfähig, wenn die Regelungen des deutschen IPR eine Namenserteilung nach französischem Recht zulassen. Wie bereits aufgezeigt, kann Kindern deutscher Staatsangehörigkeit nur dann ein Name nach französischem Recht erteilt werden, wenn zumindest ein Elternteil die französische Staatsangehörigkeit besitzt und somit eine Rechtswahl gemäß Art. 10 Abs. 3 S. 1 Nr. 1 EGBGB zugunsten des französischen Rechts möglich ist. Besitzen dagegen beide Eltern allein die deutsche Staatsangehörigkeit, ist auch bei gewöhnlichem Aufenthalt der Familie in Frankreich nach dem deutschen IPR eine Namenserteilung nach französischem Recht nicht möglich. Wurde daher für ein in Frankreich geborenes deutsches Kind von den deutschen Eltern ein Doppelname nach französischem Recht bestimmt, kann das deutsche Standesamt diesen nach den Vorgaben des deutschen IPR grundsätzlich nicht in die deutsche Geburtsurkunde eintragen, sondern muss die Eltern auf die Wahlmöglichkeiten des deutschen Rechts verweisen, welches einen aus den Elternnamen gebildeten Doppelnamen nicht vorsieht. Seit der sogenannten *Grunkin-Paul*-Entscheidung des EuGH vom 14. Oktober 2008[17] stellt sich aber die Frage, ob das deutsche Standesamt nicht aufgrund europarechtlicher Vorgaben verpflichtet ist, den nach französischem Recht erteilten Doppelnamen anzuerkennen.

a) Die „Grunkin-Paul"-Entscheidung des EuGH vom 14.10.2008

Mit Urteil vom 14. Oktober 2008 entschied der EuGH, dass es gegen das Freizügigkeitsgebot des Art. 21 AEUV[18] verstößt, wenn die Behörden ei-

---

[17] EuGH, Urteil vom 14. Oktober 2008, Rs. C-353-06 (*Grunkin-Paul*), StAZ 2009, 9 ff., JZ 2009, 151 ff. m. Anm. *Kroll-Ludwigs*, FamRZ 2008, 2089 ff. m. Anm. *Funken*.

[18] Ex-Artikel 18 EG. Der „Vertrag zur Gründung der Europäischen Gemeinschaft" (EGV) wurde mit Inkrafttreten des „Vertrags von Lissabon" zum 1. Dezember 2009 in „Vertrag über die Arbeitsweise der Europäischen Union" (AEUV) umbenannt. Die Artikel wurden neu nummeriert und teilweise neu gefasst. Die Vorschriften der Art. 12 bzw. 18 EG finden sich nunmehr in Art. 18 bzw. 21 AEUV. Da die Regelungen im Kern unverändert geblieben sind, werden die Artikel im Folgenden auch dann ausschließlich in der neuen Nummerierung genannt, wenn EuGH-Entscheidungen behandelt werden, die sich noch auf Vorschriften in der Fassung des EGV beziehen.

nes EU-Mitgliedstaats es ablehnen, den Nachnamen eines Kindes anzuerkennen, der in einem anderen Mitgliedstaat bestimmt und eingetragen wurde, in dem dieses Kind, das wie seine Eltern nur die Staatsangehörigkeit des erstgenannten Mitgliedstaats besitzt, geboren wurde und seitdem wohnt. Der Entscheidung lag folgender Sachverhalt zugrunde:

Ein in Dänemark lebendes deutsches Ehepaar hatte für seinen im Jahr 1998 geborenen Sohn, einen aus Vater- und Mutternamen zusammengesetzten Familiennamen (*Grunkin-Paul*) bestimmt. Dieser nach dänischem Recht zulässige Doppelname[19] war in die dänische Geburtsurkunde eingetragen worden.

Im Jahr 2006 beantragten die Eltern beim zuständigen deutschen Standesamt in Niebüll, das Kind unter dem Namen *Grunkin-Paul* in das Familienbuch einzutragen. Das Standesamt Niebüll lehnte die Eintragung jedoch mit der Begründung ab, das Kind sei deutscher Staatsangehöriger, so dass die Namensführung gemäß Art. 10 Abs. 1 EGBGB dem deutschen Recht unterliege. Dieses sehe einen aus den elterlichen Familiennamen bestehenden Doppelnamen für Kinder nicht vor.

Daraufhin stellten die Eltern beim AG Flensburg den Antrag, das Standesamt Niebüll anzuweisen, den in Dänemark bestimmten und eingetragenen Namen *Grunkin-Paul* als Familiennamen ihres Sohnes anzuerkennen und in das deutsche Familienbuch einzutragen. Das AG Flensburg war zwar der Auffassung, dass eine Anweisung des Standesamts zur Eintragung eines nach deutschem Recht unzulässigen Namens nicht möglich sei, hatte jedoch Zweifel, ob es mit dem Gemeinschaftsrecht vereinbar sei, einen Unionsbürger zu zwingen, in unterschiedlichen Mitgliedstaaten unterschiedliche Nachnamen zu führen. Das Gericht setzte deshalb das Verfahren aus und legte dem EuGH nach Art. 267 Abs. 1 lit. a AEUV[20] folgende Frage zur Vorabentscheidung vor:

„Kann im Hinblick auf das in Art. 18 AEUV enthaltene Diskriminierungsverbot bzw. im Hinblick auf die in Art. 21 AEUV für jeden Unionsbürger verbürgte Freizügigkeit das in Art. 10 EGBGB verankerte deutsche Kollisionsrecht Bestand haben, soweit es hinsichtlich des Namensrechts allein eine Anknüpfung an die Staatsangehörigkeit vornimmt?"

---

[19] In concreto erhielt das Kind den Doppelnamen erst im Wege eines behördlichen Namensänderungsverfahrens nach § 9 des im entscheidungserheblichen Zeitpunkt geltenden Gesetzes Nr. 193 vom 29. April 1981 (vgl. Schlussanträge der Generalanwältin *Sharpston*, StAZ 2008, 275 f., Rn. 13 u. 22). Nach heutiger Rechtslage (vgl. § 8 Abs. 1 des zum 1. April 2006 in Kraft getretenen Gesetzes Nr. 524 vom 24. Juni 2006; deutsche Übersetzung in StAZ 2006, 305 ff.) wäre auch die unmittelbare Bestimmung eines aus den Elternnamen zusammengesetzten Doppelnamens (*dobbelte efternavne*) möglich gewesen (vgl. dazu auch *Ring/Olsen-Ring*, StAZ 2006, 288 f.).

[20] Ex-Art. 234 Abs. 1 lit. a EG.

Der EuGH hat diese Frage im Wesentlichen wie folgt beantwortet: Dass der Name eines deutschen Kindes in Deutschland nach deutschem Recht bestimmt wird, stellt keine Diskriminierung aufgrund der Staatsangehörigkeit und damit keinen Verstoß gegen Art. 18 AEUV dar.[21] Die Verpflichtung, in dem Mitgliedstaat, dessen Staatsangehörigkeit der Betroffene besitzt, einen anderen Namen als den zu führen, der bereits im Geburts- und Wohnsitzmitgliedstaat erteilt und eingetragen wurde, kann jedoch die Ausübung des Rechts aus Art. 21 AEUV behindern, sich im Hoheitsgebiet der Mitgliedstaaten frei zu bewegen und aufzuhalten.

Die Führung unterschiedlicher Familiennamen in unterschiedlichen Mitgliedstaaten kann für den Betroffenen zu schwerwiegenden Nachteilen beruflicher und privater Art führen. Insbesondere ist problematisch, dass ihm vom Heimatstaat kein auf seinen im Geburts- und Wohnsitzstaat geführten Namen lautendes Ausweisdokument ausgestellt wird. Der Betroffene läuft somit Gefahr, jedes Mal, wenn er im Wohnsitzstaat den Nachweis seiner Identität erbringen muss, Zweifel an dieser Identität und den Verdacht von Falschangaben ausräumen zu müssen. Auch im Hinblick auf Bescheinigungen, Zeugnisse und Diplome, die im Wohnsitzstaat ausgestellt wurden, kann die Divergenz des Nachnamens gegenüber dem im Ausweispapier genannten Namen Zweifel an der Echtheit der Dokumente und der Wahrheitsgemäßheit der darin enthaltenen Angaben wecken.[22]

Die Beeinträchtigung der Freizügigkeit aufgrund der dargestellten schwerwiegenden Nachteile wird auch nicht dadurch gerechtfertigt, dass durch eine ausschließliche Anknüpfung an die Staatsangehörigkeit die Kontinuität und Stabilität des Namens gewährleistet werden soll. Unter den Umständen des der Entscheidung zugrunde liegenden Falles wird vielmehr durch die ausschließliche Anknüpfung an die Staatsangehörigkeit das Gegenteil des angestrebten Ergebnisses erreicht, weil der Betroffene jedes Mal, wenn er die Grenze zwischen den beiden betreffenden Mitgliedstaaten überquert, einen anderen Namen führt.[23]

Im Ergebnis verstößt es gegen das Freizügigkeitsgebot des Art. 21 AEUV, wenn die Behörden eines EU-Mitgliedstaats es ablehnen, den Nachnamen eines Kindes anzuerkennen, der in einem anderen Mitgliedstaat bestimmt und eingetragen wurde, in dem dieses Kind, das wie seine Eltern nur die Staatsangehörigkeit des erstgenannten Mitgliedstaats besitzt, geboren wurde und seitdem wohnt.

---

[21] Vgl. EuGH, JZ 2009, 152 Rn. 19 f.
[22] Vgl. EuGH, JZ 2009, 152 Rn. 23, 26 u. 28.
[23] Vgl. EuGH, JZ 2009, 152 Rn. 32.

b) Die allgemeinen Konsequenzen des Grunkin-Paul-Urteils für die standesamtliche Praxis

Das *Grunkin-Paul*-Urteil des EuGH hat die Fragen aufgeworfen, inwieweit dessen Vorgaben von deutschen Standesbeamten zwingend zu beachten sind (aa) und in welcher Form die „Anerkennung" des in einem anderen Mitgliedstaat erteilten Kindesdoppelnamens gegebenenfalls zu erfolgen hat (bb).

aa) Die Pflicht deutscher Standesämter zur Umsetzung des Grunkin-Paul-Urteils

Nach Erlass des *Grunkin-Paul*-Urteils waren einige deutsche Standesämter und Gerichte zunächst der Auffassung, dieses sei für sie rechtlich nicht verbindlich. Ein nach deutschem Recht unzulässiger Geburtsname dürfe nicht beurkundet werden. Der deutsche Gesetzgeber sei somit zunächst aufgerufen, das innerstaatliche Recht an die Gemeinschaftsrechtslage anzupassen.[24] Diese Ansicht verkennt jedoch den Anwendungsvorrang des Gemeinschaftsrechts und die unmittelbare Bindungswirkung von Vorabentscheidungsurteilen des EuGH.

Der EuGH geht seit seiner *Costa/E.N.E.L.*-Entscheidung aus dem Jahr 1964[25] in ständiger Rechtsprechung von einem uneingeschränkten Vorrang des Gemeinschaftsrechts gegenüber jeglichem nationalem Recht aus.[26] Das Bundesverfassungsgericht hat die Vorrangigkeit des Gemeinschaftsrechts zumindest gegenüber einfachen Gesetzen anerkannt.[27] Der Vertrag von Lissabon enthält zwar keine ausdrückliche Regelung zum Vorrang des Gemeinschaftsrechts. In einer den Vertrag ergänzenden „Erklärung zum Vorrang" wird aber darauf hingewiesen, dass „die Verträge und das von der Union auf der Grundlage der Verträge gesetzte Recht im Einklang mit der ständigen Rechtsprechung des Gerichtshofs der Europäischen Union unter den in dieser Rechtsprechung festgelegten Bedingungen Vorrang vor dem Recht der Mitgliedstaaten haben."[28] Einigkeit besteht darüber, dass

---

[24] So zum Beispiel das LG Memmingen in seinem Beschluss vom 7. September 2009 (Az. 43 T 1515/09; nicht veröffentlicht), der jedoch letztinstanzlich vom OLG München aufgehoben wurde (StAZ 2010, 76).

[25] Vgl. EuGH, Slg. 1964, 1251 (1269 f.).

[26] Vgl. *Frenz*, Rn. 102 m.w.N.

[27] Vgl. BVerfG, NJW 1971, 2122 (2124); NJW 1988, 1459 (1462). Allerdings ergibt sich die Vorrangigkeit nach Auffassung des BVerfG nicht aus dem Gemeinschaftsrecht selbst, sondern aus dem innerstaatlichen Rechtsanwendungsbefehl in Form der Zustimmungsgesetze zu den Gemeinschaftsverträgen. Gegenüber deutschem Verfassungsrecht besteht der Vorrang des Gemeinschaftsrechts aus Sicht des BVerfG nur in den Grenzen der Art. 23 und 79 Abs. 3 GG. Werden diese nicht eingehalten, kann das BVerfG Europarecht ausnahmsweise für unanwendbar erklären (vgl. BVerfG, NJW 2009, 2267, (2285)).

[28] Vgl. ABl. C 115 vom 9. Mai 2008, S. 344.

dem Gemeinschaftsrecht kein Geltungs-, sondern ein Anwendungsvorrang zukommt.[29] Bei einer Kollision mit dem Gemeinschaftsrecht wird das nationale Recht demnach nicht außer Kraft gesetzt, sondern bleibt lediglich unangewendet.[30] Dementsprechend dürfen deutsche Behörden und Gerichte in namensrechtlichen Sachverhalten mit Berührung zu einem EU-Mitgliedstaat die einfachgesetzlichen Kollisionsregeln des Art. 10 EGBGB nicht anwenden, soweit diese gemeinschaftsrechtswidrig sind.

Die Frage, inwieweit Art. 10 EGBGB gegen Gemeinschaftsrecht verstößt, wurde dem EuGH in der Rechtssache *Grunkin-Paul* zur Vorabentscheidung vorgelegt. Allerdings hat der EuGH diese nicht dahingehend entschieden, dass Art. 10 EGBGB per se europarechtswidrig ist.[31] Er hat vielmehr festgestellt, dass es unter bestimmten Voraussetzungen gegen Art. 21 AEUV verstößt, die Anerkennung eines nach dem Recht eines anderen Mitgliedstaats erteilten Namens unter Berufung auf nationales Kollisionsrecht abzulehnen. Das *Grunkin-Paul*-Urteil ist also zu lesen, dass Art. 10 EGBGB nur gemeinschaftsrechtswidrig ist, soweit diese Vorschrift der Anerkennung des in einem anderen Mitgliedstaat bestimmten und eingetragenen Nachnamens eines Kindes, das in dem anderen Mitgliedstaat geboren wurde und seitdem wohnt, entgegensteht. Nur unter diesen Voraussetzungen muss der deutsche Standesbeamte die Vorschrift des Art. 10 EGBGB nach dem *Grunkin-Paul*-Urteil unangewendet lassen.

Die Verpflichtung des deutschen Standesbeamten zur Umsetzung der Vorgaben des *Grunkin-Paul*-Urteils kann nicht mit der Begründung verneint werden, dieses habe keine unmittelbare rechtliche Bindungswirkung. Zwar entfalten Vorabentscheidungsurteile des EuGH eine formale Bindungswirkung zunächst einmal nur für die mit der Streitsache befassten mitgliedstaatlichen Gerichte des Ausgangsverfahrens.[32] Die unmittelbare rechtliche Verbindlichkeit bleibt also grundsätzlich auf den Streitgegenstand und die Parteien des Ausgangsrechtsstreits beschränkt. De facto kommt den Vorabentscheidungsurteilen des EuGH aber eine „erga omnes"-Wirkung zu.[33] Für letztinstanzliche Gerichte ergibt sich die faktische Bindungswirkung bereits daraus, dass sie dem EuGH erneut vorlegen müssten, wenn sie von dessen Auslegung abweichen wollten.[34] Doch auch

---

[29] Vgl. z.B. EuGH, Slg. 1990, 2433 (2473); BVerfG, NJW 2009, 2267 (2284 f.).

[30] In Fällen ohne gemeinschaftsrechtlichen Bezug ist das nationale Recht dagegen uneingeschränkt anzuwenden, was zum Problem der sogenannten „Inländerdiskriminierung" führen kann (vgl. dazu *Frenz*, Rn. 133).

[31] So auch *Funken*, FamRZ 2008, 2092.

[32] Vgl. z.B. BVerfG, NJW 1988, 1459; *Frenz*, Rn. 3395.

[33] Dies ist für Ungültigkeitsurteile i.S.d. Art. 267 Abs. 1 lit. b AEUV heute nahezu unstreitig (vgl. *Frenz*, Rn. 3398 m.w.N.), aber auch für Auslegungsurteile i.S.d. Art. 267 Abs. 1 lit. a AEUV weitgehend anerkannt (vgl. *Frenz*, Rn. 3405 ff. m.w.N.).

[34] Vgl. EuGH, NJW 1983, 1257 (1258); *Frenz*, Rn. 3405.

für mitgliedstaatliche Instanzgerichte und Behörden ist unter Berücksichtigung der Verpflichtung zur einheitlichen Anwendung des Gemeinschaftsrechts, der Leitfunktion des Vorabentscheidungsurteils sowie der Prozessökonomie von einer tatsächlichen Bindungswirkung von Vorabentscheidungsurteilen auszugehen.[35] Eine faktische Bindungswirkung ergibt sich nicht zuletzt auch daraus, dass einem EU-Mitgliedstaat im Falle der Nichtbeachtung eines Vorabentscheidungsurteils durch nationale Behörden und Gerichte[36] ein Vertragsverletzungsverfahren nach Art. 258-260 AEUV droht.

Aufgrund des Anwendungsvorrangs des Gemeinschaftsrechts und der faktischen Bindungswirkung von Vorabentscheidungsurteilen des EuGH steht somit letztlich außer Zweifel, dass Art. 10 EGBGB zwar grundsätzlich weiterhin den Ausgangspunkt der Prüfung eines im Ausland erfolgten Namenserwerbs bildet[37], die deutschen Standesbeamten aber bei Vorliegen der im *Grunkin-Paul*-Urteil genannten Voraussetzungen, verpflichtet sind, diese Vorschrift unangewendet zu lassen und den in einem anderen Mitgliedstaat erteilten Kindesnamen anzuerkennen.

bb) Die konkrete Umsetzung der Anerkennungspflicht – denkbare Methoden

In den Entscheidungsgründen des *Grunkin-Paul*-Urteils findet sich allerdings kein Hinweis darauf, in welcher Form die „Anerkennung" der in einem anderen Mitgliedstaat erteilten Kindesnamen aus Sicht des EuGH konkret zu erfolgen hat. Der Gerichtshof verwendet den Begriff der „Anerkennung" lediglich zur Beschreibung eines bestimmten Ergebnisses.[38] Grundsätzlich denkbare Methoden zur Umsetzung der Vorgaben des *Grunkin-Paul*-Urteils sind die Schaffung neuer gesetzlicher Vorschriften (1), eine gemeinschaftsrechtskonforme Auslegung der deutschen Kollisions- und Sachnormen (2), der Verweis auf das behördliche Namensänderungsverfahren (3) sowie eine vom nationalen Recht losgelöste, unmittelbar aus Art. 21 AEUV folgende Anerkennung (4).

(1) Die Schaffung neuer gesetzlicher Vorschriften

Die Vorgaben des *Grunkin-Paul*-Urteils könnten selbstverständlich umgesetzt werden, indem der deutsche Gesetzgeber schlichtweg entsprechende gesetzliche Vorschriften schafft. Um die nationale Rechtslage an das Gemeinschaftsrecht anzupassen, kommt grundsätzlich entweder eine Ände-

---

[35] Vgl. *Pechstein*, Rn. 862; *Frenz*, Rn. 3406 f. m.w.N.
[36] Zu der Frage, inwieweit Entscheidungen nationaler Instanzgerichte Gegenstand eines Vertragsverletzungsverfahrens sein können, vgl. z.B. *Frenz*, Rn. 2531 ff.
[37] Vgl. *Krömer*, StAZ 2009, 151.
[38] Vgl. MARTINY, DNotZ 2009, 454.

rung des Kollisionsrechts oder eine Änderung des Sachrechts in Betracht.[39] Eine Lösung auf der Ebene des deutschen Sachrechts erscheint zur Umsetzung des *Grunkin-Paul*-Urteils nur wenig sinnvoll, da sämtliche in den 27 EU-Mitgliedstaaten zulässigen Erscheinungsformen des Kindesnamens zur Wahl gestellt werden müssten.[40] Denkbar wäre dagegen die Schaffung einer neuen Kollisionsnorm, die es unter den im *Grunkin-Paul*-Urteil genannten Voraussetzungen erlaubt, die Namensführung des Kindes dem ausländischen Aufenthaltsrecht zu unterstellen. So könnte etwa Art. 10 Abs. 3 EGBGB um folgende Regelung ergänzt werden:

„Art. 10
(...)
(3) Der Inhaber der Sorge kann gegenüber dem Standesbeamten bestimmen, dass ein Kind den Familiennamen erhalten soll
(...)
4. nach dem Recht eines Mitgliedstaates der Europäischen Union, in dem der Name des Kindes erstmalig bestimmt und eingetragen wurde, wenn das Kind dort seinen gewöhnlichen Aufenthalt hat."

Dieser Vorschlag orientiert sich an einem Regelungsvorschlag von *Wall*, der allerdings auf die Voraussetzung des gewöhnlichen Aufenthaltes des Kindes in dem Erstregistrierungsstaat verzichtet.[41] Es erscheint jedoch zwingend geboten, eine solche Verbindung des Kindes zum Staat des originären Namenserwerbs zu fordern. Zum einen entspricht dies den Vorgaben des EuGH, wonach der Familienname eines Kindes anzuerkennen ist, der in einem anderen Mitgliedstaat bestimmt und eingetragen wurde, „in dem dieses Kind (...) geboren wurde und seitdem wohnt."[42] Hat das Kind seinen gewöhnlichen Aufenthalt gar nicht in dem Erstregistrierungsstaat, drohen keine aus der Namensdivergenz zwischen Aufenthalts- und Heimatstaat resultierenden „schwerwiegenden Nachteile", mit denen der EuGH die Namensanerkennungspflicht des Heimatstaates begründet. Zum anderen kann nur durch das Erfordernis einer substanziellen Verbindung zu dem Staat, dessen Namensrecht zur Wahl gestellt wird, der Gefahr eines „Namenstourismus" vorgebeugt werden.[43] Andernfalls müssten beispielsweise deutsche Eltern, die ihrem Kind einen nach deutschem Recht unzu-

---

[39] Vgl. *Kroll-Ludwigs*, JZ 2009, 155.
[40] Entgegen der Auffassung von *Kroll-Ludwigs* (JZ 2009, 155) wäre es nicht damit getan, § 1617 Abs. 1 S. 1 BGB dahingehend zu korrigieren, dass als Geburtsname des Kindes auch ein aus den Namen der Eltern gebildeter Doppelname bestimmt werden kann. Das *Grunkin-Paul*-Urteil beschränkt sich nicht auf Kindesdoppelnamen, sondern schreibt ganz allgemein die Anerkennung eines in einem anderen Mitgliedstaat bestimmten und eingetragenen Kindesnamens vor.
[41] Vgl. *Wall*, StAZ 2009, 265.
[42] EuGH, JZ 2009, 151.
[43] So auch *Rauscher/ Papst*, NJW 2009, 3614; *Rieck*, NJW 2009, 128.

lässigen Namen erteilen wollen, lediglich zur Geburt in einen EU-Mitgliedstaat reisen, dessen Recht die gewünschte Namensform vorsieht, und den Namen dort eintragen lassen.

Anders als Art. 10 Abs. 3 Nr. 2 EGBGB, der unabhängig vom Aufenthaltsort des Kindes eine Rechtswahl zugunsten des deutschen Rechts ermöglicht, wenn ein Elternteil seinen gewöhnlichen Aufenthalt in Deutschland hat, stellt die oben vorgeschlagene Neuregelung unmittelbar auf den gewöhnlichen Aufenthalt des Kindes ab. Dies wird wiederum den Entscheidungsgründen des *Grunkin-Paul*-Urteils am ehesten gerecht.

Durch eine Anpassung des deutschen Namensrechts an die Vorgaben des EuGH würde eine Kollision mit dem Freizügigkeitsgebot des Art. 21 AEUV von vornherein verhindert. Der im Aufenthaltsstaat eingetragene Kindesname könnte auf Grundlage des deutschen IPR bei einer Rechtswahl zugunsten des Aufenthaltsrechts auch für den deutschen Rechtsraum erteilt werden.

Wie bereits dargestellt, sind deutsche Behörden und Gerichte jedoch aufgrund des Anwendungsvorrangs des Gemeinschaftsrechts unabhängig von einem Tätigwerden des deutschen Gesetzgebers verpflichtet, das *Grunkin-Paul*-Urteil umzusetzen. Insofern mag es zwar „auch im Sinne der ‚Benutzerfreundlichkeit' für den Bürger und die rechtsanwendenden Behörden rechtspolitisch sehr wünschenswert"[44] sein, dass die Vorgaben des EuGH im deutschen Namensrecht ausdrücklichen Niederschlag finden. Zwingende Konsequenz des *Grunkin-Paul*-Urteils ist dies aber nicht.[45]

(2) Die gemeinschaftsrechtskonforme Auslegung des bestehenden deutschen Rechts

Anstelle einer Schaffung neuer gesetzlicher Regelungen käme zur Umsetzung des *Grunkin-Paul*-Urteils grundsätzlich auch eine gemeinschaftsrechtskonforme Auslegung des derzeit geltenden deutschen Namensrechts in Betracht.

Die gemeinschaftsrechtskonforme Auslegung könnte zum einen im deutschen Namenssachrecht ansetzen.

In diesem Zusammenhang ist jedoch zunächst festzustellen, dass die Gemeinschaftsrechtswidrigkeit des deutschen Namenssachrechts nicht Gegenstand des Vorabentscheidungsverfahrens war. Der EuGH hat nicht mit einer Silbe ausgesprochen, dass die Vorschriften der §§ 1616 BGB ff. gegen Gemeinschaftsrecht verstoßen, weil sie einen aus den Elternnamen gebildeten Kindesdoppelnamen nicht vorsehen.

---

[44] *Wall*, StAZ 2009, 264.
[45] So auch ausdrücklich das OLG München in seinem Beschluss vom 19. Januar 2010, StAZ 2010, 76 (78).

Selbst wenn aber eine Gemeinschaftsrechtswidrigkeit des deutschen Namenssachrechts festgestellt worden wäre, könnten von diesem nicht vorgesehene Formen des Kindesnamens nicht im Wege einer gemeinschaftsrechtskonformen Auslegung „anerkannt" werden. Die gemeinschaftsrechtskonforme Auslegung findet ihre Grenzen in Wortlaut und Gesetzeszweck der nationalen Vorschriften; eine Auslegung contra legem des nationalen Rechts darf nicht erfolgen.[46] Im deutschen Namenssachrecht hat sich der Gesetzgeber bewusst gegen die Zulassung eines aus den Elternnamen gebildeten Kindesdoppelnamens entschieden. Entsprechende Vorschläge[47] wurden im Gesetzgebungsverfahren zum FamNamRG nach eingehender Diskussion abgelehnt. Der Ausschluss von Familiendoppelnamen wurde vom Bundesverfassungsgericht für verfassungsgemäß erachtet.[48] Die §§ 1616 BGB ff. so auszulegen, dass unter den Voraussetzungen des *Grunkin-Paul*-Urteils ein Kindesdoppelname erteilt werden kann, liefe dem Wortlaut und dem eindeutigen Willen des deutschen Gesetzgebers zuwider.

Denkbar wäre somit allenfalls eine „Anerkennung" des in einem anderen Mitgliedstaat erteilten Kindesnamens im Wege der gemeinschaftsrechtskonformen Auslegung des deutschen Kollisionsrechts. Namentlich wäre daran zu denken, Art. 10 Abs. 3 EGBGB dahingehend auszulegen, dass bei gewöhnlichem Aufenthalt des Kindes oder – in Anlehnung an Art. 10 Abs. 3 S. 1 Nr. 2 EGBGB – mindestens eines Elternteils im Ausland eine Rechtswahl zugunsten des ausländischen Aufenthaltsrechts getroffen werden kann. Auch hier findet die Auslegung indes ihre Grenzen im Wortlaut sowie der Intention des Gesetzgebers. Art. 10 Abs. 3 S. 1 Nr. 2 EGBGB sieht ausdrücklich allein für Ausländer mit gewöhnlichem Aufenthalt in Deutschland eine Wahl des deutschen Rechts vor. Insbesondere vor dem Hintergrund, dass eine spiegelbildliche Befugnis von Auslandsdeutschen zur Wahl des ausländischen Namensrechts im Schrifttum seit Jahrzehnten diskutiert wird[49], ist davon auszugehen, dass der Gesetzgeber auf eine entsprechende Regelung bewusst verzichtet hat.[50] Diese gesetzgeberische Entscheidung darf nicht im Wege der Auslegung unterlaufen werden.

Im Ergebnis kann die vom EuGH in seinem *Grunkin-Paul*-Urteil geforderte Namensanerkennung nicht durch gemeinschaftsrechtskonforme Auslegung des deutschen Rechts erreicht werden.[51]

---

[46] Vgl. EuGH, NJW 2006, 2465 (2467); EuGH, NJW 2005, 2839 (2841).
[47] Vgl. BT-Drs. 12/617, S. 4; BT-Drs. 12/3163, S. 4.
[48] Vgl. BVerfG, NJW 2002, 1256.
[49] Vgl. zum Ehenamensrecht *Sturm*, StAZ 2010, 11 m.w.N.
[50] So auch Soergel/*Schurig*, Art. 10 EGBGB Rn. 68.
[51] So auch *Kroll-Ludwigs*, JZ 2009, 154.

(3) Die „Anerkennung" im Wege des öffentlich-rechtlichen Namensänderungsverfahrens

Eine Umsetzung der vom EuGH vorgegebenen Namensanerkennungspflicht ist prinzipiell auch im Wege des öffentlich-rechtlichen Namensänderungsverfahrens denkbar.[52] Dies ist der Weg, den die deutsche standesamtliche und konsularische Praxis seit Erlass des *Grunkin-Paul*-Urteils beschreitet. Das Bundesinnenministerium hat die InnenminAisterien der Länder mit Rundschreiben vom 30. Januar 2009[53] aufgefordert, ihre Behörden darauf hinzuweisen, dass Umstände, die denen des Urteils in der Sache *Grunkin-Paul* entsprechen, einen wichtigen Grund für eine behördliche Namensänderung darstellen. Mit Weisung vom 21. April 2009[54] hat das Auswärtige Amt sämtliche deutschen Auslandsvertretungen in den EU-Mitgliedstaaten ausdrücklich angewiesen, die Betroffenen in entsprechend gelagerten Fällen über die Möglichkeit einer behördlichen Namensänderung zu informieren.

Für eine behördliche Änderung des Familiennamens bedarf es gemäß § 3 Abs. 1 NamÄndG eines wichtigen Grundes, der die Änderung rechtfertigt. Nach der Rechtsprechung liegt ein die Namensänderung rechtfertigender Grund vor, wenn das schutzwürdige Interesse des Antragstellers an der Namensänderung so wesentlich ist, dass die Belange der Allgemeinheit, die in der Regel die Beibehaltung des bisherigen Namens fordern, zurücktreten müssen.[55]

Dass eine hinkende Namensführung des Betroffenen eine Namensänderung grundsätzlich rechtfertigen kann, zeigt bereits die Regelung in Ziffer 49 NamÄndVwV, die allerdings unmittelbar nur auf Doppelstaater Anwendung findet:

„Führt ein Deutscher, der auch eine ausländische Staatsangehörigkeit besitzt, nach dem Recht des ausländischen Staates, dessen Staatsangehöriger er auch ist, einen anderen Familiennamen als den, den er nach dem Recht im Geltungsbereich des Gesetzes zu führen verpflichtet ist, so kann die hinkende Namensführung dadurch beseitigt werden, daß der im Geltungsbereich des Gesetzes zu führende Familienname in den Familiennamen geändert wird, der nach dem Recht des anderen Staates zu führen ist."

Grundsätzlich hat die Verwaltung bei der Entscheidung über einen Antrag auf Namensänderung einen Beurteilungsspielraum.[56] Sollen die Vorgaben des EuGH im Wege des behördlichen Namensänderungsverfahrens umge-

---

[52] So z.B. auch *Funken*, FamRZ 2008, 2092. *Lipp* hält das Namensänderungsverfahren sogar de lege lata für die einzig mögliche Methode zur Umsetzung des *Grunkin-Paul*-Urteils (vgl. *Lipp*, StAZ 2009, 8).
[53] Rundschreiben vom 30. Januar 2009, Az.: V II 1 – 133 212/22 (nicht veröffentlicht).
[54] Weisung vom 21. April 2009, Gz.: 505-04-513.00 (nicht veröffentlicht).
[55] Vgl. BVerwG, NVwZ 1982, 111 (112).
[56] Vgl. *Brandhuber*, StAZ 1997, 297.

setzt werden, muss allerdings sichergestellt sein, dass einem Antrag unter den im *Grunkin-Paul*-Urteil genannten Voraussetzungen zwingend stattgegeben wird. Dem Betroffenen muss also letztlich ein vom Beurteilungsspielraum der Behörde unabhängiger „Anspruch auf behördliche Namensänderung"[57] eingeräumt werden. Selbst bei Gewährung eines solchen Anspruchs auf Namensänderung wird aber der „Umweg" über das behördliche Namensänderungsverfahren der vom EuGH in seinem *Grunkin-Paul*-Urteil geforderten Namensanerkennung aus verschiedenen Gründen nicht gerecht:

Zunächst einmal ist festzuhalten, dass das behördliche Namensänderungsverfahren Ausnahmecharakter hat und nur dazu dienen soll, Unzuträglichkeiten im Einzelfall zu beseitigen.[58] Die öffentlich-rechtliche Namensänderung muss also stets die ultima ratio bleiben. Kann die gewünschte Namensführung durch eine Amtshandlung des Standesbeamten erreicht werden, scheidet eine behördliche Namensänderung aus.[59] Nachdem das *Grunkin-Paul*-Urteil durchaus in dem Sinne verstanden werden kann, dass der Standesbeamte den gewünschten Namen ohne weiteres durch entsprechende Eintragung anerkennen kann bzw. muss[60], erscheint ein Rückgriff auf die öffentlich-rechtliche Namensänderung nicht geboten.

Darüber hinaus wird die Verweisung auf das behördliche Namensänderungsverfahren schon nicht vom Wortlaut der *Grunkin-Paul*-Entscheidung gedeckt. Darin hat der EuGH festgestellt, dass es unter bestimmten Voraussetzungen gegen das Freizügigkeitsgebot des Art. 21 AEUV verstößt, wenn die Behörden eines Mitgliedstaates die Anerkennung eines in einem anderen Mitgliedstaat bestimmten Nachnamens ablehnen.[61] Nachdem der Vorlagefrage die Ablehnung eines in Dänemark erteilten Kindesdoppelnamen durch das deutsche Standesamt in Niebüll zugrunde lag, ist davon auszugehen, dass der EuGH mit den „Behörden eines Mitgliedstaats" zumindest auch die Standesämter gemeint hat. Wenn nun aber deutsche Standesämter unter Voraussetzungen wie denen des *Grunkin-Paul*-Verfahrens eine Eintragung des in einem anderen Mitgliedstaat erteilten Familiennamens in die deutsche Geburtsurkunde verweigern und auf das behördliche Namensänderungsverfahren verweisen, das nicht in ihrer Zuständigkeit liegt, so ist dies nichts anderes als eine Ablehnung der Namensanerkennung und damit ein Verstoß gegen Art. 21 AEUV.

Des weiteren setzt die Änderung eines Familiennamens im Wege des behördlichen Namensänderungsverfahrens voraus, dass bereits ein recht-

---

[57] *Funken*, FamRZ 2008, 2092.
[58] Vgl. Ziff. 27 Abs. 1 S. 2 u. 3 NamÄndVwV.
[59] Vgl. *Brandhuber*, StAZ 1997, 296.
[60] Dazu sogleich.
[61] Vgl. EuGH, JZ 2009, 151.

mäßig geführter Familienname besteht.[62] Die erstmalige Erteilung des Geburtsnamens kann über das Namensänderungsverfahren nicht erreicht werden. In Fällen, die der Sache *Grunkin-Paul* entsprechen, müsste für den Betroffenen demnach zunächst ein nach deutschem Recht zulässiger Name in das Geburtenregister eingetragen werden. Erst in einem zweiten Schritt und lediglich mit ex nunc-Wirkung[63] könnte dieser in den eigentlich gewünschten Namen geändert werden.

Nicht unberücksichtigt bleiben darf außerdem, dass aus dem *Grunkin-Paul*-Urteil insbesondere eine Verpflichtung zur Anerkennung von Kindesdoppelnamen folgen kann. Die Schaffung von Mehrfachnamen läuft aber der Zielsetzung des behördlichen Namensänderungsverfahrens, Familiennamen möglichst zu kürzen[64] und nicht zu verlängern[65], zuwider.

Der Verweis auf das behördliche Namensänderungsverfahrens ist nicht zuletzt auch deshalb keine Alternative zu einer unmittelbaren Namensanerkennung durch das deutsche Standesamt, weil das Namensänderungsverfahren für die Betroffenen zeit- und unter Umständen auch kostenintensiv ist. Für die Änderung eines Familiennamens können Gebühren in Höhe von bis zu EUR 1022,58 erhoben werden.[66]

Aus den genannten Gründen darf sich die Umsetzung der Vorgaben des *Grunkin-Paul*-Urteils nicht in einem bloßen Verweis der Betroffenen auf das behördliche Namensänderungsverfahren erschöpfen.[67]

(4) Die unmittelbare Anerkennung aufgrund von Art. 21 AEUV

Die letzte denkbare Methode zur Umsetzung des *Grunkin-Paul*-Urteils, der nach der hier vertretenen Auffassung der Vorzug zu geben ist, ist eine unmittelbar aus dem Freizügigkeitsgebot des Art. 21 AEUV folgende Namensanerkennung.

---

[62] Vgl. *Brandhuber*, StAZ 1997, 296.
[63] Vgl. *Brandhuber*, StAZ 1997, 301.
[64] Vgl. Ziff. 36 S. 2 NamÄndVwV
[65] Vgl. Ziff.54 Abs. 2 S. 4 NamÄndVwV: „Im Übrigen ist bei der Gewährung von Doppelnamen zurückhaltend zu verfahren, da hier im besonderen Maße die Gefahr der Entstehung zu langer oder umständlicher Familiennamen besteht."
[66] Vgl. § 3 Abs. 1 DV NamÄndG. Die genaue Höhe richtet sich nach dem Verwaltungsaufwand unter Berücksichtigung der wirtschaftlichen Verhältnisse des Betroffenen (vgl. § 9 Abs. 1 VwKostG). Zumindest der Kostennachteil soll den Bürgern in Schleswig-Holstein erspart bleiben. Nach einem Rundschreiben des Innenministeriums vom 9. Februar 2009 kann bei einer auf das *Grunkin-Paul*-Urteil gestützten Namensänderung auf die Erhebung einer Gebühr verzichtet werden (vgl. *Sturm*, Anm. zum Beschluss des OLG München vom 19. Januar 2010, StAZ 2010, 147, Fn. 6)
[67] So auch ausdrücklich *Sturm*, StAZ 2010, 147.

Die Anerkennung ist dabei nicht im Sinne einer verfahrensrechtlichen Anerkennung zu verstehen.[68] Eine solche würde einen konstitutiven ausländischen Verfahrensakt mit Gestaltungswirkung voraussetzen.[69] Bei personenstandsrechtlichen Beurkundungen fehlt es jedoch an einer gestaltenden Wirkung. Sie sind rein deklaratorischer Natur und unterliegen deshalb nicht der verfahrensrechtlichen Anerkennung.[70] Dies gilt auch für die Eintragungen von Namen in Personenstandsregistern. Durch sie wird lediglich der Erwerb eines bestimmten Namens beurkundet. Dementsprechend ist es nicht die Anerkennung der Eintragung des Namens als verfahrensrechtlicher Akt, die Art. 21 AEUV im Einzelfall gebieten kann, sondern die Anerkennung des nach ausländischem Recht bestimmten Namens als solchem.

Es geht also um eine sogenannte „kollisionsrechtliche Anerkennung"[71], das heißt um die Akzeptanz einer im Ausland geschaffenen Rechtslage, unabhängig von der Anwendung der eigenen Kollisionsnormen.[72] Das Prinzip der kollisionsrechtlichen Anerkennung hat in den letzten Jahren im Verhältnis zwischen den EU-Mitgliedstaaten als kollisionsrechtliche Methodik neben den klassischen Verweisungsregeln des IPR zunehmend an Bedeutung gewonnen.[73] Im Bereich des internationalen Namensrechts wurde schon die *Garcia Avello*-Entscheidung des EuGH[74] teilweise als Verankerung des Anerkennungsprinzips im Namensrecht gewertet.[75] Spätestens mit dem *Grunkin-Paul*-Urteil, nach dessen Tenor es mitgliedstaatliche Behörden unter bestimmten Voraussetzungen nicht ablehnen dürfen, den Nachnamen eines Kindes „anzuerkennen", hat der EuGH unmissverständlich klargestellt, dass aus den Grundfreiheiten eine Pflicht der Mitgliedstaaten zur kollisionsrechtlichen Anerkennung von Namen folgen kann. Dies bedeutet, dass der anerkennende Staat selbst nicht mehr über die Namensgebung entscheidet, sondern die Namensgebung des Erstregistrierungsstaates akzeptiert und übernimmt.[76]

Im Ergebnis ist der in einem anderen EU-Mitgliedstaat eingetragene Familienname unter den Voraussetzungen des *Grunkin-Paul*-Urteils von

---

[68] So auch ausdrücklich *Wall*, StAZ 2009, 264.
[69] Vgl. *Funken*, S. 25.
[70] Vgl. *Funken*, S. 31; *Wagner*, FamRZ 2006, 748.
[71] *Funken*, S. 25; *Coester-Waltjen*, IPRax 2006, 392.
[72] Vgl. *Funken*, S. 25; *Koritz*, FPR 2008, 214; *Coester-Waltjen*, IPRax 2006, 392; *Jayme/Kohler*, IPRax 2001, 501.
[73] Vgl. allgemein zur kollisionsrechtlichen Anerkennung *Jayme/Kohler*, IPRax 2001, 501 ff.; *Henrich*, IPRax 2005, 422 ff.; *Coester-Waltjen*, IPRax 2006, 392 ff. sowie zuletzt *Funken*, Das Anerkennungsprinzip im internationalen Privatrecht, Tübingen 2009.
[74] EuGH, IPRax 2004, 339.
[75] Vgl. *Coester-Waltjen*, IPRax 2006, 396.
[76] Vgl. *Lipp*, StAZ 2009, 7 m.w.N.

c) Die Konsequenz des Grunkin-Paul-Urteils für die Anerkennung französischer Kindesdoppelnamen in Deutschland

Nach der hier vertretenen Auffassung sind deutsche Standesämter aufgrund der vom EuGH vorgegebenen Auslegung des Art. 21 AEUV verpflichtet, den in einem anderen EU-Mitgliedstaat erteilten und eingetragenen Kindesnamen unmittelbar anzuerkennen und in das deutsche Geburtsregister einzutragen, wenn das Kind in dem anderen EU-Mitgliedstaat geboren wurde und seit seiner Geburt dort lebt. Auf den ersten Blick scheint dies auch für den Fall zu gelten, dass deutsche Eltern mit gewöhnlichem Aufenthalt in Frankreich ihrem deutschen Kind einen Doppelnamen nach französischem Recht erteilt haben und dieser in die französische Geburtsurkunde eingetragen wurde. Bei genauerer Betrachtung wird jedoch deutlich, dass sich diese Fallkonstellation maßgeblich von dem Sachverhalt unterscheidet, der dem *Grunkin-Paul*-Urteil zugrunde lag.

aa) Der Unterschied zum Fall Grunkin-Paul

In dem vom EuGH entschiedenen Fall kam es zu einer hinkenden Namensführung des Kindes, weil in Deutschland und Dänemark jeweils das eigene Namensrecht zur Anwendung berufen war[78] und nach dänischem Recht ein Kindesdoppelname zulässig ist, den das deutsche Recht nicht vorsieht. Bei einem in Frankreich geborenen deutschen Kind, dessen Eltern ebenfalls nur die deutsche Staatsangehörigkeit besitzen, ist aber sowohl aus deutscher wie auch aus französischer Sicht[79] allein deutsches Recht maßgeblich, welches die Bestimmung eines aus den Elternnamen zusammengesetzten Kindesnamens nicht zulässt. Dass für Kinder mit ausschließlich

---

[77] So auch *Kroll-Ludwigs*, JZ 2009, 154; *Koritz*, FPR 2008, 214; a.A. *Wall*, der aus Art. 21 AEUV eine „europarechtliche Kollisionsnorm" ableiten will (vgl. *Wall*, StAZ 2009, 264) sowie KUBICKI, der davon ausgeht, die Urteilsausführungen seien „nicht zwingend im Sinne einer unmittelbar anwendbaren Anerkennungspflicht zu verstehen". Dem nationalen Gesetzgeber müsse die Möglichkeit belassen werden, die Gemeinschaftsrechtsverletzung durch Änderung des einschlägigen Kollisions- oder Sachrechts zu beheben (vgl. *Kubicki*, EuZW 2009, 368). *Kubicki* übersieht jedoch, dass dem Gesetzgeber auch bei Annahme einer unmittelbaren Anerkennungsverpflichtung eine Anpassung des nationalen Rechts unbenommen bleibt und diese aus Gründen der Rechtsklarheit auch durchaus sinnvoll ist.

[78] Aus deutscher Sicht beurteilte sich die Namensführung gemäß Art. 10 Abs. 1 EGBGB nach dem Heimatrecht des Kindes, das heißt nach deutschem Recht. Das dänische IPR knüpft dagegen an den Wohnsitz des Kindes an (vgl. *Rieck*, NJW 2009, 125 Fn. 1), so dass für das mit seinen Eltern in Dänemark lebende Kind dänisches Namensrecht maßgeblich war.

[79] Nach französischem IPR unterliegt die Namensführung dem Heimatrecht des Betroffenen (vgl. S. 130 f.).

deutscher Staatsangehörigkeit vom französischen Standesbeamten in der Praxis dennoch eine Namensbestimmung nach französischem Recht akzeptiert wird, steht zwar mit dessen Dienstanweisung im Einklang[80], widerspricht aber dem eigenen Kollisionsrecht.[81] Letztlich stellt sich also die Frage, ob die Anerkennung des in einem anderen EU-Mitgliedstaat erteilten und eingetragenen Kindesnamens auch dann geboten ist, wenn diese Namenserteilung aus Sicht des Erstregistrierungsstaates rechtswidrig war.

bb) Die Frage der Anerkennung eines rechtswidrig eingetragenen Namens
(1) Die Ansatzpunkte im Grunkin-Paul-Verfahren

Im *Grunkin-Paul*-Verfahren hatte die Generalanwältin *Sharpston* dem EuGH in ihren Schlussanträgen vom 24. April 2008 deutlich gemacht, dass nach ihrer Auffassung das Recht auf Freizügigkeit nicht gewahrt ist,

„wenn ein Unionsbürger, der *nach dem anwendbaren Recht seines Geburtsorts* unter einem bestimmten Namen eingetragen wurde, bevor sein Name an einem anderen Ort eingetragen werden musste, später in einem anderen Mitgliedstaat einen anderen Namen eintragen lassen muss."[82]

Sie hatte dem EuGH daher vorgeschlagen, die Vorlagefrage wie folgt zu beantworten:

„Die Behörden eines Mitgliedstaats dürfen (...), wenn sie den Namen eines Unionsbürgers eintragen, nicht automatisch die Anerkennung eines Namens ablehnen, unter dem der Betreffende bereits nach den Vorschriften eines anderen Mitgliedstaats *rechtmäßig* eingetragen wurde, sofern nicht einer Anerkennung zwingende Gründe des Allgemeininteresses entgegenstehen, die keine Ausnahme zulassen."[83]

Der Gerichtshof ist zwar im Ergebnis den Schlussanträgen der Generalanwältin gefolgt. Seiner Antwort auf die Vorlagefrage lässt sich jedoch nicht entnehmen, ob die Anerkennungspflicht auf rechtmäßig eingetragene Namen beschränkt ist. Im Tenor des Vorabentscheidungsurteils ist lediglich vom Nachnamen eines Kindes die Rede, „der in einem anderen Mitgliedstaat bestimmt und eingetragen wurde".[84] Dass der EuGH bewusst darauf verzichtet hat, das Erfordernis der Rechtmäßigkeit des anzuerkennenden Namens in den Tenor aufzunehmen, erscheint indes zweifelhaft. Hierfür lassen sich in der Urteilsbegründung jedenfalls keinerlei Anhaltspunkte finden.

---

[80] Vgl. S. 129 f.
[81] Vgl. S. 136 f.
[82] StAZ 2009, 282 Rn. 94 (Hervorhebung hinzugefügt).
[83] StAZ, 2009, 282 Rn. 94 (Hervorhebung hinzugefügt).
[84] EuGH, JZ 2009, 151.

(2) Die verschiedenen Auffassungen im Schrifttum

Im rechtswissenschaftlichen Schrifttum existieren zur Frage der Anerkennungspflicht bei rechtswidrig eingetragenen Namen verschiedene Auffassungen:

Überwiegend wird die Ansicht vertreten, die Rechtsprechung des EuGH sei nicht einschlägig, wenn der Erstregistrierungsstaat sein eigenes Recht falsch angewandt habe. Nur bei rechtmäßig erworbenen Namen bestehe eine Anerkennungspflicht.[85]

Nach der gegenteiligen Auffassung soll es auf Rechtmäßigkeit oder Unrechtmäßigkeit des Namenserwerbs für das Bestehen einer Anerkennungspflicht nicht ankommen. Europarechtlich habe jeder Mitgliedstaat den in einem anderen Mitgliedstaat registrierten Geburtsnamen hinzunehmen und dürfe nicht überprüfen, ob der Registrierungsstaat seine Kollisions- und Sachnormen zutreffend angewandt habe. Eine solche Voraussetzung werde im *Grunkin-Paul*-Urteil mit keiner Silbe erwähnt.[86] Für die Beeinträchtigung der Freizügigkeit spiele es keine Rolle, ob er Name im Ausland rechtsfehlerhaft zustande gekommen sei oder nicht.[87]

Eine vermittelnde Auffassung[88] geht davon aus, dass eine rechtswidrige Namenseintragung nicht zu einem „echten" hinkenden Namensverhältnis führe, da die Behörden beider Staaten bei korrekter Anwendung ihres eigenen Kollisionsrechts zur selben Namensführung hätten gelangen müssen. Es bestehe lediglich ein „faktisch" hinkendes Namensverhältnis, das sich aber in ein „echtes" hinkendes Namensverhältnis umwandeln könne, wenn der Betroffene den rechtswidrig eingetragenen Namen im Erstregistrierungsstaat eine gewisse Zeit tatsächlich geführt und infolgedessen einen Anspruch auf Beibehaltung dieses Namens erworben habe. Erst wenn ein solcher Vertrauenstatbestand geschaffen worden und das Vertrauen des Betroffenen in den Fortbestand seines Namens schutzwürdiger sei als das öffentliche Interesse an der Rechtmäßigkeit von Personenstandseintragungen sei ein anderer Mitgliedstaat zur Namensanerkennung verpflichtet.

(3) Eigener Standpunkt

Der Ansicht, die eine Anerkennungspflicht auch bei rechtswidrigen Ersteintragungen annimmt, ist zuzugeben, dass die vom EuGH genannten schwerwiegenden Nachteile für die Betroffenen unabhängig von der

---

[85] Vgl. *Rieck*, FPR 2010, 9; *Krömer*, StAZ 2009, 151; *Mansel*, RabelsZ 70, 704 f.; *Mansel/Thorn/Wagner*, IPRax 2009, 3; *Koritz*, FPR 2008, 214.
[86] Vgl. *Sturm*, Anm. zum Beschluss des OLG München vom 19. Januar 2010, StAZ 2010, 147.
[87] Vgl. *Sommer*, 196.
[88] *Wall*, StAZ 2010, 225 ff.

Rechtmäßigkeit der Eintragung entstehen können.[89] Nachdem die Betroffenen davon ausgehen, den Namen rechtmäßig zu führen, treten sie im Erstregistrierungsstaat unter diesem Namen auf. Da die Rechtmäßigkeit der Namensführung nur in den seltensten Fällen überprüft wird[90], stellen auch Behörden Dokumente auf diesen Namen aus. Es ergeben sich also letztlich die gleichen aus der Namensdivergenz gegenüber den Ausweispapieren des Heimatstaates resultierenden Schwierigkeiten (Verdacht von Falschangaben etc.), die im Fall *Grunkin-Paul* vom EuGH zur Begründung einer Namensanerkennungspflicht herangezogen wurden.[91]

Dennoch wird bei genauerer Betrachtung deutlich, dass aus dem *Grunkin-Paul*-Urteil des EuGH keine Verpflichtung zur Anerkennung rechtswidrig erteilter Namen abgeleitet werden kann. Wie bereits ausführlich dargelegt, gebietet nämlich Art. 21 AEUV unter den Voraussetzungen des *Grunkin-Paul*-Urteils nicht etwa eine verfahrensrechtliche Anerkennung der in einem anderen EU-Mitgliedstaat erfolgten Namenseintragung. Soweit die Frage gestellt wird, ob rechtswidrige Namensregistrierungen innerhalb der EU anzuerkennen sind[92], ist diese also bereits falsch formuliert. Gegenstand der Anerkennung kann nur eine Rechtslage, das heißt der Name selbst, sein.

Sowohl im deutschen wie auch im französischen Namensrecht gilt der Grundsatz, dass ein Familienname nicht durch dessen Eintragung in eine personenstandsrechtliche Urkunde erworben wird, sondern der Namenserwerb vielmehr mit Vorliegen der gesetzlichen Voraussetzungen erfolgt. Durch die Eintragung des Namens in eine Personenstandsurkunde wird der Namenserwerb lediglich beurkundet; sie hat somit letztlich rein deklaratorischen Charakter.[93] Entspricht die Eintragung nicht der tatsächlichen Rechtslage, kann sie berichtigt werden.[94] Demgemäß führt ein Kind dann einen Doppelnamen nach französischem Recht, wenn die Eltern eine entsprechende Namensbestimmung getroffen haben und die gesetzlichen Voraussetzungen für das Bestehen eines Namensbestimmungsrechts erfüllt waren. Bei einem Kind mit ausschließlich deutscher Staatsangehörigkeit steht den Eltern keine Namenwahlbefugnis nach französischem Recht zu, da das französische IPR auf das deutsche Recht als Heimatrecht des Kindes verweist. Der Erwerb eines aus den Elternnamen zusammengesetzten Doppelnamens nach französischem Recht durch ein deutsches Kind ist folglich ausgeschlossen. Dass ein solcher Doppelname dennoch in die

---

[89] So auch *Wall*, StAZ 2010, 228.
[90] Vgl. *Mansel*, RabelsZ 70, 704.
[91] Vgl. EuGH, JZ 2009, 152 Rn. 23, 26 u. 28.
[92] So der missverständliche Titel des Aufsatzes von *Wall*, StAZ 2010, 225 ff.
[93] So zur Eintragung des Ehenamens ins Familienbuch AG Gießen, StAZ 2009, 208.
[94] Vgl. Art. 47 PStG bzw. Art. 99 ff. Cc.

französische Geburtsurkunde eingetragen wird, ändert daran nichts. Es handelt sich insoweit um eine Falschbeurkundung, die auf entsprechenden Antrag zu korrigieren wäre.

Folglich kann sich die Frage nach einer Anerkennung des rechtswidrigerweise eingetragenen Kindesdoppelnamens streng genommen von vornherein nicht stellen, weil das Kind diesen Namen schlichtweg schon in Frankreich gar nicht führt. Eine Anerkennungspflicht kann lediglich im Einzelfall ausnahmsweise dann bestehen, wenn der rechtswidrig eingetragene Doppelname über längere Zeit tatsächlich geführt und von den französischen Behörden akzeptiert wurde, so dass aus französischer Sicht ein Anspruch des Betroffenen auf Beibehaltung dieses Namens entstanden ist.[95] In diesem Fall hätte sich nämlich letztlich die Namensführung im Erstregistrierungsstaat Frankreich zugunsten des Doppelnamens geändert, so dass nunmehr ein Anknüpfungspunkt für eine Anerkennung gegeben wäre.

Im Ergebnis kann ein nach französischem Recht gebildeter Doppelname für ein Kind mit ausschließlich deutscher Staatsangehörigkeit grundsätzlich auch dann nicht in das deutsche Geburtenregister eingetragen werden, wenn das Kind mit seinen Eltern in Frankreich lebt und der Name dort aufgrund einer entsprechenden Namenswahl der Eltern in die französische Geburtsurkunde eingetragen wurde.

II. Die „hinkende Namensführung" deutsch-französischer Kinder

Beispielsfall:
Die deutschen Eheleute Frau Müller und Herr Schmidt leben in Frankreich. Dort kommt ihr gemeinsames Kind zur Welt. Da Herr Schmidt seinerseits ebenfalls in Frankreich geboren wurde, erwirbt das Kind mit der Geburt neben der deutschen auch die französische Staatsangehörigkeit.[96] Bei der Geburtsanzeige vor dem französischen Standesamt bestimmen die Eltern den nach französischem Recht zulässigen Namen „Müller Schmidt" zum Geburtsnamen des Kindes. Dieser wird in die französische Geburtsurkunde eingetragen. Als die Eltern die Geburt dem Standesamt I in Berlin anzeigen und den Namen „Müller Schmidt" in das deutsche Geburtenregister eintragen lassen wollen, lehnt der Standesbeamte die Eintragung des Doppelnamens mit der Begründung ab, eine Namenserteilung nach französischem Recht sei hier nicht zulässig. Nach deutschem Recht könne das Kind lediglich entweder den Vaternamen „Schmidt" oder den Mutternamen „Müller" führen.

Die Problematik der „hinkenden Namensverhältnisse" kann auch bei der Namensführung von Kindern, die neben der deutschen die französische Staatsangehörigkeit besitzen, eine Rolle spielen.

Sowohl das deutsche wie auch das französische IPR knüpfen die Namensführung an die Staatsangehörigkeit des Namensträgers an. Beide

---

[95] Dies entspricht im Ergebnis dem Ansatz von *Wall*, StAZ 2010, 227.
[96] Hierin liegt der entscheidende Unterschied zu dem auf S. 137 gebildeten Beispielsfall.

Staaten erachten dabei bei Mehrstaatern gegebenenfalls die inländische Staatsangehörigkeit für vorrangig.[97] Dementsprechend beurteilt sich der Name deutsch-französischer Kinder grundsätzlich aus französischer Sicht nach französischem, aus deutscher Sicht nach deutschem Recht. Allein dieser Verweis auf unterschiedliche Rechtsordnungen hat jedoch nicht zwingend eine hinkende Namensführung zur Folge. Ein hinkendes Namensverhältnis entsteht vielmehr nur dann, wenn sich aus der Anwendung des jeweiligen Sachrechts unterschiedliche Namen ergeben. Der Geburtsname des Kindes kann im Grundsatz nach französischem wie nach deutschem Recht von den Eltern frei bestimmt werden. Im Gegensatz zum deutschen Recht erlaubt es dabei das französische Recht allerdings auch, dem Kind einen aus den Elternnamen zusammengesetzten Doppelnamen zu erteilen.[98] Sofern die Eltern für den französischen Rechtsraum diese Form des Kindesnamens bestimmen, ist eine hinkende Namensführung des Kindes die Folge, weil bei Anwendung des deutschen Sachrechts keine entsprechende Namenswahl getroffen werden kann.

Diese Problematik wird jedoch weitestgehend dadurch entschärft, dass Art. 10 Abs. 3 S. 1 Nr. 1 EGBGB die Möglichkeit vorsieht, eine Rechtswahl zugunsten des Heimatrechts eines Elternteils zu treffen. In aller Regel haben deutsch-französische Kinder einen Elternteil mit deutscher und einen Elternteil mit französischer Staatsangehörigkeit.[99] Wollen die Eltern ihrem Kind einen Doppelnamen erteilen, ist es ihnen in diesem Fall unproblematisch möglich, die Namensführung des Kindes durch Rechtswahl dem französischen Recht zu unterstellen, so dass die Bestimmung des Doppelnamens auch aus deutscher Sicht wirksam ist[100] und eine hinkende Namensführung vermieden wird.

Es ist allerdings im Einzelfall auch möglich, dass ein deutsch-französisches Kind eine seiner Staatsangehörigkeiten nicht von einem Elternteil abgeleitet hat. Sowohl das deutsche wie auch das französische Staatsangehörigkeitsrecht enthalten Regelungen, denen das *ius soli*-Prinzip zugrunde liegt, die also unabhängig von der Staatsangehörigkeit der Eltern unter bestimmten Voraussetzungen eine Staatsangehörigkeit allein aufgrund der Geburt im Inland vermitteln. So erhält ein Kind französischer Eltern gemäß § 4 Abs. 3 StAG die deutsche Staatsangehörigkeit, wenn ein

---

[97] Im französischen IPR ist der Vorrang der französischen Staatsangehörigkeit bei Mehrstaatern höchstrichterliche Rechtsprechung (vgl. z.B. Cass. civ., RCDIP 1969, 59, Anm. *Batiffol*; Cass. civ., RCDIP 1987, 401, Anm. *Lagarde*). Im deutschen IPR trifft Art. 5 Abs. 1 S. 2 EGBGB eine entsprechende Regelung.

[98] Vgl. Art. 311-21 Abs. 1 S. 1 Hs. 2 bzw. Art. 311-23 Abs. 2 S. 1 Cc.

[99] Der deutsche Elternteil vermittelt dem Kind gemäß § 4 Abs. 1 S. 1 StAG die deutsche, der französische Elternteil gemäß Art. 18 Cc die französische Staatsangehörigkeit.

[100] Vgl. für den Fall der Erteilung eines Doppelnamens nach spanischem Recht OLG Köln, StAZ 1995, 42.

Elternteil seit acht Jahren rechtmäßig seinen gewöhnlichen Aufenthalt in Deutschland hat und ein unbefristetes Aufenthaltsrecht besitzt. Gemäß Art. 19-3 Cc erwirbt ein Kind zweier deutscher Staatsangehöriger durch Geburt in Frankreich die französische Staatsangehörigkeit, wenn mindestens ein Elternteil seinerseits in Frankreich geboren wurde.

Besitzt keiner der Elternteile eines deutsch-französischen Kindes die französische Staatsangehörigkeit, ist eine Rechtswahl zugunsten des französischen Rechts nicht möglich. Art. 10 Abs. 3 S. 1 Nr. 1 EGBGB knüpft an die Staatsangehörigkeiten der Eltern, nicht an die des Kindes an. Die Eltern können somit in diesem Fall zwar vor dem französischen Standesamt für ihr Kind einen Doppelnamen bestimmen. Der deutsche Standesbeamte wird aber eine entsprechende Namenswahl nicht akzeptieren. Aus deutscher Sicht müssen sich die Eltern vielmehr für den Vater- oder den Mutternamen entscheiden[101] mit der Folge, dass der Kindesname in Frankreich anders lautet als in Deutschland, die Namensführung also „hinkt". Hier stellt sich jedoch vor dem Hintergrund der jüngsten EuGH-Urteile in Sachen *Garcia Avello* und *Grunkin-Paul* die Frage, ob für deutsche Behörden eine Pflicht zur Anerkennung des nach französischem Recht erteilten Doppelnamens besteht.

1. Das „Garcia Avello"-Urteil des EuGH und die Konsequenzen für die Namensführung deutsch-französischer Kinder

Am 2. Oktober 2003 erließ der EuGH ein Urteil, das als „Erdstoß"[102] für das internationale Namensrecht bezeichnet werden kann. Im Folgenden werden der Inhalt dieser Entscheidung (a) sowie deren Konsequenzen für die Namensführung von Kindern mit deutscher und französischer Staatsangehörigkeit (b) dargestellt.

a) Das Garcia Avello-Urteil des EuGH vom 2.10.2003

Der Entscheidung des EuGH vom 2. Oktober 2003 in Sachen *Garcia Avello* lag folgender Sachverhalt zugrunde:

Der Spanier Carlos Garcia Avello und die Belgierin Isabelle Weber lebten seit ihrer Eheschließung im Jahr 1986 in Belgien. 1988 und 1992 wurden die Kinder Esmeralda und Diego geboren, die beide sowohl die spanische als auch die belgische Staatsangehörigkeit besitzen.

---

[101] So für den Fall eines deutsch-amerikanischen Kindes mit deutschen Eltern BayObLG, StAZ 1999, 333.
[102] *Heuer*, S. 57.

In die belgischen Geburtsurkunden wurde nach Maßgabe des belgischen Rechts[103] jeweils der Name des Vaters *Garcia Avello* eingetragen. Der Eintrag beim Konsulatsdienst der spanischen Botschaft in Brüssel lautete dagegen entsprechend dem spanischen Recht[104] *Garcia Weber.*

Um zu verhindern, dass ihre Kinder in Belgien und Spanien unterschiedliche Familiennamen führen, beantragten die Eltern im Jahr 1995 beim belgischen Justizminister eine Änderung der Familiennamen der Kinder von *Garcia Avello* in *Garcia Weber.* Den daraufhin unterbreiteten Vorschlag der belgischen Behörden, den Namen der Kinder stattdessen in *Garcia* zu ändern, lehnten Herr Garcia Avello und seine Ehefrau ab.

Mit Schreiben des belgischen Justizministers vom 1. Dezember 1997 wurde der Antrag auf Namensänderung mit der Begründung abgelehnt, eine Hinzufügung des Mutternamens sei nicht möglich, da nach belgischem Recht die Kinder ausschließlich den Namen des Vaters führten.

Am 29. Januar 1998 erhob Herr Garcia Avello als gesetzlicher Vertreter seiner Kinder Klage auf Aufhebung der Entscheidung des Justizministers beim belgischen *Conseil d'Etat.* Dieser setzte das Verfahren aus und legte dem EuGH die Frage zur Vorabentscheidung vor, ob es gegen Gemeinschaftsrecht verstößt, wenn die Verwaltungsbehörden eines Mitgliedstaats einen Antrag auf Änderung des Namens in diesem Staat wohnender Kinder mit doppelter Staatsangehörigkeit ablehnen, der darauf gerichtet ist, den Namen führen zu können, den diese nach dem Recht des zweiten Mitgliedstaats führen, dessen Staatsangehörigkeit sie ebenfalls besitzen.

Der EuGH entschied über diese Vorlagefrage wie folgt: In einem ersten Schritt stellte der EuGH fest, dass der Sachverhalt in den Anwendungsbereich des Gemeinschaftsrechts falle. Dies lag keineswegs auf der Hand. Da die betroffenen Kinder in Belgien geboren wurden, (auch) die belgische Staatsangehörigkeit besitzen, ausschließlich in Belgien lebten und nicht beabsichtigten, das Land zu verlassen, bestanden vielmehr gute Gründe da-

---

[103] Das belgische Kollisionsrecht knüpft in Namensfragen an die Staatsangehörigkeit des Betroffenen an und hält bei Mehrstaatern die belgische Staatsangehörigkeit für vorrangig. Dies wurde ursprünglich aus dem zum 1. Oktober 2004 aufgehobenen Art. 3 § 3 des belgischen *Code civil* bzw. aus Art. 3 des Hager Übereinkommens vom 12. April 1930 über Fragen beim Konflikt von Staatsangehörigkeitsgesetzen abgeleitet. Seit dem 1. Oktober 2004 gilt der belgische Code de droit international privé, der in Art. 37 bzw. Art. 3 § 2 Nr. 1 entsprechende Regelungen trifft. Die sachrechtliche Regelung, wonach das Kind bei feststehender väterlicher Abstammung den Vaternamen führt, findet sich in Art. 335 § 1 des belgischen *Code civil.*

[104] Auch im spanischem Kollisionsrecht wird der Name einer Person nach deren Heimatrecht bestimmt, wobei bei Mehrstaatern die spanische Staatsangehörigkeit stets vorgeht. Das spanische Sachrecht sieht als Familiennamen einen Doppelnamen vor, der sich aus dem ersten Teil des väterlichen und dem ersten Teil des mütterlichen Familiennamens zusammensetzt (vgl. *Frank,* StAZ 2005, 161).

für, von einem rein internen Sachverhalt ohne gemeinschaftsrechtlichen Bezug auszugehen.[105] Der EuGH war jedoch der Auffassung, ein Bezug zum Gemeinschaftsrecht sei bereits immer dann gegeben, wenn sich Personen, die Angehörige eines Mitgliedstaates sind, rechtmäßig im Hoheitsgebiet eines anderen Mitgliedstaates aufhalten.[106] Er ließ also – ohne hierfür eine Begründung zu geben – eine bloß abstrakte Gefährdung der Bewegungs- und Aufenthaltsfreiheit für einen Gemeinschaftsrechtsbezug genügen.[107]

Nach der Feststellung der Eröffnung des Anwendungsbereichs des Gemeinschaftsrechts prüfte der EuGH in einem zweiten Schritt, inwieweit die Ablehnung der Namensänderung durch die belgischen Behörden gegen das Diskriminierungsverbot des Art. 18 Abs. 1 AEUV[108] verstößt.[109] Das Diskriminierungsverbot verlange, dass gleiche Sachverhalte nicht ungleich und ungleiche Sachverhalte nicht gleich behandelt werden. Im zu entscheidenden Sachverhalt würden Personen, die neben der belgischen auch eine andere Staatsangehörigkeit besitzen, genauso behandelt wie Personen, die ausschließlich die belgische Staatsangehörigkeit besitzen. Im Gegensatz zu den Personen, die allein die belgische Staatsangehörigkeit besitzen, führten jedoch diejenigen Personen, die daneben noch eine andere Staatsangehörigkeit haben, nach den beiden betreffenden Rechtssystemen unterschiedliche Familiennamen. Dies könne für die Betroffenen zu schwerwiegenden Nachteilen beruflicher wie auch privater Art führen, die insbesondere aus den Schwierigkeiten resultieren könnten, in einem Mitgliedstaat, dessen Staatsangehörigkeit sie besitzen, rechtliche Wirkungen von Urkunden oder Schriftstücken in Anspruch zu nehmen, die auf den Namen ausgestellt wurden, der in einem anderen Mitgliedstaat anerkannt ist, dessen Staatsangehörigkeit sie ebenfalls besitzen. Belgische Staatsangehörige, die aufgrund einer weiteren Staatsangehörigkeit verschiedene Familiennamen haben, könnten sich also auf Schwierigkeiten berufen, die speziell in ihrer Situation entstehen. Dass sie dennoch wie Personen behandelt werden, die allein die belgische Staatsangehörigkeit besitzen, stellt nach Auffassung des EuGH eine Gleichbehandlung ungleicher Sachverhalte dar.

In einem dritten und letzten Prüfungsschritt stellte der EuGH fest, dass diese Gleichbehandlung nicht gerechtfertigt sei.[110]

---

[105] So auch die belgische, niederländische und dänische Regierung in ihren jeweiligen Stellungnahmen (vgl. EuGH, StAZ 2004, 42 Rn. 20).
[106] Vgl. EuGH, StAZ 2004, 42 Rn. 27.
[107] Dies wird im Schrifttum zu Recht kritisiert. Vgl. hierzu *Sommer*, S. 154 f.
[108] Ex-Art. 12 EG (vgl. Fn. 18).
[109] Vgl. EuGH, StAZ 2004, 42 Rn. 31 ff.
[110] Vgl. EuGH, StAZ 2004, 43 Rn. 41 ff.

Der belgische Staat hatte zur Rechtfertigung einerseits darauf verwiesen, dass der Grundsatz der Unveränderlichkeit des Familiennamens ein Mittel sei, um der Gefahr von Verwechslungen hinsichtlich der Identität oder der Abstammung von Personen vorzubeugen. Hierzu führte der EuGH aus, dass dieser Grundsatz zwar dazu beitrage, die Feststellung von Identität und Abstammung einer Person zu erleichtern, er jedoch nicht unverzichtbar sei. Es stehe fest, dass in ein und demselben Mitgliedstaat insbesondere wegen des Umfangs der Wanderungsströme innerhalb der Union verschiedene Namensbildungssysteme nebeneinander bestehen, so dass im gesellschaftlichen Leben eines Mitgliedstaats die Abstammung nicht notwendig nach dem für die Staatsangehörigen dieses Mitgliedstaats geltenden System allein beurteilt werden könne. Hinzu komme, dass ein System, das die Übertragung von Bestandteilen der Familiennamen beider Elternteile zulässt, keineswegs zu Verwechslungen hinsichtlich des Abstammungsbezugs der Kinder Anlass gebe, sondern im Gegenteil zur Erkennung dieses Bezuges zu beiden Elternteilen beitragen könne.

Auch das Vorbringen Belgiens, die streitige Praxis trage zur Integration von belgischen Staatsangehörigen mit zusätzlicher Staatsangehörigkeit in Belgien und damit zur Verwirklichung des mit dem Diskriminierungsverbot verfolgten Zweckes bei, ließ der EuGH nicht gelten. Angesichts des Umstands, dass in den Mitgliedstaaten verschiedene auf die in ihnen lebenden Personen anwendbare Systeme der Namensgebung nebeneinander bestünden, sei die Praxis der belgischen Behörden weder dazu notwendig noch auch nur dazu geeignet, die Integration der Angehörigen anderer Mitgliedstaaten in Belgien zu fördern.

Der EuGH gelangte somit schließlich zu dem Ergebnis, dass die Art. 18 und 20 AEUV dahin auszulegen seien, dass sie es den Verwaltungsbehörden eines Mitgliedstaats verwehren, unter Umständen wie denen des Ausgangsverfahrens einen Antrag auf Änderung des Namens in diesem Staat wohnender minderjähriger Kinder mit doppelter Staatsangehörigkeit – derjenigen dieses Staates und derjenigen eines anderen Mitgliedstaats – abzulehnen, wenn dieser Antrag darauf gerichtet ist, dass diese Kinder den Namen führen können, den sie nach dem Recht und der Tradition des zweiten Mitgliedstaats hätten.[111]

Die Umsetzung der Vorgaben des *Garcia Avello*-Urteils hat in der Praxis nach allgemeiner Auffassung dergestalt zu erfolgen, dass den Betroffenen[112] die Befugnis eingeräumt wird, zu wählen, welchem der beiden Heimatrechte des Kindes dessen Namensführung unterstellt werden soll.[113]

---

[111] Vgl. EuGH, StAZ 2004, 43 Rn. 45.
[112] In der Regel den Eltern.
[113] Vgl. z.B. *Frank*, StAZ 2005, 163; *Mörsdorf-Schulte*, IPRax 2004, 323.

b) Die Konsequenzen aus dem Garcia Avello-Urteil für die Namensführung deutsch-französischer Kinder

Die Relevanz der *Garcia Avello*-Entscheidung des EuGH für die Namensführung deutsch-französischer Kinder ist zunächst einmal begrenzt.[114] Wie bereits dargelegt haben Kinder, die neben der deutschen die französische Staatsangehörigkeit besitzen, in aller Regel auch einen französischen Elternteil, so dass gemäß Art. 10 Abs. 3 S. 1 Nr. 1 EGBGB eine Rechtswahl zugunsten des französischen Rechts möglich ist. Somit kann ein aus den Elternnamen gebildeter Doppelname nach französischem Recht auch für den deutschen Rechtsraum wirksam bestimmt und eine hinkende Namensführung des Kindes vermieden werden. Ein Rückgriff auf die *Garcia Avello*-Rechtsprechung ist insoweit nicht erforderlich.

Die Grundsätze der *Garcia Avello*-Entscheidung können aber dann zum Tragen kommen, wenn ein deutsch-französisches Kind ausnahmsweise keinen Elternteil mit französischer Staatsangehörigkeit hat. Dies ist etwa der Fall, wenn das Kind in Frankreich zur Welt kommt und ein Elternteil seinerseits ebenfalls in Frankreich geboren wurde.[115] Denkbar ist auch, dass der Elternteil seine mit der Staatsangehörigkeit des Kindes übereinstimmende Staatsangehörigkeit verliert.[116] Bestimmen die Eltern in einem solchen Fall in Frankreich für das Kind einen aus ihren Namen zusammengesetzten Doppelnamen, ist ein hinkendes Namensverhältnis die Folge, da das Kind in Deutschland entweder den Vater- oder den Mutternamen führen muss.

Allerdings unterscheidet sich dieser Fall von dem der *Garcia Avello*-Entscheidung zugrunde liegenden Sachverhalt insofern, als das hinkende Namensverhältnis hier nur bei einer entsprechenden Ausübung der Wahlbefugnisse durch die Eltern entsteht, während sie im vom EuGH entschiedenen Fall unausweichliche Folge der doppelten Staatsangehörigkeit des Kindes war. Dies steht einer Anwendung der EuGH-Rechtsprechung auf den vorliegenden Fall aber nicht entgegen. Zwar bedarf es – wie soeben aufgezeigt – eines Rückgriffs auf das *Garcia Avello*-Urteil dann nicht, wenn die hinkende Namensführung durch die Ausübung einer Wahlbefugnis verhindert werden kann. Dies betrifft aber den Fall, dass der gewünschte Familienname nach ausländischem Recht im Wege der Rechtswahl gemäß Art. 10 Abs. 3 S. 1 Nr. 1 EGBGB auch für den deutschen Rechtsraum bestimmt werden kann. Es würde zu weit führen, die Zulassung des Namens mit dem Argument abzulehnen, die Eltern hätten im anderen EU-Mitgliedstaat von vornherein auf die Bestimmung eines in Deutschland

---

[114] Vgl. *Sommer*, S. 205.
[115] Vgl. Art. 19-3 Cc.
[116] Vgl. *Sommer*, S. 206 f.

unzulässigen Namens verzichten und damit eine hinkende Namensführung des Kindes verhindern können. Dies gilt umso mehr, als die Eltern in aller Regel bei der Namensbestimmung im Ausland nicht darüber aufgeklärt werden, dass der gewählte Name unter Umständen in einem anderen EU-Mitgliedstaat nicht akzeptiert wird und sich somit der Gefahr einer hinkenden Namensführung meist nicht bewusst sind. Außerdem stellt sich die Frage der Zulässigkeit einer Namensführung aufgrund gemeinschaftsrechtlicher Vorgaben meist erst dann, wenn die Namensbestimmung in einem anderen EU-Mitgliedstaat bereits erfolgt, das „Kind also schon in den Brunnen gefallen ist." Die Eltern können zu diesem Zeitpunkt nicht mehr darauf verwiesen werden, sie mögen ihr Namensbestimmungsrecht in dem anderen EU-Mitgliedstaat anders ausüben; die hinkende Namensführung des Kindes ist – vorbehaltlich der Namensanerkennung im Sinne der EuGH-Rechtsprechung – bereits unausweichlich. Die hier vertretene Auffassung, wonach aus dem Gemeinschaftsrecht auch dann eine Namensanerkennungspflicht folgen kann, wenn das hinkende Namensverhältnis von den Betroffenen selbst herbeigeführt wurde, findet ihre Stütze schließlich auch im *Grunkin-Paul*-Urteil des EuGH.[117] Hierin geht der EuGH von einer aus dem Freizügigkeitsgebot abgeleiteten Verpflichtung deutscher Behörden zur Anerkennung eines in Dänemark erteilten Kindesdoppelnamens aus, obgleich es den Eltern freigestanden hätte, in Dänemark einen auch nach deutschem Recht zulässigen Namen zu bestimmen. Hieraus folgt das OLG München in einem Urteil aus dem Jahr 2010, dass es nach der Rechtsprechung des EuGH nicht entscheidend sei, ob nach der Rechtsordnung im Land der Geburt ein bestimmter Name vorgegeben sei oder eine Auswahl bestünde und sich die Diskrepanz zu einem anderen EU-Mitgliedstaat durch entsprechende Namenswahl von vornherein vermeiden ließe. Ebenso wenig könne es darauf ankommen, ob sich die Eltern bei der Ausübung der Namenswahl der Gefahr einer hinkenden Namensführung bewusst waren.[118]

Im Ergebnis sind deutsche Standesämter in Fällen, in denen für ein deutsch-französisches Kind ein Doppelname nach französischem Recht bestimmt werden soll und eine Wahl des französischen Rechts nach Art. 10 Abs. 3 S. 1 Nr. 1 EGBGB ausnahmsweise versperrt ist, verpflichtet, abweichend vom deutschen IPR eine Rechtswahl zugunsten des französischen Rechts zuzulassen und den danach bestimmten Kindesdoppelnamen in die deutsche Geburtsurkunde einzutragen. Dass die Eltern die Gefahr einer hinkenden Namensführung des Kindes durch die Bestimmung eines in Deutschland unzulässigen Namens in Frankreich selbst heraufbeschworen haben, ist unerheblich.

---

[117] EuGH, StAZ 2009, 9 ff. Vgl. hierzu die ausführliche Darstellung auf S. 138 ff.
[118] Vgl. OLG München, StAZ 2010, 76 (78).

2. Das „Grunkin Paul"-Urteil des EuGH und die Konsequenzen für die Namensführung deutsch-französischer Kinder

Wenn für ein deutsch-französisches Kind in Frankreich ein Doppelname nach französischem Recht bestimmt wurde und keiner der Elternteile die französische Staatsangehörigkeit besitzt, besteht außerdem nach der *Grunkin-Paul*-Rechtsprechung des EuGH eine aus dem Freizügigkeitsgebot des Art. 21 AEUV abzuleitende Verpflichtung deutscher Behörden zur unmittelbaren Namensanerkennung.

Nach dem Tenor des *Grunkin-Paul*-Urteils verstößt es gegen Art. 21 AEUV, wenn die Behörden eines EU-Mitgliedstaats es ablehnen, „den Nachnamen eines Kindes anzuerkennen, der in einem anderen Mitgliedstaat bestimmt und eingetragen wurde, in dem dieses Kind – das wie seine Eltern *nur* die Staatsangehörigkeit des erstgenannten Mitgliedstaats besitzt – geboren wurde und seitdem wohnt."[119] Die Entscheidung bezieht sich somit grundsätzlich auf die Namensführung von Kindern, die ausschließlich die Staatsangehörigkeit eines EU-Mitgliedstaates besitzen. Es ist aber kein Grund ersichtlich, weshalb das *Grunkin-Paul*-Urteil nicht ebenso für Mehrstaater Geltung beanspruchen sollte. Im Gegenteil erscheint eine Namensanerkennung erst recht geboten, wenn das Kind in dem Erstregistrierungsstaat nicht nur geboren wurde und in diesem lebt, sondern zusätzlich auch dessen Staatsangehörigkeit besitzt.

Bei einem deutsch-französischen Kind ist die Eintragung eines nach französischem Recht bestimmten Doppelnamens in die französische Geburtsurkunde auch rechtmäßig. Gemäß dem französischen IPR bestimmt sich die Namensführung nach dem Heimatrecht des Kindes, wobei dessen französische Staatsangehörigkeit vorrangig ist. Anders als bei Kindern mit ausschließlich deutscher Staatsangehörigkeit[120] scheitert die Anwendung der Grundsätze des *Grunkin-Paul*-Urteils somit nicht daran, dass der Doppelname schon aus französischer Sicht nicht hätte eingetragen werden dürfen.

Im Ergebnis ist in dem (seltenen) Fall, dass ein deutsch-französisches Kind keinen Elternteil mit französischer Staatsangehörigkeit hat, so dass eine Rechtswahl zugunsten des französischen Rechts ausgeschlossen ist, die Bestimmung eines aus den Elternnamen gebildeten Doppelnamens nach französischem Recht auch für den deutschen Rechtsraum zulässig. Die Zulässigkeit ergibt sich entweder daraus, dass man den Eltern – entsprechend der *Garcia Avello*-Rechtsprechung – ausnahmsweise eine Befugnis zur Wahl französischen Rechts einräumt oder – entsprechend dem

---

[119] EuGH, StAZ 2009, 9 (Hervorhebung hinzugefügt).
[120] Zum Nichtbestehen einer Anerkennungsverpflichtung bei rechtswidrig eingetragenen Namen siehe S. 152 ff.

Grunkin-Paul-Urteil – von einer Verpflichtung deutscher Behörden zur unmittelbaren Anerkennung des in Frankreich bestimmten Namens ausgeht.

III. Die Bindungswirkung der für ein Kind getroffenen Namensbestimmung für die Namensführung der Geschwister

1. Die Problematik

Beispielsfall:
Die deutsche Staatsangehörige Frau Müller und der französische Staatsangehörige Herr Dubois sind verheiratet, führen aber keinen Ehenamen. Für ihr erstes Kind haben die Eheleute nach deutschem Recht den Namen „Dubois" als Geburtsnamen bestimmt. Nach der Geburt ihres zweiten Kindes beschließen die Eheleute, diesem nach französischem Recht den Doppelnamen „Müller Dubois" zu erteilen.

Im deutschen Recht gilt gemäß § 1617 Abs. 1 S. 3 BGB eine von den Eltern für ein gemeinsames Kind getroffene Namensbestimmung auch für weitere gemeinsame Kinder. Das französische Recht hält mit Art. 311-21 Abs. 3 Cc bzw. Art. 311-23 Abs. 3 Cc entsprechende Regelungen bereit.[121] Das Ziel, die Namenseinheit von Geschwistern zu gewährleisten, ist somit beiden Rechtsordnungen gemein. In Fällen mit Frankreichbezug scheint es jedoch teilweise möglich zu sein, die Bindungswirkung durch die Ausübung von Rechtswahlbefugnissen zu unterlaufen:

Hat beispielsweise ein deutsch-französisches Elternpaar, das keinen Ehenamen führt, für sein erstes Kind nach deutschem Recht[122] den Namen des Vaters als Geburtsnamen bestimmt, so ist es de lege lata grundsätzlich nicht gehindert, die Namensführung des zweiten Kindes durch Rechtswahl gemäß Art. 10 Abs. 3 S. 1 Nr. 1 EGBGB dem französischen Recht zu unterstellen und diesem etwa einen aus den Elternnamen zusammengesetzten Doppelnamen zu erteilen. Aufgrund der Rechtswahl zugunsten des französischen Rechts gelangt § 1617 Abs. 1 S. 3 BGB nicht zur Anwendung. Doch auch die französischen Sachnormen der Art. 311-21 Abs. 3 Cc bzw. Art. 311-23 Abs. 3 Cc kommen nicht zum Tragen, da diese ausdrücklich nur für den Fall gelten, dass bereits ein gemeinsames Kind einen Familiennamen unter Anwendung von Art. 311-21 Cc bzw. Art. 311-23 Abs. 2 Cc erhalten hat. Nach dem eindeutigen Wortlaut der französischen Regelungen kommt somit einer nach Maßgabe des deutschen Rechts erfolgten Namensbestimmung keine Bindungswirkung zu.

---

[121] Vgl. hierzu auch die ausführliche Darstellung auf S. 69.
[122] Gemäß Art. 10 Abs. 1 EGBGB i.V.m. Art. 5 Abs. 1 S. 2 EGBGB gilt für das deutsch-französische Kind deutsches Namensrecht, ohne dass es einer entsprechenden Rechtswahl bedarf.

A. Konflikte bei der Namensführung des Kindes

Im umgekehrten Fall, dass deutsch-französische Eltern die Namensführung ihres ersten Kindes durch entsprechende Rechtswahl dem französischen Recht unterstellt und einen Doppelnamen bestimmt haben und für ihr zweites Kind einen Namen nach deutschem Recht bestimmen wollen, ist die Rechtslage weniger eindeutig. In § 1617 Abs. 1 S. 3 BGB heißt es lediglich, die „Bestimmung der Eltern" gelte auch für ihre weiteren Kinder. Aus dem Wortlaut der Vorschrift ergibt sich somit zunächst einmal keine Einschränkung dahingehend, dass es sich um eine Namensbestimmung nach Maßgabe des deutschen Rechts gehandelt haben muss. Grundsätzlich will § 1617 Abs. 1 S. 3 BGB aber nur die Fälle unmittelbar erfassen, in denen bereits ein Geschwisterkind existiert, für das die gemeinsam sorgeberechtigten Eltern eine Namensbestimmung nach § 1617 Abs. 1, 1617b Abs. 1 oder § 1757 Abs. 2 BGB getroffen haben.[123] Geht man also davon aus, eine frühere Namensbestimmung nach ausländischem Recht falle nicht unter § 1617 Abs. 1 S. 3 BGB[124], könnten die Eltern für weitere gemeinsame Kinder nach deutschem Recht einen anderen Namen bestimmen.[125]

Eine unterschiedliche Namensführung der Geschwister kann von den Eltern in Fällen mit Frankreichbezug unter Umständen auch dann herbeigeführt werden, wenn das erstgeborene gemeinsame Kind seinen Familiennamen nicht durch eine Namensbestimmung, sondern automatisch kraft Gesetzes erworben hat. Hat etwa das erste Kind deutsch-französischer Eltern gemäß § 1616 BGB deren Ehenamen erworben, spricht de lege lata nichts dagegen, für das zweite Kind nach entsprechender Rechtswahl einen Doppelnamen nach französischem Recht zu bestimmen und auf diese Weise § 1616 BGB zu unterlaufen.

Anhand der geschilderten Beispielsfälle wird deutlich, dass in bestimmten Sachverhalten mit Frankreichbezug den Eltern de lege lata theoretisch die Möglichkeit offen steht, ihren Kindern unterschiedliche Familiennamen zu erteilen. Nachdem dies aber im Widerspruch zum Willen sowohl

---

[123] Vgl. MüKo/*v. Sachsen Gessaphe*, § 1617 BGB Rn. 21 a.E.; OLG Karlsruhe, NJW-RR 2006, 441 (442).

[124] So der Fachausschuss des Bundesverbandes der Deutschen Standesbeamtinnen und Standesbeamten, StAZ 2004, 180.

[125] Wollte man § 1617 Abs. 1 S. 3 BGB auch auf die Fälle einer früheren Namensbestimmung nach ausländischem Recht anwenden, wäre für eine Bindungswirkung jedenfalls zu fordern, dass die Bestimmung von den gemeinsam sorgeberechtigten Eltern getroffen wurde (vgl. BT-Drs. 13/4899, S. 90; OLG Hamm, StAZ 2005, 15). Dies ist bei Namensbestimmungen nach französischem Recht nicht zwangsläufig der Fall, da das Namenswahlrecht der Eltern hier – anders als im deutschen Recht – nicht an das gemeinsame Sorgerecht, sondern allein an die Elternschaft geknüpft ist (vgl. Art. 311-21 Abs. 1 S. 3 bzw. Art. 311-23 Abs. 2 Cc).

des französischen wie auch des deutschen Gesetzgebers steht, muss man sich fragen, inwieweit dieses Ergebnis korrekturbedürftig ist.

2. Die Diskussion im Schrifttum

Ob und wie in Fällen mit Auslandsberührung zu verhindern ist, dass Eltern ihren Kindern verschiedene Familiennamen erteilen, ist Gegenstand einer Diskussion im Schrifttum. Diese betrifft bei genauerer Betrachtung zwei Fragestellungen, die streng auseinandergehalten werden müssen: Auf der Ebene des Kollisionsrechts ist zu klären, ob die für ein Kind gemäß Art. 10 Abs. 3 EGBGB getroffene Rechtswahl auch für die Namensführung nachgeborener Geschwister gilt oder die Sorgeberechtigten ihre Rechtswahlbefugnis bei jedem Kind neu ausüben können (a). Auf der Ebene des Sachrechts ist fraglich, inwieweit eine gegebenenfalls angeordnete Bindungswirkung einer Namensbestimmung für die Namensführung nachgeborener Geschwister auch dann gilt, wenn die Bestimmung nach ausländischem Recht getroffen wurde (b).

a) Die Frage der kollisionsrechtlichen Bindungswirkung einer früheren Rechtswahl

Hepting schlägt vor, den Grundsatz des § 1617 Abs. 1 S. 3 BGB auch in das IPR zu „projizieren", so dass die für das erste Kind getroffene Rechtswahl grundsätzlich auch für alle weiteren Kinder gilt. Ausnahmen sollen nach seiner Auffassung nur dann zugelassen werden, wenn sich in der Zeit zwischen der ersten Rechtswahl und der Geburt eines nachgeborenen Kindes die kollisionsrechtlichen Rahmenbedingungen, also z.B. die Staatsangehörigkeit oder der Aufenthalt der Eltern, geändert haben.[126]

Die herrschende Meinung geht dagegen davon aus, dass bei mehreren Kindern für jedes Kind eine andere Rechtswahl getroffen werden kann, weil Art. 10 Abs. 3 EGBGB keine dem § 1617 Abs. 1 S. 3 BGB entsprechende Regelung enthält, die eine Bindungswirkung einer in Bezug auf ein Kind erfolgten Rechtswahl für weitere Kinder anordnet.[127]

Nach der hier vertretenen Auffassung führt die Annahme einer Bindungswirkung der für ein Kind getroffenen Rechtswahl für die Namensführung der Geschwister zu weit. Abgesehen davon, dass der Wortlaut des Art. 10 Abs. 3 EGBGB hierfür keinen Anhaltspunkt bietet, besteht kein Bedürfnis, das gesetzgeberische Ziel der Namenseinheit der Geschwister bereits auf der Ebene des Kollisionsrechts durchzusetzen. Allein die Tatsa-

---

[126] Vgl. *Hepting*, StAZ 1998, 139; Staudinger/*Hepting*, § 10 EGBGB Rn. 444.
[127] Vgl. z.B. MüKo/*Birk*, Art. 10 EGBGB Rn. 118; Bamberger/Roth/*Mäsch*, Art. 10 EGBGB Rn. 75; Palandt/*Thorn*, Art. 10 EGBGB Rn. 23; Soergel/*Schurig*, Art. 10 EGBGB Rn. 75b a.E.; AnwK-BGB/*Mankowski*, Art. 10 EGBGB Rn. 164; *Henrich*, StAZ 1996, 134.

che, dass sich die Namen von Geschwistern nach unterschiedlichen Statuten bestimmen, steht einer Namenseinheit nicht entgegen.[128] Zu einer Namensdivergenz der Geschwister kann es nur dann kommen, wenn die jeweils zur Anwendung berufenen Rechtsordnungen unterschiedliche Namen vorsehen bzw. die Sorgeberechtigten bei Bestehen eines Namenswahlrechts den Kindern verschiedene Namen erteilen. Inwieweit dies hinzunehmen ist, ist eine Frage des Sach-, nicht des Kollisionsrechts. Darüber hinaus kann es auch zu einer Namensverschiedenheit der Geschwister kommen, wenn der frühere Namenserwerb auf Grundlage der nach Art. 10 Abs. 1 EGBGB berufenen Rechtsordnung erfolgt ist. In diesen Fällen hilft der Ansatz, wonach eine für ein Kind getroffene Rechtswahl Bindungswirkung für die Namensführung der Geschwister entfaltet, nicht weiter.

Es ist demnach mit der herrschenden Meinung davon auszugehen, dass die Rechtswahlbefugnis des Art. 10 Abs. 3 EGBGB für jedes Kind neu ausgeübt werden kann und die Namen von Geschwistern somit gegebenenfalls unterschiedlichen Statuten unterstellt werden können.

b) Die Frage der sachrechtlichen Bindungswirkung einer Namensbestimmung nach ausländischem Recht

Verneint man eine kollisionsrechtliche Bindungswirkung der in Bezug auf ein Kind getroffenen Rechtswahl für die Namensführung nachgeborener Geschwister, ist es den Eltern zwar gestattet, die Namen ihrer Kinder verschiedenen Statuten zu unterstellen. Dies bedeutet jedoch nicht zwangsläufig, dass die Geschwister unterschiedliche Familiennamen führen können. Ob der Familienname eines Kindes von dem eines vorgeborenen Geschwisterkindes abweichen darf, beurteilt sich vielmehr nach dem für das jeweils in Rede stehende Kind geltenden Namensstatut.

In der Literatur besteht weitestgehend Einigkeit darüber, dass bei Geltung des deutschen Rechts eine für ein Geschwisterkind getroffene Namensbestimmung gemäß § 1617 Abs. 1 S. 3 BGB auch dann Bindungswirkung entfaltet, wenn die Bestimmung nach ausländischem Recht getroffen wurde.[129] Dem ist zwar im Ergebnis zuzustimmen. Eine dogmatische Begründung für die Anwendbarkeit des § 1617 Abs. 1 S. 3 BGB bei Namensbestimmungen nach ausländischem Recht bleiben jedoch nahezu alle Autoren schuldig. Auch bleibt zumeist unklar, was gelten soll, wenn kraft Heimatrechtsanknüpfung oder entsprechender Rechtswahl ausländisches Recht

---

[128] So auch MüKo/*Birk*, Art. 10 EGBGB Rn. 118; Bamberger/Roth/*Mäsch*, Art. 10 EGBGB Rn. 75.
[129] Vgl. *Henrich*, StAZ 1996, 134; Bamberger/Roth/*Mäsch*, Art. 10 EGBGB Rn. 75; AnwK-BGB/*Mankowski*, Art. 10 EGBGB Rn. 165.

zur Anwendung gelangt und dieses die Frage der Bindungswirkung nicht ausdrücklich regelt.[130]

Nach der hier vertretenen Auffassung ist für den Fall, dass das zur Anwendung berufene Namensstatut die Frage einer Bindungswirkung von Namensbestimmungen nach ausländischem Recht nicht regelt, von einem Normenmangel auszugehen, der im Wege der Anpassung bzw. Angleichung aufzulösen ist.[131] Eine Anpassung ist grundsätzlich dann erforderlich, wenn mehrere Rechtsordnungen nacheinander oder nebeneinander auf ein einheitliches Lebensverhältnis anzuwenden sind.[132] Betrachtet man lediglich die Namensbestimmung für das jeweils in Rede stehende Kind, kommt zwar jeweils nur eine Rechtsordnung zur Anwendung. Geht man aber davon aus, die Namensbestimmung für ein Kind könne nicht losgelöst von den Namensbestimmungen für vorgeborene Geschwister betrachtet werden, so stellt die Namensführung aller Geschwister durchaus ein einheitliches Lebensverhältnis dar, auf das aufgrund der Ausübung von Rechtswahlbefugnissen nacheinander verschiedene Rechtsordnungen zur Anwendung gelangen können.

Eine Anpassung kann grundsätzlich auf der Ebene des Kollisionsrechts oder auf der Ebene des Sachrechts vorgenommen werden.[133] Die sachrechtliche Anpassung kann dabei z.B. durch die Einschränkung, Ergänzung oder Umbildung einer Regelung erfolgen.[134] In dem hier in Rede stehenden Fall, dass das berufene Sachrecht die Frage der Bindungswirkung einer früheren, nach ausländischem Recht getroffenen Namensbestimmung nicht ausdrücklich regelt, bietet sich eine Anpassung der Sachnorm dahingehend an, dass auch Namensbestimmungen unter ausländischem Recht eine Bindungswirkung auslösen. Eine solche Anpassung ist jedenfalls dann geboten, wenn die zur Anwendung berufenen Rechtsordnungen jeweils die Namenseinheit von Geschwistern vorsehen.

Dementsprechend sind Eltern in Sachverhalten mit Frankreichbezug nach der hier vertretenen Auffassung zwar grundsätzlich nicht daran gehindert, die Namensführung ihrer Kinder verschiedenen Rechtsordnungen zu unterstellen. Soweit aber die Regelungen des deutschen bzw. französischen Rechts im Einzelfall eine Bindungswirkung früherer Namensbestimmungen anordnen, sind diese auch dann anzuwenden, wenn die Namensbestimmung nach dem jeweils anderen Recht erfolgt sind.

---

[130] Einzig *Birk* setzt sich mit dieser Frage auseinander (vgl. MüKo/*Birk*, Art. 10 EGBGB Rn. 120).
[131] In diese Richtung auch MüKo/*Birk*, Art. 10 EGBGB Rn. 119 f.
[132] Vgl. *Looschelders*, vor Art. 3-6 EGBGB Rn. 58.
[133] Vgl. statt vieler *Kegel/Schurig*, S. 361.
[134] Vgl. *Kropholler* (2006), S. 237.

Abgesehen davon, dass die Eltern in der Regel ohnehin kein virulentes Interesse daran haben dürften, ihren Kindern unterschiedliche Familiennamen zu erteilen, kann eine Bindungswirkung früherer Namensbestimmungen den Betroffenen im Übrigen durchaus auch zum Vorteil gereichen. Dies nämlich dann, wenn für den Namen eines Kindes aufgrund einer zwischenzeitlichen Veränderung der Anknüpfungspunkte (z.B. Verlust der Staatsangehörigkeit eines Elternteils) ein Namensstatut nicht mehr zur Verfügung steht, nach dem ein Geschwisterkind seinen Familiennamen erhalten hatte. Hat beispielsweise ein deutsch-französisches Elternpaar für sein erstes Kind einen Doppelnamen nach französischem Recht bestimmt, so tragen die Geschwister auch dann diesen Doppelnamen, wenn der französische Elternteil seine Staatsangehörigkeit vor deren Geburt verloren hat[135] und damit eine Namensbestimmung nach französischem Recht an sich nicht mehr möglich wäre.[136]

3. Die standesamtliche Praxis

In der deutschen standesamtlichen Praxis geht man davon aus, eine Rechtswahl wirke nur für das jeweilige Kind, da Art. 10 Abs. 3 EGBGB eine Bindungswirkung nicht vorsehe. Bei Anwendbarkeit des deutschen Namensrechts trete die Bindungswirkung des § 1617 Abs. 1 S. 3 BGB nur dann ein, wenn für ein weiteres Kind bereits ein Name nach § 1617 BGB bestimmt worden sei. Dies sei bei einem Namenserwerb nach ausländischem Recht nicht der Fall.[137] Im Ergebnis wird also die Wahl unterschiedlicher Namensstatute für die einzelnen Kinder und eine in der Folge gegebenenfalls divergierende Namensführung von Geschwistern für zulässig erachtet.

Um im Einzelfall dennoch eine Nameneinheit erreichen zu können, wird den Eltern die Möglichkeit zugestanden, ihre Rechtswahlbefugnis für ein Kind erneut auszuüben, wenn sich das soziale Umfeld oder die Familiensituation des Kindes verändert hat.[138] Hat also beispielsweise ein deutsch-französisches Elternpaar für sein in Frankreich geborenes erstes Kind die Rechtswahl zugunsten des französischen Rechts ausgeübt und diesem einen Doppelnamen erteilt, so kann stattdessen nachträglich das deutsche Namensrecht gewählt werden, wenn die Familie nach Deutsch-

---

[135] Vgl. Art. 23 ff. Cc.
[136] Vgl. OLG München, StAZ 2007, 368. Das OLG München ging im konkreten Fall allerdings nicht von einer Bindungswirkung der früheren Rechtswahl aus, sondern hielt Art. 224 § 3 Abs. 3 EGBGB für anwendbar.
[137] Vgl. Fachausschuss des Bundesverbandes der Deutschen Standesbeamtinnen und Standesbeamten, StAZ 2004, 180.
[138] Vgl. Fachausschuss des Bundesverbandes der Deutschen Standesbeamtinnen und Standesbeamten, StAZ 2004, 180 u. StAZ 1999, 46.

land zieht. Sind in diesem Fall bereits weitere Kinder vorhanden, für die ein Name nach § 1617 BGB bestimmt wurde, tritt die Bindungswirkung des § 1617 Abs. 1 S. 3 BGB für den Namen des ersten Kindes ein.[139]

B. Konflikte bei der Namensführung der Ehegatten

Dass das französische Recht im Gegensatz zum deutschen Recht keinen Ehenamen kennt, führt bei grenzüberschreitenden Sachverhalten regelmäßig zu Konflikten. So verzichten etwa deutsch-französische Ehepaare mit gewöhnlichem Aufenthalt in Frankreich häufig auf eine Ehenamensbestimmung nach deutschem Recht, weil sie fälschlicherweise davon ausgehen, über die Annahme eines Gebrauchsnamens eine Namenseinheit herstellen zu können (I). Außerdem stellt sich das Problem, dass eine Ehenamensbestimmung vor einem französischen Standesbeamten nicht getroffen werden kann, da dieser nicht befugt ist, eine entsprechende Erklärung der Eheleute entgegenzunehmen (II). Hat sich ein französischer Ehegatte im Wege einer Rechtswahl deutschem Recht unterworfen und einen Ehenamen bestimmt, droht ihm zum einen eine „hinkende Namensführung", weil sein Heimatland den Ehenamen nicht anerkennt (III). Zum anderen ist aus deutscher Sicht nicht eindeutig, ob er den als Ehenamen angenommenen Namen des Ehepartners im Falle einer Auflösung der Ehe weiterführen darf bzw. muss (IV).

I. Der französische Ehegattengebrauchsname – ein vermeintlicher Ehename[140]

Beispielsfall:
Die deutsche Staatsangehörige Frau Müller und der französische Staatsangehörige Herr Dubois leben in Frankreich und schließen dort die Ehe. Wie in Frankreich üblich, tritt Frau Müller nach der Hochzeit unter dem Namen „Dubois" auf. Als sie einige Jahre nach der Eheschließung beim deutschen Konsulat einen Reisepass auf den Namen „Dubois" beantragt, erklärt ihr der zuständige Sachbearbeiter zu ihrer größten Verwunderung, man müsse den Pass auf den Namen „Müller" ausstellen, da sie diesen aus deutscher Sicht noch immer führe.

Wie bereits aufgezeigt, besteht ein wesentlicher Unterschied zwischen dem deutschen und dem französischen Namensrecht darin, dass Eheleute nach deutschem Recht einen gemeinsamen Ehenamen bestimmen können, während im französischen Recht die Namensführung der Ehegatten von der Eheschließung stets unberührt bleibt. Dieser Unterschied wird jedoch in der Praxis dadurch relativiert, dass in Frankreich der Name des anderen

---

[139] Vgl. StAZ 2004, 180. Dieses Beispiel zeigt, dass die Bindungswirkung des § 1617 Abs. 1 S. 3 BGB nicht notwendigerweise nur für später geborene Geschwister gilt.

[140] Vgl. zu diesem Thema auch *Sperling*, StAZ 2010, 259 ff.

Ehegatten im alltäglichen Leben in Form eines sogenannten Gebrauchsnamens (*nom d'usage*) geführt werden kann. Auf den ersten Blick bietet das französische Recht den Eheleuten somit nahezu die gleichen Möglichkeiten der Namensführung wie das deutsche Recht: Die Ehegatten können beide ihren bisherigen Namen beibehalten oder mittels des Gebrauchsnamens eine Namenseinheit herstellen.[141] Das französische Recht erlaubt es sogar, dass beide Ehegatten einen aus ihren jeweiligen Familiennamen gebildeten Doppelnamen als gemeinsamen Gebrauchsnamen führen.[142] Dass die Annahme eines Gebrauchsnamens in personenstandsrechtlicher Hinsicht keinen Namenswechsel bewirkt, ist den Eheleuten in aller Regel nicht bewusst. Nachdem der Gebrauchsname auf entsprechenden Antrag hin auch von Behörden verwendet werden muss und sogar in Ausweispapiere eingetragen werden kann[143], gehen sie vielmehr meist davon aus, der Gebrauchsname trete an die Stelle ihres vor der Eheschließung geführten Namens.

Diesem Trugschluss unterliegen regelmäßig auch deutsche Staatsangehörige, die in Frankreich leben und die Ehe mit einem französischen Staatsangehörigen schließen. Sofern ihnen überhaupt bewusst ist, dass sie gemäß Art. 10 Abs. 2 S. 1 Nr. 1 EGBGB gemeinsam mit ihrem französischen Ehegatten eine Rechtswahl zugunsten des deutschen Rechts treffen und einen Ehenamen bestimmen könnten[144], sehen sie hierfür wegen der vermeintlichen Möglichkeit, über den Gebrauchsnamen eine Namenseinheit zu schaffen, keinerlei Notwendigkeit.

Streng genommen ist zwar fraglich, ob der deutsche Ehegatte einen Gebrauchsnamen nach französischem Recht führen kann. Ginge man nämlich auch beim Gebrauchsnamen von der kollisionsrechtlichen Grundregel aus, dass sich der Name nach dem Heimatrecht des Betroffenen bestimmt[145],

---

[141] Eine völlige Namensgleichheit wird erreicht, wenn die Ehefrau den Mannesnamen als Gebrauchsnamen annimmt oder beide Ehegatten jeweils einen aus ihren Namen gebildeten Doppelnamen zum Gebrauchsnamen bestimmen. Allein der Name der Frau kann dagegen nicht von beiden Ehegatten geführt werden, da der Ehemann lediglich einen aus seinem Namen und dem Namen der Ehefrau gebildeten Doppelnamen als Gebrauchsnamen wählen kann.

[142] Nach deutschem Recht hat dagegen nur derjenige Ehegatte, dessen Name nicht zum Ehenamen bestimmt wurde, die Möglichkeit, einen aus den Namen beider Ehegatten zusammengesetzten Doppelnamen zu führen (vgl. § 1355 Abs. 4 S. 1 BGB).

[143] Allerdings wird der Gebrauchsname in Ausweispapieren lediglich in Klammern hinter dem Geburtsnamen angegeben.

[144] Die entsprechende Erklärung muss allerdings gegenüber dem deutschen Standesamt abgegeben werden. Der französische Standesbeamte ist zur Entgegennahme nicht befugt (vgl. S. 175).

[145] So ausdrücklich *Lucas*, JCl, 1998, Rn. 33. Die Frage, nach welchem Recht sich der Gebrauchsname bestimmt, wird im französischen Schrifttum so gut wie nicht diskutiert. Einzig *Scherer* setzt sich mit ihr eingehend auseinander (vgl. *Scherer*, Rn. 114 ff.)

wäre der nach französischem Recht gebildete Gebrauchsname grundsätzlich den französischen Staatsangehörigen vorbehalten. Zum einen ist aber die Maßgeblichkeit des Personalstatuts keineswegs zwingend. Da es sich beim Gebrauchsnamen nicht um einen Namen im personenstandsrechtlichen Sinne handelt, unterfällt er jedenfalls nicht der Vorschrift des Art. 3 Abs. 3 Cc, wonach der Personenstand einer Person von deren Heimatrecht bestimmt wird. Nachdem der Gebrauchsname die Namensführung im sozialen Umfeld betrifft, erscheint es eher sachgerecht, seine Voraussetzungen und Wirkungen dem Recht des gewöhnlichen Aufenthalts zu unterstellen.[146] Zum anderen wird in Frankreich lebenden Ausländern die Annahme eines Gebrauchsnamens de facto nicht verwehrt. Fälle, in denen Nicht-Franzosen der Gebrauchsname von Behörden unter Hinweis auf die mangelnde Anwendbarkeit des französischen Rechts verweigert wurde, sind nicht bekannt.

So folgen insbesondere in Frankreich lebende deutsche Frauen bei einer Heirat mit einem Franzosen häufig dem Beispiel ihrer französischen Geschlechtsgenossinnen und nehmen den Namen ihres Ehemannes als Gebrauchsnamen an. Nachdem sie unproblematisch im beruflichen und sozialen Umfeld unter dem Mannesnamen auftreten können und auf Antrag auch von französischen Behörden unter diesem Namen geführt werden, besteht für sie zunächst einmal kein Unterschied zur Führung eines Ehenamens nach deutschem Recht. Dass sie aus personenstandsrechtlicher Sicht nach wie vor den Namen tragen, den sie vor der Eheschließung geführt haben, ist den deutschen Ehefrauen meist nicht bewusst. Wie im eingangs gebildeten Beispielsfall dargestellt, gibt es für sie dann häufig ein „böses Erwachen", wenn sie beispielsweise anlässlich der Beantragung eines Ausweispapiers erfahren, dass sie aus deutscher Sicht nicht den Namen ihres französischen Ehemannes tragen und der Ausweis daher auf ihren vor der Eheschließung geführten Namen ausgestellt werden muss.

Zwar kann in einem solchen Fall die Rechtslage aus deutscher Sicht unproblematisch an die tatsächliche Namensführung angepasst werden, indem die Ehegatten die Rechtswahl zugunsten des deutschen Rechts gemäß Art. 10 Abs. 2 S. 1 Nr. 1 EGBGB sowie die Ehenamensbestimmung nachholen.[147] Dies ist jedoch dann ausgeschlossen, wenn die Ehe bereits aufgelöst wurde und die für eine Ehenamensbestimmung erforderliche gemein-

---

[146] In diese Richtung auch *Scherer*, die sich in Bezug auf den Gebrauchsnamen für ein Wahlrecht des Betroffenen zwischen seinem Heimatrecht und dem Recht des gewöhnlichen Aufenthalts ausspricht (vgl. *Scherer*, Rn. 121 ff.)

[147] Für die Ausübung des Wahlrechts nach Art. 10 Abs. 2 EGBGB besteht keinerlei zeitliche Befristung (vgl. Palandt/*Thorn*, Art. 10 EGBGB Rn. 14). Die Bestimmung eines Ehenamens soll zwar nach dem Willen des Gesetzgebers bei der Eheschließung erfolgen, kann aber auch jederzeit nachgeholt werden (vgl. § 1355 Abs. 3 BGB).

same Erklärung der Ehegatten somit nicht mehr abgegeben werden kann. In diesem Fall ist die Lage so verzwickt wie aussichtslos. Eine einseitige Ehenamensbestimmung durch den deutschen Ehegatten, wie sie gemäß Art. 220 Abs. 4 EGBGB a.f. möglich war[148], kommt seit Aufhebung dieser Vorschrift durch das FamNamRG zum 1. April 1994 nicht mehr in Betracht. Auch ein behördliches Namensänderungsverfahren löst das Problem nicht. Zum einen kann im Wege der öffentlich-rechtlichen Namensänderung allenfalls ein bereits bestehender Ehename geändert, nicht jedoch erstmals ein Ehename geschaffen werden. Insofern käme lediglich eine Änderung des Geburtsnamens in den bislang als Gebrauchsnamen geführten Namen in Betracht.[149] Zum anderen dürfte allein die Unkenntnis der Rechtslage und der darauf begründete Verzicht auf die grundsätzlich unproblematisch jederzeit mögliche gemeinsame Ehenamensbestimmung in aller Regel nicht als „wichtiger Grund" i.S.d. § 3 Abs. 1 NamÄndG anerkannt werden. Haben es die Eheleute also versäumt, während der Ehe einen Ehenamen nach deutschem Recht zu bestimmen, ist es dem Ehegatten, der den Familiennamen des anderen als Gebrauchsnamen führt, mit Auflösung der Ehe endgültig verwehrt, diesen Namen auch in personenstandsrechtlicher Hinsicht zu erlangen. Im Falle der Scheidung muss er sogar damit rechnen, den Namen nicht einmal als Gebrauchsnamen weiterführen zu können. Dies ist vor allem dann unglücklich, wenn das Fortbestehen einer namentlichen Verbundenheit zu gemeinsamen Kindern gewünscht wird.

Dem geschilderten Dilemma kann dadurch vorgebeugt werden, dass heiratswillige Deutsche mit gewöhnlichem Aufenthalt in Frankreich über die Möglichkeit der Bestimmung eines Ehenamens nach deutschem Recht und die Unterschiede gegenüber der Annahme eines bloßen Gebrauchsnamens aufgeklärt werden.

Eine solche Aufklärung wird jedoch vor einem französischen Standesamt nur in den seltensten Fällen erfolgen. Das französische IPR sieht eine Wahl des Namensstatuts nicht vor und der französische Standesbeamte ist nicht befugt, Ehenamensbestimmungen der Eheleute nach ausländischem Recht entgegenzunehmen.[150] Insofern besteht aus der Sicht des französischen Standesbeamten keine Veranlassung, über die Namensführung nach deutschem Recht zu informieren.

Eine Aufklärung kann und sollte aber durch deutsche Konsular- und Standesbeamte erfolgen. Eine Gelegenheit hierfür bietet sich im Rahmen

---

[148] Diese Vorschrift konnte auch nach Auflösung der Ehe angewendet werden (vgl. LG Bonn, StAZ 1988, 328; LG Berlin, StAZ 1992, 271).

[149] Dies hätte unter anderem zur Konsequenz, dass eine Rückkehr zum ursprünglichen Geburtsnamen mangels Anwendbarkeit des § 1355 Abs. 5 S. 2 BGB nicht möglich wäre.

[150] vgl. Ziff. 553 Abs. 2 IGREC.

des Verfahrens zur Ausstellung des Ehefähigkeitszeugnisses, welches deutsche Staatsangehörige für eine Eheschließung in Frankreich benötigen. Nach Ziffer 39.3 der zum 1. August 2010 in Kraft getretenen Allgemeinen Verwaltungsvorschrift zum Personenstandsgesetz (PStG-VwV)[151] soll der „deutsche Eheschließende, für den das Ehefähigkeitszeugnis ausgestellt wird, (...) auf die Möglichkeiten zur Bestimmung des nach der Eheschließung zu führenden Familiennamens einschließlich der Möglichkeit der Wahl des Rechts der Namensführung hingewiesen werden." Dieser Hinweis erschöpft sich allerdings zumeist in der Übermittlung eines allgemein gehaltenen Merkblattes, das nicht auf die namensrechtlichen Besonderheiten des jeweiligen Aufenthaltsstaates zugeschnitten ist. Dies ist für deutsche Staatsangehörige, die in Frankreich die Ehe schließen wollen, nicht ausreichend. Sie müssen vielmehr über die Unterschiede zwischen dem französischen Gebrauchsnamen und dem deutschen Ehenamen aufgeklärt werden. Sofern der deutsche Ehegatte beabsichtigt, den Namen seines Ehepartners anzunehmen, ist ihm deutlich zu machen, dass ein Namenswechsel in personenstandsrechtlicher Hinsicht allein durch eine Rechtswahl zugunsten des deutschen Rechts und eine gemeinsame Ehenamensbestimmung herbeigeführt werden kann und eine Rechtswahl zugunsten des französischen Rechts den Weg zu einer Nameneinheit endgültig versperrt. Den Eheleuten muss vor Augen geführt werden, dass der französische Gebrauchsname kein gleichwertiger Ersatz für einen Ehenamen nach deutschem Recht ist. Diese Aufklärungsarbeit ist insbesondere von den deutschen Konsulaten in Frankreich zu leisten.

II. Die Bestimmung eines Ehenamens bei Eheschließung in Frankreich

Beispielsfall:
Die deutsche Staatsangehörige Frau Müller und der französische Staatsangehörige Herr Dubois heiraten in Frankreich. Sie wollen nach deutschem Recht den Namen Müller zum Ehenamen bestimmen und teilen dies dem französischen Standesbeamten bei der Eheschließung mit. Dieser erklärt, er könne die Namensbestimmung nicht annehmen, da das französische Recht eine solche nicht vorsehe.

Wenn einer der Ehegatten Deutscher ist, können die Eheleute gemäß Art. 10 Abs. 2 S. 1 Nr. 1 EGBGB eine Rechtswahl zugunsten des deutschen Rechts treffen und einen gemeinsamen Ehenamen bestimmen.[152] Diese Namenswahl kann grundsätzlich auch im Ausland erfolgen.[153]

---

[151] Allgemeine Verwaltungsvorschrift zum Personenstandsgesetz (PStG-VwV) vom 29. März 2010, Bundesanzeiger Nr. 57a vom 15. April 2010, S. 1 ff.
[152] Gleiches gilt gemäß Art. 10 Abs. 2 S. 1 Nr. 2 EGBGB auch für rein ausländische Paare, wenn ein Ehegatte seinen gewöhnlichen Aufenthalt in Deutschland hat.
[153] Vgl. Staudinger/*Hepting*, Art. 10 EGBGB Rn. 332; *Sturm*, StAZ 1995, 258.

Allerdings wird für deren Wirksamkeit teilweise gefordert, dass im Eheschließungsstaat rechtlich die Möglichkeit bestehen muss, eine Erklärung zur Namensführung in der Ehe abzugeben.[154] Da das französische Recht einen Ehenamen nicht kennt und demnach eine namensrechtliche Erklärung der Eheleute nicht vorsieht, kann eine in Frankreich getroffene Ehenamenswahl nach dieser Auffassung unter keinen Umständen Wirksamkeit erlangen.

Hepting will dagegen aus der Tatsache, dass das Recht eines Eheschließungsstaates eine namensrechtliche Erklärung nicht vorsieht, lediglich eine widerlegbare Vermutung dafür ableiten, dass der Personenstandsbeamte eine solche im konkreten Fall auch nicht entgegengenommen hat. Die Ehegatten können diese Vermutung nach seiner Ansicht widerlegen, indem sie nachweisen, dass der Standesbeamte entgegen seiner üblichen Praxis ausnahmsweise bereit gewesen ist, eine Namenserklärung entgegenzunehmen, wobei dieser Beweis nur gelingt, wenn die Erklärung in den Heiratsdokumenten als Namenserklärung vermerkt ist.[155]

Selbst wenn man aber mit *Hepting* davon ausgeht, dass es nicht abstrakt auf die rechtliche Möglichkeit zur Abgabe von Namenserklärungen im Eheschließungsstaat ankommt, sondern allein darauf, ob der ausländische Standesbeamte eine solche im konkreten Fall nachweisbar zugelassen hat, hilft dies bei Eheschließungen in Frankreich nicht weiter. Der französische Standesbeamte wird nämlich eine Namenserklärung in aller Regel nicht entgegennehmen, geschweige denn in die Heiratsurkunde eintragen. Hierzu ist er nach Ziff. 553 Abs. 2 IGREC ausdrücklich nicht befugt:

„Si la loi nationale de l'un ou des deux époux étrangers leur permet de désigner un nom matrimonial lors de la célébration, l'officier de l'état civil ne peut pas consigner ce choix dans l'acte de mariage. En effet, l'officier de l'état civil n'est pas compétent pour recevoir une déclaration de changement de nom."
(„Wenn das nationale Recht von einem oder beiden ausländischen Ehegatten diesen erlaubt, bei der Eheschließung einen Ehenamen zu bestimmen, darf der Standesbeamte diese Wahl nicht in die Heiratsurkunde eintragen. Denn der Standesbeamte ist nicht befugt, eine Erklärung über eine Namensänderung entgegenzunehmen.")

Es lässt sich also zusammenfassen, dass die Bestimmung eines Ehenamens gegenüber dem französischen Standesbeamten nicht möglich ist.[156]

Bei einer Eheschließung in Frankreich müssen die Eheleute, wenn sie einen Ehenamen nach § 1355 BGB führen wollen, die entsprechende Ehenamenserklärung gegenüber dem zuständigen deutschen Standesamt abgeben. Haben die Eheleute ihren Wohnsitz in Frankreich, ist dies das Stan-

---

[154] Vgl. BayObLG, StAZ 1990, 15 (16); *Reichard*, StAZ 1987, 64.
[155] *Hepting*, StAZ 1994, 7; Staudinger/*Hepting*, Art. 10 EGBGB Rn. 338.
[156] So auch *Sturm*, StAZ 2005, 256.

desamt Berlin I.[157] Die Konsulate in Frankreich nehmen die Erklärungen entgegen und übersenden diese an das Standesamt Berlin I. Wirksam wird die Erklärung erst mit der Entgegennahme durch den deutschen Standesbeamten, der hierüber eine Bescheinigung ausstellt.

III. Die „hinkende Namensführung" des französischen Ehegatten

Beispielsfall:
Die deutsche Staatsangehörige Frau Müller und der französische Staatsangehörige Herr Dubois schließen in Deutschland die Ehe. Vor dem deutschen Standesamt treffen sie eine Rechtswahl zugunsten des deutschen Rechts und bestimmen den Namen „Müller" zum Ehenamen. Herr Müller, geb. Dubois, beantragt beim französischen Konsulat einen Reisepass auf den Namen „Müller". Der Antrag wird mit der Begründung abgelehnt, die Bestimmung des Ehenamens werde aus französischer Sicht nicht anerkannt.

Für französische Staatsangehörige, die einen deutschen Staatsangehörigen heiraten, besteht aus deutscher Sicht, unabhängig vom Ort der Eheschließung, die Möglichkeit, gemäß Art. 10 Abs. 2 S. 1 Nr. 1 EGBGB gemeinsam mit ihrem Ehegatten deutsches Recht zu wählen und einen Ehenamen zu bestimmen. Auch Ehepaare, bei denen beide Partner die französische Staatsangehörigkeit besitzen, können gemäß Art. 10 Abs. 2 S. 1 Nr. 2 EGBGB nach deutschem Recht einen Ehenamen bestimmen, wenn zumindest einer der Ehegatten seinen gewöhnlichen Aufenthalt in Deutschland hat. In beiden Fällen kommt es für den französischen Ehegatten, der seinen Namen zugunsten eines Ehenamens aufgibt, zu einer „hinkenden Namensführung".[158]

Das französische Kollisionsrecht verweist auf französisches Namensrecht, das keinen Ehenamen kennt. Die Möglichkeit einer Rechtswahl ist nicht vorgesehen. Der nach deutschem Recht bestimmte Ehename eines französischen Staatsangehörigen wird in Frankreich nicht anerkannt.[159]

Diese Verweigerung der Anerkennung ist jedoch unzulässig. Zwar ergibt sich eine Anerkennungsverpflichtung Frankreichs nicht aus multilateralen Staatsverträgen (1). Sie lässt sich aber nach der hier vertretenen Auffassung unmittelbar aus dem Freizügigkeitsgebot des Art. 21 AEUV[160] ableiten (2).

---

[157] Vgl. § 41 Abs. 2 S. 3 PStG.
[158] Kein hinkendes Namensverhältnis entsteht dagegen für den französischen Ehegatten, dessen Name zum Ehenamen bestimmt wird.
[159] Vgl. *Sommer*, S. 133; *Frank*, StAZ 2005, 164; Réponse ministérielle, RCDIP 1978, 594.
[160] Ex-Art. 18 EG.

1. Keine Anerkennungsverpflichtung Frankreichs aufgrund multilateraler Staatsverträge

Eine Pflicht Frankreichs, den nach deutschem Recht bestimmten Ehenamen eines französischen Staatsangehörigen anzuerkennen, ergibt sich nicht aus multilateralen Abkommen:

Das CIEC-Übereinkommen über die Änderung von Namen vom 4. September 1958[161] ist zwar sowohl für Deutschland als auch für Frankreich in Kraft getreten.[162] Ausweislich seines Art. 1 gilt dieses Übereinkommen jedoch nur für öffentlich-rechtliche Namensänderungen und nicht für Namensänderungen, die sich aus einer Änderung des Personenstandes ergeben.

Das CIEC-Übereinkommen über die Anerkennung von Namen vom 16. September 2005[163] würde zwar den Fall der Anerkennung eines nach dem Recht eines Vertragsstaates bestimmten Ehenamens in einem anderen Vertragsstaat erfassen. In Artikel 1 des Übereinkommens heißt es:

„En cas de mariage d'une personne ayant la nationalité d'un Etat contractant, la déclaration faite par les époux sur le nom qu'ils porteront pendant le mariage ou par l'un d'eux sur le nom qu'il portera pendant le mariage est reconnue dans les Etats contractants si elle est faite dans un Etat contractant dont l'un des époux possède la nationalité ou dans l'Etat contractant de la résidence habituelle commune des époux au jour de la déclaration."

(„Bei Eheschließung einer Person, die die Staatsangehörigkeit eines der Vertragsstaaten besitzt, wird die von den Ehegatten abgegebene Erklärung über den Namen, den sie während der Ehe führen werden, oder die von einem der beiden abgegebene Erklärung über den Namen, den er während der Ehe führen wird, in den Vertragsstaaten anerkannt, wenn sie in einem Vertragsstaat abgegeben wird, dessen Staatsangehörigkeit einer der Ehegatten besitzt, oder in dem Vertragsstaat, in dem die Ehegatten zum Zeitpunkt der Erklärung ihren gemeinsamen gewöhnlichen Aufenthalt haben.")

Das CIEC-Übereinkommen ist jedoch bislang lediglich von Portugal gezeichnet worden. In Deutschland und Frankreich ist es nicht in Kraft getreten.

Im Ergebnis können multilaterale Staatsverträge für eine Verpflichtung Frankreichs zur Anerkennung des nach deutschem Recht bestimmten Ehenamens für einen französischen Staatsangehörigen nicht fruchtbar gemacht werden.

---

[161] Vgl. BGBl. II 1961, S. 1076 ff.
[162] Vgl. BGBl. II 1962, S. 45.
[163] Convention sur la reconnaissance des noms. Der offizielle Text des Übereinkommens in französischer Sprache sowie eine nicht-amtliche deutsche Fassung sind unter http://www.ciec-deutschland.de/CIEC/DE/Uebereinkommen/UE_I/ue_I_node.html abrufbar (zuletzt abgerufen am 15. Juli 2012).

2. Anerkennungsverpflichtung Frankreichs aufgrund europarechtlicher Vorgaben

Eine Pflicht zur Anerkennung des nach deutschem Recht bestimmten Ehenamens in Frankreich ergibt sich aber nach der hier vertretenen Auffassung unmittelbar aus dem Freizügigkeitsgebot des Art. 21 AEUV.[164]

In seinem „Grunkin-Paul"-Urteil[165] aus dem Jahr 2008 hat der EuGH entschieden, dass es gegen das Freizügigkeitsgebot des Art. 21 AEUV verstoßen kann, einem EU-Bürger die Anerkennung eines in einem EU-Mitgliedstaat nach dessen Recht erteilten Namens in einem anderen Mitgliedstaat zu verweigern.[166]

Zwar betraf die Entscheidung den Geburtsnamen des Kindes. Die ihr zugrunde liegende Argumentation des EuGH, die Führung unterschiedlicher Familiennamen in unterschiedlichen Mitgliedstaaten könne für den Betroffenen zu schwerwiegenden Nachteilen beruflicher und privater Art führen[167], ist aber nicht auf den Kindesnamen beschränkt. Sie lässt sich vielmehr auf den Ehenamen übertragen.[168] Auch hier hat die Ablehnung der Anerkennung eines nach dem Recht eines Mitgliedstaats erteilten Ehenamens in einem anderen Mitgliedstaat eine hinkende Namensführung des Betroffenen zur Folge. Aufgrund der Namensdivergenz sieht sich dieser stets der Gefahr augesetzt, Zweifel an seiner Identität und den Verdacht von Falschangaben ausräumen zu müssen.[169] Die Nachteile einer gespaltenen Namensführung treten somit beim Ehe- und Kindesnamen gleichermaßen auf.[170]

Es macht auch keinen Unterschied, dass die hinkende Namensführung dem französischen Ehegatten nicht zwingend auferlegt, sondern letztlich von den Eheleuten durch die entsprechende Ausübung von Wahlbefugnissen herbeigeführt wird. Selbstverständlich könnten diese eine hinkende Namensführung des französischen Ehegatten verhindern, indem sie schlichtweg auf eine Wahl des deutschen Rechts und die Bestimmung eines Ehenamens verzichten. Auch in dem der *Grunkin-Paul*-Entscheidung des EuGH zugrunde liegenden Fall war die hinkende Namensführung des Kindes aber darauf zurückzuführen, dass die Eltern diesem nach dänischem Recht einen aus ihren Namen zusammengesetzten Doppelnamen er-

---

[164] Ex-Artikel 18 EG.
[165] EuGH, StAZ 2009, 9 ff.; JZ 2009, 151 ff. m. Anm. *Kroll-Ludwigs*; FamRZ 2008, 2089 ff. m. Anm. *Funken*.
[166] Im Einzelnen zu diesem Urteil vgl. S. 138 ff.
[167] Vgl. EuGH, JZ 2009, 152 (Rn. 23).
[168] So auch *Sturm*, StAZ 2010, 10; *Mansel/Thorn/Wagner*, IPRax 2009, 3; *Rieck*, NJW 2009, 128;
[169] Vgl. EuGH, JZ 2009, 152 (Rn. 26).
[170] So auch *Sommer*, S. 150.

teilt haben, der nach deutschem Recht nicht zulässig ist. Sie hätten sich stattdessen auch dafür entscheiden können, es bei der Erteilung des Namens eines Elternteils zu belassen und so einen Konflikt mit dem deutschen Recht zu vermeiden.[171] Dennoch sah der EuGH in der Ablehnung der Anerkennung des Doppelnamens durch deutsche Behörden einen Verstoß gegen das Freizügigkeitsgebot. Unter den vom EuGH aufgestellten Voraussetzungen besteht eine Anerkennungspflicht folglich unabhängig davon, ob der anzuerkennende Name vom Recht des Erstregistrierungsstaats zwingend vorgegeben ist oder eine Auswahl besteht und sich die Diskrepanz zur Namensführung in einem anderen EU-Mitgliedstaat durch entsprechende Namenswahl von vornherein hätte vermeiden lassen.[172] Unerheblich ist demgemäß auch, inwieweit die Betroffenen bei der Ausübung der Namenswahl die Namensdiskrepanz zwischen verschiedenen Mitgliedstaaten bewusst in Kauf genommen haben.[173]

Eine Anerkennungspflicht ließe sich allenfalls aufgrund eines Verstoßes gegen den französischen *ordre public* verneinen. In seinem *Grunkin-Paul*-Urteil hat der EuGH in einem obiter dictum durchblicken lassen, dass nach seiner Auffassung ein Verstoß gegen den mitgliedstaatlichen *ordre public* als „besonderer Grund" einer Namensanerkennung gegebenenfalls entgegenstehen könnte.[174]

A priori erscheint es innerhalb der EU unwahrscheinlich, dass eine Namensgestaltung nach ausländischem Recht gegen den heimischen *ordre public* verstößt.[175] Auch bei näherer Betrachtung muss man einen Verstoß der Anerkennung des nach deutschem Recht bestimmten Ehenamens gegen den französischen *ordre public* verneinen:

Das französische Recht unterscheidet zwischen dem *ordre public interne* und dem *ordre public international*.[176] Als *ordre public interne* wird die Gesamtheit der Normen bezeichnet, welche die innere öffentliche Ordnung im Staat sichern und deshalb zwingend anzuwenden sind. Unter dem *ordre public international* versteht man dagegen diejenigen Gerechtigkeitsvorstellungen und guten Sitten, die auch bei Anwendbarkeit ausländischen

---

[171] Das Kind hatte ursprünglich nur den Namen der Mutter (*Grunkin*) als echten Familiennamen geführt; der Vatername (*Paul*) war diesem lediglich als sogenannter „Mittelname" ohne Bindestrich beigefügt. Den Doppelnamen *Grunkin-Paul* erhielt das Kind erst im Wege eines administrativen Namensänderungsverfahrens nach § 9 des im entscheidungserheblichen Zeitpunkt geltenden Gesetzes Nr. 193 vom 29. April 1981 (vgl. Schlussanträge der Generalanwältin *Sharpston*, StAZ 2008, 275 f., Rn. 13 f. u. 22).
[172] So ausdrücklich auch OLG München, StAZ 2010, 76 (78).
[173] Vgl. OLG München, StAZ 2010, 76 (78).
[174] Vgl. EuGH, JZ 2009, 153 (Rn. 38); OLG München, StAZ 2010, 76 (78).
[175] Vgl. *Sommer*, S. 116.
[176] Vgl. z.B. *Loussouarn/Bourrel/De Vareilles-Sommières*, Rn. 249; MüKo/*Sonneberger*, Einl. EGBGB, Rn. 204.

Rechts unverzichtbar sind.[177] Der *ordre public*-Vorbehalt kann sowohl auf der Ebene des materiellen Rechts als auch in Form eines verfahrensrechtlichen *ordre public* bei der Frage der Anerkennung ausländischer Entscheidungen zum Tragen kommen.[178]

In diesem Zusammenhang ist zunächst klarzustellen, dass es bei der Namensanerkennung nicht um die verfahrensrechtliche Anerkennung einer ausländischen Entscheidung geht.[179] Wie bereits ausführlich dargelegt[180], gebietet die Rechtsprechung des EuGH vielmehr eine unmittelbar aus Art. 18 bzw. 21 AEUV abzuleitende Pflicht zur Anerkennung eines Namens als dem materiellrechtlichen Ergebnis der Anwendung des Rechts eines Mitgliedstaats. Dementsprechend ist es der materielle *ordre public* in Form des *ordre public* international, der einer Anerkennung des nach deutschem Recht bestimmten Ehenamens in Frankreich entgegenstehen könnte.

Dessen Anwendung setzt zunächst eine hinreichende Inlandsbeziehung voraus, die jedenfalls dann gegeben ist, wenn eine Person mit französischer Staatsangehörigkeit oder gewöhnlichem Aufenthalt in Frankreich betroffen ist.[181] Wenn die Anerkennung des nach deutschem Recht erteilten Ehenamens eines französischen Ehegatten in Rede steht, ist somit eine hinreichende Inlandsbeziehung allein aufgrund der Staatsangehörigkeit selbst dann zu bejahen, wenn die Eheleute in Deutschland leben.

Inwieweit der *ordre public*-Vorbehalt im Einzelfall durchgreift, ist nach der französischen Rechtsprechung entscheidend davon abhängig, ob durch die Anwendung des ausländischen Rechts eine bestimmte Rechtssituation in Frankreich erstmalig geschaffen oder lediglich eine im Ausland bereits entstandene Rechtslage anerkannt werden soll.[182] Im letztgenannten Fall kann dem *ordre public* allenfalls eine stark abgeschwächte Wirkung (*effet atténué*) zukommen.[183] Vereinzelt wird auch vertreten, er komme in diesem Fall überhaupt nicht zum Tragen.[184] Dass es bei der Anerkennung eines nach deutschem Recht wirksam bestimmten Ehenamens um die Anerkennung einer in Deutschland bereits bestehenden Rechtssituation geht, spricht mithin gegen ein Eingreifen des französischen *ordre public*-Vorbehalts. Hinzu kommt, dass durch die Namensanerkennung dem Freizügigkeitsgebot aus Art. 21 AEUV Geltung verschafft werden soll.

---

[177] Vgl. MüKo/*Sonneberger*, Einl. EGBGB, Rn. 204.
[178] Vgl. *Vignal*, Rn. 586 ff.
[179] So auch *Wall*, StAZ 2009, 264.
[180] Vgl. S. 149 ff.
[181] Vgl. *Vignal*, Rn. 175.
[182] Vgl. Cass. civ. JCP 1953, II, 7863, Anm. *Buchet*; *Vignal*, Rn. 173.
[183] Vgl. Cass. civ. JCP 1953, II, 7863.
[184] So *Mayer/Heuzé*. Der Begriff „*effet atténué*" sei insofern unglücklich (vgl. *Mayer/ Heuzé*, Rn. 207 a.E.).

Gegenüber einer Grundfreiheit kann sich ein mitgliedstaatlicher *ordre public* nur dann durchsetzen, wenn ein „zwingender Grund des Allgemeininteresses" vorliegt.[185]

Zwingende Gründe, die einer Anerkennung des Ehenamens in Frankreich entgegenstehen würden, sind nicht ersichtlich. Der im französischen Namensrecht geltende Grundsatz der Unveränderlichkeit des Namens[186] stellt kein Grund- oder Menschenrecht dar, das durch die Anerkennung verletzt werden könnte. Auch sind dem französischen Recht Namensänderungen im Zusammenhang mit einem familienrechtlichen Vorgang keineswegs völlig fremd. So sieht beispielsweise Art. 311-23 Abs. 2 Cc für ein Kind, dessen Abstammung im Zeitpunkt der Geburtsanzeige zunächst nur zu einem Elternteil feststand, im Fall der späteren Begründung der Abstammung gegenüber dem anderen Elternteil die Möglichkeit eines Namenswechsels vor. Außerdem zeigt die Einführung weitergehender Wahlbefugnisse im Zuge der Namensrechtsreform von 2005, dass die Namensführung nach dem Willen des französischen Gesetzgebers in gewissen Grenzen durchaus zur Disposition der Betroffenen stehen soll. Nach alledem ist es mit den Grundvorstellungen des französischen Rechts vereinbar, einen Namenswechsel, dem sich ein französischer Staatsangehöriger durch Wahl des deutschen Rechts und Bestimmung eines Ehenamens freiwillig unterworfen hat, in Frankreich anzuerkennen.

Im Ergebnis sind französische Behörden und Gerichte nach der hier vertretenen Auffassung aufgrund des Freizügigkeitsgebots des Art. 21 AEUV verpflichtet, den einem französischen Staatsangehörigen nach deutschem Recht erteilten Ehenamen anzuerkennen. In der standesamtlichen Praxis in Frankreich findet diese Anerkennung freilich nicht statt. Nach wie vor sehen sich also französische Ehegatten, die den Namen ihres Partners nach deutschem Recht als Ehenamen angenommen haben, mit den Problemen einer hinkenden Namensführung konfrontiert.

IV. Die Fortführung des Ehenamens durch den französischen Ehegatten nach Eheauflösung

Beispielsfall:
Die deutsche Staatsangehörige Frau Müller und der französische Staatsangehörige Herr Dubois leben in Deutschland und schließen die Ehe vor einem deutschen Standesamt. Sie treffen eine Rechtswahl zugunsten des deutschen Rechts und bestimmen den Namen „Müller" zum Ehenamen. Als die Ehe geschieden wird, möchte Herr Müller, geborener Dubois, gegen den Willen seiner Ex-Frau weiterhin den Namen „Müller" führen, weil dies auch der Name der gemeinsamen Kinder ist.

---

[185] Vgl. *Audit*, Rn. 308.
[186] Vgl. Art. 1 des Gesetzes vom 6. Fructidor des Jahres II. Siehe hierzu S. 40.

Deutsch-französische Ehepaare können, unabhängig von ihrem gewöhnlichem Aufenthalt und dem Ort der Eheschließung, gemäß Art. 10 Abs. 2 S. 1 Nr. 1 EGBGB eine Rechtswahl zugunsten des deutschen Rechts treffen und einen Ehenamen bestimmen. Auch Ehepaare, bei denen beide Partner französische Staatsangehörige sind, haben gemäß Art. 10 Abs. 2 S. 1 Nr. 2 EGBGB die Möglichkeit, ihre Namensführung dem deutschen Recht zu unterstellen und einen Ehenamen zu bestimmen, wenn zumindest einer der Ehegatten seinen gewöhnlichen Aufenthalt in Deutschland hat.

Hat ein französischer Staatsangehöriger nach deutschem Recht den Namen seines Ehegatten als Ehenamen angenommen, stellt sich im Falle der Auflösung der Ehe die Frage, ob er diesen Namen aus deutscher Sicht[187] fortführen oder zu einem vor der Eheschließung geführten Namen zurückkehren kann bzw. muss. Zwar ist in § 1355 Abs. 5 BGB ausdrücklich geregelt, dass der verwitwete oder geschiedene Ehegatte den Ehenamen grundsätzlich behält, stattdessen aber auch seinen Geburtsnamen bzw. vor der Ehenamensbestimmung geführten Namen wieder annehmen kann. Es kann jedoch trotz der von den Eheleuten getroffenen Rechtswahl zugunsten des deutschen Rechts nicht ohne weiteres davon ausgegangen werden, dass dieses auch für die Namensführung nach der Auflösung der Ehe maßgeblich ist. Es ist umstritten, ob ein von den Eheleuten gewähltes Namensstatut auch über die Eheauflösung hinaus Geltung beansprucht. Hierzu werden verschiedene Ansätze vertreten:

1. Die Mindermeinung: Ende der Rechtswahlwirkung mit Auflösung der Ehe

Einer Ansicht nach ende die Wirkung einer von den Eheleuten für ihre Namensführung getroffenen Rechtswahl mit der Auflösung der Ehe. Die namensrechtlichen Folgen der Eheauflösung seien wieder nach dem allgemeinen Personalstatut, das heißt nach dem Heimatrecht des Namensträgers, zu beurteilen.[188]

Teilweise wird auch danach differenziert, ob die Ehe durch Tod oder Scheidung aufgelöst wird. Im Falle der Scheidung wirke eine von den Ehegatten getroffene Rechtswahl über den Bestand der Ehe hinaus. Bei einer Eheauflösung durch Tod sei dagegen für die Namensführung des Über-

---

[187] Nachdem schon die Bestimmung des Ehenamens in Frankreich nicht anerkannt wird, stellt sich die Frage nach dessen Fortführung aus französischer Sicht von vornherein nicht.
[188] Vgl. AnwK-BGB/*Mankowski*, Art. 10 EGBGB Rn. 92; *Henrich*, Deutsches, ausländisches u. internationales Familien- u. Erbrecht, S. 270 f.; *von Bar*, Rn. 76; *Sturm*, StAZ 1990, 353.

lebenden dessen Personalstatut als allgemeines Namensstatut maßgeblich.[189]

Geht man davon aus, die Namensführung nach der Ehe bestimme sich trotz anderweitiger Rechtswahl der Ehegatten stets oder zumindest im Falle der Eheauflösung durch Tod nach dem Heimatrecht des Betroffenen, so beurteilt sich die Frage, ob ein französischer Staatsangehöriger den zum Ehenamen bestimmten Namen seines geschiedenen bzw. verstorbenen Ehegatten fortführen darf bzw. muss, nach französischem Recht. Hier stellt sich indes das Problem, dass das französische Recht keinen Ehenamen kennt und folgerichtig auch keine Regelungen zu dessen Schicksal nach Auflösung der Ehe trifft. Gesetzlich geregelt ist in Art. 264 Cc einzig die Frage der Fortführung des Ehegattengebrauchsnamens im Falle der Ehescheidung.[190] Nachdem der Gebrauchsname jedoch mit dem Ehenamen nicht gleichgesetzt werden kann[191], kommt eine entsprechende Anwendung der für diesen geltenden Regelungen nicht in Betracht. Die Frage der Fortführung eines nach deutschem Recht bestimmten Ehenamens kann also nach französischem Recht nicht beantwortet werden; es besteht insoweit eine Regelungslücke.

Allein diese Regelungslücke kann jedoch nicht dazu führen, dass der französische Ehegatte den nach deutschem Recht erworbenen Ehenamen mit der Auflösung der Ehe automatisch verliert und auf seinen Geburtsnamen „zurückfällt." Nach allgemeinen Grundsätzen des deutschen IPR hat ein Statutenwechsel keine Auswirkung auf Tatbestände, die bereits unter dem alten Statut abgeschlossen wurden.[192] So bleibt ein nach bisherigem Statut entstandenes subjektives Recht als ein wohlerworbenes weiterbestehen, gleichgültig, ob es auch unter der Herrschaft des neuen Rechts hätte entstehen können.[193] Der Erwerb des Ehenamens ist ein abgeschlossener Tatbestand, so dass allein ein Statutenwechsel grundsätzlich keinen Verlust des Ehenamens zur Folge haben kann.[194] Zwar kann man in der Auflösung der Ehe einen neuen Tatbestand sehen, der die Frage der Namensführung neu aufwirft und die soeben dargestellten Grundsätze nicht unmittelbar durchgreifen lässt. Dennoch darf ein Statutenwechsel nicht dazu füh-

---

[189] Vgl. MüKo/*Birk*, Art. 10 EGBGB Rn. 95. Gründe für diese Differenzierung nennt *Birk* allerdings nicht.

[190] Hat einer der Ehegatten den Namen des anderen als Gebrauchsnamen angenommen, verliert er diesen im Falle einer Scheidung (Art. 264 Abs. 1 Cc). Nur mit Einverständnis des anderen Ehegatten oder richterlicher Genehmigung darf der Gebrauchsname fortgeführt werden (Art. 264 Abs. 2 Cc).

[191] Vgl. hierzu S. 83 f.

[192] Vgl. z.B. *von Hoffmann/ Thorn*, § 5 Rn. 103; BGH, NJW 1975, 112 (113).

[193] Vgl. BGH, NJW 1975, 112 (113).

[194] Vgl. BGH, NJW 1975, 112 (113); BayObLG, StAZ 1984, 67 (68); *Henrich*, StAZ 2007, 197.

ren, dass eine Person gegen ihren Willen ihren bisherigen Namen verliert.[195] Dies folgt aus dem Grundsatz der Namenskontinuität[196] und muss im hier zu untersuchenden Fall des französischen Staatsangehörigen umso mehr gelten, als das französische Recht einen Namensverlust nicht einmal ausdrücklich anordnet.

Selbst wenn man also die Namensführung des französischen Ehegatten nach Auflösung der Ehe trotz Rechtswahl der Eheleute zugunsten des deutschen Rechts nach dem gemäß Art. 10 Abs. 1 EGBGB maßgeblichen französischen Recht beurteilt, verliert dieser nicht seinen nach deutschem Recht bestimmten Ehenamen.

Mit dieser Feststellung ist allerdings noch nichts darüber gesagt, ob der französische Ehegatte nach Auflösung der Ehe seinen Ehenamen aufgeben und zu einem früheren Familiennamen zurückkehren darf.

Die in § 1355 Abs. 5 BGB vorgesehene Möglichkeit der Rückkehr zu einem früheren Namen steht ihm nicht zur Verfügung; das französische Recht hält keine Regelung bereit. Aus der fehlenden Regelung im Heimatrecht des Betroffenen einen Zwang zur Fortführung des Ehenamens abzuleiten, wäre jedoch nach der hier vertretenen Ansicht nicht sachgerecht. Dies würde bedeuten, dass gerade die Anwendbarkeit des Heimatrechts zur Folge hätte, dass der Betroffene an einem Namen festgehalten wird, den er nach seinem Heimatrecht gar nicht hätte erlangen können. Um dieses widersinnige Ergebnis zu vermeiden, sollte dem Betroffenen in analoger Anwendung des § 1355 Abs. 5 BGB die Option eingeräumt werden, den Ehenamen aufzugeben und zu dem Namen zurückzukehren, den er nach seinem Heimatrecht führen würde. Für französische Staatsangehörige würde dies bedeuten, dass sie auch bei Anwendbarkeit des französischen Rechts den Ehenamen zugunsten ihres Geburtsnamens[197] aufgeben könnten.

2. Die herrschende Meinung: Fortwirkung der Rechtswahl über die Eheauflösung hinaus

Nach der herrschenden Meinung in Literatur[198] und Rechtsprechung[199] soll das gewählte Namensstatut auch über die Auflösung der Ehe hinaus maßgeblich sein. Erst bei Eingehung einer neuen Ehe ende die Rechtskraftwirkung und es komme wieder das Personalstatut des Art. 10 Abs. 1 EGBGB

---

[195] Vgl. *von Bar*, Rn. 76 a.E.
[196] So auch *Henrich*, StAZ 2007, 197.
[197] Die Analogie zu § 1355 Abs. 5 BGB darf dagegen m.E. keinesfalls so weit führen, die Annahme eines früheren Ehenamens zu erlauben.
[198] Vgl. z.B. Staudinger/*Hepting*, Art. 10 EGBGB Rn. 328; Soergel/*Schurig*, Art. 10 EGBGB Rn. 63; *Henrich*, StAZ 1996, 132 f.
[199] Vgl. OLG Hamm, StAZ 1999, 370; OLG Dresden, StAZ 2004, 170.

zur Anwendung.²⁰⁰ Jeder Ehegatte könne außerdem nach Auflösung der Ehe analog Art. 10 Abs. 2 Nr. 1 EGBGB wieder zum eigenen Personalstatut zurückkehren.²⁰¹

Diese Möglichkeit der Rückkehr zum Heimatrecht nach Auflösung der Ehe sieht auch die zum 1. August 2010 in Kraft getretene Allgemeine Verwaltungsvorschrift zum Personenstandsgesetz (PStG-VwV)²⁰² vor. In deren Ziffer 41.2. heißt es:

„Nach Auflösung der Ehe kann der Ehegatte, der bei oder nach der Eheschließung eine Rechtswahl nach Artikel 10 Abs. 2 des Einführungsgesetzes zum Bürgerlichen Gesetzbuche zugunsten eines anderen Rechts getroffen hat, durch Erklärung gegenüber dem Standesamt das Namensrecht des Staates, dem er im Zeitpunkt der Auflösung der Ehe angehörte, als das für seine Namensführung maßgebende bestimmen."

Nach der herrschenden Meinung und standesamtlichen Praxis gilt für die Namensführung eines französischen Staatsangehörigen, der mit seinem Ehegatten eine Rechtswahl zugunsten des deutschen Rechts getroffen und dessen Namen zum Ehenamen bestimmt hat, auch nach der Eheauflösung deutsches Recht. Gemäß § 1355 Abs. 5 BGB kann der Ehename beibehalten oder zugunsten des Geburtsnamens bzw. vor der Ehenamensbestimmung geführten Namens aufgegeben werden. Zwar könnte der französische Ehegatte auch gemäß Ziff. 41.2. PStG-VwV durch Rechtswahl zu seinem Heimatrecht zurückkehren. Angesichts der Wahlfreiheit, die ihm § 1355 Abs. 5 BGB bietet, wäre diese Rechtswahl jedoch für ihn sinnlos, da das französische Recht keinerlei Regelungen zum Schicksal des Ehenamens nach Auflösung der Ehe enthält und somit keine Vorteile gegenüber § 1355 Abs. 5 BGB bietet.

3. Zusammenfassung

Die Beantwortung der Frage, ob eine Rechtswahl der Eheleute auch die Namensführung nach Auflösung der Ehe erfasst, ist letztlich nur dann von entscheidender Bedeutung, wenn die in Rede stehenden Rechtsordnungen beide einen Ehenamen kennen und dessen Schicksal im Falle der Eheauflösung unterschiedlich regeln.²⁰³

Da das französische Recht gar keinen Ehenamen kennt, ist es für die Beurteilung der Namensführung eines französischen Staatsangehörigen

---

²⁰⁰ Vgl. *Wachsmann*, StAZ 2005, 80; *Jauß*, StAZ 2001, 118.
²⁰¹ Vgl. z.B. Staudinger/*Hepting*, Art. 10 EGBGB Rn. 328; OLG Hamm, StAZ 1999, 370; OLG Dresden, StAZ 2004, 170.
²⁰² Bundesanzeiger Nr. 57a vom 15. April 2010.
²⁰³ So verliert z.B. im türkischen Recht die Ehefrau gemäß Art. 173 türk. ZGB im Falle der Scheidung grundsätzlich den als Ehenamen geführten Familiennamen des Mannes und kehrt zu dem vor der Eheschließung geführten Namen zurück (vgl. BGH, NJW 2007, 3347).

nach Auflösung der Ehe de facto weitestgehend[204] unerheblich, welcher der oben genannten Auffassungen man folgt:

Nach herrschender Meinung und standesamtlicher Praxis wirkt die zugunsten des deutschen Rechts getroffene Rechtswahl über die Auflösung der Ehe hinaus, so dass die Frage der Fortführung des Ehenamens durch § 1355 Abs. 5 BGB geregelt wird.

Auch wenn man mit der Mindermeinung nach der Eheauflösung gemäß Art. 10 Abs. 1 EGBGB das französische Recht für maßgeblich hält, wird man aber mangels entsprechender Regelung weder einen automatischen Verlust des Ehenamens noch einen Zwang zu dessen Fortführung annehmen können. Im eingangs geschilderten Beispielsfall könnte Herr Müller, geborener Dubois, folglich in jedem Fall den Ehenamen Müller fortführen. Der entgegenstehende Wille seiner Ex-Ehefrau ist unerheblich.

Hinsichtlich der Namensführung des deutschen Ehegatten eines deutsch-französischen Ehepaares nach Auflösung der Ehe stellen sich die oben dargestellten Probleme im Übrigen von vornherein nicht. Für den deutschen Ehegatten gilt auch nach der Ehe, unabhängig von der zeitlichen Reichweite der Rechtswahl, jedenfalls nach Art. 10 Abs. 1 EGBGB deutsches Recht und damit § 1355 Abs. 5 BGB.

---

[204] Einzig eine Rückkehr zu einem vor der Ehenamensbestimmung geführten früheren Ehenamen ist nach der Mindermeinung ausgeschlossen.

Kapitel V

Die Perspektiven für eine Vermeidung namensrechtlicher Konflikte

Im bisherigen Verlauf der Arbeit wurde deutlich, dass aus den Unterschieden im Sach- und Kollisionsrecht Deutschlands und Frankreichs in grenzüberschreitenden Sachverhalten erhebliche namensrechtliche Konflikte resultieren können. Zur Vermeidung solcher Konflikte stehen grundsätzlich zwei Lösungsansätze zur Verfügung. Zum einen kommt eine Vereinheitlichung der nationalen Kollisions- und Sachrechte in Betracht (A). Zum anderen ist an eine Verpflichtung zur gegenseitigen Namensanerkennung zu denken (B).

A. Die Vereinheitlichung des Namensrechts

Um die konfliktträchtigen namensrechtlichen Unterschiede zwischen Deutschland und Frankreich abzubauen, kommt zunächst eine Vereinheitlichung der beiden Rechtsordnungen in Betracht. Diese kann theoretisch sowohl auf der Ebene des Sachrechts (I) wie auch auf der Ebene des Kollisionsrechts (II) ansetzen.

I. Die Vereinheitlichung des Sachrechts

Die Vereinheitlichung des Sachrechts mehrerer Staaten kann dadurch erfolgen, dass die Rechtslage in einem Staat der eines anderen Staates durch einseitige Änderungen des nationalen Rechts angeglichen wird (1). Während auf diesem Wege allenfalls eine sachrechtliche Harmonisierung realistisch erscheint, könnte durch die gezielte Schaffung eines materiellen Einheitsrechts theoretisch völlige Rechtsgleichheit erreicht werden (2).

1. Die Rechtsangleichung

Eine Vereinheitlichung des in Deutschland und Frankreich geltenden Namenssachrechts kann sich dergestalt vollziehen, dass das nationale Recht eines der beiden Staaten an das des jeweils anderen Staates angeglichen wird, wobei die Rechtsvereinheitlichung nicht primäres Ziel der Gesetzesänderung sein muss, sondern auch eine rein tatsächliche Folge derselben sein kann. Eine solche Annäherung hat im Verhältnis zwischen Deutschland und Frankreich zuletzt im Zuge der Reform des französischen Familiennamensrechts zum 1. Januar 2005 stattgefunden. Zu diesem Datum wurde der im französischen Kindesnamensrecht bis dato geltende grundsätzliche Vorrang des Vaternamens durch ein Namenswahlrecht der Eltern ersetzt, wie es dem deutschen Namensrecht bereits seit Beginn der 1990er Jahre bekannt war.[1] Allerdings ging der französische Gesetzgeber über die Regelungen des deutschen Rechts hinaus, indem er den Eltern auch die Möglichkeit einräumte, ihrem Kind einen aus den Elternnamen zusammengesetzten Doppelnamen zu erteilen. Eine künftige Annäherung zwischen deutschem und französischem Namensrecht könnte demnach beispielsweise so aussehen, dass der deutsche Gesetzgeber die Bestimmung eines aus den Elternnamen gebildeten Kindesdoppelnamens zulässt (a). Ebenfalls denkbar, wenngleich weniger realistisch, wäre eine Angleichung des Ehegattennamensrechts durch Abschaffung des Ehenamens in Deutschland (b).

a) Die Zulassung des aus den Elternnamen gebildeten Doppelnamens in Deutschland

Es sprechen gute Gründe dafür, das Verbot des aus den Elternnamen gebildeten Kindesdoppelnamens aufzugeben (aa), wodurch ein Großteil der namensrechtlichen Konflikte in Sachverhalten mit Frankreichbezug vermieden würde (bb).

aa) Die Gründe für eine Gesetzesänderung

Obgleich vom BVerfG zeitweilig zugelassen[2] und in den Entwürfen zum FamNamRG vorgesehen[3], hat der deutsche Gesetzgeber bis heute darauf verzichtet, gemeinsam sorgeberechtigten Eltern, die keinen Ehenamen führen, die Möglichkeit einzuräumen, ihrem Kind einen aus den elterlichen Familiennamen zusammengesetzten Doppelnamen zu erteilen. Die Nichtzulassung dieser Form des Kindesnamens wurde in erster Linie mit der gesetzgeberischen Zielsetzung begründet, Doppel- und Mehrfachnamen

---

[1] Nach der vom BVerfG in seinem Urteil vom 5. März 1991 aufgestellten Übergangsregelung konnten die Eltern eines ehelichen Kindes, die keinen Ehenamen bestimmt haben, ihrem Kind wahlweise den Familiennamen des Vaters, den der Mutter oder einen aus den Elternnamen zusammengesetzten Doppelnamen erteilen (vgl. BVerfG, NJW 1991, 1602 [1604]). Erstmals ausdrücklich gesetzlich geregelt wurde das Namenswahlrecht in § 1616 Abs. 2 S. 1 BGB i.d.F. vom 16. Dezember 1993. Heute ist das elterliche Namensbestimmungsrecht in § 1617 Abs. 1 S. 1 BGB vorgesehen.
[2] Vgl. BVerfG, NJW 1991, 1602 (1604).
[3] Vgl. BT-Drs. 12/617 (Entwurf der SPD-Fraktion), S. 4 bzw. BT-Drs. 12/3163 (Regierungsentwurf), S. 4.

A. Die Vereinheitlichung des Namensrechts

weitgehend zurückzudrängen[4], um Folgeprobleme bei der Eheschließung von Doppelnamensträgern bzw. bei der Namensübertragung an die Nachkommen zu verhindern.[5] Dies wurde vom BVerfG im Jahr 2002 ausdrücklich als Legitimation akzeptiert. Die Karlsruher Richter waren der Auffassung, die Vermeidung der Entstehung mehrgliedriger Namensketten lasse sich nicht nur mit Praktikabilitätserwägungen begründen, sondern diene auch dem Schutz künftiger Namensträger, da mit dem Anwachsen der Namenszahl die identitätsstiftende Wirkung des Namens verloren zu gehen drohe.[6]

Wenn es aber erklärtermaßen das Ziel des deutschen Gesetzgebers ist, das Wohl des Kindes dadurch zu wahren, dass diesem die Möglichkeit gegeben wird, „seine individuale Identität durch Identifizierung mit seiner Familie auszubilden"[7], so stellt sich bereits die Frage, weshalb der Name nur eines Elternteils als Kindesname die Identifikation mit der Familie eher ermöglichen sollte als ein Kindesname, in dem sich die Namen beider Elternteile wiederfinden. Die familiäre Einheit sowie die beiderseitige Elternschaft kommt in einem aus den Elternnamen zusammengesetzten Kindesdoppelnamen schließlich am deutlichsten zum Ausdruck.[8] Insbesondere die Tatsache, dass ein aus einer früheren Eheschließung stammender „unechter" Doppelname eines Elternteils nach heutiger Rechtslage unproblematisch zum Kindesnamen werden kann[9], macht die identitätsstiftende Wirkung des Namens als Argument für die Nichtzulassung eines aus den Elternnamen gebildeten Doppelnamens vollends hinfällig. Ein Kind dürfte sich wohl kaum besser mit einem Doppelnamen identifizieren können, dessen Bestandteil der Name eines ihm unter Umständen gänzlich unbekannten Ex-Ehepartners eines Elternteils ist, als mit einem aus den Namen seiner beiden Elternteile gebildeten Namen. Dass dem Kind ein Doppelname erteilt werden kann, der den Familiennamen eines mit dem Kind nicht verwandten Dritten enthält, die Erteilung eines aus den Namen der leibli-

---

[4] Vgl. BT-Drs. 12/5982, S. 17.

[5] Vgl. Staudinger/*Coester*, § 1617 Rn. 25; *Diederichsen*, NJW 1994, 1092 f.

[6] Vgl. BVerfG, NJW 2002, 1258. Auch die Instanzgerichte waren der Auffassung, dem Verbot des Kindesdoppelnamens läge das „verfassungsrechtlich anzuerkennende Interesse" zugrunde, „Doppelnamen weitgehend zurückzudrängen, damit das Namensgefüge in Deutschland möglichst unberührt bleibt und somit der Name seine identitätsstiftende Wirkung nicht verliert" (OLG Naumburg, FamRZ 1997, 1234 [1237]).

[7] BT-Drs. 12/5982, S. 17.

[8] So auch MüKo/*von Sachsen Gessaphe*, § 1617 Rn. 35; *Diederichsen*, NJW 1998, 1981; AnwK-BGB/*Löhnig*, § 1617 Rn. 18.

[9] Der von einem Elternteil geführte „unechte" Doppelname aus einer früheren Eheschließung kann vom Kind z.B. gemäß § 1617 Abs. 1 S. 1 BGB oder § 1617a Abs. 1 BGB als „echter" Doppelname erworben werden. Auch § 1618 S. 2 BGB bzw. § 1757 Abs. 4 S. 1 Nr. 2 BGB sehen die Erteilung von Kindesdoppelnamen vor.

chen Elternteile gebildeten Doppelnamens unzulässig ist, ist ein nicht hinnehmbarer Wertungswiderspruch.[10]

Auch dass der Gesetzgeber praktische Probleme im Rechtsverkehr und bei der Registerführung befürchtete[11], vermag die Nichtzulassung des aus den Elternnamen gebildeten Doppelnamens nicht zu rechtfertigen. Wie schon ausführlich dargestellt, lässt das derzeit geltende deutsche Recht bereits zahlreiche Erscheinungsformen des Kindesdoppelnamens zu. Selbst der hier in Rede stehende, aus den Elternnamen zusammengesetzte Doppelname ist dem deutschen Namensrecht aufgrund der vom BVerfG in seinem Urteil vom 5. März 1991 getroffenen Übergangsregelung nicht völlig fremd.[12] Außerdem kann bei entsprechender Rechtswahl gegebenenfalls auch nach ausländischem Recht ein aus den Elternnamen gebildeter Doppelname mit Wirkung für den deutschen Rechtsraum bestimmt werden.[13] Der Umgang mit Kindesdoppelnamen ist im Rechtsverkehr oder bei der Registerführung somit längst Realität, ohne dass nennenswerte Probleme bekannt wären.

Ein weiteres Argument für die Zulassung der Bestimmung eines aus den Elternnamen gebildeten Doppelnamens ist die Gleichberechtigung der Elternteile. Zwar mag die Nichtzulassung nicht gegen das Gleichberechtigungsgebot des Art. 3 Abs. 2 GG verstoßen, weil letztlich die Begrenzung der Auswahlmöglichkeit Vater wie Mutter gleichermaßen trifft.[14] Nichtsdestotrotz käme in einem aus den Elternnamen zusammengesetzten Kindesdoppelnamen die Gleichberechtigung der Elternteile besonders deutlich zum Ausdruck.[15]

Insgesamt tragen die ursprünglich zur Rechtfertigung angeführten Gründe des Gesetzgebers und des BVerfG das Verbot des aus den Elternnamen zusammengesetzten Kindesdoppelnamens heute nicht mehr. Vom früheren „doppelnamensfeindlichen Namensgefüge" in Deutschland ist nicht mehr viel übriggeblieben. Es ist daher an der Zeit, den leiblichen Eltern zuzugestehen, was in Stieffamilien längst möglich ist.[16] Auch aus verfassungsrechtlicher Sicht bestehen gegen die Zulassung eines aus den Elternnamen gebildeten Kindesdoppelnamens keinerlei Bedenken. Das

---

[10] So auch *Hepting*, FPR 2002, 120.

[11] Vgl. MüKo/*von Sachsen Gessaphe*, § 1617 Rn. 15 m.w.N.

[12] In der Zeit vom 29. März 1991 bis 31. März 1994 war die Bestimmung eines aus den Elternnamen zusammengesetzten Kindesdoppelnamens möglich, der gemäß Art. 224 § 3 Abs. 3 EGBGB auch nachgeborenen Geschwistern erteilt werden konnte.

[13] So z.B. nach französischem Recht, sofern eine Rechtswahlmöglichkeit gemäß Art. 10 Abs. 3 S. 1 Nr. 1 EGBGB eröffnet ist.

[14] Vgl. BVerfG, NJW 2002, 1259.

[15] So auch *Sacksofsky*, FPR 2004, 375.

[16] Vgl. Staudinger/*Coester*, § 1617 Rn. 25.

BVerfG hat ausdrücklich festgestellt, dass eine solche ebenso verfassungsgemäß wäre wie das Verbot.[17]

Angesichts der mit einer Erweiterung der Wahlmöglichkeiten zwangsläufig verbundenen weiteren Komplizierung des ohnehin allgemein als zu kompliziert und unübersichtlich[18] erachteten Namensrechts, ist die Zulassung des aus den Elternnamen gebildeten Doppelnamens zwar als solche keine unbedingt wünschenswerte Entwicklung. Nachdem aber nicht davon auszugehen ist, dass der Gesetzgeber die Bildung von Doppelnamen insgesamt wieder zurückdrängen wird, erscheint es nach der derzeit geltenden Rechtslage konsequent, auch den aus den Elternnamen gebildeten Kindesdoppelnamen zuzulassen, um die dargestellten Wertungswidersprüche zu beseitigen. Dieser im Vordringen befindlichen Auffassung[19] wird sich auch der deutsche Gesetzgeber nicht dauerhaft verschließen können. Mit einer Zulassung des Kindesdoppelnamens nach französischem Vorbild ließen sich künftig auch solch absurde Fälle vermeiden, wie der der Eltern, die für ihr Kind erfolgreich den Familiennamen des Vaters (*Bock*) als dritten Vornamen erstritten, um so im Ergebnis zu einem aus den Elternnamen zusammengesetzten Doppelnamen zu gelangen.[20]

Allerdings müsste mit einer Zulassung des aus den Elternnamen gebildeten Kindesdoppelnamens gegebenenfalls auch eine Neuregelung der Namensführung von Ehegatten einhergehen. Würde lediglich § 1617 Abs. 1 S. 1 BGB dahingehend geändert, dass gemeinsam sorgeberechtigte Eltern, die keinen Ehenamen führen, fortan auch einen aus ihren Namen zusammengesetzten Doppelnamen zum Geburtsnamen ihres Kindes bestimmen können, wären verheiratete Eltern, die – wie vom Gesetzgeber ausdrücklich gewünscht – einen Ehenamen führen, sowie deren Kinder benachteiligt. Da die Eheleute als Ehenamen nach dem derzeit geltenden § 1355 Abs. 2 BGB nur entweder den Namen des Mannes oder den der Frau bestimmen können, könnte ihr Kind gemäß § 1616 BGB als Geburtsnamen keinen aus den elterlichen Namen gebildeten Doppelnamen erwerben. Dies dürfte gegen das Gleichheitsgebot des Art. 3 Abs. 1 GG sowie gegen Art. 6 Abs. 1 GG verstoßen. Dementsprechend müsste entweder auch die Bestimmung eines aus den Namen der Ehepartner zusammengesetzten Ehenamens, der dann gemäß § 1616 BGB von gemeinsamen Kindern als Geburtsname erworben werden könnte, zugelassen oder aber der

---

[17] Vgl. BVerfG, NJW 2002, 1259.
[18] Vgl. nur *Battes*, FS Westermann, S. 96 („hochkompliziert, überreguliert, unübersichtlich und teilweise widersprüchlich"); *Sturmhöfel*, S. 1 („verworren, in sich widersprüchlich und teilweise veraltet"); *Hepting*, StAZ 1996, 1 („groteske Kompliziertheit").
[19] Vgl. z.B. *Gernhuber/Coester-Waltjen*, § 54 Rn. 12; AnwK-BGB/*Löhnig*, § 1617 Rn. 18; Staudinger/*Hepting*, § 1617 Rn. 25; *Sacksofsky*, FPR 2004, 375; *Hepting*, FPR 2002, 120; *Diederichsen*, NJW 1998, 1981; *Wagenitz*, FamRZ 1998, 1552 f.; *Baldus*, FuR 1996, 6 ff.
[20] Vgl. OLG Frankfurt, StAZ 2012, 19 f.

Ehename völlig abgeschafft werden[21], so dass für alle Kinder stets eine Namensbestimmung der Eltern erforderlich wäre.

bb) Die Konsequenzen einer Gesetzesänderung für Sachverhalte mit Frankreichbezug

Mit einer Zulassung des aus den Elternnamen gebildeten Doppelnamens in Deutschland würde eine Reihe von namensrechtlichen Konflikten in Sachverhalten mit Frankreichbezug gelöst.

So könnten deutsche Eltern für ihr Kind, das in Frankreich geboren wurde und neben der deutschen auch die französische Staatsangehörigkeit besitzt[22], einen aus den Elternnamen zusammengesetzten Doppelnamen in beiden Heimatstaaten des Kindes wirksam bestimmen.[23] Nach der derzeitigen Rechtslage hat eine in Frankreich vorgenommene Bestimmung eines Kindesdoppelnamens eine hinkende Namensführung zur Folge, sofern der deutsche Standesbeamte den Namen nicht – wie an sich nach Art. 21 AEUV geboten[24] – anerkennt und in die deutsche Geburtsurkunde einträgt.

In dem regelmäßig auftretenden Fall, dass für ein in Frankreich geborenes deutsches Kind mit deutschen Eltern ein aus deren Namen gebildeter Doppelname in die französische Geburtsurkunde eingetragen wird, könnte eine entsprechende Namensbestimmung nach deutschem Recht gegenüber dem deutschen Standesamt getroffen werden. Dies würde eine hinkende Namensführung des Kindes verhindern, wie sie derzeit in dem genannten Fall de facto zwangsläufig gegeben ist, weil aufgrund der Rechtswidrigkeit der Namenseintragung in Frankreich aus dem Freizügigkeitsgebot des Art. 21 AEUV keine Anerkennungsverpflichtung des deutschen Standesbeamten abgeleitet werden kann.[25] Wäre allerdings die Bildung eines Kindesdoppelnamens aus den elterlichen Familiennamen auch nach deutschem Recht möglich, so wäre deutschen Elternpaaren davon abzuraten, sich vor dem französischen Standesbeamten auf die Eintragung eines nach französischem Recht bestimmten Doppelnamens einzulassen. Sie sollten vielmehr dem französischen Standesbeamten ein sogenanntes certificat de coutume über die Rechtslage in Deutschland vorlegen und den Doppelnamen nach deutschem Recht bestimmen.[26] Auf diese Weise

---

[21] Dazu sogleich.

[22] Dies ist gemäß Art. 19-3 Cc z.B. dann der Fall, wenn einer der Elternteile seinerseits in Frankreich geboren wurde.

[23] Allerdings fällt die Schreibweise des Doppelnamens in den beiden Staaten unterschiedlich aus. Während zwischen den Bestandteilen des nach französischem Recht bestimmten Kindesdoppelnamens eine einfache Leerstelle steht (vgl. S. 55 ff.), sind die Bestandteile eines nach deutschem Recht bestimmten Doppelnamens grundsätzlich mit einem einfachen Bindestrich zu verbinden (vgl. z.B. Ziff. 41.1.3 bzw. 45.4 PStG-VwV).

[24] Vgl. S. 161 ff.

[25] Siehe dazu die ausführliche Darstellung auf S. 151 ff.

deutschem Recht bestimmen.²⁶ Auf diese Weise würden zum einen etwaige Komplikationen aufgrund der unterschiedlichen Schreibweise von Doppelnamen in Deutschland und Frankreich von vornherein vermieden. Zum anderen erhielte das Kind einen Namen, der gegebenenfalls auch vor französischen Gerichten Bestand hätte.²⁷

b) Die Abschaffung des Ehenamens in Deutschland

Ein Großteil der namensrechtlichen Probleme im Verhältnis zwischen Deutschland und Frankreich resultiert aus den grundlegenden Unterschieden des Namensrechts beider Staaten im Hinblick auf die Namensführung von Ehegatten. Dass Frankreich den in seinem Namensrecht seit jeher geltenden Grundsatz, wonach die Eheschließung keinerlei Einfluss auf die Namensführung hat, in naher Zukunft zugunsten der Einführung eines Ehenamens aufgibt, ist indes auszuschließen. Schon aufgrund des etablierten Rechtsinstituts des Ehegattengebrauchsnamens, welcher eine gemeinsame Namensführung der Eheleute im alltäglichen Leben ermöglicht, besteht für einen Ehenamen im Rechtssinne kein vordringliches Bedürfnis. Soweit ersichtlich, wird die Einführung eines Ehenamens in der französischen rechtswissenschaftlichen Literatur nicht ansatzweise diskutiert.

Anders verhält es sich dagegen in Deutschland. Hier erscheint ein Systemwechsel in Form einer Abschaffung des Ehenamens zumindest langfristig nicht gänzlich ausgeschlossen. Die Abschaffung des Ehenamens wird seit längerem von verschiedenen Autoren gefordert.²⁸

So schlägt etwa *Battes* eine grundlegende Reform des Ehegattennamensrechts dahingehend vor, dass die Eheleute ihre Geburtsnamen auch nach der Eheschließung weiterführen. Es soll nur die Möglichkeit bestehen, dem Geburtsnamen den Namen des anderen Ehegatten als Begleitnamen nachzustellen, nicht aber voranzustellen. Der Begleitname soll auch nach Auflösung der Ehe weitergeführt werden dürfen, jedoch nur bis zu einer etwaigen Wiederverheiratung.²⁹

Auch *Hepting* spricht sich für eine generelle Abschaffung des Ehenamens aus. Es sei „frappierend, wie sehr sich dadurch das gegenwärtige Regelungsdickicht lichten würde."³⁰ Den Verlust der Möglichkeit der Be-

---

²⁶ Vgl. dazu S. 136.
²⁷ Ein nach französischem Recht für ein deutsches Kind bestimmter Doppelname hätte vor französischen Gerichten keinen Bestand, da die Erteilung mit dem französischen IPR in Widerspruch steht, wonach sich die Namensführung nach dem Heimatrecht des Betroffenen beurteilt (vgl. S. 136 f.).
²⁸ Vgl. z.B. *Hepting*, StAZ 1996, 9 ff.; *Battes*, FamRZ 2008, 1038 f. sowie FS Westermann, S. 107; MüKo/*von Sachsen Gessaphe*, § 1617 Rn. 36 sowie § 1355 Rn. 45.
²⁹ Vgl. *Battes*, FS Westermann, S. 107; FamRZ 2008, 1038 f.
³⁰ *Hepting*, StAZ 1996, 9.

stimmung eines einheitlichen Ehenamens im Rechtssinne will *Hepting* – nach dem Vorbild Frankreichs – durch ein Recht zur Annahme von Gebrauchsnamen im gesellschaftlichen Bereich kompensieren.[31]

Die letztgenannte Lösung wird auch nach der hier vertretenen Auffassung favorisiert. Sie besticht durch ihre Einfachheit[32] und wird dem Interesse des Betroffenen und des Staates an Namenskontinuität in besonderem Maße gerecht.[33] Sämtliche mit der Bestimmung eines Ehenamens, der Auswirkungen einer solchen auf die Namensführung der Kinder sowie mit der Frage der Fortführung des Ehenamens nach Auflösung der Ehe verbundenen rechtlichen und praktischen Probleme fielen ersatzlos weg. Einem Bedürfnis der Ehegatten nach Namenseinheit könnte auf der gesellschaftlichen Ebene durch die Führung eines Gebrauchsnamens ebenso gut Rechnung getragen werden.[34] Eine Abschaffung des Ehenamens in Deutschland würde in Sachverhalten mit Frankreichbezug einen Großteil der bisherigen Probleme lösen:

So bestünde etwa für Ehegatten, die sowohl die deutsche als auch die französische Staatsangehörigkeit besitzen, nicht mehr die Gefahr einer hinkenden Namensführung[35], da der Betroffene nach beiden Heimatrechten seinen bisherigen Namen auch nach der Eheschließung weiterführen würde.

Außerdem hätte sich die Problematik erledigt, dass ein Ehename wirksam nur gegenüber einem deutschen Standesamt bestimmt werden kann[36], weil französische Standesbeamte zur Entgegennahme entsprechender Namenserklärungen nicht befugt sind. Ebenfalls hinfällig wären die mit der Frage der Fortführung eines nach deutschem Recht bestimmten Ehenamens durch den französischen Ehepartner nach Auflösung der Ehe verbundenen Unklarheiten.[37]

Allerdings erscheint eine Abschaffung des Ehenamens durch den deutschen Gesetzgeber zum jetzigen Zeitpunkt noch wenig realistisch, würde diese doch einen „radikalen Bruch mit der deutschen Rechtstradition"[38] bedeuten.

---

[31] Vgl. *Hepting*, StAZ 1996, 10.
[32] So auch *Gaaz*, StAZ 2006, 165; *Schwenzer*, FamRZ 1991, 395.
[33] So auch MüKo/*von Sachsen Gessaphe*, § 1355 Rn. 45.
[34] So auch *Schwenzer*, FamRZ 1991, 395.
[35] Vgl. hierzu die Darstellung auf S. 176 ff.
[36] Vgl. hierzu die Darstellung auf S. 174 ff.
[37] Vgl. hierzu die Darstellung auf S. 181 ff.
[38] *Gaaz*, StAZ 2006, 165.

2. Die Schaffung eines materiellen Einheitsrechts

Im Wege der soeben dargestellten Rechtsangleichung können das deutsche und das französische Namensrecht zwar harmonisiert und dadurch Probleme bei grenzüberschreitenden Sachverhalten eingedämmt werden. Weitestgehend auszuschließen wären namensrechtliche Konflikte jedoch erst dann, wenn das materielle Namensrecht beider Staaten völlig deckungsgleich wäre. Dies könnte allein durch die zielgerichtete Schaffung eines internationalen Einheitsrechts[39] erreicht werden. Ein „Alleingang" Deutschlands und Frankreichs, wie er theoretisch durch den Abschluss eines bilateralen Staatsvertrages möglich wäre, erscheint insoweit weder realistisch noch sinnvoll, da die aus der Unterschiedlichkeit der Rechtsordnungen resultierenden Namenskonflikte, insbesondere hinkende Namensverhältnisse, ebenso im Verhältnis zu anderen Staaten auftreten können. Aus diesem Grund wird zunehmend die Realisierung eines „europäischen Namensrechts" im Sinne eines in allen Mitgliedstaaten der Europäischen Union geltenden materiellen Einheitsrechts diskutiert (a). Aufgrund der enormen Verschiedenheit der Namensmodelle innerhalb der EU dürfte indes auszuschließen sein, dass die Mitgliedstaaten in naher Zukunft eine Konsenslösung finden (b). Außerdem fehlt der Europäischen Union für den Erlass eines einheitlichen Namensrechts die Rechtssetzungskompetenz, so dass allenfalls der Abschluss multilateraler Staatsverträge in Betracht kommt (c).

a) Die Vision eines „europäischen Namensrechts"

Die Idee eines „europäischen Namensrechts" ist nicht neu. Bereits im Jahr 1990 war von *Nelle* ein Vorschlag zur einheitlichen Regelung des Namensrechts innerhalb der EG unterbreitet worden (aa). In jüngerer Zeit hat der Europäische Verband der Standesbeamten und Standesbeamtinnen (EVS) im Jahr 2006 ein einheitliches europäisches Namensrecht gefordert (bb).

aa) Der Regelungsvorschlag von Nelle

Im Jahr 1990 schlug *Nelle* ein EG-weit einheitliches Familiennamensrecht mit folgendem Wortlaut vor:

„§ 1 Begriff

I Familienname ist der durch Familienzugehörigkeit erworbene Name einer natürlichen Person.
II Er besteht mindestens aus dem gemäß § 2 mit der Geburt oder Adoption erworbenen Geburtsnamen.

---

[39] Nur das Ergebnis einer *gezielten* einheitlichen Rechtssetzung mindestens zweier Staaten ist als internationales Einheitsrecht zu bezeichnen (vgl. MüKo/*Sonnenberger*, Einl. IPR, Rn. 363; *Kropholler* (1975), S. 1 ff.).

196   *Kapitel V: Perspektiven für Vermeidung namensrechtlicher Konflikte*

III Hinzu tritt in gesetzlich besonders geregelten Fällen als weiterer Bestandteil der Begleitname, welcher durch einen Bindestrich abgetrennt an den Geburtsnamen angefügt wird.

§ 2 Namenserwerb durch Geburt oder Adoption

I Kinder erwerben bei ihrer Geburt den gemeinsamen Familiennamen ihrer Eltern.
II Führen die Eltern keinen gemeinsamen Familiennamen, erwirbt das Kind den Geburtsnamen des sorgeberechtigten Elternteils.

III Sind beide Eltern gemeinschaftlich sorgeberechtigt und führen sie keinen gemeinsamen Familiennamen, legen sie gemeinsam fest, welchen ihrer beiden Geburtsnamen das Kind führen soll. Kommt keine Einigung zustande, erhält das Kind den Namen des zuerst geborenen Elternteils. Weitere gemeinschaftliche Kinder erhalten den Familiennamen des erstgeborenen Kindes.
IV Ist keiner der beiden Elternteile sorgeberechtigt, erhält das Kind den Geburtsnamen des Elternteils, zu dessen Familie es die engeren tatsächlichen Bindungen hat.
V Maßgeblicher Zeitpunkt für die Beurteilung der Voraussetzungen der Absätze 2 bis 4 ist die Vollendung des sechsten Lebensmonats des Kindes.
VI Die vorstehenden Bestimmungen gelten entsprechend, wenn das Verwandtschaftsverhältnis nicht durch Geburt, sondern durch Adoption entsteht.

§ 3 Namenserwerb durch Eheschließung

I Bei der Eheschließung wählen die Partner einen der beiden Geburtsnamen zum gemeinsamen Familiennamen.
II Unterbleibt eine solche Wahl, wird der Geburtsname des zuerst geborenen Ehepartners gemeinsamer Familienname.
III Derjenige Ehepartner, dessen Geburtsname nicht gemeinsamer Familienname wird, fügt den gemeinsamen Familiennamen als Begleitname gemäß § 1 Absatz 3 seinem Geburtsnamen an.
IV Der gemäß Absatz 3 erworbene Begleitname einer Person erstreckt sich nur dann auf deren Kinder, wenn diese das 14. Lebensjahr noch nicht vollendet haben und beide Ehegatten nach der Heirat das Sorgerecht gemeinschaftlich ausüben.
V Wer im Falle der Absätze 3 oder 4 bereits vor Eingehung der Ehe einen zusammengesetzten Namen trug, verliert seinen alten Begleitnamen auch dann, wenn er bei dieser Gelegenheit keinen neuen Begleitnamen erwirbt.
VI Wird die Ehe für nichtig erklärt, geschieden oder durch Tod aufgelöst, bleibt ein gemäß Absatz 3 oder 4 erworbener Begleitname hiervon unberührt. Der Betroffene kann aber durch Erklärung gegenüber der zuständigen Stelle auf den Begleitnamen verzichten."[40]

Dieser Regelungsvorschlag kann im Vergleich zur damaligen Rechtslage in Deutschland durchaus als innovativ bezeichnet werden. So griff *Nelle* beispielsweise der Entscheidung des BVerfG vom 5. März 1991, mit der der Vorrang des Mannesnamens für den Fall der unterbliebenen Ehenamensbestimmung in § 1355 Abs. 2 S. 2 BGB a.F. für verfassungswidrig erklärt wurde[41], vor und präsentierte mit § 3 Abs. 2 seines Vorschlags eine

---

[40] *Nelle*, FamRZ 1990, 940 f.
[41] Vgl. BVerfG, NJW 1991, 1602.

gleichberechtigungskonforme Lösung.[42] Auch mit der Loslösung der Namensführung des Kindes von dessen Status war *Nelle* „seiner Zeit voraus". Die namensrechtliche Gleichstellung ehelicher und nichtehelicher Kinder durch den deutschen Gesetzgeber erfolgte erst mit Inkrafttreten des KindRG zum 1. Juli 1998.

Andererseits legte *Nelle* seinem Regelungsvorschlag in weiten Teilen die im damals geltenden deutschen Namensrecht vorherrschenden Prinzipien zugrunde. So ging er etwa ohne nähere Begründung von einer Verpflichtung der Eheleute zur Führung eines gemeinsamen Namens aus. Hier zeigt sich ein grundsätzliches Problem beim Entwurf materiellen Einheitsrechts. Die meisten Regelungsvorschläge aus der Feder einzelner nationaler Autoren kranken daran, dass diese sich zu stark am eigenen nationalen Recht orientieren und vor radikalen Änderungen desselben zurückschrecken.

bb) Die Forderung des EVS

Am 22. und 23. Mai 2006 fand im schweizerischen Engelberg ein Kongress des Europäischen Verbandes der Standesbeamten und Standesbeamtinnen (EVS) zu dem Thema „Namenskonflikte in Europa – Ursachen, Analysen, Lösungen" statt. In der sogenannten „Erklärung von Engelberg" hielten die versammelten Standesbeamten und -beamtinnen fest,

„dass das Nebeneinander unterschiedlicher nationaler Namensrechte den freien Rechtsverkehr von Personen innerhalb Europas erheblich behindert,
dass den Bürgerinnen und Bürgern Europas durch das Nebeneinander unterschiedlicher nationaler Namensrechte regelmäßig beträchtliche administrative Probleme erwachsen,
dass die Bürgerinnen und Bürger Europas durch hinkende Namensführungen tagtäglich gravierende Unannehmlichkeiten erleiden,
dass kollisionsrechtliche Vorschriften und Regeln über die Anerkennung von Namen die bestehenden Namenskonflikte in Europa bloss zu einem kleinen Teil lösen können und dass aus diesen Gründen im Interesse eines Europas der Bürgerinnen und Bürger ein einheitliches europäisches Namensrecht anzustreben ist"[43]

Dem vom EVS geforderten „freiheitlichen europäischen Namensrecht" soll das Prinzip der Selbstbestimmung des Einzelnen zugrunde liegen. So soll es dem Betroffenen freistehen, bei jeder Änderung des Personen- oder Familienstandes, seine Namen neu zu bestimmen. Überhaupt soll es nach der Vorstellung des EVS keinerlei gesetzliche Beschränkung geben, seine Namen zu ändern. Für eine Namensänderung soll es genügen, eine ent-

---

[42] Allerdings birgt diese Lösung die Gefahr, dass der ältere Ehepartner letztlich seinen Namen als gemeinsamen Familiennamen durchsetzt, indem er schlichtweg bewusst eine Namenswahl verweigert.
[43] Erklärung von Engelberg, S. 1 (im Internet abrufbar unter http://www.standesbeamte.de/pdf/Erklaerung-Engelberg%2023-05-2006.pdf; zuletzt abgerufen am 15. Juli 2012).

sprechende Erklärung gegenüber dem Standesbeamten abzugeben und diese im Personenstandsregister beurkunden zu lassen.[44]

Nachdem der EVS jedoch selbst davon ausging, dass ein europäisches Einheitsrecht „aus verschiedenen Gründen vorerst nicht direkt angesteuert" werden könne, appellierte er an die Europäische Kommission und das Europäische Parlament, in einem ersten Schritt ein einheitliches IPR auf dem Gebiet des Namensrechts zu schaffen sowie ein supranationales europäisches Namensrecht, das die nationalen Namensrechte zunächst noch unberührt lässt und von den EU-Bürgern durch eine entsprechende Optionserklärung frei gewählt werden kann.[45]

Da sich auch diese Forderung nicht kurzfristig umsetzen lasse, seien die nationalen Gesetzgeber aufgerufen, als Sofortmaßnahmen ihre nationalen Namensrechte im Sinne der vom EVS genannten Grundprinzipien zu harmonisieren.[46]

Der „Erklärung von Engelberg" des EVS ist lediglich Symbolcharakter beizumessen. Eine Umsetzung der Forderungen ist bislang – nicht zuletzt aus den im Folgenden dargelegten Gründen – nicht ansatzweise erfolgt.

b) Die unterschiedlichen Namensmodelle innerhalb der EU

Die Schaffung eines EU-weit einheitlichen Namensrechts würde voraussetzen, dass sich die Mitgliedstaaten auf eine gemeinsame Lösung verständigen. Wie im Folgenden anhand der exemplarischen Darstellung des Namensrechts ausgewählter Mitgliedstaaten aufgezeigt wird, existieren jedoch innerhalb der EU derart unterschiedliche Regelungsmodelle, dass eine Konsenslösung kaum möglich erscheint.

aa) Das Familiennamensrecht in Spanien

Grundsätzlich führen nach spanischem Recht alle Personen einen Doppelnamen. Die Namensbestandteile (*apellidos*) sind meist mit dem Bindewort „y" (und) verbunden.[47]

Wie sich der Geburtsname des Kindes zusammensetzt, ist davon abhängig, inwieweit die Abstammung zu den Eltern feststeht.[48] Steht die Abstammung gegenüber beiden Elternteilen fest, besteht der Kindesname aus den jeweiligen ersten *apellidos* von Vater und Mutter[49], wobei die Reihen-

---

[44] Vgl. Erklärung von Engelberg, S. 2.
[45] Vgl. Erklärung von Engelberg, S. 3.
[46] Vgl. ebd.
[47] Vgl. Art. 194 S. 2 RRC; *Bergmann/Ferid/Henrich*, Spanien, S. 32.
[48] Vgl. Art. 109 Abs. 1 Código Civil; Art. 55 Abs. 1 LRC; *Bergmann/Ferid/Henrich*, Spanien, S. 32.
[49] Vgl. Art. 194 S. 1 RRC; *Bergmann/Ferid/Henrich*, Spanien, S. 32.

folge von den Eltern frei bestimmt werden kann.[50] Steht die Abstammung lediglich gegenüber einem Elternteil fest, erhält das Kind dessen vollständigen Familiennamen, wobei der Elternteil auch hier die Reihenfolge der *apellidos* bestimmen kann.[51]

Hinsichtlich der Namensführung von Ehegatten ist die Rechtslage in Spanien ähnlich wie in Frankreich. Im spanischen *Código Civil* finden sich keine Regelungen zu einem gemeinsamen Familiennamen der Eheleute. Die Ehegatten führen ihren bisherigen Namen auch nach der Eheschließung fort.[52] Allerdings existiert auch in Spanien das Rechtsinstitut des Gebrauchsnamens. Die Ehefrau kann im gesellschaftlichen und beruflichen Leben den Namen ihres Mannes benutzen, indem sie diesen ihrem eigenen Familiennamen mit dem Zusatz „de" beifügt.[53] Anders als in Frankreich kann der Ehemann nach spanischem Recht keinen Gebrauchsnamen annehmen.

bb) Das Familiennamensrecht in Italien

Im italienischen Kindesnamensrecht wird zwischen ehelichen und unehelichen Kindern unterschieden. Eheliche Kinder erwerben kraft Gewohnheitsrechts den Namen des Vaters, uneheliche Kinder gemäß Art. 262 Abs. 1 *Codice civile* den Namen desjenigen Elternteils, dessen Elternschaft zuerst festgestellt wurde, bei gleichzeitiger Feststellung den Namen des Vaters.[54]

Hinsichtlich der Namensführung von Eheleuten schreibt Art. 143 bis des italienischen *Codice civile* vor, dass die Ehefrau ihrem Familiennamen den Namen des Mannes hinzufügt. Nach dem Gesetzeswortlaut stellt die Führung des Doppelnamens für die Ehefrau zwar eine Verpflichtung dar.[55] Dennoch wird der Mannesname aus personenstandsrechtlicher Sicht nicht Bestandteil des Familiennamens der Ehefrau. In Personenstandsurkunden, amtlichen Ausweisen und im Rechtsverkehr wird die Frau allein mit ihrem Geburtsnamen bezeichnet.[56] Letztlich kann man den Doppelnamen also als Gebrauchsnamen betrachten, wie er etwa in Frankreich und Spanien üblich ist, mit dem Unterschied, dass seine Führung für die Ehefrau grundsätzlich verpflichtend ist. Dieser theoretischen Verpflichtung kommen in der Praxis

---

[50] Vgl. Art. 109 Abs. 2 Código Civil.
[51] Vgl. Art. 55 Abs. 2 LRC.
[52] Vgl. *Bergmann/Ferid/Henrich*, Spanien, S. 31; *Benicke*, StAZ 1996, 98; *Flägel*, StAZ 1995, 230.
[53] Vgl. *Bergmann/Ferid/Henrich*, Spanien, S. 32; *Flägel*, StAZ 1995, 230 f.
[54] Vgl. *Bergmann/Ferid/Henrich*, Italien, S. 48.
[55] Vgl. *Diurni*, StAZ 1995, 289 m.w.N. Lediglich im Falle der Scheidung erhält die Ehefrau wieder den Familiennamen, den sie vor der Eheschließung hatte (vgl. *Bergmann/Ferid/Henrich*, Italien, S. 47).
[56] Vgl. *Bergmann/Ferid/Henrich*, Italien, S. 47; *Diurni*, StAZ 1995, 290.

allerdings immer weniger Frauen nach.[57] Die Reformierung des Ehegattennamensrechts wird in Italien seit langem diskutiert, wobei eine Lösung zugunsten eines aus den Familiennamen der Ehegatten zusammengesetzten Ehenamens offenbar favorisiert wird.[58]

cc) Das Familiennamensrecht in Großbritannien

Das britische Recht versteht den Namen als etwas Privates. So kann der Namensträger seinen Namen jederzeit unabhängig von einer familienrechtlichen Statusänderung im Wege einer sog. *deed poll* abändern, sofern er dem neuen Namen eine *reputation*, d. h. Publizität und Anerkennung auf gesellschaftlicher Ebene, verschafft.[59] Zulässig sind dabei selbst Fantasienamen, wie etwa „Mister Monster Munch".[60]

Einen „Geburtsnamen" im engeren Sinn kennt das britische Recht nicht. Ein Kind wird grundsätzlich mit dem Namen registriert, den die Eltern bei der Geburt angeben.[61]

Nach britischem Recht behält der Mann bei einer Eheschließung stets seinen Namen bei. Die Ehefrau ist berechtigt, aber nicht verpflichtet, den Namen des Ehemannes zu führen.[62]

dd) Das Familiennamensrecht in Dänemark

Am 1. April 2006 ist in Dänemark ein neues Namensgesetz in Kraft getreten[63]. Diesem liegt das Prinzip zugrunde, dass die Namensführung in erster Linie eine Privatangelegenheit des Betroffenen ist, die grundsätzlich frei von staatlicher Regulierung zu bleiben hat.[64] Demnach kann der Nachname[65] – mit gewissen Einschränkungen – frei gewählt und beliebig oft geändert werden.

Der Nachname des Kindes ist von den Sorgeberechtigten bis spätestens sechs Monate nach der Geburt zu wählen.[66] Dabei kann theoretisch ohne weiteres ein von den Elternnamen abweichender, beliebiger Nachname bestimmt werden, sofern dieser in Dänemark von mehr als 2.000 Personen

---

[57] Vgl. *Bergmann/Ferid/Henrich*, Italien, S. 47; *Diurni*, StAZ 1995, 290.

[58] Vgl. *Diurni*, StAZ 1995, 291 m.w.N.

[59] Vgl. Staudinger/*Hepting*, Vorbem. zu Art. 10 EGBGB Rn. 30 u. 37; OLG München, StAZ 2010, 77; *Bergmann/Ferid/Henrich*, Großbritannien, S. 67.

[60] Süddeutsche Zeitung vom 8. Dezember 2009, zitiert nach OLG München, StAZ 2010, 77.

[61] Vgl. OLG München, StAZ 2010,77 f.; OLG München, StAZ 2009, 108; *Bergmann/ Ferid/Henrich*, Großbritannien, S. 66.

[62] Vgl. *Bergmann/Ferid/Henrich*, Großbritannien, S. 66.

[63] Eine deutsche Übersetzung des Gesetzestextes findet sich in StAZ 2006, 305 ff.

[64] Vgl. *Ring/Olsen-Ring*, StAZ 2006, 286.

[65] Das dänische Namensgesetz spricht vom Nachnamen, nicht vom Familiennamen.

[66] Vgl. § 1 Abs. 1 DänNamG.

getragen wird.⁶⁷ Auch die Bestimmung eines in Dänemark unbekannten Nachnamens ist unter den Voraussetzungen des § 6 Abs. 1 DänNamG zulässig. Die Bestimmung von Doppelnamen ist ebenfalls unproblematisch möglich.⁶⁸ Wird innerhalb von sechs Monaten nach der Geburt kein Name gewählt, erhält das Kind grundsätzlich den Nachnamen der Mutter.⁶⁹

Die Eheschließung hat an sich keine namensrechtlichen Auswirkungen. Die Bestimmung eines gemeinsamen Ehenamens sieht das dänische Recht nicht vor. Will ein Ehepartner den Namen des anderen annehmen, muss er eine entsprechende Namenänderung beantragen.⁷⁰

Eine Besonderheit des dänischen Namensrecht ist es schließlich, dass ein sogenannter Mittelname geführt werden kann.⁷¹ Hierbei handelt es sich um einen eigenständigen Namensteil, der weder zum Vornamen noch zum Nachnamen gehört.⁷²

ee) Zusammenfassung

Der vorstehende Kurzüberblick macht deutlich, welch unterschiedliche namensrechtliche Regelungsmodelle innerhalb der Europäischen Union existieren. Angesichts dieser unterschiedlichen namensrechtlichen Grundkonzeptionen und der mangelnden Bereitschaft vieler Staaten, fremde Namensmodelle zumindest teilweise zu importieren⁷³, ist eine Rechtsvereinheitlichung im Sinne der Schaffung eines einheitlichen europäischen Namensrechts in naher Zukunft sicherlich nicht zu erwarten.⁷⁴

c) Die mangelnde Rechtssetzungskompetenz der EU

Zur Realisierung eines EU-weit einheitlichen Namensrechts käme grundsätzlich der Erlass einer EU-Verordnung in Betracht, welche gemäß Art. 288 Abs. 2 AEUV in allen Mitgliedstaaten unmittelbare Geltung beanspruchen würde. Jedoch ist nach allgemeiner Auffassung die Vereinheitlichung des materiellen Familienrechts und damit auch des materiellen Na-

---

⁶⁷ Vgl. § 2 Abs. 1 i.V.m. § 4 Abs. 1 Nr. 6 DänNamG. Wird der Name dagegen in Dänemark von weniger als 2.000 Personen getragen, handelt es sich gemäß § 3 DänNamG um einen sog. „geschützten Nachnamen", dessen Annahme nur unter engen Voraussetzungen zulässig ist.
⁶⁸ Vgl. § 8 Abs. 1 DänNamG.
⁶⁹ Vgl. § 1 Abs. 2 DänNamG.
⁷⁰ Vgl. § 5 Abs. 1 DänNamG; *Sachse*, StAZ 2006, 303.
⁷¹ Vgl. § 11 DänNamG.
⁷² Vgl. *Sachse*, StAZ 2006, 304.
⁷³ Vgl. *Gaaz*, StAZ 2008, 365.
⁷⁴ So auch *Suhr*, FPR 2010, 7; *Gaaz*, StAZ 2008, 365; *Coester*, Jura 2007, 354.

mensrechts nicht von der Rechtssetzungskompetenz der EU erfasst.[75] Auch der EuGH hat zuletzt in seinem *Grunkin-Paul*-Urteil ausdrücklich klargestellt, dass das Recht zur Regelung der Nachnamen in die Zuständigkeit der Mitgliedstaaten fällt.[76] Die Schaffung eines einheitlichen Namenssachrechts durch die Organe der Europäischen Union ist somit auf Grundlage des derzeit geltenden Europarechts nicht möglich. Theoretisch denkbar wäre allenfalls der Abschluss eines multilateralen Staatsvertrages durch die einzelnen Mitgliedstaaten.

II. Die Vereinheitlichung des Kollisionsrechts

Anstelle einer Vereinheitlichung des Sachrechts kommt zur Vermeidung namensrechtlicher Konflikte auch eine Rechtsvereinheitlichung auf der Ebene des Kollisionsrechts in Betracht. Diese könnte durch den Abschluss eines multilateralen Staatsvertrages erfolgen. Bemühungen der Internationalen Kommission für das Zivilstandswesen um die Unterzeichnung eines entsprechenden Übereinkommens sind jedoch bislang erfolglos geblieben (1). Die Schaffung eines einheitlichen Kollisionsrechts durch die Europäische Union wäre zwar von deren Rechtssetzungskompetenz gedeckt, ist aber derzeit nicht geplant (2).

1. Das CIEC-Übereinkommen über das auf Familiennamen und Vornamen anwendbare Recht vom 5.9.1980

Ein multilaterales Übereinkommen, das für die Unterzeichnerstaaten einheitliche Kollisionsnormen auf dem Gebiet des Namensrechts vorsieht, ist von der Internationalen Kommission für das Zivilstandswesen (CIEC)[77] bereits vor über 30 Jahren vorgelegt worden. Die CIEC ist eine zwischenstaatliche Organisation mit dem Ziel, die internationale Zusammenarbeit auf dem Gebiet des Personenstandsrechts und verwandter Gebiete wie dem Familienrecht und dem Staatsangehörigkeitsrecht zu fördern.[78] Ihr gehören derzeit 15 Mitgliedstaaten[79] an, darunter auch Deutschland und Frankreich.

In dem von der CIEC erarbeiteten Übereinkommen über das auf Familiennamen und Vornamen anzuwendende Recht vom 5. September

---

[75] Vgl. *Lipp*, StAZ 2009, 3; *Mansel*, RabelsZ 70, 660; *Pintens*, StAZ 2004, 353; *Wagner*, StAZ 2007, 102; *ders.*, DNotZ 2011, 176 (186).
[76] Vgl. EuGH, JZ 2009, 151 Rn. 16.
[77] *Commission Internationale de l'Etat Civil.*
[78] http://www.ciec-deutschland.de/CIEC/DE/Home/Startseite_node.html (zuletzt abgerufen am 15. Juli 2012).
[79] Vgl. ebd. Österreich hat mit Wirkung vom 8. April 2008 seinen Austritt aus der CIEC erklärt.

1980[80] ist die Maßgeblichkeit des Heimatrechts des Betroffenen für dessen Namensführung ausdrücklich geregelt.[81] Auch die Tatbestände, von denen die Namensführung abhängt, sollen nach dem Heimatrecht beurteilt, Vorfragen wie etwa Abstammung, Eheschließung oder Adoption also unselbständig angeknüpft werden.[82]

Eine Rechtswahlbefugnis sieht das Übereinkommen nicht vor. Grundsätzlich soll sich die Namensführung des Betroffenen also auch dann nach dem Recht seines Heimatstaates bestimmen, wenn er seinen gewöhnlichen Aufenthalt in einem anderen Staat hat. Dies widerspricht dem Grundgedanken des deutschen IPR, wonach den Betroffenen eine Anpassung der Namensführung an ihre Umwelt ermöglicht werden soll. Allerdings soll gemäß Art. 6 Abs. 1 des Übereinkommens jeder Unterzeichnerstaat den Vorbehalt erklären können, sein innerstaatliches Recht anzuwenden, wenn die betroffene Person ihren gewöhnlichen Aufenthalt in seinem Hoheitsgebiet hat.

Nach der Idealvorstellung des Übereinkommens soll eine Person in allen Unterzeichnerstaaten den gleichen Namen führen wie in ihrem Heimatstaat, eine hinkende Namensführung also vermieden werden. Dieses Ziel würde aber unter Umständen schon dann nicht erreicht werden, wenn ein Staat von der Vorbehaltsmöglichkeit des Art. 6 Abs. 1 Gebrauch gemacht und die Namensführung bei gewöhnlichem Aufenthalt des Betroffenen im Inland seinem eigenen Recht unterstellt hat. Da dieses Recht nur im Aufenthaltsstaat maßgeblich ist, der den Vorbehalt angebracht hat[83], bestünde auch bei Geltung des Übereinkommens die Gefahr hinkender Namensverhältnisse. Diese wird noch dadurch verstärkt, dass das Übereinkommen keine Regelung zur Namensführung von Personen mit mehrfacher Staatsangehörigkeit enthält.[84]

Insgesamt würde das CIEC-Übereinkommen über das auf Familiennamen und Vornamen anzuwendende Recht vom 5. September 1980 die im Rahmen dieser Arbeit dargestellten namensrechtlichen Konflikte letztlich nur sehr bedingt lösen. Es ist aber ohnehin bis heute lediglich von vier Mitgliedstaaten der CIEC (Italien, Niederlande, Portugal und Spanien) rati-

---

[80] *Convention sur la loi applicable aux noms et prénoms.* Der offizielle Text des Übereinkommens in französischer Sprache sowie eine nicht-amtliche deutsche Fassung sind unter http://www.ciec-deutschland.de/CIEC/DE/Uebereinkommen/UE_I/ue_I_node.html abrufbar (zuletzt abgerufen am 15. Juli 2012).
[81] Vgl. Art. 1 Abs. 1 S. 1.
[82] Vgl. Art. 1 Abs. 1 S. 2. Diese Regelung stand im Widerspruch zur damaligen Rechtsprechung des BGH (z.B. BGHZ 73, 370), wonach Vorfragen selbständig anzuknüpfen sein sollten (vgl. *Böhmer*, StAZ 1980, 114).
[83] Vgl. Art. 6 Abs. 2.
[84] Dies kritisiert auch *Böhmer*, StAZ 1980, 114.

fiziert worden. Mit einer Ratifizierung durch weitere Staaten ist nicht mehr zu rechnen.

2. Die Schaffung eines einheitlichen Kollisionsrechts durch die EU

Eine Vereinheitlichung des Kollisionsrechts kann theoretisch auch auf der Ebene der Europäischen Union erfolgen. Gemäß Art. 81 Abs. 2 lit. c AEUV[85] erlassen die Gesetzgebungsorgane der EU Maßnahmen, die „die Vereinbarkeit der in den Mitgliedstaaten geltenden Kollisionsnormen und Vorschriften zur Vermeidung von Kompetenzkonflikten" sicherstellen sollen. Diese Vorschrift ermächtigt auch und vor allem zur Vereinheitlichung des Kollisionsrechts.[86] Auch im Bereich des Familienrechts ist eine Vereinheitlichung des Kollisionsrechts zulässig, wie Art. 81 Abs. 3 AEUV deutlich macht, der für Maßnahmen zum Familienrecht mit grenzüberschreitendem Bezug ein besonderes Gesetzgebungsverfahren vorsieht.[87] Das Namensrecht wird zwar im AEUV nicht ausdrücklich erwähnt. Es ist jedoch dem Familienrecht zuzurechnen und demnach von der Kompetenzregelung des Art. 81 Abs. 2 lit. c AEUV mit umfasst.[88] Der für eine Gesetzgebung erforderliche Binnenmarktbezug ist bei Maßnahmen, welche die Personenfreizügigkeit innerhalb der EU erleichtern sollen, gegeben.[89]

Ein einheitliches internationales Namensrecht innerhalb der EU müsste zunächst die grundsätzliche Frage beantworten, wie die Namensführung anzuknüpfen ist. Als Anknüpfungsmomente kommen prinzipiell die Staatsangehörigkeit, der Wohnsitz sowie der gewöhnliche Aufenthalt des Betroffenen in Betracht.

Die Anknüpfung an die Staatsangehörigkeit erscheint vorzugswürdig, weil sich diese – im Gegensatz zu Wohnort und gewöhnlichem Aufenthalt – in aller Regel nicht verändert und somit Statutenwechsel weitestgehend ausgeschlossen sind. Außerdem lässt sich die Staatsangehörigkeit meist unproblematisch feststellen. Nicht zuletzt hätte eine europaweite Anknüpfung der Namensführung an die Staatsangehörigkeit auch den praktischen Vorteil, dass die große Mehrheit der EU-Mitgliedstaaten bereits heute dem Staatsangehörigkeitsprinzip folgt[90] und somit nur wenige Staaten eine völlige Änderung der Rechtslage hinzunehmen hätten. Der Gedanke, sich gerade deshalb für das nur in der Minderheit der EU-Mitgliedstaaten geltende Wohnsitz- bzw. Aufenthaltsprinzip zu entscheiden, um auf diese Weise

---

[85] Ex-Art. 65 lit. b EG.
[86] Vgl. (zur inhaltsgleichen Vorgängerregelung Art. 65 lit. b EG) *Wagner*, RabelsZ 2004, 127 ff. m.w.N.; *Lipp*, StAZ 2009, 3; *Wagner*, DNotZ 2011, 176 (186).
[87] Vgl. *Lipp*, StAZ 2009, 3.
[88] Vgl. (zu Art. 65 lit. b EG) *Lipp*, StAZ 2009, 3.
[89] Vgl. *Lipp*, StAZ 2009, 4.
[90] Vgl. *Rauscher* (2009), Rn. 197.

"allen bedeutenden Rechtsordnungen Europas ‚gleich weh zu tun'"[91] überzeugt nicht. Eine gravierende Änderung der Rechtslage bringt stets eine gewisse Rechtsunsicherheit mit sich, die in den Mitgliedstaaten doch so gering wie möglich gehalten werden sollte.

Ein Nachteil der Anknüpfung an die Staatsangehörigkeit liegt darin, dass sie unter Umständen eine namensrechtliche Umweltanpassung verhindert. Lebt der Betroffene nicht in seinem Heimatstaat, sondern in einem anderen EU-Mitgliedstaat, wird ihm etwa im Falle der Eheschließung möglicherweise von seinem Heimatrecht eine Namensführung aufgezwungen, die in seinem Umfeld „exotisch" ist. Dem Gedanken der Umweltanpassung sollte deshalb dadurch Rechnung getragen werden, dass dem Betroffenen die Befugnis eingeräumt wird, das Namensrecht des Mitgliedstaates zu wählen, in dem er seinen gewöhnlichen Aufenthalt hat.[92]

Ein weiteres Problem, das es bei Anknüpfung der Namensführung an die Staatsangehörigkeit zu lösen gilt, ist der Umgang mit Doppel- oder Mehrstaatern. Eine Regelung wie in Art. 5 Abs. 1 S. 2 EGBGB, wonach die inländische Staatsangehörigkeit gegebenenfalls vorrangig ist, würde dazu führen, dass die Namensführung eines EU-Doppelstaaters trotz europaweit einheitlicher Anknüpfung in dessen Heimatstaaten unterschiedlich beurteilt würde. Eine denkbare Lösung bestünde darin, ohne etwaige Vorrangigkeit der inländischen Nationalität stets auf die effektive Staatsangehörigkeit abzustellen[93], also das Recht desjenigen Heimatstaates für anwendbar zu erklären, mit dem der Mehrstaater am engsten verbunden ist. Nachdem sich die effektive Staatsangehörigkeit häufig nicht eindeutig feststellen lässt und sie sich außerdem im Laufe der Zeit ändern kann, scheint es indes sinnvoller, dem Betroffenen selbst die Entscheidung darüber zu überlassen, welchem seiner Heimatrechte er seine Namensführung unterstellen möchte. Dies stünde im Einklang mit der *Garcia Avello*-Entscheidung des EuGH, aus der nach allgemeiner Auffassung ein solches Wahlrecht zwischen den Heimatrechten abzuleiten ist.[94] Nachdem diese Rechtsprechung unmittelbar nur EU-Doppelstaater betrifft, darf die Wahlbefugnis allerdings nicht so weit reichen, dass der Mehrstaater sich auch dem Recht eines Nichtmitgliedstaates unterwerfen darf. Besitzt der Betroffene also neben der Staatsangehörigkeit eines EU-Mitgliedstaats auch die

---

[91] *Rauscher* (2009), Rn. 197.
[92] Allgemein zur Gestattung einer Rechtswahl im Familien- und Personenstandsrecht innerhalb der Europäischen Union *De Groot*, ZEuP 2001, 624 ff.
[93] So der Vorschlag von *Benicke/Zimmermann*. Dabei sei eine einheitliche Bestimmung der effektiven Staatsangehörigkeit erforderlich. Unzulässig sei es zu verlangen, dass die Beziehung des Mehrstaaters zum ausländischen Heimatstaat wesentlich enger sein müsse als die zum Inland, damit die ausländische Staatsangehörigkeit als effektive vorgehe (vgl. *Benicke/Zimmermann*, IPRax 1995, 150).
[94] Vgl. nur *Frank*, StAZ 2005, 163; *Mörsdorf-Schulte*, IPRax 2004, 315.

Staatsangehörigkeit eines Drittstaates, sollte die EU-Staatsangehörigkeit vorgehen. Macht der Betroffene von seinem Wahlrecht Gebrauch, muss dies Wirkung für den gesamten Rechtsraum der Europäischen Union entfalten, so dass eine unterschiedliche Ausübung der Wahlbefugnisse in den einzelnen Mitgliedstaaten ausgeschlossen ist.

Um das Ziel einer einheitlichen Beurteilung der Namensführung innerhalb der Europäischen Union zu erreichen, genügt es allerdings nicht, allein die Frage des anwendbaren nationalen Namensrechts einheitlich zu regeln. Nachdem die zur Anwendung berufenen nationalen Regelungen in ihrem Tatbestand meist das Bestehen bestimmter Rechtsverhältnisse (Ehe, Adoption, Abstammung, etc.) voraussetzen, lässt sich ein europaweiter Entscheidungseinklang nur erzielen, wenn auch diese präjudiziellen Rechtsverhältnisse („Vorfragen") in allen Mitgliedstaaten gleich beurteilt werden. Dies wird gewährleistet, indem die Vorfragen unselbständig angeknüpft, also nach dem auf die Namensführung anwendbaren nationalen Recht beantwortet werden.[95]

Im Ergebnis erscheint ein EU-weit einheitliches Kollisionsrecht mit folgenden „Eckpfeilern" sinnvoll:
- Die Namensführung wird grundsätzlich an die Staatsangehörigkeit des Betroffenen angeknüpft. Eine EU-Staatsangehörigkeit ist dabei gegenüber der Staatsangehörigkeit eines Nichtmitgliedstaates vorrangig.
- Besitzt der Betroffene die Staatsangehörigkeit mehrerer EU-Mitgliedstaaten, kann er frei wählen, welches Heimatrecht für seine Namensführung maßgeblich sein soll.
- Der Betroffene kann stets auch das Recht des EU-Mitgliedstaates wählen, in dem er seinen gewöhnlichen Aufenthalt hat.
- Die Ausübung einer Rechtswahlbefugnis wirkt für die gesamte Europäische Union.
- Vorfragen werden unselbständig angeknüpft.

Bislang hat die Europäische Union von ihrer Kompetenz zur Vereinheitlichung des Internationalen Namensrechts keinen Gebrauch gemacht. In jüngster Zeit zeichnet sich zunehmend ab, dass die Gesetzgebungsorgane der EU die „Europäisierung des Namensrechts"[96] weniger durch die Schaffung einheitlicher Kollisionsnormen als vielmehr durch die Umsetzung des Prinzips der gegenseitigen Anerkennung vorantreiben wollen, worauf im Folgenden näher einzugehen sein wird.

---

[95] Vgl. *Rauscher* (2009), Rn. 508. Allgemein zur Vermeidung hinkender Namensverhältnisse innerhalb der EU durch unselbständige Anknüpfung von Vorfragen vgl. *Wall*, StAZ 2011, 37 ff.

[96] *Lipp*, FS Frank, S. 407.

B. Die Verpflichtung zur gegenseitigen Namensanerkennung

Namensrechtliche Konflikte wie etwa hinkende Namensverhältnisse können auch dadurch vermieden werden, dass ein Staat unabhängig von seinem eigenen nationalen und internationalen Namensrecht den in einem anderen Staat rechtmäßig erteilten Familiennamen unmittelbar anerkennt. Entsprechende Anerkennungsverpflichtungen sind in dem Übereinkommen über die Anerkennung von Namen der CIEC vom 16. September 2005 vorgesehen, welches jedoch nicht in Kraft getreten ist (I). Der EuGH hat in seinem *Grunkin-Paul*-Urteil zwar eine Pflicht der EU-Mitgliedstaaten zur Namensanerkennung unmittelbar aus dem Freizügigkeitsgebot des Art. 21 AEUV abgeleitet. Angesichts der unterschiedlichen Konsequenzen, die aus diesem Urteil in der Praxis gezogen werden, und der derzeit herrschenden Rechtsunsicherheit sollte die vom EuGH statuierte Anerkennungspflicht aber ausdrücklich im geschriebenen Recht normiert werden (II).

I. Das CIEC-Übereinkommen über die Anerkennung von Namen vom 16.9.2005[97]

Im Jahr 2000 nahm die Internationale Kommission für das Zivilstandswesen (CIEC) die Arbeit an einem Übereinkommen auf, mit dem Ziel, die Anerkennung der in einem Mitgliedstaat erworbenen Namen in den anderen Mitgliedstaaten sicherzustellen. Am 25. September 2003 wurde auf der Generalversammlung der CIEC in Madrid ein Text beschlossen.[98] Nur wenige Tage später erging jedoch die Entscheidung des EuGH in Sachen *Garcia Avello*[99], welche eine umfassende Überarbeitung des Übereinkommens erforderlich machte.[100] Die Neufassung wurde am 16. September 2005 auf der CIEC-Generalversammlung in Antalya verabschiedet.[101]

Das Übereinkommen statuiert keine generelle Pflicht zur Namensanerkennung, sondern beschränkt die Anerkennungspflicht auf bestimmte namensrechtliche Tatbestände, die im europäischen Rechtsleben eine besonders wichtige Rolle spielen.[102]

---

[97] Convention sur la reconnaissance des noms. Der offizielle Text des Übereinkommens in französischer Sprache sowie eine nicht-amtliche deutsche Fassung sind unter http://www.ciec-deutschland.de/CIEC/DE/Uebereinkommen/UE_I/ue_I_node.html abrufbar (zuletzt abgerufen am 15. Juli 2012).
[98] Vgl. hierzu *Frank*, FS Holzhauer, S. 442 ff.
[99] EuGH, StAZ 2004, 40 ff.
[100] Da bis auf die Schweiz und die Türkei sämtliche Mitgliedstaaten der CIEC auch Mitgliedstaaten der EU sind, muss ein CIEC-Übereinkommen auch den gemeinschaftsrechtlichen Anforderungen Rechnung tragen.
[101] Vgl. *Sturm*, FS Spellenberg, S. 523.
[102] Vgl. *Sturm*, FS Spellenberg, S. 524.

So sind nach Artikel 1 des Übereinkommens Erklärungen zur Namensführung in der Ehe in allen Vertragsstaaten anzuerkennen, wenn einer der Ehegatten die Staatsangehörigkeit eines Vertragsstaates besitzt und die Erklärung in einem Vertragsstaat abgegeben wird, dem entweder einer der Ehegatten angehört oder in dem beide Ehegatten ihren gemeinsamen gewöhnlichen Aufenthalt haben. Nach dieser Vorschrift wäre die Gefahr einer hinkenden Namensführung für französische Ehegatten, die nach deutschem Recht einen Ehenamen wählen[103], beseitigt. Haben etwa eine Französin und ein Deutscher in Deutschland geheiratet und nach deutschem Recht den Mannesnamen zum Ehenamen bestimmt, muss die neue Namensführung der Frau in Frankreich gemäß Art. 1 des Übereinkommens anerkannt werden.

Artikel 2 des Übereinkommens regelt die Namensanerkennung für den Fall der Auflösung oder Annullierung der Ehe. Erklärt ein Ex-Ehegatte, der Staatangehöriger eines Vertragsstaates ist, einen zuvor geführten Namen wieder anzunehmen oder den in der Ehe geführten Namen beibehalten zu wollen, ist diese Erklärung gemäß Art. 2 Abs. 1 in allen Vertragsstaaten anzuerkennen, wenn sie in einem Vertragsstaat abgegeben wird, dem der betroffene Ex-Ehegatte angehört oder in dem er bei der Abgabe der Erklärung seinen gewöhnlichen Aufenthalt hat. Art. 2 Abs. 2 sieht eine Anerkennungspflicht auch für den Fall vor, dass der Ex-Ehegatte keine Erklärung abgegeben hat und ipso iure nach dem Recht des Vertragsstaates, dem er angehört oder in dem die Scheidung oder Annullierung der Ehe ausgesprochen wird, auf den vor der Eheschließung geführten Namen „zurückfällt."

In Artikel 4 des Übereinkommens wird eine Pflicht zur Anerkennung des Kindesnamens in Bezug auf Mehrstaaterkinder normiert. Mit dieser Vorschrift sollte ganz offensichtlich dem *Garcia Avello*-Urteil des EuGH Genüge getan werden, wonach es europarechtswidrig ist, einem EU-Doppelstaater den in einem Heimatstaat erteilten Namen in einem anderen Mitgliedstaat zu verweigern.[104] Artikel 4 des Übereinkommens würde eine hinkende Namensführung deutsch-französischer Kinder[105] verhindern. Vom Geltungsbereich des Übereinkommens nicht erfasst wäre dagegen der im Rahmen dieser Arbeit ausführlich behandelte Fall eines deutschen Kindes, dem in Frankreich nach französischem Recht ein Doppelname erteilt wird.[106] Auf Kinder, die nur eine Staatsangehörigkeit besitzen, findet das Übereinkommen keine Anwendung.[107]

---

[103] Vgl. hierzu S. 176 ff.
[104] Vgl. EuGH, StAZ 2004, 40 sowie die ausführliche Darstellung auf S. 157 ff.
[105] Vgl. hierzu S. 155 ff.
[106] Vgl. S. 134 ff.
[107] Vgl. *Sturm*, FS Spellenberg, S. 525.

Das CIEC-Übereinkommen vom 16. September 2005 wird aller Voraussicht nach ebenso wie das Übereinkommen aus dem Jahr 1980 nie in Kraft treten. Bis heute ist es lediglich von Portugal gezeichnet worden.[108] Obwohl das Übereinkommen ursprünglich von deutscher Seite initiiert worden war[109], hat auch Deutschland von einer Zeichnung abgesehen. Dies dürfte nicht zuletzt auf die neuere Rechtsprechung des EuGH zum internationalen Namensrecht zurückzuführen sein, die das Übereinkommen größtenteils gegenstandslos oder gemeinschaftsrechtswidrig erscheinen lässt.[110] Vor dem Hintergrund des *Grunkin-Paul*-Urteils, wonach unter bestimmten Voraussetzungen alle EU-Mitgliedstaaten zur Namensanerkennung verpflichtet sind, ist auch die Schaffung eines neuen Anerkennungsübereinkommens durch die CIEC, der nur 12 der 27 EU-Mitgliedstaaten angehören, wenig realistisch. Es ist vielmehr mit einer Umsetzung des Anerkennungsprinzips auf der Ebene der Europäischen Union zu rechnen.

II. Die Verankerung des Anerkennungsprinzips im europäischen Sekundärrecht

Ob innerhalb des europäischen Kollisionsrechtes die klassischen Verweisungsregeln teilweise durch das Prinzip der gegenseitigen Anerkennung ersetzt werden sollten, wird im rechtswissenschaftlichen Schrifttum bereits seit Jahren diskutiert.[111] Die Europäische Kommission hatte in ihrem Aktionsplan zum Haager Programm von 2004 für das Jahr 2008 ein Grünbuch über die Anwendung des Grundsatzes der gegenseitigen Anerkennung in Personenstandssachen angekündigt.[112] Dieses Grünbuch wurde zwar im Jahre 2008 nicht veröffentlicht. Stattdessen hat der EuGH in jenem Jahr dem Anerkennungsprinzip zumindest für den Bereich des Namensrechts mit seinem *Grunkin-Paul*-Urteil entscheidenden Vorschub geleistet. Nach Auffassung des EuGH lässt sich eine Verpflichtung der Mitgliedstaaten zur

---

[108] Gemäß Art. 13 Abs. 1 des Übereinkommens tritt dieses erst in Kraft, wenn es von mindestens zwei Mitgliedstaaten ratifiziert wurde.
[109] Vgl. *Sturm*, FS Spellenberg, S. 523.
[110] Vgl. *Sturm*, FS Spellenberg, S. 532 f.
[111] Vgl. z.B. *Jayme/Kohler*, IPRax 2001, 501 ff., *Coester-Waltjen*, FS Jayme, S. 121 ff.; *Henrich*, IPRax 2005, 422 ff.; *Coester-Waltjen*, IPRax 2006, 392 ff.; *Sonnenberger*, FS Spellenberg, S. 371 ff. sowie *Funken*, Das Anerkennungsprinzip im internationalen Privatrecht, Tübingen 2009.
[112] Vgl. Mitteilung der Kommission KOM (2005) 184 endgültig, Anhang, Nr. 325 (deutsche Fassung im Internet abrufbar unter http://eur-lex.europa.eu/LexUriServ/LexUriServ.do?uri=CELEX:52005PC0184:DE:HTML; zuletzt abgerufen am 15. Juli 2012). Bei einem Grünbuch handelt es sich um eine unverbindliche Stellungnahme der Europäischen Kommission, die einen breiten öffentlichen und wissenschaftlichen Diskurs auslösen soll, mit dem Ziel, die Ansichten interessierter Kreise in den Rechtssetzungsprozess einfließen zu lassen (vgl. *Lachmayer/Bauer*, S. 472).

gegenseitigen Anerkennung von rechtmäßig erteilten Familiennamen unmittelbar aus dem Freizügigkeitsgebot des Art. 21 AEUV ableiten. Die Praxis hat jedoch gezeigt, dass die Mitgliedstaaten dieses Urteil sehr unterschiedlich umsetzen. In Frankreich wurden die Standesbeamten etwa mit Runderlass des Justizministeriums vom 28. Oktober 2011 angewiesen, unter den Voraussetzungen des *Grunkin-Paul*-Urteils den einem französischen Staatsangehörigen in einem EU-Mitgliedstaat erteilten Familiennamen anzuerkennen und im Rahmen der *transcription* in die französische Geburtsurkunde zu übernehmen.[113] In der Bundesrepublik Deutschland werden die Betroffenen dagegen derzeit auf das öffentlich-rechtliche Namensänderungsverfahren verwiesen, wenn die Voraussetzungen für eine unmittelbare Anerkennung des in einem anderen Mitgliedstaat erteilten Namens vorliegen. Um dem Prinzip der gegenseitigen Anerkennung Geltung zu verschaffen und dessen einheitliche Anwendung in allen Mitgliedstaaten zu gewährleisten, erscheint daher eine ausdrückliche Kodifizierung im europäischen Sekundärrecht geboten.

---

[113] *Circulaire du 28 octobre 2011 relative aux règles particulières à divers actes de l'état civil relatifs à la naissance et à la filiation,* Ziffer 151, im Internet abrufbar unter http://www.textes.justice.gouv.fr/art_pix/JUSC1119808C.pdf (zuletzt abgerufen am 15. Juli 2012).

Zusammenfassung und Ausblick

Die vorliegende Arbeit hat gezeigt, dass sich das deutsche und das französische Familiennamensrecht sowohl auf der Ebene des Sachrechts wie auch auf kollisionsrechtlicher Ebene teilweise erheblich unterscheiden:

Ein gravierender sachrechtlicher Unterschied besteht darin, dass die Eheschließung nach französischem Recht keine Auswirkungen auf die Namensführung der Eheleute hat, während diese nach deutschem Recht einen gemeinsamen Ehenamen bestimmen können. Dieser Unterschied wird allerdings dadurch relativiert, dass in Frankreich der Name des anderen Ehegatten im Alltag in Form eines sogenannten Gebrauchsnamens geführt werden darf.

Hinsichtlich des Kindesnamensrechts hat zwar mit der grundlegenden Reform in Frankreich im Jahre 2005 eine Annäherung zwischen beiden Rechtsordnungen stattgefunden. Sowohl das französische als auch das deutsche Namensrecht gehen nunmehr im Grundsatz von einem Namensbestimmungsrecht der Eltern aus. Allerdings kann nach französischem Recht auch ein aus den Elternnamen zusammengesetzter Doppelname zum Kindesnamen bestimmt werden, wohingegen das deutsche Sachrecht diese Form der Namenswahl nicht zulässt.

Im internationalen Namensrecht beider Staaten wird die Namensführung grundsätzlich an die Staatsangehörigkeit angeknüpft, also nach dem Heimatrecht des Betroffenen beurteilt. Im Gegensatz zum französischen IPR sieht das deutsche Recht aber daneben zahlreiche Rechtswahlbefugnisse vor, so dass aus deutscher Sicht im Einzelfall auch für französische Staatsangehörige deutsches Recht zur Anwendung gelangen kann und umgekehrt.

Die Unterschiede im nationalen und internationalen Namensrecht führen bei grenzüberschreitenden Sachverhalten regelmäßig zu Konflikten. Insbesondere droht dem Betroffenen eine sogenannte „hinkende Namensführung" dergestalt, dass er in Deutschland und Frankreich unterschiedliche Namen trägt. So führt etwa ein französischer Staatsangehöriger, der aus deutscher Sicht eine wirksame Rechtswahl zugunsten des deutschen Rechts getroffen und den Namen seines Ehegatten als Ehenamen angenommen hat, aus französischer Sicht weiterhin seinen Geburtsnamen. Die Ehenamenswahl wird in Frankreich nicht anerkannt. Auch die Namensführung deutsch-französischer Kinder kann „hinken", wenn die Eltern in Frankreich einen aus den Elternnamen zusammengesetzten Doppelnamen bestimmt haben und eine Wahl französischen Rechts nach dem deutschen IPR ausnahmsweise nicht möglich ist.

Die namensrechtlichen Konflikte bei grenzüberschreitenden Sachverhalten könnten theoretisch durch eine Vereinheitlichung der nationalen Rechtsordnungen vermieden werden. Auf der Ebene des Sachrechts ist dabei allenfalls eine schrittweise Annäherung des deutschen an das französische Namensrecht vorstellbar, die vor allem in einer Zulassung des aus den Elternnamen bestehenden Kindesdoppelnamens bestehen könnte. Die Schaffung eines einheitlichen „europäischen Namensrechts" erscheint dagegen ausgeschlossen, weil es der Europäischen Union insoweit gegenwärtig an einer Rechtssetzungskompetenz fehlt und sich außerdem angesichts der enormen Unterschiedlichkeit der in den Mitgliedstaaten vorherrschenden namensrechtlichen Grundkonzeptionen eine Konsenslösung nur schwer finden ließe.

Eher vorstellbar und von der Rechtssetzungsbefugnis der EU gedeckt wäre die Vereinheitlichung des Kollisionsrechts der Mitgliedstaaten. Die „Eckpfeiler" eines EU-weit einheitlichen Kollisionsrechts sollten nach der hier vertretenen Auffassung die grundsätzliche Anknüpfung der Namensführung an die Staatsangehörigkeit des Betroffenen, die freie Wählbarkeit des Rechts jedes EU-Mitgliedstaates, dem der Betroffene angehört bzw. in dem er seinen gewöhnlichen Aufenthalt hat, sowie die unselbständige Anknüpfung von Vorfragen bilden.

Neben der Vereinheitlichung des Kollisionsrechts kommt zur Vermeidung namensrechtlicher Konflikte innerhalb der Europäischen Union auch die unmittelbare Anerkennung der in einem EU-Mitgliedstaat rechtmäßig erteilten Familiennamen in allen anderen Mitgliedstaaten in Betracht. Nach der Rechtsprechung der EuGH in Sachen *Grunkin-Paul* folgt eine entsprechende Anerkennungspflicht der Mitgliedstaaten aus dem Freizügigkeitsgebot des Art. 21 AEUV. Allerdings wird diese Rechtsprechung in der Praxis bislang nicht konsequent umgesetzt. Die Bundesrepublik Deutschland begnügt sich etwa derzeit damit, die Betroffenen auf das öffentlich-rechtliche Namensänderungsverfahren zu verweisen. Um Rechtssicherheit zu schaffen und eine EU-weit einheitliche Handhabung zu gewährleisten, sollte das Anerkennungsprinzip daher ausdrücklich im europäischen Sekundärrecht verankert werden.

Am 14. Dezember 2010 hat die Europäische Union ein Grünbuch[1] veröffentlicht, das sich unter anderem mit der Anerkennung der Rechtswir-

---

[1] Bei einem Grünbuch handelt es sich um eine unverbindliche Stellungnahme der Europäischen Kommission, die einen breiten öffentlichen und wissenschaftlichen Diskurs auslösen soll, mit dem Ziel, die Ansichten interessierter Kreise in den Rechtssetzungsprozess einfließen zu lassen (vgl. *Lachmayer/Bauer*, S. 472).

kungen von Personenstandsurkunden befasst.² In dem Grünbuch weist die Kommission auf die Möglichkeit hin, den in anderen EU-Mitgliedstaaten begründeten Personenstand von Rechts wegen anzuerkennen. Diese Option impliziere, „dass jeder Mitgliedstaat auf der Basis gegenseitigen Vertrauens die Wirkungen einer in einem anderen Mitgliedstaat begründeten Rechtsstellung akzeptiert und anerkennt."³ So müssten etwa „die Behörden des Herkunftsmitgliedstaats den Namen und die Abstammung des Kindes anerkennen, auch wenn die Anwendung des Rechts ihres Staats zu einem anderen Ergebnis führen würde."⁴

Nach Auffassung der Europäischen Kommission hätte diese Anerkennung von Rechts wegen zum einen zahlreiche Vorteile für die Unionsbürger. Neben der Einfachheit und Transparenz im Umgang mit Behörden würde die unmittelbare Anerkennung dem Bürger die Sicherheit bieten, dass sein Personenstand nicht durch das Überqueren einer Landesgrenze in Frage gestellt werden könnte. Die derzeit bestehende Rechtsunsicherheit im Hinblick auf die Anerkennung des Personenstands könne somit keine abschreckende Wirkung mehr entfalten und den Betroffenen nicht mehr an der Wahrnehmung seiner Rechte als EU-Bürger hindern.⁵ Daneben hätte eine Anerkennung von Rechts wegen für die Mitgliedstaaten den Vorteil, dass diese weder ihr materielles Recht noch ihr Rechtssystem zu ändern bräuchten.⁶

Neben der unmittelbaren Anerkennung des Personenstands von Rechts wegen stellt die Europäische Kommission in ihrem Grünbuch auch die Harmonisierung der Kollisionsnormen zur Diskussion.⁷ Dies sei eine „andere Möglichkeit, wie EU-Bürger in den vollen Genuss ihres Freizügigkeitsrechts kommen können und ihnen gleichzeitig für personenstandsbezogene Vorgänge in anderen Mitgliedstaaten größere Rechtssicherheit zugesichert werden kann."⁸ Wie auch in der vorliegenden Arbeit befürwortet, schlägt die Kommission insbesondere die Einräumung von Rechtswahlbe-

---

² Grünbuch „Weniger Verwaltungsaufwand für EU-Bürger: Den freien Verkehr öffentlicher Urkunden und die Anerkennung der Rechtswirkungen von Personenstandsurkunden erleichtern", KOM (2010) 747 endgültig; im Internet abrufbar unter: http://europa.eu/documentation/official-docs/green-papers/index_de.htm (zuletzt abgerufen am 15. Juli 2012).
³ KOM (2010) 747 endgültig, S. 14.
⁴ Ebd.
⁵ Vgl. KOM (2010) 747 endgültig, S. 15.
⁶ Vgl. ebd.
⁷ Vgl. KOM (2010) 747 endgültig, S. 15 f. Dass die Kommission in diesem Zusammenhang allerdings ebenfalls den Begriff der „Anerkennung" verwendet, ist unglücklich. Infolge einer Harmonisierung des Kollisionsrechts wird die Namensführung von vornherein in den Mitgliedstaaten einheitlich beurteilt. Für eine Anerkennung der in einem anderen Mitgliedstaat bestehenden Rechtslage, die gerade unabhängig vom eigenen Kollisionsrecht erfolgen soll, besteht damit weder Bedarf noch Raum.
⁸ KOM (2010) 747 endgültig, S. 15.

fugnissen vor. Auf diese Weise könnten nach Auffassung der Kommission „berechtigte Interessen des Bürgers berücksichtigt werden, der durch seine Rechtswahl seine Verbindung zu seiner Kultur und zu seinem Herkunftsstaat oder zu einem anderen Mitgliedstaat zum Ausdruck bringen könnte."[9]

Innerhalb der Auslegungsfrist bis zum 10. Mai 2011 gingen bei der Europäischen Kommission hunderte Stellungnahmen zum Grünbuch von Parlamenten, Ministerien, Verbänden, aber auch Privatpersonen aus nahezu allen EU-Mitgliedstaaten ein.[10]

Die deutsche Bundesregierung spricht sich in ihrer Stellungnahme deutlich für eine Harmonisierung der Kollisionsnormen und gegen eine Pflicht zur Anerkennung der Rechtslage im Registerstaat aus. Die Vorteile harmonisierter Kollisionsnormen gegenüber der Anerkennungslösung seien größere Rechtssicherheit, Vermeidung von „law shopping", mehr Transparenz und insgesamt mehr Gerechtigkeit.[11]

Der deutsche Bundesrat ist zwar der Auffassung, die Anerkennung von Rechts wegen entspreche am ehesten einer gemeinschaftlichen Idealvorstellung und sei deswegen ein erstrebenswertes Ziel. Er hält jedoch in einem ersten Schritt allein den Weg über die Harmonisierung von Kollisionsnormen als Lösungsmöglichkeit für geeignet.[12]

Von Seiten Frankreichs macht sich unter anderem Prof. *Paul Lagarde*, ehemaliger Generalsekretär der CIEC, für die Anerkennungslösung stark. Er stellt klar dass die Anerkennung der Rechtslage in einem Mitgliedstaat durch die anderen Mitgliedstaaten nicht „blind und ohne jegliche Kontrolle" zu erfolgen habe, wie Gegner der Anerkennungslösung gerne glauben machen. Es sei vielmehr genau zu definieren, unter welchen Voraussetzungen eine Anerkennung abzulehnen sei.[13]

Das französische Justizministerium spricht sich im Bereich des Namensrechts ebenfalls für eine Anerkennung von Rechts wegen aus, hält allerdings mittelfristig eine Harmonisierung des Kollisionsrechts für realistischer.[14]

Welche Regelungsvorschläge die Europäische Kommission letztlich unterbreiten wird, bleibt abzuwarten. In jedem Fall wäre wünschenswert,

---

[9] Ebd.
[10] Sämtliche Stellungnahmen sind im Internet abrufbar unter http://ec.europa.eu/justice/newsroom/civil/opinion/110510_en.htm (zuletzt abgerufen am 15. Juli 2012).
[11] Vgl. Stellungnahme der Bundesregierung, S. 14 (im Internet unter der in Fn. 10 angegebenen Adresse abrufbar).
[12] Vgl. Stellungnahme des Bundesrates vom 15. April 2011, BR-Drs. 831/10, S. 6.
[13] Vgl. Stellungnahme von *Paul Lagarde*, S. 2 f. (im Internet unter der in Fn. 10 angegebenen Adresse abrufbar).
[14] Vgl. Stellungnahme des französischen Justizministeriums vom 2. Mai 2011, S. 4 (im Internet unter der in Fn. 10 angegebenen Adresse abrufbar).

dass die Mitgliedstaaten bis zu einer einheitlichen legislativen Lösung auf der Ebene der Europäischen Union die nach der Rechtsprechung des EuGH bereits jetzt bestehende Verpflichtung zur unmittelbaren Anerkennung von rechtmäßig erteilten Namen ernst nehmen und es nicht weiterer EuGH-Urteile bedarf, um dem Freizügigkeitsgebot im Bereich des Namensrechts Geltung zu verschaffen.

Literaturverzeichnis

Ancel, Bertrand / Lequette, Yves: Les grands arrêts de la jurisprudence française de droit international privé, 5. Auflage, Paris 2006.
Anwaltkommentar BGB, hrsg. von *Dauner-Lieb, Barbara / Heidel, Thomas / Ring, Gerhard* (zitiert: AnwK-BGB/*Bearbeiter*):
– Band 1, Allgemeiner Teil mit EGBGB, Bonn 2005,
– Band 4, Familienrecht, Bonn 2005.
Arndt, Nicole: Die Geschichte und Entwicklung des familienrechtlichen Namensrechts in Deutschland unter Berücksichtigung des Vornamensrechts, München 2004.
Audit, Bernard: Droit international privé, 5. Auflage, Paris 2008.
Bachmann, Franz: Der Name der französischen Ehefrau, StAZ 1968, 89 f.
Baldus, Manfred: Die Crux mit dem Doppelnamen – Das neue Namensrecht auf dem verfassungsrechtlichen Prüfstand, FuR 1996, 3–10.
Bamberger, Heinz Georg / Roth, Herbert (Hrsg.): Beck'scher Online-Kommentar zum BGB (zitiert: Bamberger/Roth/*Bearbeiter*), 23. Auflage, München, Stand: 01.05.2012.
Battes, Robert: Der Weg aus der Sackgasse – Vorschlag für eine gründliche Reform des deutschen Namensrechts, FamRZ 2008, 1037–1042.
–: Prolegomena zu einer grundlegenden Reform des deutschen Namensrechts, in: Aderhold u.a. (Hrsg.), Festschrift für Harm Peter Westermann zum 70. Geburtstag, Köln 2008, S. 93–108.
Batiffol, Henri / Lagarde, Paul: Traité de droit international privé, Band 1, 8. Auflage, Paris 1993.
Bergmann, Alexander / Ferid, Murad / Henrich, Dieter (Hrsg.): Internationales Ehe- und Kindschaftsrecht mit Staatsangehörigkeitsrecht, Band 5, Frankreich (Stand: 173. Lieferung, 1. Mai 2007), Band 6, Großbritannien (Stand: 170. Lieferung, Februar 2007), Band 8, Italien (Stand: 190. Lieferung, Februar 2011), Band 16, Spanien (Stand: 182. Lieferung, Juli 2009).
Beitzke, Günther: Der Kindesname im Internationalen Privatrecht, StAZ 1976, 321–326
Benicke, Christoph / Zimmermann, Andreas: Internationales Namensrecht im Spannungsfeld zwischen Internationalem Privatrecht, Europäischem Gemeinschaftsrecht und Europäischer Menschenrechtskonvention, IPRax 1995, 141–150.
Benicke, Christoph: Aktuelle Probleme des internationalen Namensrechts unter besonderer Berücksichtigung spanisch-deutscher Fälle, StAZ 1996, 97–109.
Blumenrath, Christina: Namensrecht und Gleichberechtigung in Frankreich und Deutschland, Hamburg 2002.
Böhmer, Christof: Die CIEC-Konferenz 1979 in der Türkei – Drei neue Konventionen, StAZ 1980, 109–115.
Borricand, Jacques: Les effets du mariage après sa dissolution – Essai sur la pérennité du lien conjugal, Paris 1960.

Brandhuber, Rupert: Was der Standesbeamte von der behördlichen Namensänderung wissen sollte, StAZ 1997, 293–301.

Brintzinger, Ottobert: Aktuelle Probleme des Namensrechts, StAZ 1970, 89–96

Bureau, Dominique / Muir Watt, Horatia: Droit international privé, Tome II, Partie spéciale, Paris 2007.

Clavel, Sandrine: Droit international privé, Paris 2009.

Coester, Michael: Neues Namensrecht in Frankreich, StAZ 1987, 196 f.

–: Zur Reform des Kindesnamensrechts, StAZ 1990, 287–292.

–: „Dereinst werd' ich seinen Namen tragen" – zur Namensführung in deutsch-französischer Ehe, IPRax 1991, 36–39.

–: Das neue Familiennamenrechtsgesetz, FuR 1994, 1–8.

–: Das Kind muss einen Namen haben, Jura 2007, 348–354.

Coester-Waltjen, Dagmar: Das Anerkennungsprinzip im Dornröschenschlaf, in: Mansel u.a. (Hrsg.), Festschrift für Erik Jayme, Band I, München 2004, 121–129.

–: Anerkennung im Internationalen Personen-, Familien- und Erbrecht und das Europäische Kollisionsrecht, IPRax 2006, 392–400.

Courbe, Patrick: Droit international privé, Paris 2000.

Cornu, Gérard: Droit civil, Band 2 (Les personnes), 13. Auflage, Paris 2007.

De Groot, Gerard René: Auf dem Wege zu einem europäischen (internationalen) Familienrecht, ZEuP 2001, 617–627.

Despeux, Gilles: Namensrecht in Frankreich, StAZ 2000, 195–206.

Dethloff, Nina / Walther, Susanne: Abschied vom Zwang zum gemeinsamen Ehenamen, NJW 1991, 1575–1580.

Diederichsen, Uwe: Der Ehe- und Familienname nach dem 1. EheRG, NJW 1976, 1169–1177.

–: Die Neuordnung des Familiennamensrechts, NJW 1994, 1089–1097.

–: Die Reform des Kindschafts- und Beistandschaftsrechts, NJW 1998, 1977–1991.

Dionisi-Peyrusse, Amélie: Le droit de la filiation issu de la loi du 16 janvier 2009 ratifiant l'ordonnance du 4 juillet 2005, Recueil Dalloz 2009, 966–971.

Diurni, Amalia: Der Name der Ehefrau im italienischen Recht, StAZ 1995, 289–291.

Dölle, Hans: Die persönlichen Rechtsverhältnisse zwischen Ehegatten im deutschen internationalen Privatrecht unter Berücksichtigung der deutsch-französischen Rechtsbeziehungen, RabelsZ 1951, 360–386.

Egéa, Vincent: Le nom d'usage à l'épreuve à l'épreuve du conflit parental, Recueil Dalloz 2009, 803–804.

Fadlallah, Ibrahim: La famille légitime en droit international privé, Paris 1977.

Fauvarque-Cosson, Bénédicte: Le juge français et le droit étranger, Recueil Dalloz 2000, 125–134.

Ficker, Hans G.: Verknüpfung von Anknüpfungen, in: Dietz/Hübner (Hrsg.), Festschrift für Hans Carl Nipperdey zum 70. Geburtstag, Band I, München u. Berlin 1965, S. 297–322.

Flägel, Peter: Das spanische Recht des Nachnamens, StAZ 1995, 229–234.

Frank, Rainer: Die Entscheidung des EuGH in Sachen Garcia Avello und ihre Auswirkungen auf das internationale Namensrecht, StAZ 2005, 161–168.

–: Die Konvention der CIEC über die Anerkennung von Geburts- und Familiennamen vom 25. September 2003, in: Saar u.a. (Hrsg.), Recht als Erbe und Aufgabe, Heinz Holzhauer zum 21. April 2005, Berlin 2005, S. 442–449.

Frankenstein, Ernst: Internationales Privatrecht, Band I, Berlin 1926.

Frenz, Walter: Handbuch Europarecht, Band 5, Wirkungen und Rechtsschutz, Berlin, Heidelberg 2010.

Funken, Katja: Das Anerkennungsprinzip im internationalen Privatrecht, Tübingen 2009.

Gaaz, Berthold: Das deutsche Ehenamensrecht – gestern, heute und morgen, StAZ 2006, 157–165.
–: Zum Recht des Kindesnamens in Europa, StAZ 2008, 365–371.
Geisler, Christiane: Namensrecht im Nachbarland Frankreich, StAZ 1996, 346.
Gernhuber, Joachim / Coester-Waltjen, Dagmar: Familienrecht, 6. Auflage, München 2010.
Giesen, Dieter: Der Familienname aus rechtshistorischer, rechtsvergleichender und rechtspolitischer Sicht, FuR 1993, 65–81.
Graf von Bernstorff, Werner: Der Familienname als Gegenstand des Gleichberechtigungsgrundsatzes, FamRZ 1963, 110–112.
Grimaldi, Michel: Approche critique de la législation sur le nom d'usage, in: La nouvelle loi sur le nom, Paris 1988, S. 59–77.
Gutmann, Daniel: Droit international privé, 6. Auflage, Paris 2009.
Hammje, Petra: Nom-Prénom, Répertoire international Dalloz, Paris 1998.
Hauser, Jean: Nom d'usage et droits de l'enfant, RTDC 1995, 861.
Heldrich, Andreas: Der Familienname des Kindes nach dem Beschluß des BVerfG, NJW 1991, 1602, NJW 1992, 294 f.
Henrich, Dieter: Der Ehe- und Familienname im internationalen Privatrecht, in: Bernstein u.a. (Hrsg.), Festschrift für Konrad Zweigert zum 70. Geburtstag, Tübingen 1981, S. 127–144.
–: Der Erwerb und die Änderung des Familiennamens unter besonderer Berücksichtigung von Fällen mit Auslandsberührung, Frankfurt am Main, 1983.
–: Zur Geltung des Personalstatuts für die Namensführung legitimierter Kinder, IPRax 1984, 255–257.
–: Die Namensführung von Ehegatten nach dem IPR-Gesetz oder: Was deutsche Gründlichkeit vermag, IPRax 1986, 333–336.
–: Kollisionsrechtliche Aspekte der Neuordnung des Familienrechts, IPRax 1994, 174–178.
–: Die Rechtswahl im internationalen Namensrecht und ihre Folgen, StAZ 1996, 129–134.
–: Anerkennung statt IPR: Eine Grundsatzfrage, IPRax 2005, 422–424.
–: Deutsches, ausländisches und internationales Familien- und Erbrecht, Bielefeld 2006.
–: Die Angleichung im internationalen Namensrecht – Namensführung nach Statutenwechsel, StAZ 2007, 197–204.
Hepting, Reinhard: Die Neufassung des § 1355 BGB und das internationale Ehenamensrecht – Kann ein Ausländer bei Eheschließung den Namen seiner deutschen Verlobten annehmen?, StAZ 1977, 157–162.
–: Wird die getrennte Namensführung in deutsch-ausländischen Ehen zur Regel? – Zur Kollision unterschiedlicher Heimatrechte der Ehegatten nach dem Beschluß des BGH vom 25. September 1978, StAZ 1980, 325–332.
–: Das internationale Ehenamensrecht in der Reform, StAZ 1994, 1–8.
–: Regelungszwecke und Regelungswidersprüche im Namensrecht, StAZ 1996, 1–11.
–: Das IPR des Kindesnamens nach der Kindschaftsrechtsreform, StAZ 1998, 133–146.
–: Grundlinien des aktuellen Familiennamensrechts, FPR 2002, 115–121.
Heuer, Sebastian: Neue Entwicklungen im Namensrecht – Eine Untersuchung der aktuellen Entwicklungen im Namenskollisions- und Namenssachrecht, Hamburg 2006.
Höfer, Willi: Die Rechtslage bei Eheschließungen im Ausland nach dem FamNamRG – Gemeinsame Erklärungen der Ehegatten, StAZ 1994, 228 f.
Jauß, Wolfgang: Zeitliche Wirkung einer Rechtswahlerklärung gemäß Art. 10 Abs. 2 EGBGB, StAZ 2001, 118 f.
Jayme, Erik: Eherechtsreform und Internationales Privatrecht, NJW 1977, 1378–1383.
Jayme, Erik / Kohler, Christian: Europäisches Kollisionsrecht 2001: Anerkennungsprinzip statt IPR?, IPRax 2001, 501–514.

Jornod, Maryse: La femme et le nom en droits suisse et français, Tolochenaz 1991.
Kegel, Gerhard: Internationales Privatrecht, 2. Auflage, München u. Berlin 1964.
Kegel, Gerhard / Schurig, Klaus: Internationales Privatrecht, 9. Auflage, München 2004.
Klippel, Diethelm: Der zivilrechtliche Schutz des Namens, Paderborn u.a. 1985.
Koritz, Nikola: Namensrecht und Unionsbürgerschaft – Oder die Frage, ob ein Doppelname europaweit anzuerkennen ist, FPR 2008, 213 f.
Krömer, Karl: Welche Folgen hat die Rechtsprechung des EuGH in Sachen *Grunkin-Paul* für die standesamtliche Praxis?, StAZ 2009, 150 f.
Kropholler, Jan: Internationales Einheitsrecht, Tübingen 1975.
–: Internationales Privatrecht, 6. Auflage, Tübingen 2006.
Kubicki, Philipp: Kurze Nachlese zur Rechtssache Grunkin-Paul, Art. 18 EG und die Rechtsfolgen eines Verstoßes, EuZW 2009, 366–369.
Lachmayer, Konrad / Bauer, Lukas (Hrsg.): Praxiswörterbuch Europarecht, Wien 2008.
Lang, Christiane: Aktuelle Einbenennungsprobleme vor dem Hintergrund des Kinderrechteverbesserungsgesetzes, FPR 2010, 23–27.
Legrand, Christine: Le double nom n'est pas populaire, La Croix, 29.11.2006, S. 13 f.
Lienhard, Claude: Les nouvelles actions dont le juge aux affaires familiales peut être saisi en matière d'autorité parentale, AJ fam. 2002, 128–130.
Lipp, Martin / Wagenitz, Thomas: Das neue Kindschaftsrecht, Stuttgart, Berlin, Köln 1999.
Lipp, Volker: Namensrecht und Europa, in: Helms/Zeppernick (Hrsg.), Lebendiges Familienrecht, Festschrift für Rainer Frank, 393–407.
–: Namensrecht und Europarecht – Die Entscheidung Grunkin-Paul II und ihre Folgen für das deutsche Namensrecht, StAZ 2009, 1–7.
Looschelders, Dirk: Internationales Privatrecht – Art. 3–46 EGBGB, Berlin, Heidelberg 2004.
Loussouarn, Yvon / Bourrel, Pierre / de Vareilles-Sommières, Pascal: Droit international privé, 9. Auflage, Paris 2007.
Lucas, Henri-Jacques: La loi applicable à l'attribution du nom de famille, in: Le droit non civil de la famille, Poitiers 1983, S. 183–214.
–: Nom, Jurisclasseur Droit International, Band 6, Fascicule 542 (Stand: 1998).
Lüderitz, Alexander: Erneut: Gleichberechtigung im internationalen Eherecht, FamRZ 1970, 169–177.
Makarov, Alexander: Die Gleichberechtigung der Frau und das internationale Privatrecht, RabelsZ 1952, 383–396.
Malaurie-Vignal, Marie: Où le nom d'usage est prisonnier des règles de droit, Recueil Dalloz 2009, 1385–1387
Mansel, Heinz-Peter: Anerkennung als Grundprinzip des Europäischen Rechtsraums, Zur Herausbildung eines europäischen Anerkennungs-Kollisionsrechts: Anerkennung statt Verweisung als neues Strukturprinzip des Europäischen Internationalen Privatrechts, RabelsZ 70 (2006), 651–731.
Mansel, Heinz-Peter / Thorn, Karsten / Wagner, Rolf: Europäisches Kollisionsrecht 2008, Fundamente der Europäischen IPR-Kodifikation, IPRax 2009, 1–23.
Martiny, Dieter: Namensbildung und Freizügigkeit, DNotZ 2009, 449–458.
Massip, Jacques: Le nom de famille, Defrénois 2005, 272–290. u. 372–394.
–: Le nouveau droit de la filiation, Defrénois 2006, 91–126.
–: Incidences de l'ordonnance relative à la filiation sur le nom de famille, Droit de la famille 2006, Etude 8.
Mayer, Pierre / Heuzé, Vincent: Droit international privé, 9. Auflage, Paris 2007.
Mörsdorf-Schulte, Juliana: Europäische Impulse für Namen und Status des Mehrstaaters, IPRax 2004, 315–326.

Monéger, Françoise: Droit international privé, 4. Auflage, Paris 2007.
Münchener Kommentar zum Bürgerlichen Gesetzbuch, hrsg. von *Rebmann, Kurt / Säcker, Franz Jürgen / Rixecker, Roland* (zitiert: MüKo/*Bearbeiter*):
– Band 8, Familienrecht II, §§ 1589–1921, SGB VIII, 5. Auflage, München 2008,
– Band 11, Internationales Privatrecht, Internationales Wirtschaftsrecht, Einführungsgesetz zum Bürgerlichen Gesetzbuche (Art. 25–248), 5. Auflage, München 2010.
Murat, Pierre: Droit de la famille (zitiert: Murat/*Bearbeiter*), 5. Auflage, Paris 2010.
Nast, Chantal: Neues Kindesnamensrecht in Frankreich, StAZ 2004, 292 f.
Nelle, Dietrich: Der Familienname – Perspektiven für eine rechtsvereinheitlichende Reform, FamRZ 1990, 809–817. u. 935–941.
Niboyet, Marie-Laure / de Geouffre de la Pradelle, Géraud: Droit international privé, Paris 2007.
Niemeyer, Theodor: Das internationale Privatrecht des Bürgerlichen Gesetzbuches, Berlin 1901.
Palandt, Otto (Hrsg.): Bürgerliches Gesetzbuch,
– 71. Auflage, München 2012 (zitiert: Palandt/*Bearbeiter*),
– 26. Auflage, München 1967 (zitiert: Palandt (1967)/*Bearbeiter*).
Pathe, Ilmo: Der Familienname im deutschen Sach- und Verweisungsrecht, Würzburg 1999.
Pechstein, Matthias: EU-, EG-Prozessrecht, 3. Auflage, Tübingen 2007.
Pez, Thomas: L'affaire du double tiret et le nom de famille devant le *Conseil d'Etat*, RFDA 2010, 175–192.
Pieper, Klaus: Namensänderung von Stiefkindern und Scheidungshalbwaisen, FuR 2003, 394–398.
Pintens, Walther: Die Anwendung des belgischen, französischen und niederländischen Namensrechts durch den deutschen Standesbeamten, StAZ 1984, 188–191.
–: Familienrecht und Personenstand – Perspektiven einer Europäisierung, StAZ 2004, 353–362.
Ponsard, André: Droit transitoire et nom des personnes, in: Mélanges en l'honneur de Paul Roubier, Band I, Paris 1961, S. 385–412.
Ramm, Thilo: Familienname und Grundgesetz, FamRZ 1963, 337–340.
Rauscher, Thomas: Familienrecht (zitiert: *Rauscher* (2008)), 2. Auflage, Heidelberg 2008.
–: Internationales Privatrecht, 3. Auflage, Heidelberg 2009.
Rauscher, Thomas / Papst, Steffen: Die Rechtsprechung zum Internationalen Privatrecht 2008–2009, NJW 2009, 3614–3620.
Reichard, Heinz: Erklärungen zur Namensführung bei einer im Ausland geschlossenen Ehe mit Ausländerbeteiligung nach dem neuen internationalen Privatrecht, StAZ 1987, 64–69.
Rieck, Jürgen: Anerkennung des Familiennamens in Mitgliedstaaten – Grunkin Paul, NJW 2009, 125–129.
–: Möglichkeiten der Namenswahl für Kinder von Doppelstaatlern und Deutschen, die in anderen EU-Staaten leben, FPR 2010, 7–11.
Ring, Gerhard / Olsen-Ring, Line: Das neue dänische Namensgesetz, StAZ 2006, 286–294.
Robert-Diard, Pascale: Transmission du double nom de famille: quand un tiret devient un casse-tête pour l'état civil, Le Monde, 26.12.2008, S. 9.
Sachse, Michael: Zum neuen dänischen Namensgesetz: Hinweise für die Praxis, StAZ 2006, 303 f.
Sacksofsky, Ute: Grundrechtsdogmatik ade – Zum neuen Doppelnamen-Urteil des Bundesverfassungsgerichts, FPR 2002, 121–124.
–: Das Ehenamensrecht zwischen Tradition und Gleichberechtigung – zum neuen Ehenamensurteil des BVerfG, FPR 2004, 371–375.

Scherer, Maxi: Le nom en droit international privé – Etude de droit comparé français et allemand, Paris, 2004.
Schlüter, Wilfried: BGB – Familienrecht, 13. Auflage, Heidelberg 2009.
Schulz, Werner / Hauß, Jörn (Hrsg.): Familienrecht, Handkommentar, Baden-Baden 2008.
Schwenzer, Ingeborg: Namensrecht im Überblick – Entwicklung – Rechtsvergleich – Analyse, FamRZ 1991, 390–397.
Simitis, Spiros: Zum Namen der geschiedenen Frau, StAZ 1969, 275–283.
–: Zur Namensführung der verheirateten Frau im internationalen Eherecht, StAZ 1971, 33–37.
Soergel, Hans Theodor (Begr.): Bürgerliches Gesetzbuch mit Einführungsgesetz und Nebengesetzen, Band 10, Einführungsgesetz, 12. Auflage, Stuttgart 1996.
Sommer, Erik: Der Einfluss der Freizügigkeit auf Namen und Status von Unionsbürgern – zu den Auswirkungen des Gemeinschaftsrechts auf hinkende Rechtslagen im Internationalen Familien- und Namensrecht, Jena 2009.
Sonnenberger, Hans Jürgen: Anerkennung statt Verweisung? Eine neue internationalprivatrechtliche Methode?, in: Bernreuter u.a. (Hrsg.), Festschrift für Ulrich Spellenberg zum 70. Geburtstag, Berlin, New York 2010, S. 371–392.
Sperling, Florian: Der französische Ehegattengebrauchsname – ein vermeintlicher Ehename, StAZ 2010, 259–264
–: Der Kindesdoppelname im französischen Recht, StAZ 2011, 43–47.
Spiegelhalder, Nicole: Überblick zum deutschen Namensrecht, FPR 2010, 1–4.
Staudinger, Julius von (Hrsg.): Kommentar zum Bürgerlichen Gesetzbuch mit Einführungsgesetz und Nebengesetzen (zitiert: Staudinger/*Bearbeiter*):
– Buch 4, Familienrecht, §§ 1616–1625 (Kindesname, Eltern-Kind-Verhältnis), Berlin, 2007,
– Einführungsgesetz zum Bürgerlichen Gesetzbuche/IPR, Art. 7, 9–12, 47 EGBGB (Internationales Recht der natürlichen Personen und der Rechtsgeschäfte), Berlin, 2007.
Stoll, Veit: Die Rechtswahl im Namens-, Ehe- und Erbrecht, München 1991.
Sturm, Fritz: Zur Gleichberechtigung im deutschen Internationalen Privatrecht, in: Niederländer/Serick/Wahl (Hrsg.), Rechtsvergleichung und Rechtsvereinheitlichung – Festschrift zum 50jährigen Bestehen des Instituts für Ausländisches und Internationales Privat- und Wirtschaftsrecht der Universität Heidelberg, Heidelberg 1967, S. 155–178.
Sturm, Fritz: Ehename oder getrennte Namensführung, IPRax 1982, 41–45.
–: Selbständige und unselbständige Anknüpfung im deutschen IPR beim Vor- und Familiennamen (Ehenamen), StAZ 1990, 350–356.
–: Der Familienname des Kindes nach dem FamNamRG-E, StAZ 1993, 273–280.
–: Kann sich in der Praxis das Persönlichkeitsrecht auf die Namensführung auswirken?, StAZ 1994, 370–377.
–: Namensführung in gemischt-nationalen Ehen, StAZ 1995, 255–262.
–: Namenserklärungen: Auslandsdeutsche und Heiratstouristen, StAZ 2005, 253–260.
–: Die Wirksamkeit im Ausland geschlossener Ehen mit deutscher Beteiligung und ihre namensrechtlichen Wirkungen, StAZ 2010, 1–11.
–: Weshalb zeichnete Deutschland die CIEC Konvention über die Anerkennung von Namen nicht?, in: Bernreuter u.a. (Hrsg.), Festschrift für Ulrich Spellenberg zum 70. Geburtstag, Berlin, New York 2010, S. 523–534.
Sturm, Fritz / Sturm, Gudrun: Der renvoi im Namensrecht, in: Mansel/Pfeiffer/Kronke/Kohler/Hausmann (Hrsg.), Festschrift für Erik Jayme, Band I, München 2004, S. 919–933.
Sturmhöfel, Jack: Der Name im In- und Ausland – Eine rechtsvergleichende Untersuchung des Namenssachrechts und seiner neueren Entwicklungen, Hamburg 2007.
Suhr, Martina: Sag mir, wie du heißt, und ich sage dir, woher du kommst, FPR 2010, 4–7.
Teyssié, Bernard: Droit civil, Les personnes, 10. Auflage, Paris 2007.

Vignal, Thierry: Droit international privé, Paris 2005.

Völker, Silke: Zum Erfordernis einer Anerkennung des nichtehelichen Kindes durch seine französische Mutter, StAZ 1998, 197–202.

Von Bar, Christian: Internationales Privatrecht, Zweiter Band, Besonderer Teil, München 1991.

Von Hoffmann, Bernd / Thorn, Karsten: Internationales Privatrecht einschließlich der Grundzüge des Internationalen Zivilverfahrensrechts, München 2007.

Wachsmann, Monika: Wiederannahme des Geburtsnamens während bestehender Ehe durch eine Deutsche, deren Namensführung sich in der Vorehe nach ausländischem Recht bestimmte, StAZ 2005, 80.

Wacke, Andreas: Namenswahl für sogenannte Altehen nach dem Ehenamensänderungsgesetz, NJW 1979, 1439–1441.

Wagenitz, Thomas: Neues Recht in alten Formen: Zum Wandel des Kindesnamensrechts, FamRZ 1998, 1545–1553.

Wagenitz, Thomas / Bornhofen, Heinrich: Wahl und Qual im Namensrecht – zum Gesetz zur Änderung des Ehe- und Lebenspartnerschaftsnamensrechts, FamRZ 2005, 1425–1430.

Wagner, Rolf: EG-Kompetenz für das Internationale Privatrecht in Ehesachen?, RabelsZ 2004, 119–153.

–: Anerkennung und Wirksamkeit ausländischer familienrechtlicher Rechtsakte nach autonomem deutschen Recht – Eine Anleitung für die Praxis mit Hinweisen auf Reformbestrebungen, FamRZ 2006, 744–753.

–: Zu den Chancen der Rechtsvereinheitlichung im internationalen Familienrecht – Unter besonderer Berücksichtigung des Kommissionsvorschlags zum internationalen Scheidungsrecht, StAZ 2007, 101–107.

–: Anerkennung von Personenstandsurkunden – was heißt das? Überlegungen vor dem Hintergrund des Grünbuchs der Europäischen Kommission vom 14.12.2010, DNotZ 2011, 176.

Wall, Fabian: Die Vermeidung hinkender Namensverhältnisse in der EU – Folgerungen aus den Schlussanträgen und dem Urteil des EuGH in der Sache Grunkin-Paul, StAZ 2009, 261–268.

–: Anerkennung rechtswidriger Namensregistrierungen in der EU? – Hinkende Namensverhältnisse aufgrund rechtswidriger Erstregistrierung und Wege zu ihrer Vermeidung in der EU, StAZ 2010, 225–234.

–: Vermeidung „hinkender Namensverhältnisse" in der EU durch unselbständige Anknüpfung von Vorfragen – Anmerkung zu OLG Düsseldorf, Beschluss vom 29.12.2009, StAZ 2011, 37–42.

Wengler, Wilhelm: Der Name der natürlichen Person im internationalen Privatrecht, StAZ 1973, 205–212.

Westermann-Reinhardt, Judith: Das Ehe- und Familiennamensrecht und seine Entwicklung – ein Beispiel für den Rückzug des Staates aus dem Bereich von Ehe und Familie?, Hannover 1999

Register

Accouchement sous x,
  siehe Anonyme Entbindung
Adoption
– Adoptionsstatut, 113, 123
– Annahme Minderjähriger, 36
– einfache Adoption (adoption simple), 50, 65, 93
– Volladoption (adoption pléniaire), 50, 65, 93
– Volljährigenadoption, 36, 93
Anerkennungsprinzip, 149, 207
Angleichung, 38, 168
Anonyme Entbindung, 97
Anpassung, *siehe* Angleichung

Begleitname, 11, 28
Bindungswirkung
– einer Namensbestimmung, 164
– von Vorabentscheidungsurteilen, 142
Britisches Namensrecht, 200

CIEC-Übereinkommen
– über das auf Familiennamen und Vornamen anwendbare Recht, 202
– über die Änderung von Namen, 177
– über die Anerkennung von Namen, 207

Dänisches Namensrecht, 200
Doppelbindestrich, 15, 55
Doppelname
– Double nom, 14, 56
– echter Doppelname, 10, 32
– unechter Doppelname, 10, 32
Double nom, *siehe* Doppelname

Echter Doppelname, *siehe* Doppelname
Ehename, 8, 27
Ehenamensänderungsgesetz, 21

Eherechtsreformgesetz, 19, 104
Einbenennung, 35, 75, 89
Enfant légitime, 47
Enfant naturel, 48
Europäisches Namensrecht, 195

Familiengericht, 32, 36
Familienname, 8
Familiennamenrechtsgesetz, 22, 109, 118
Folgebeurkundung, 9
Freizügigkeit, 140, 148, 178
Funktionen des Familiennamens,
– Identifikationsfunktion, 5
– Individualisierungsfunktion, 5
– Zuordnungsfunktion, 7

Garcia Avello-Urteil, 157, 207, 208
Gebrauchsname
– Ehegattengebrauchsname, 12, 40, 170
– Gebrauchsname i.S.d. Art. 43 des Gesetzes vom 23.12.1985, 13, 77
Geburtenregister, 9, 138, 149
Geburtsanzeige, 53, 62
Geburtsname, 9
Gleichberechtigung, 17, 71, 190
Gleichberechtigungsgesetz, 17
Grünbuch, 212
Grunkin-Paul-Urteil, 138, 163, 178

Hinkende Namensführung, 1, 155, 176

IPR-Gesetz, 106, 116
Italienisches Namensrecht, 199

Kindschaftsrechtsreformgesetz, 24, 112, 118

Law shopping, 214
Lebenspartnerschaftsgesetz, 25, 112

Lebenspartnerschaftsname, 8
Legitimation, 21, 47, 76

Mädchenname, 9, 18
Mehrfachname, 10
Mutterschaftsfeststellungsklage, 63

Nachname, 8
Namensänderung, öffentlich-rechtliche, 7, 9, 147
Namensbestimmung, 33, 53
Namenseinheit
– von Ehegatten, 171, 194
– von Geschwistern, 69, 88, 164
Namenskette, 23, 96, 189
Nichtehelichengesetz, 19
Nom composé, 14
Nom d'usage, *siehe* Gebrauchsname
Nom de famille, 12
Nom légal, 15

Ordre public, 179

Personalstatut, 100, 106, 122
Personenstandsrechtsreformgesetz, 26
Persönlichkeitsrecht, 6, 25, 29
Principe patronymique, 47, 70

Rechtsvereinheitlichung
– des Sachrechts, 187
– des Kollisionsrechts, 202
Rechtswahl, 119, 166

Scheidung, 45, 85, 182
Selbstdarstellung, 7
Sorgeerklärung, 32, 34
Sorgerecht, 25, 32, 36
Spanisches Namensrecht, 198
Statutenwechsel, 38

unechter Doppelname, *siehe* Doppelname

Verwitwung, 30, 46
Vorfrage, 203, 206
Vormundschaftsgericht, 36, 96

Studien zum ausländischen und internationalen Privatrecht

Alphabetische Übersicht

Abbas, Raya: Die Vermögensbeziehungen der Ehegatten und nichtehelichen Lebenspartner im serbischen Recht. 2011. *Band 260.*
Adam, Wolfgang: Internationaler Versorgungsausgleich. 1985. *Band 13.*
Ady, Johannes: Ersatzansprüche wegen immaterieller Einbußen. 2004. *Band 136.*
Ahrendt, Achim: Der Zuständigkeitsstreit im Schiedsverfahren. 1996. *Band 48.*
Amelung, Ulrich: Der Schutz der Privatheit im Zivilrecht. 2002. *Band 97.*
Anderegg, Kirsten: Ausländische Eingriffsnormen im internationalen Vertragsrecht. 1989. *Band 21.*
Arnold, Stefan: Die Bürgschaft auf erstes Anfordern im deutschen und englischen Recht. 2007. *Band 196.*
Athanassopoulou, Victoria: Schiffsunternehmen und Schiffsüberlassungsverträge. 2005. *Band 151.*
Aukhatov, Adel: Durchgriffs- und Existenzvernichtungshaftung im deutschen und russischen Sach- und Kollisionsrecht. 2009. *Band 214.*
Bach, Ivo: Grenzüberschreitende Vollstreckung in Europa. 2008. *Band 209.*
Bälz, Moritz: Die Spaltung im japanischen Gesellschaftsrecht. 2005. *Band 158.*
Bartels, Hans-Joachim: Methode und Gegenstand intersystemarer Rechtsvergleichung. 1982. *Band 7.*
Bartl, Franziska: Die neuen Rechtsinstrumente zum IPR des Unterhalts auf internationaler und europäischer Ebene. 2012. *Band 271.*
Bartnik, Marcel: Der Bildnisschutz im deutschen und französischen Zivilrecht. 2004. *Band 128.*
Basedow, Jürgen / Wurmnest, Wolfgang: Die Dritthaftung von Klassifikationsgesellschaften. 2004. *Band 132.*
Basedow, Jürgen (Hrsg.): Europäische Verkehrspolitik. 1987. *Band 16.*
– / Scherpe, Jens M. (Hrsg.): Transsexualität, Staatsangehörigkeit und internationales Privatrecht. 2004. *Band 134.*
Baum, Harald: Alternativanknüpfungen. 1985. *Band 14.*
Behrens, Peter: siehe Hahn, H.
Bernitt, Carmen C.: Die Anknüpfung von Vorfragen im europäischen Kollisionsrecht. 2010. *Band 237.*
Beulker, Jette: Die Eingriffsnormenproblematik in internationalen Schiedsverfahren. 2005. *Band 153.*
Bischoff, Jan A.: Die Europäische Gemeinschaft und die Konventionen des einheitlichen Privatrechts. 2010. *Band 243.*
Bitter, Anna-Kristina: Vollstreckbarerklärung und Zwangsvollstreckung ausländischer Titel in der Europäischen Union. 2009. *Band 220.*
Böger, Ole: System der vorteilsorientierten Haftung im Vertrag. 2009. *Band 228.*
Böhmer, Martin: Das deutsche internationale Privatrecht des timesharing. 1993. *Band 36.*
Boelck, Stefanie: Reformüberlegungen zum Haager Minderjährigenschutzabkommen von 1961. 1994. *Band 41.*

Brand, Oliver: Das internationale Zinsrecht Englands. 2002. *Band 98.*
Brieskorn, Konstanze: Vertragshaftung und responsabilité contractuelle. 2010. *Band 240.*
Brockmeier, Dirk: Punitive damages, multiple damages und deutscher ordre public. 1999. *Band 70.*
Brokamp, Arno: Das Europäische Verfahren für geringfügige Forderungen. 2008. *Band 207.*
Brückner, Bettina: Unterhaltsregreß im internationalen Privat- und Verfahrensrecht. 1994. *Band 37.*
Buchner, Benedikt: Kläger- und Beklagtenschutz im Recht der internationalen Zuständigkeit. 1998. *Band 60.*
Budzikiewicz, Christine: Materielle Statuseinheit und kollisionsrechtliche Statusverbesserung. 2007. *Band 185.*
Büttner, Benjamin: Umfang und Grenzen der Dritthaftung von Experten. 2006. *Band 169.*
Burkei, Felix: Internationale Handelsschiedsgerichtsbarkeit in Japan. 2008. *Band 213.*
Busse, Daniel: Internationales Bereicherungsrecht. 1998. *Band 66.*
Coendet, Thomas: Rechtsvergleichende Argumentation. 2012. *Band 279.*
Dawe, Christian: Der Sonderkonkurs des deutschen Internationalen Insolvenzrechts. 2005. *Band 159.*
Deißner, Susanne: Interregionales Privatrecht in China. 2012. *Band 276.*
Dernauer, Marc: Verbraucherschutz und Vertragsfreiheit im japanischen Recht. 2006. *Band 164.*
Dilger, Jörg: Die Regelungen zur internationalen Zuständigkeit in Ehesachen in der Verordnung (EG) Nr. 2201/2003. 2004. *Band 116.*
Döse-Digenopoulos, Annegret: Der arbeitsrechtliche Kündigungsschutz in England. 1982. *Band 6.*
Dohrn, Heike: Die Kompetenzen der Europäischen Gemeinschaft im Internationalen Privatrecht. 2004. *Band 133.*
Dopffel, Peter (Hrsg.): Ehelichkeitsanfechtung durch das Kind. 1990. *Band 23.*
– (Hrsg.): Kindschaftsrecht im Wandel. 1994. *Band 40.*
–, *Ulrich Drobnig* und *Kurt Siehr* (Hrsg.): Reform des deutschen internationalen Privatrechts. 1980. *Band 2.*
Dornblüth, Susanne: Die europäische Regelung der Anerkennung und Vollstreckbarerklärung von Ehe- und Kindschaftsentscheidungen. 2003. *Band 107.*
Drappatz, Thomas: Die Überführung des internationalen Zivilverfahrensrechts in eine Gemeinschaftskompetenz nach Art. 65 EGV. 2002. *Band 95.*
Drobnig, Ulrich: siehe *Dopffel, Peter.*
Dutta, Anatol: Die Durchsetzung öffentlichrechtlicher Forderungen ausländischer Staaten durch deutsche Gerichte. 2006. *Band 172.*
Eckl, Christian: Treu und Glauben im spanischen Vertragsrecht. 2007. *Band 183.*
Eichholz, Stephanie: Die US-amerikanische Class Action und ihre deutschen Funktionsäquivalente. 2002. *Band 90.*
Eisele, Ursula S.: Holdinggesellschaften in Japan. 2004. *Band 121.*
Eisenhauer, Martin: Moderne Entwicklungen im englischen Grundstücksrecht. 1997. *Band 59.*
Ernst, Ulrich: Mobiliarsicherheiten in Deutschland und Polen. 2005. *Band 148.*
Eschbach, Sigrid: Die nichteheliche Kindschaft im IPR – Geltendes Recht und Reform. 1997. *Band 56.*

Studien zum ausländischen und internationalen Privatrecht

Faust, Florian: Die Vorhersehbarkeit des Schadens gemäß Art. 74 Satz 2 UN-Kaufrecht (CISG). 1996. *Band 50.*
Fenge, Anja: Selbstbestimmung im Alter. 2002. *Band 88.*
Festner, Stephan: Interessenkonflikte im deutschen und englischen Vertretungsrecht. 2006. *Band 177.*
Fetsch, Johannes: Eingriffsnormen und EG-Vertrag. 2002. *Band 91.*
Fischer-Zernin, Cornelius: Der Rechtsangleichungserfolg der Ersten gesellschaftsrechtlichen Richtlinie der EWG. 1986. *Band 15.*
Förster, Christian: Die Dimension des Unternehmens. 2003. *Band 101.*
Forkert, Meinhard: Eingetragene Lebenspartnerschaften im deutschen IPR: Art. 17b EGBGB. 2003. *Band 118.*
Freitag, Robert: Der Einfluß des Europäischen Gemeinschaftsrechts auf das Internationale Produkthaftungsrecht. 2000. *Band 83.*
Fricke, Martin: Die autonome Anerkennungszuständigkeitsregel im deutschen Recht des 19. Jahrhunderts. 1993. *Band 32.*
Fricke, Verena: Der Unterlassungsanspruch gegen Presseunternehmen zum Schutze des Persönlichkeitsrechts im internationalen Privatrecht. 2003. *Band 110.*
Fröschle, Tobias: Die Entwicklung der gesetzlichen Rechte des überlebenden Ehegatten. 1996. *Band 49.*
Fromholzer, Ferdinand: Consideration. 1997. *Band 57.*
Fuglinszky, Ádám: Mangelfolgeschäden im deutschen und ungarischen Recht. 2007. *Band 188.*
Funken, Katja: Das Anerkennungsprinzip im internationalen Privatrecht. 2009. *Band 218.*
Gärtner, Veronika: Die Privatscheidung im deutschen und gemeinschaftsrechtlichen Internationalen Privat- und Verfahrensrecht. 2008. *Band 208.*
Gal, Jens: Die Haftung des Schiedsrichters in der internationalen Handelsschiedsgerichtsbarkeit. 2009. *Band 215.*
Ganssauge, Niklas: Internationale Zuständigkeit und anwendbares Recht bei Verbraucherverträgen im Internet. 2004. *Band 126.*
Gerasimchuk, Eleonora: Die Urteilsanerkennung im deutsch-russischen Rechtsverkehr. 2007. *Band 181.*
Giesen, Reinhard: Die Anknüpfung des Personalstatuts im norwegischen und deutschen internationalen Privatrecht. 2010. *Band 235.*
Gilfrich, Stephanie Uta: Schiedsverfahren im Scheidungsrecht. 2007. *Band 189.*
Godl, Gabriele: Notarhaftung im Vergleich. 2001. *Band 85.*
Gößl, Ulrich: Die Satzung der Europäischen Aktiengesellschaft (SE) mit Sitz in Deutschland. 2010. *Band 239.*
Gottwald, Walther: Streitbeilegung ohne Urteil. 1981. *Band 5.*
Graf, Ulrike: Die Anerkennung ausländischer Insolvenzentscheidungen. 2003. *Band 113.*
Grigera Naón, Horacio A.: Choice of Law Problems in International Commercial Arbitration. 1992. *Band 28.*
Grolimund, Pascal: Drittstaatenproblematik des europäischen Zivilverfahrensrechts. 2000. *Band 80.*
Häcker, Birke: Consequences of Impaired Consent Transfers. 2009. *Band 223.*
Hahn, H. u.a.: Die Wertsicherung der Young-Anleihe. 1984. *Band 10.*
Handorn, Boris: Das Sonderkollisionsrecht der deutschen internationalen Schiedsgerichtsbarkeit. 2005. *Band 141.*

Studien zum ausländischen und internationalen Privatrecht

Hartenstein, Olaf: Die Privatautonomie im Internationalen Privatrecht als Störung des europäischen Entscheidungseinklangs. 2000. *Band 81.*
Hartnick, Susanne: Kontrollprobleme bei Spendenorganisationen. 2007. *Band 186.*
Hauser, Paul: Eingriffsnormen in der Rom I-Verordnung. 2012. *Band 278.*
Hawellek, Jeronimo: Die persönliche Surrogation. 2010. *Band 248.*
Hein, Jan von: Das Günstigkeitsprinzip im Internationalen Deliktsrecht. 1999. *Band 69.*
Heinz, Nina: Das Vollmachtsstatut. 2011. *Band 258.*
Heinze, Christian A.: Einstweiliger Rechtsschutz im europäischen Immaterialgüterrecht. 2007. *Band 195.*
Heiss, Helmut (Hrsg.): Zivilrechtsreform im Baltikum. 2006. *Band 161.*
Hellmich, Stefanie: Kreditsicherungsrechte in der spanischen Mehrrechtsordnung. 2000. *Band 84.*
Hellwege, Phillip: Die Rückabwicklung gegenseitiger Verträge als einheitliches Problem. 2004. *Band 130.*
Henke, Johannes: Effektivität der Kontrollmechanismen gegenüber dem Unternehmensinsolvenzverwalter. 2009. *Band 229.*
Henke, Matthias F.: Enthält die Liste des Anhangs der Klauselrichtlinie 93/13/EWG Grundregeln des Europäischen Vertragsrechts? 2010. *Band 247.*
Henninger, Thomas: Europäisches Privatrecht und Methode. 2009. *Band 224.*
Herb, Anja: Europäisches Gemeinschaftsrecht und nationaler Zivilprozess. 2007. *Band 187.*
Hettenbach, Dieter: Das Übereinkommen der Vereinten Nationen über die Verwendung elektronischer Mitteilungen bei internationalen Verträgen. 2008. *Band 212.*
Hinden, Michael von: Persönlichkeitsverletzungen im Internet. 1999. *Band 74.*
Hippel, Thomas von: Der Ombudsmann im Bank- und Versicherungswesen. 2000. *Band 78.*
Hirse, Thomas: Die Ausweichklausel im Internationalen Privatrecht. 2006. *Band 175.*
Hoffmann, Nadja: Die Koordination des Vertrags- und Deliktsrechts in Europa. 2006. *Band 168.*
Hotz, Sandra: Japanische, deutsche und schweizerische Irrtumsregelungen. 2006. *Band 176.*
Huber, Stefan: Entwicklung transnationaler Modellregeln für Zivilverfahren. 2008. *Band 197.*
Hutner, Armin: Das internationale Privat- und Verfahrensrecht der Wirtschaftsmediation. 2005. *Band 156.*
Hye-Knudsen, Rebekka: Marken-, Patent- und Urheberrechtsverletzungen im europäischen Internationalen Zivilprozessrecht. 2005. *Band 149.*
Janköster, Jens Peter: Fluggastrechte im internationalen Luftverkehr. 2009. *Band 227.*
Janssen, Helmut: Die Übertragung von Rechtsvorstellungen auf fremde Kulturen am Beispiel des englischen Kolonialrechts. 2000. *Band 79.*
Jeremias, Christoph: Internationale Insolvenzaufrechnung. 2005. *Band 150.*
Jung, Holger: Ägyptisches internationales Vertragsrecht. 1999. *Band 77.*
Junge, Ulf: Staatshaftung in Argentinien. 2002. *Band 100.*
Kadner, Daniel: Das internationale Privatrecht von Ecuador. 1999. *Band 76.*
Kannengießer, Matthias N.: Die Aufrechnung im internationalen Privat- und Verfahrensrecht. 1998. *Band 63.*

Kapnopoulou, Elissavet N.: Das Recht der mißbräuchlichen Klauseln in der Europäischen Union. 1997. *Band 53.*
Karl, Anna-Maria: Die Anerkennung von Entscheidungen in Spanien. 1993. *Band 33.*
Karl, Matthias: siehe *Veelken, Winfried.*
Kern, Christoph: Die Sicherheit gedeckter Wertpapiere. 2004. *Band 135.*
Kircher, Wolfgang: Die Voraussetzungen der Sachmängelhaftung beim Warenkauf. 1998. *Band 65.*
Klauer, Stefan: Das europäische Kollisionsrecht der Verbraucherverträge zwischen Römer EVÜ und EG-Richtlinien. 2002. *Band 99.*
Klein, Jean-Philippe: Die Unwirksamkeit von Verträgen nach französischem Recht. 2010. *Band 245.*
Kleinschmidt, Jens: Der Verzicht im Schuldrecht. 2004. *Band 117.*
Kliesow, Olaf: Aktionärsrechte und Aktionärsklagen in Japan. 2001. *Band 87.*
Klingel, Katharina: Die Principles of European Law on Personal Security als neutrales Recht für internationale Bürgschaftsverträge. 2009. *Band 222.*
Klüber, Rüdiger: Persönlichkeitsschutz und Kommerzialisierung. 2007. *Band 178.*
Knetsch, Jonas: Haftungsrecht und Entschädigungsfonds. 2012. *Band 281.*
Köhler, Martin: Die Haftung nach UN-Kaufrecht im Spannungsverhältnis zwischen Vertrag und Delikt. 2003. *Band 111.*
Koerner, Dörthe: Fakultatives Kollisionsrecht in Frankreich und Deutschland. 1995. *Band 44.*
Kopp, Beate: Probleme der Nachlaßabwicklung bei kollisionsrechtlicher Nachlaßspaltung. 1997. *Band 55.*
Kosche, Kevin: Contra proferentem und das Transparenzgebot im anglo-amerikanischen und kontinentaleuropaeischen Recht. 2011. *Band 267.*
Koziol, Gabriele: Lizenzen als Kreditsicherheiten. 2011. *Band 266.*
Kronke, Herbert: Rechtstatsachen, kollisionsrechtliche Methodenentfaltung und Arbeitnehmerschutz im internationalen Arbeitsrecht. 1980. *Band 1.*
Kroymann, Benjamin: Das Kapitalgesellschaftsrecht der VR China. 2009. *Band 217.*
Krzymuski, Marcin: Umweltprivatrecht in Deutschland und Polen unter europarechtlichem Einfluss. 2012. *Band 269.*
Kuckein, Mathias: Die ‚Berücksichtigung' von Eingriffsnormen im deutschen und englischen internationalen Vertragsrecht. 2008. *Band 198.*
Laimer, Simon: Durchführung und Rechtsfolgen der Vertragsaufhebung bei nachträglichen Erfüllungsstörungen. 2009. *Band 219.*
Lamsa, Michael: Die Firma der Auslandsgesellschaft. 2011. *Band 257.*
Landfermann, Hans-Georg: Gesetzliche Sicherungen des vorleistenden Verkäufers. 1987. *Band 18.*
Lenhard, Anselm: Die Vorschläge zur Reform des englischen Mobiliarkreditsicherungsrechts. 2010. *Band 233.*
Leicht, Steffen: Die Qualifikation der Haftung von Angehörigen rechts- und wirtschaftsberatender Berufe im grenzüberschreitenden Dienstleistungsverkehr. 2002. *Band 82.*
Leifeld, Janis: Das Anerkennungsprinzip im Kollisionsrechtssystem des internationalen Privatrechts. 2010. *Band 241.*
Linhart, Karin: Internationales Einheitsrecht und einheitliche Auslegung. 2005. *Band 147.*
Linker, Anja Celina: Zur Neubestimmung der Ordnungsaufgaben im Erbrecht in rechtsvergleichender Sicht. 1999. *Band 75.*

Studien zum ausländischen und internationalen Privatrecht

Lohmann, Arnd: Parteiautonomie und UN-Kaufrecht. 2005. *Band 119.*
Lorenz, Verena: Annexverfahren bei Internationalen Insolvenzen. 2005. *Band 140.*
Lüke, Stephan: Punitive Damages in der Schiedsgerichtsbarkeit. 2003. *Band 105.*
Lüttringhaus, Jan D.: Grenzüberschreitender Diskriminierungsschutz – Das internationale Privatrecht der Antidiskriminierung. 2010. *Band 234.*
Maesch, Petja: Kodifikation und Anpassung des bulgarischen IPR an das Europäische Recht. 2010. *Band 252.*
Magnus, Dorothea: Medizinische Forschung an Kindern. 2006. *Band 170.*
Magnus, Robert: Das Anwaltsprivileg und sein zivilprozessualer Schutz. 2010. *Band 238.*
Martens, Sebastian: Durch Dritte verursachte Willensmängel. 2007. *Band 190.*
Mata Muñoz, Almudena de la: Typical Personal Security Rights in the EU. 2010. *Band 253.*
Maurer, Andreas: Lex Maritima. 2012. *Band 272.*
Maurer, Tobias: Schuldübernahme. 2010. *Band 236.*
Meckel, Verena: Die Corporate Governance im neuen japanischen Gesellschaftsrecht. 2010. *Band 242.*
Meeßen, Gero: Der Anspruch auf Schadensersatz bei Verstößen gegen EU-Kartellrecht – Konturen eines Europäischen Kartelldeliktsrechts? 2011. *Band 264.*
Meier, Sonja: Irrtum und Zweckverfehlung. 1999. *Band 68.*
Melin, Patrick: Gesetzesauslegung in den USA und in Deutschland. 2004. *Band 137.*
Mertens, Jens: Privatrechtsschutz und vertikale Integration im internationalen Handel. *Band 268.*
Micha, Marianne: Der Direktanspruch im europäischen Internationalen Privatrecht. 2011. *Band 255.*
Minuth, Klaus: Besitzfunktionen beim gutgläubigen Mobiliarerwerb im deutschen und französischen Recht. 1990. *Band 24.*
Mistelis, Loukas A.: Charakterisierungen und Qualifikation im internationalen Privatrecht. 1999. *Band 73.*
Mitzkait, Anika: Leistungsstörung und Haftungsbefreiung. 2008. *Band 205.*
Mörsdorf-Schulte, Juliana: Funktion und Dogmatik US-amerikanischer punitive damages. 1999. *Band 67.*
Monleón, Nicole: Das neue internationale Privatrecht von Venezuela. 2008. *Band 204.*
Morawitz, Gabriele: Das internationale Wechselrecht. 1991. *Band 27.*
Moser, Dominik: Die Offenkundigkeit der Stellvertretung. 2010. *Band 246.*
Mülhens, Jörg: Der sogenannte Haftungsdurchgriff im deutschen und englischen Recht. 2006. *Band 174.*
Müller, Achim: Grenzüberschreitende Beweisaufnahme im Europäischen Justizraum. 2004. *Band 125.*
Müller, Carsten: International zwingende Normen des deutschen Arbeitsrechts. 2005. *Band 157.*
Naumann, Ingrid: Englische anti-suit injunctions zur Durchsetzung von Schiedsvereinbarungen. 2008. *Band 202.*
Nĕmec, Jiří: Ausländische Direktinvestitionen in der Tschechischen Republik. 1997. *Band 54.*
Netzer, Felix: Status quo und Konsolidierung des Europäischen Zivilverfahrensrechts. 2011. *Band 261.*
Neumann, Nils: Bedenkzeit vor und nach Vertragsabschluß. 2005. *Band 142.*
Neunhoeffer, Friederike: Das Presseprivileg im Datenschutzrecht. 2005. *Band 146.*

Niklas, Isabella Maria: Die europäische Zuständigkeitsordnung in Ehe- und Kindschaftsverfahren. 2003. *Band 106.*
Nojack, Jana: Exklusivnormen im IPR. 2005. *Band 152.*
Nordmeier, Carl F.: Zulässigkeit und Bindungswirkung gemeinschaftlicher Testamente im Internationalen Privatrecht. 2008. *Band 201.*
Oertel, Christoph: Objektive Haftung in Europa. 2010. *Band 249.*
Pattloch, Thomas: Das IPR des geistigen Eigentums in der VR China. 2003. *Band 103.*
Peinze, Alexander: Internationales Urheberrecht in Deutschland und England. 2002. *Band 92.*
Pfeil-Kammerer, Christa: Deutsch-amerikanischer Rechtshilfeverkehr in Zivilsachen. 1987. *Band 17.*
Plett, K. und *K.A. Ziegert* (Hrsg.): Empirische Rechtsforschung zwischen Wissenschaft und Politik. 1984. *Band 11.*
Pißler, Knut B.: Chinesisches Kapitalmarktrecht. 2004. *Band 127.*
–: Gläubigeranfechtung in China. 2008. *Band 203.*
Plett, K. und *K.A. Ziegert* (Hrsg.): Empirische Rechtsforschung zwischen Wissenschaft und Politik. 1984. *Band 11.*
Primaczenko, Vladimir: Treuhänderische Vermögensverwaltung nach russischem Recht. 2010. *Band 244.*
Reichert-Facilides, Daniel: Fakultatives und zwingendes Kollisionsrecht. 1995. *Band 46.*
Reiter, Christian: Vertrag und Geschäftsgrundlage im deutschen und italienischen Recht. 2002. *Band 89.*
Reuß, Philipp M.: „Forum Shopping" in der Insolvenz – missbräuchliche Dimension der Wahrnehmung unionsrechtlicher Gestaltungsmöglichkeiten. 2011. *Band 259.*
Richter, Stefan: siehe *Veelken, Winfried.*
Ringe, Georg: Die Sitzverlegung der Europäischen Aktiengesellschaft. 2006. *Band 171.*
Rogoz, Thomas: Ausländisches Recht im deutschen und englischen Zivilprozess. 2008. *Band 200.*
Rohde, Kerstin: Haftung und Kompensation bei Straßenverkehrsunfällen. 2009. *Band 232.*
Rohe, Mathias: Zu den Geltungsgründen des Deliktsstatus. 1994. *Band 43.*
Rothoeft, Daniel D.: Rückstellungen nach § 249 HGB und ihre Entsprechungen in den US-GAAP und IAS. 2004. *Band 122.*
Rühl, Giesela: Obliegenheiten im Versicherungsvertragsrecht. 2004. *Band 123.*
Rüppell, Philipp: Die Berücksichtigungsfähigkeit ausländischer Anlagengenehmigungen. 2012. *Band 280.*
Rusch, Konrad: Gewinnhaftung bei Verletzung von Treuepflichten. 2003. *Band 109.*
Rybarz, Jonas C.: Billigkeitserwägungen im Kontext des Europäischen Privatrechts. 2011. *Band 262.*
Sachse, Kathrin: Der Verbrauchervertrag im Internationalen Privat- und Prozeßrecht. 2006. *Band 166.*
Sachsen Gessaphe, Karl August Prinz von: Das Konkubinat in den mexikanischen Zivilrechtsordnungen. 1990. *Band 22.*
Salewski, Sabrina: Der Verkäuferregress im deutsch-französischen Rechtsvergleich. 2011. *Band 254.*
Sandrock, Andrea: Vertragswidrigkeit der Sachleistung. 2003. *Band 104.*
Schacherreiter, Judith: Das Franchise-Paradox. 2006. *Band 167.*

Schärtl, Christoph: Das Spiegelbildprinzip im Rechtsverkehr mit ausländischen Staatenverbindungen. 2005. *Band 145.*
Schattka, Friederike: Die Europäisierung der Abschlussprüferhaftung. 2012. *Band 274.*
Schepke, Jan: Das Erfolgshonorar des Rechtsanwalts. 1998. *Band 62.*
Scherpe, Jens M.: Außergerichtliche Streitbeilegung in Verbrauchersachen. 2002. *Band 96.*
–: siehe *Basedow, J.*
Schilf, Sven: Allgemeine Vertragsgrundregeln als Vertragsstatut. 2005. *Band 138.*
Schimansky, Annika: Der Franchisevertrag nach deutschem und niederländischem Recht. 2003. *Band 112.*
Schindler, Thomas: Rechtsgeschäftliche Entscheidungsfreiheit und Drohung. 2005. *Band 139.*
Schlichte, Johannes: Die Grundlage der Zwangsvollstreckung im polnischen Recht. 2005. *Band 144.*
Schmehl, Christine: Parallelverfahren und Justizgewährung. 2011. *Band 256.*
Schmidt, Claudia: Der Haftungsdurchgriff und seine Umkehrung im internationalen Privatrecht. 1993. *Band 31.*
Schmidt, Jan Peter: Zivilrechtskodifikation in Brasilien. 2009. *Band 226.*
Schmidt-Ahrendts, Nils: Das Verhältnis von Erfüllung, Schadensersatz und Vertragsaufhebung im CISG. 2007. *Band 193.*
Schmidt-Parzefall, Thomas: Die Auslegung des Parallelübereinkommens von Lugano. 1995. *Band 47.*
Schneider, Winfried-Thomas: Abkehr vom Verschuldensprinzip? 2007. *Band 179.*
Schnyder, Anton K.: Internationale Versicherungsaufsicht zwischen Wirtschaftsrecht und Kollisionsrecht. 1989. *Band 20.*
Scholz, Ingo: Das Problem der autonomen Auslegung des EuGVÜ. 1998. *Band 61.*
Schreier, Michael: Schutz vor willkürlichen und diskriminierenden Entlassungen. 2009. *Band 230.*
Schröder, Vincent: Die Verweisung auf Mehrrechtsstaaten im deutschen Internationalen Privatrecht. 2007. *Band 192.*
Schubel, Joanna: Gestaltungsfreiheit und Gestaltungsgrenzen im polnischen Vertragskonzernrecht. 2010. *Band 250.*
Schütze, Elisabeth: Zession und Einheitsrecht. 2005. *Band 155.*
Schurr, Francesco A.: Geschäftsimmanente Abstandnahme. 2006. *Band 165.*
Seibl, Maximilian: Die Beweislast bei Kollisionsnormen. 2009. *Band 231.*
Seibt, Christoph H.: Zivilrechtlicher Ausgleich ökologischer Schäden. 1994. *Band 42.*
Seif, Ulrike: Der Bestandsschutz besitzloser Mobiliarsicherheiten. 1997. *Band 52.*
Selbig, Sabine: Förderung und Finanzkontrolle gemeinnütziger Organisationen in Großbritannien und Deutschland. 2006. *Band 173.*
Sieghörtner, Robert: Internationales Straßenverkehrsunfallrecht. 2002. *Band 93.*
Siehr, Kurt: siehe *Dopffel, Peter.*
Söhngen, Martin: Das internationale Privatrecht von Peru. 2006. *Band 162.*
Solomon, Dennis: Der Bereicherungsausgleich in Anweisungsfällen. 2004. *Band 124.*
Sonnentag, Michael: Der Renvoi im Internationalen Privatrecht. 2001. *Band 86.*
Spahlinger, Andreas: Sekundäre Insolvenzverfahren bei grenzüberschreitenden Insolvenzen. 1998. *Band 64.*

Spelsberg-Korspeter, Ullrich: Anspruchskonkurrenz im internationalen Privatrecht. 2009. *Band 225.*
Sperling, Florian: Familiennamensrecht in Deutschland und Frankreich. 2012. *Band 282.*
Sprenger, Carsten: Internationale Expertenhaftung. 2008. *Band 199.*
Stegmann, Oliver: Tatsachenbehauptung und Werturteil in der deutschen und französischen Presse. 2004. *Band 120.*
Stehl, Kolja: Die Überwindung des Inkohärenz des Internationalen Privatrechts der Bank- und Versicherungsverträge. 2008. *Band 211.*
Steinbrück, Ben: Die Unterstützung ausländischer Schiedsverfahren durch staatliche Gerichte. 2009. *Band 221.*
Stiller, Dietrich F.R.: Das internationale Zivilprozeßrecht der Republik Korea. 1989. *Band 19.*
Stringari, Katerina: Die Haftung des Verkäufers für mangelbedingte Schäden. 2007. *Band 184.*
Sujecki, Bartosz: Das elektronische Mahnverfahren. 2008. *Band 206.*
Takahashi, Eiji: Konzern und Unternehmensgruppe in Japan – Regelung nach deutschem Modell? 1994. *Band 38.*
Tassikas, Apostolos: Dispositives Recht und Rechtswahlfreiheit als Ausnahmebereiche der EG-Grundfreiheiten. 2004. *Band 114.*
Thiele, Christian: Die zivilrechtliche Haftung der Tabakindustrie. 2003. *Band 115.*
Thoma, Ionna: Die Europäisierung und die Vergemeinschaftung des nationalen ordre public. 2007. *Band 182.*
Thoms, Cordula: Einzelstatut bricht Gesamtstatut. 1996. *Band 51.*
Tiedemann, Andrea: Internationales Erbrecht in Deutschland und Lateinamerika. 1993. *Band 34.*
Tiedemann, Stefan: Die Haftung aus Vermögensübernahme im internationalen Recht. 1995. *Band 45.*
Tochtermann, Peter: Die Unabhängigkeit und Unparteilichkeit des Mediators. 2008. *Band 210.*
Trautmann, Clemens: Europäisches Kollisionsrecht und ausländisches Recht im nationalen Zivilverfahren. 2011. *Band 263.*
Trillmich, Philip: Klauselkontrolle nach spanischem Recht im Vergleich mit der Klauselrichtlinie 93/13/EWG. 2009. *Band 216.*
Trulsen, Marion: Pflichtteilsrecht und englische family provision im Vergleich. 2004. *Band 129.*
Ubertazzi, Benedetta: Exclusive Jurisdiction in Intellectual Property. 2012. *Band 273.*
Veelken, Winfried, Matthias Karl, Stefan Richter: Die Europäische Fusionskontrolle. 1992. *Band 30.*
Verse, Dirk A.: Verwendungen im Eigentümer-Besitzer-Verhältnis. 1999. *Band 72.*
Waehler, Jan P. (Hrsg.): Deutsch-polnisches Kolloquium über Wirtschaftsrecht und das Recht des Persönlichkeitsschutzes. 1985. *Band 12.*
– (Hrsg.): Deutsches und sowjetisches Wirtschaftsrecht. Band 1. 1981. *Band 4.*
– Band 2. 1983. *Band 9.*
– Band 3. 1990. *Band 25.*
– Band 4. 1990. *Band 26.*
– Band 5. 1991. *Band 28.*
Wang, Xiaoye: Monopole und Wettbewerb in der chinesischen Wirtschaft. 1993. *Band 35.*

Wantzen, Kai: Unternehmenshaftung und Enterprise Liability. 2007. *Band 191.*
Wazlawik, Thomas: Die Konzernhaftung der deutschen Muttergesellschaft für die Schulden ihrer US-amerikanischen Tochtergesellschaft. 2004. *Band 131.*
Weber, Johannes: Gesellschaftsrecht und Gläubigerschutz im Internationalen Zivilverfahrensrecht. 2011. *Band 265.*
Weidt, Heinz: Antizipierter Vertragsbruch. 2007. *Band 194.*
Weinert, Mirko: Vollstreckungsbegleitender einstweiliger Rechtsschutz. 2007. *Band 180.*
Weishaupt, Axel: Die vermögensrechtlichen Beziehungen der Ehegatten im brasilianischen Sach- und Kollisionsrecht. 1981. *Band 3.*
Weller, Matthias: Ordre-public-Kontrolle internationaler Gerichtsstandsvereinbarungen im autonomen Zuständigkeitsrecht. 2005. *Band 143.*
Wendelstein, Christoph: Kollisionsrechtliche Probleme der Telemedizin. 2012. *Band 275.*
Weppner, Simon: Der gesellschaftsrechtliche Minderheitenschutz bei grenzüberschreitender Verschmelzung von Kapitalgesellschaften. 2010. *Band 251.*
Wesch, Susanne: Die Produzentenhaftung im internationalen Rechtsvergleich. 1994. *Band 39.*
Wesiack, Max: Europäisches Internationales Vereinsrecht. 2012. *Band 270.*
Weyde, Daniel: Anerkennung und Vollstreckung deutscher Entscheidungen in Polen. 1997. *Band 58.*
Wiese, Volker: Der Einfluß des Europäischen Rechts auf das Internationale Sachenrecht der Kulturgüter. 2006. *Band 160.*
Willemer, Charlotte: Vis attractiva concursus und die Europäische Insolvenzverordnung. 2006. *Band 163.*
Witzleb, Normann: Geldansprüche bei Persönlichkeitsverletzungen durch Medien. 2002. *Band 94.*
Wolf, Ulrich M.: Der europäische Gerichtsstand bei Konzerninsolvenzen. 2012. *Band 277.*
Wu, Jiin Yu: Der Einfluß des Herstellers auf die Verbraucherpreise nach deutschem und taiwanesischem Recht. 1999. *Band 71.*
Wurmnest, Wolfgang: Grundzüge eines europäischen Haftungsrechts. 2003. *Band 102.*
–: siehe *Basedow, J.*
Zeeck, Sebastian: Das Internationale Anfechtungsrecht in der Insolvenz. 2003. *Band 108.*
Ziegert, K.A.: siehe *Plett, K.*
Zobel, Petra: Schiedsgerichtsbarkeit und Gemeinschaftsrecht. 2005. *Band 154.*

Einen Gesamtkatalog erhalten Sie kostenlos vom Verlag Mohr Siebeck, Postfach 2040, D-72010 Tübingen. Neueste Informationen im Internet unter www.mohr.de